Beck-Rechtsberater im dtv

Betreuungsrecht von A–Z

dtv

Beck-Rechtsberater im dtv

Betreuungsrecht von A–Z

Rund 450 Stichwörter zum aktuellen Recht

von

Dr. Walter Zimmermann
Vizepräsident des Landgerichts Passau
Honorarprofessor an der Universität Regensburg

1. Auflage 2000

Rechtsstand: 1. Oktober 1999

Deutscher Taschenbuch Verlag

Redaktionelle Verantwortung: Verlag C. H. Beck
Umschlaggestaltung: Agentur 42 (Fuhr & Partner), Mainz
Satz: primustype Robert Hurler GmbH, Notzingen
Druck und Bindung: C. H. Beck'sche Buchdruckerei, Nördlingen
ISBN 3 423 05630 4 (dtv)
ISBN 3 406 45808 4 (C. H. Beck)

Vorwort

In Deutschland gibt es ca 650 000 Betreuungen. Die komplizierte Rechtsmaterie ist nicht leicht zu bewältigen. Dieser Ratgeber stellt in rund 450 Stichworten häufiger vorkommende Einzelfragen des Betreuungsrechts dar; er wendet sich an interessierte Nichtjuristen, aber auch an Juristen, an Betreuer, Betreute, Richter, Rechtspfleger, Rechtsanwälte, Sozialarbeiter, Vereine, Behörden, Ärzte. Dabei sind nicht nur die im BGB behandelten Probleme dargelegt, sondern auch betreuungsrelevante Fragen aus anderen Gesetzen. Es war erforderlich, jeweils die einschlägigen Paragraphen zu nennen und wichtige Gerichtsentscheidungen zu zitieren, auch wenn sich dadurch das Buch weniger leicht liest; denn sonst kann gegenüber Gericht und Betreuungsbehörde nicht richtig argumentiert werden.

Einen guten Einstieg findet, wer bei der Stichwortliste nach einem passenden Begriff sucht oder beim Stichwort „Betreuung“ beginnt. Mit dem Zeichen → wird innerhalb des Buches auf andere Stichworte verwiesen.

Dieser Ratgeber kann in schwierigeren Fällen weder das Studium größerer Kommentare ersetzen noch die Beratung durch kompetente Spezialisten. Die Rechtsprechung und Praxis der Gerichte ist überdies regional unterschiedlich.
Wer eine systematische Darstellung des Betreuungsrechts lesen will, sei auf meinen dtv-Ratgeber *Betreuungsrecht,* 4.Aufl.1999, verwiesen.

Alle Geschlechtsbezeichnungen in diesem Ratgeber sind neutral; denn es ist nicht angenehm, Texte wie: „Der/die Betreuer(in) kann mit dem/der Arzt/Ärztin den/die Betreute(n) aufsuchen...“ lesen zu müssen.

Passau, im Oktober 1999 — Walter Zimmermann

Stichwortübersicht

Abkürzungen

aA	Anderer Meinung
aF	alte Fassung
AG	Amtsgericht
Alt	Alternative
AO	Abgabenordnung
Art	Artikel
BayObLG	Bayerisches Oberstes Landesgericht
BerHG	Beratungshilfegesetz
BGB	Bügerliches Gesetzbuch
BGBl	Bundesgesetzblatt
BGH	Bundesgerichtshof
BRAGO	Bundesrechtsanwaltsgebührenordnung
BSHG	Bundessozialhilfegesetz
BtBG	Betreuungsbehördengesetz
BTDrucks.	Bundestags-Drucksache
BtPrax	Betreuungsrechtliche Praxis (Zeitschrift)
BVerfG	Bundesverfassungsgericht
BVormVG	Berufsvormündervergütungsgesetz
bzw.	beziehungsweise
DAVorm	Der Amtsvormund (Zeitschrift)
dh	das heißt
EGBGB	Einführungsgesetz zum BGB
ErbStG	Erbschaftsteuergesetz
EStG	Einkommensteuergesetz
FamRZ	Zeitschrift für das gesamte Familienrecht
FGG	Gesetz über die Freiwillige Gerichtsbarkeit
FGPrax	Praxis der Freiwilligen Gerichtsbarkeit
G	Gesetz
GewSt	Gewerbsteuergesetz
GG	Grundgesetz
GKG	Gerichtskostengesetz
GVG	Gerichtsverfassungsgesetz
hM	Herrschende Meinung
idR	in der Regel

InsO	Insolvenzordnung
iVm	in Verbindung mit
JurBüro	Juristisches Büro (Zeitschrift)
KG	Kammergericht
KostO	Kostenordnung
LG	Landgericht
MDR	Monatsschrift für Deutsches Recht
MünchKomm	Münchener Kommentar zum BGB
nF	neue Fassung
NJW	Neue Juristische Wochenschrift
NJW-RR	Rechtsprechungsreport der NJW
OLG	Oberlandesgericht
PKH	Prozesskostenhilfe
PStG	Personenstandsgesetz
RG	Reichsgericht
Rspr	Rechtsprechung
Rz	Randziffer
Rpfleger	Der Rechtspfleger (Zeitschrift)
RPflG	Rechtspflegergesetz
SGB	Sozialgesetzbuch
StGB	Strafgesetzbuch
StPO	Strafprozessordnung
TPG	Transplantationsgesetz
VormG	Vormundschaftsgericht
zB	zum Beispiel
ZEV	Zeitschrift für Erbrecht und Vermögensnachfolge
ZPO	Zivilprozessordnung
ZSEG	Gesetz über die Entschädigung von Zeugen und Sachverständigen

Literatur

Bauer/Birk/Klie/Rink u. a., Betreuungs- und Unterbringungsrecht (HK-BUR), 1993 ff

Bienwald, Betreuungsrecht, 3. Aufl. 1999

Böhm u. a., Handbuch für Betreuer, 1999

Damrau/Zimmermann, Betreuung und Vormundschaft, 2. Aufl. 1995

Deinert, Handbuch der Betreuungsbehörden, 2. Aufl. 1994

Firsching/Dodegge, Familienrecht (Vormundschafts- und Betreuungsrecht), 6. Aufl. 1999

Gregersen /Deinert, Die Vergütung des Betreuers, 1999

Holzhauer/Reinicke, Betreuungsrecht 1993

Jensen/Röhlig, Das neue Betreuungsrecht, 1993

Jürgens, Betreuungsrecht, 1995.

Jürgens/Kröger/Marschner/Winterstein, Das neue Betreuungsrecht, 4. Aufl. 1999

Knittel, Betreuungsgesetz (Loseblattkommentar) 1992 ff

Münchener Kommentar zum BGB (-Schwab), 3. Aufl. 1992 ff

Palandt (-Bearbeiter), BGB (Kommentar), 58. Aufl. 1999

Raack/Thar, Betreuungsrecht (Leitfaden), 1999

Soergel (-Damrau), BGB, 12. Aufl. 1987 bzw. 13. Aufl.

Sonnenfeld, Betreuung und Pflegschaft, 1996

Staudinger/Bienwald, BGB, 12. Aufl. 1995 (Band: §§ 1896–1921)

Wienand, Betreuungsrecht, 1991

Zimmermann, Betreuungsrecht (dtv), 4. Aufl. 1999.

A

Abänderung von Entscheidungen des VormG. Gegen Entscheidungen (Beschlüsse, Verfügungen) des VormG kann (meist) → Beschwerde eingelegt werden; dann kann das LG die Entscheidung ändern. Eine andere Frage ist, inwiefern das VormG selbst seine Entscheidungen (auf Antrag oder von Amts wegen) ändern darf. Hier ist zu unterscheiden: a) Entscheidungen, die der sofortigen Beschwerde unterliegen, wie zB die Vergütungsfestsetzung (§ 56 g FGG), die Anordnung eines Einwilligungsvorbehalts, kann das VormG selbst nicht mehr ändern (§ 18 II FGG). – b) Vormundschaftsgerichtliche Genehmigungen sind ab Wirksamwerden nicht mehr rücknehmbar (§§ 1828, 1829 BGB; §§ 55, 62, 69 e FGG). – c) Sonstige Entscheidungen sind grundsätzlich nach § 18 I FGG abänderbar.

Abgabe des Verfahrens. Ein schon anhängiges Betreuungsverfahren kann vom ursprünglich zuständig gewesenen VormG unter bestimmten Voraussetzungen an ein anderes VormG abgegeben werden (§ 65a I 1 FGG): (1) wenn ein wichtiger Grund vorliegt und (2) das andere VormG sich zur Übernahme bereiterklärt, (3) der Betreute Gelegenheit zur Äußerung hatte, (4) der Betreuer (falls schon einer bestellt ist) zustimmt und (5) der Verfahrensstand dem nicht entgegen steht. Ein wichtiger Grund (1) liegt im Regelfall vor, wenn sich der gewöhnliche → Aufenthalt des Betroffenen geändert hat (zB Umzug in ein anderes Altenheim) und wenn die Aufgaben des Betreuers im Wesentlichen am neuen Aufenthaltsort des Betroffenen zu erfüllen sind. Aber auch andere wichtige Gründe gibt es; dabei kommt es in erster Linie auf die **Interessen des Betroffenen** an; aber auch auf das Interesse des Betreuers an einer möglichst einfachen, kostensparenden Führung der Angelegenheit ist zu berücksichtigen (BayObLG FamRZ 1997, 439; OLG Köln FamRZ 1998, 840). Die Interessen der beteiligten Gerichte spielen nur insoweit eine Rolle, als wesentlich ist, ob die Betreuungssache beim anderen Gericht zweckmäßiger und leichter geführt werden kann (BayObLG FamRZ

1997, 439). Zu (2): Wenn das Übernahmegericht der Übernahme pflichtwidrig nicht zustimmt, ist die Weigerung unbeachtlich (→ Zuständigkeitsstreit). Zu (3): Stimmt der Betroffene zu oder äußert er sich nicht, kann die Abgabe erfolgen. Widerspricht er der Abgabe in irgendeiner Form, gilt nach §§ 65a II 2, 46 II FGG: das gemeinschaftliche Obergericht (LG, OLG) entscheidet. Zu (4): Verweigert der Betreuer die Zustimmung, kann dieses Obergericht sie ersetzen (§ 46 II FGG). Mit (5) ist gemeint, dass grundsätzlich nur Verfahren abgegeben werden dürfen, die von der aktenmäßigen Behandlung her auf dem Laufenden sind; deshalb sind Betreuerabrechnungen idR vor Abgabe vom alten VormG zu erledigen (BayObLG FamRZ 1994, 1189), weiter alle sonstigen von Amts wegen oder auf Antrag zu treffenden Entscheidungen (BayObLG FamRZ 1997, 439). Ein plausibler Antrag des Betreuers auf Aufhebung der Betreuung ist ebenfalls vorher zu verbescheiden (BayObLG FamRZ 1996, 511 Nr. 312). **Folge der vollzogenen Abgabe** ist, dass das neue VormG nun für das gesamte Betreuungsverfahren zuständig ist, auch für noch nicht abgerechnete Betreuervergütungen aus der Zeit vor Abgabe (OLG Karlsruhe FamRZ 1998, 1056).

Abhängigkeitsverhältnis des Betreuers → Auswahl

Ablehnung des Sachverständigen. Im Betreuungs- und Unterbringungsverfahren werden Gutachten von Sachverständigen eingeholt. Aus § 15 FGG iVm § 406 ZPO folgt, dass der Betroffene (und sein Verfahrenspfleger) den Sachverständigen ablehnen können. Ein Ablehnungsgrund liegt nur vor, wenn ein Grund vorhanden ist, der geeignet ist, Misstrauen gegen die Unparteilichkeit des Sachverständigen zu rechtfertigen und die Besorgnis der Befangenheit zu begründen (§ 42 ZPO), wie zB unsachliche Äußerungen. Der Antrag ist innerhalb von zwei Wochen nach Zugang des Beschlusses über die Ernennung des Sachverständigen beim VormG zu stellen; wenn der Ablehnungsgrund aus dem Inhalt des Gutachtens hergeleitet wird, innerhalb einer angemessenen Überlegungszeit nach Erhalt des Gutachtens (§ 406 II 2 ZPO; LG Kassel FamRZ 1997, 889). Nach ähnlichen Grundsätzen kann der **Vormundschaftsrichter** oder **Rechtspfleger abgelehnt** werden (§ 42 ZPO; § 10 RPflG). Der → Bezirksrevisor kann nicht wegen Befangenheit abgelehnt werden.

Adoption Volljähriger. Der *geschäftsfähige* Betreute kann den Antrag auf Adoption einer anderen Person selbst stellen (§ 1768 I BGB); besteht insoweit ein Einwilligungsvorbehalt, so kann er den Antrag nur mit Zustimmung des Betreuers stellen. Ist der anzunehmende Betreute *geschäftsunfähig*, so kann er den Antrag auf Adoption nicht selbst stellen (§ 1768 II BGB), wohl aber sein Betreuer.

Äußerungsrecht im Betreuungsverfahren. Vor Bestellung eines Betreuers oder Anordnung eines Einwilligungsvorbehalts muss das VormG der zuständigen **Betreuungsbehörde** Gelegenheit zur Äußerung geben, wenn es der Betroffene verlangt oder wenn es der Sachaufklärung dient (§ 68a S. 1 FGG). Die Behörde kann dann zB von ihren Mitarbeitern einen Sozialbericht über den Betroffenen erstellen lassen und sich dazu äußern, ob und für welchen Aufgabenkreis Betreuung notwendig erscheint und wer als Betreuer in Frage kommt. Die Betreuungsbehörde hat aber keine Pflicht, sich (im Falle des § 68a FGG; anders bei § 8 BtBG) zu äußern; sie kann, zB wegen Arbeitsüberlastung, schweigen. Die Behörde wird durch die Anhörung kein förmlich Beteiligter. „Vertrauliche" Informationen der Behörde sind für das Gericht nicht verwertbar. In der Regel soll das VormG auch dem **Ehegatten** des Betroffenen, seinen **Eltern,** Pflegeeltern und **Kindern** Gelegenheit zur Äußerung geben (§ 68a S. 3 FGG); dies entfällt, wenn der Betroffene widerspricht. Auf Verlangen des Betroffenen muss einer von ihm benannten → **Vertrauensperson** und seinen oben genannten Angehörigen Gelegenheit zur Äußerung gegeben werden, wenn dies ohne erhebliche Verzögerung möglich ist (§ 68a S. 4 FGG).

Vor Genehmigung einer (endgültigen) Unterbringung hat das VormG folgenden Personen Gelegenheit zur Äußerung zu geben: dem Ehegatten, Eltern, u.U. Kindern, Betreuer, Verfahrenspfleger, Vertrauensperson, dem Leiter der Anstalt (in der der Betreute lebt), der Betreuungsbehörde (§ 70 d FGG).

Die Anhörung der Behörde usw. im Betreuungsverfahren ist nicht erforderlich, wenn sie nicht zur Sachaufklärung erforderlich ist und vom Betroffenen auch nicht ausdrücklich verlangt wird; bei Bestellung eines vorläufigen Betreuers (§ 69 f FGG); bei einem vorläufigen Einwilligungsvorbehalt; vor der Genehmigung der Einwilligung in gefährliche ärztliche Maßnahmen; vor der Genehmigung der Einwilligung in eine Sterilisation, § 69d III 1 FGG. Wird eine erforderliche Anhörung versehentlich unterlassen, ist die Anordnung der Betreuung deswegen nicht unwirksam.

Wenn die Personen, denen vom VormG Gelegenheit zur (meist schriftlichen) Äußerung gegeben wurde, dann an das VormG schreiben, ist zu beachten: Die Anhörungen sind keine Beweisaufnahmen; die Angehörten sind keine Zeugen, haben auch keine Pflicht zur Äußerung, erhalten keine Auslagenerstattung (für Zeitaufwand, Porto). Das Ergebnis dieser Anhörungen kann aber zur Überzeugungsbildung des Gerichts im Wege des Freibeweises ausreichen, die Stoffsammlung ergänzen, Anlass zu weiteren Ermittlungen und Zeugenvernehmungen geben.

Akten des Betreuers. Sie bestehen aus Unterlagen, die im Eigentum des Betreuten stehen und solchen im Eigentum des Betreuers. Verschiedene Fragen sind zu unterscheiden:

a) **Aktenherausgabe:** Welche Unterlagen *müssen* nach Beendigung der Betreuung herausgegeben werden? Mit Ende des Amts ist das verwaltete Vermögen und damit auch die hierzu gehörenden Papiere (wie Sparbücher, Depotscheine, Versicherungspolicen) herauszugeben (§ 1890 BGB); ferner ist über die Verwaltung Rechenschaft abzulegen (§ 1890 BGB), weshalb auch die hierzu gehörigen Belege herauszugeben sind. Weiterhin sind alle Schriftstücke herauszugeben, die im *Eigentum des Betreuten* stehen, also von ihm herrührten oder für ihn beschafft wurden, wie Personalpapiere, Erbscheine, Kontoauszüge, notarielle Urkunden, Mietverträge, Rentenbescheide. Eine weitere Gruppe bilden die Unterlagen, die im *Eigentum des Betreuers* stehen, wie die Beschlüsse des VormG, Korrespondenz zB mit dem Gericht, Kopien aus den Betreuungsakten, Abrechnungen, Quittungen über ausgehändigtes Vermögen, Gutachten; dieses Schriftgut kann der Betreuer herausgeben, aber auch aufbewahren oder vernichten. Empfänger ist in allen Fällen, je nach Art der Beendigung der Betreuung, der ehemals Betreute bzw. der neue Betreuer oder die Erben des Betreuten. Bei mehreren Erben ist Herausgabe an alle Miterben erforderlich, weil die Ausübung des Besitzes an Nachlassgegenständen eine Maßnahme der Verwaltung ist (§ 2038 BGB); doch können die Miterben einen Erben bevollmächtigen.

b) **Aktenhinterlegung und Vernichtung.** Was geschieht, wenn niemand die Fremd-Unterlagen haben will? Weigern sich die Erben, sollten sie unter Fristsetzung in Verzug gesetzt werden (§ 293 BGB); nach fruchtlosem Fristablauf könnte der Betreuer die urkundlichen Unterlagen hierauf auf Kosten der Erben (§ 381 BGB) beim Amtsgericht hinterlegen (vgl §§ 303, 372 BGB; KG OLG 6,54: auch Handakten hinterlegungsfähig); zweckmäßiger ist, den belanglosen Teil zu vernichten. Ist der Erbe nicht bekannt und ein Nachlasspfleger bestellt, können diesem die Unterlagen angedient werden. Es gibt keine gesetzlichen Bestimmungen darüber, wie lange der Betreuer seine Unterlagen aufbewahren muss. § 50 II BRAO, wonach Anwälte Handakten fünf Jahre aufzubewahren haben, gilt nicht; auch nicht, wenn Anwälte Betreuer sind.

c) **Aktenaufbewahrung wegen der Haftung**: da der Betreuer dem Betreuten bzw. dessen Erben bei eventuellen Pflichtverletzungen haftet (§ 1833, 1908i BGB) und die Verjährungsfrist 30 Jahre beträgt (§ 195 BGB), sollte er grundsätzlich die *relevanten* Unterlagen so lange aufbewahren und von denen, die er aushändigt, Kopien anfertigen. Anders ist es, wenn zB nach dem Tod des Betreuten die Erben auf Haftungsansprüche verzichten. Auch wenn der Betreuer versichert ist, hat er gegenüber der Versicherung die Obliegenheit, die diesbezüglichen Unterlagen aufzubewahren. Relevant sind Papiere, die der Betreuer benötigt, um sich gegen evenetuelle Schadensersatzansprüche verteidigen zu können.

d) Steuerliche Bestimmungen, wie zB § 147 I Nr. 5 nF Abgabenordnung, besagen, dass Unterlagen, die für die Besteuerung von Bedeutung sind, 6–10 Jahre lang aufzubewahren sind.

e) Während der bestehenden Betreuung gelten die üblichen Aufbewahrungsobliegenheiten; wer eine Rechnung bezahlt hat, sollte den Beleg so lange aufbewahren, wie die Verjährungsfrist läuft.

Akteneinsicht in Betreuungsakten. Der **Betreute** und sein Bevollmächtigter haben als Verfahrensbeteiligte immer das Recht auf Akteneinsicht und auf der Erteilung von Abschriften; dies ergibt sich aus dem rechtlichen Gehör (Art. 103 I GG). Eine Abschrift des über ihn erstellten Sachverständigengutachtens muss der Betreute ohne vorherige Einzahlung eines Auslagenvorschusses erhalten (OLG Düsseldorf FamRZ 1997, 1361). Sonstige Aktenseiten erhält er ohne

Vorschuss kopiert, wenn er ihrer zur Begründung eines Rechtsmittels bedarf (also zB keine Kopien von überholten Zustellungsurkunden, internem Schreibgut) und wenn er sie noch nicht hat. Bei anderen Personen kommt es darauf an, ob sie ein *berechtiges Interesse* an der Einsicht haben (§ 34 FGG), was notfalls glaubhaft zu machen ist, sowie ob *besondere Gründe* (Interessen des Betreuten; sein Recht auf informationelle Selbstbestimmung) entgegenstehen. **Verfahrenspfleger** und **Betreuer** dürfen während der Dauer ihres Amts demzufolge die Akten (einschließlich Sachverständigengutachten) einsehen, weil bei ihnen diese beiden Voraussetzungen in der Regel erfüllt sind. *Vor* Bestellung zum Betreuer dagegen hat der (künftige) Betreuer kein Akteneinsichtsrecht. **Angehörige des Betreuten** (zB die Tochter), die gegen die Bestellung eines Betreuers als Beschwerdeberechtigte (§ 69 g I FGG) Beschwerde eingelegt haben, haben ein berechtigtes Interesse an Akteneinsicht, jedenfalls an den Teilen, die sie zur Rechtsmittelbegründung brauchen könnten; eine Glaubhaftmachung des Interesses ist nicht erforderlich (BayObLG BtPrax 1998, 78). Trotz § 68a S. 3 FGG kann der Betreute dies i.d.R. nicht verhindern, weil zwar seine Interessen einzubeziehen und abzuwägen sind, in der Regel aber wegen § 69 g I FGG weniger Gewicht haben. Denkbar ist eine Beschränkung der Akteneinsicht, zB unter Ausklammerung des Vermögensverzeichnisses. – Rechtsmittel: gegen die Versagung der Akteneinsicht ist die unbefristete Beschwerde zum LG statthaft, gegen dessen ablehnende Entscheidung die weitere Beschwerde zum OLG.

Akteneinsicht in Nachlassakten. Inwieweit ein Betreuer mit dem Aufgabenkreis Vermögenssorge namens des Betreuten Einsicht in Nachlassakten erhalten kann, richtet sich nach §§ 34, 78 FGG und den entsprechenden Bestimmungen des BGB (§§ 1953, 1957, 2010, 2081, 2146, 2228, 2264, 2384). Bei rechtlichem Interesse kann die Ausfertigung eines Erbscheins verlangt werden (§ 85 FGG).

Akteneinsicht in Patientenakten. Der Gesundheitsbetreuer braucht häufig Informationen über den Gesundheitszustand und die bisherige Behandlung des Betreuten. Der Patient selbst oder sein Bevollmächtigter hat grundsätzlich ein Recht auf Einsicht in die über ihn von den Ärzten, Krankenhäusern usw geführten Akten, Krankenunterlagen, Röntgenbilder usw. Dies ergibt sich als Nebenanspruch aus dem Arztvertrag, zumindest aus dem Selbstbestimmungsrecht des Patienten (BGH 85, 327). Uneingeschränkt besteht das Recht bezüglich naturwissenschaftlich konkretisierbarer Befunde (Ergebnisse von Blutuntersuchungen, Messungen usw), der Aufzeichnungen über Behandlungsmaßnahmen, über körperliche Befunde, verordnete Medikamente, Operationsberichte, dh in bewertungsneutrale Unterlagen. Kein Einsichtsrecht besteht, soweit Geschäftsgeheimnisse oder private Notizen des Arztes betroffen sind. Im Bereich der psychiatrischen und psychotherapeutischen Behandlung besteht ferner kein Einsichtsrecht, soweit es um Fakten über Einflußnahme auf die geistig-seelische Person des Patienten geht, um subjektive Beurteilungselemente des Arztes oder soweit die Interessen dritter Personen schützenswert sind (wie ärztlich befragter Angehöriger des Patienten, die über die psychische Erkrankung berichtet haben); denn der Arzt rechnet nicht damit, dass er diese letztlich für sich gedachten Notizen einmal offenbaren muss (BGH 85, 339). Aber auch einem psychiatrisch behandelten Patienten kann die Einsicht in die vollständigen Krankenunterlagen nicht verweigert werden, wenn dem keine schützenswerten Interessen des Patienten selbst, des Arztes oder Dritter entgegenstehen, zB weil diese zugestimmt haben (BGH NJW 1985, 674). Die Entscheidung, was zu offenbaren ist, überlässt der BGH zunächst dem Arzt. Notfalls muss vor dem Zivilgericht auf Einsicht, gegebenenfalls unter Abdeckung der nicht zu offenbarenden Eintragungen, geklagt werden. Der **Betreuer** mit dem Aufgabenkreis Gesundheitssorge hat als gesetzlicher Vertreter in der Regel diesselben Einsichtsrechte in die Patientenakten wie der Betreute; doch muss hier das informationelle Selbstbestimmungsrecht des Betreuten zusätzlich berücksichtigt werden.

Alkoholismus. Alkohol-, Medikamenten- und Drogenabhängigkeit sind für sich betrachtet keine Krankheiten im Sinne von § 1896 BGB und rechtfertigen daher keine Betreuung, solange jemand seine Angelegenheiten noch ausreichend selbst besorgen kann (BayObLG FamRZ 1998, 1327), weil es jedem frei steht, sich zu betrinken usw. Anders ist es, wenn der Alkoholismus in ursächlichem Zusammenhang mit einem geistigen Gebrechen steht oder infolge des übermäßigen Konsums schon ein psychischer Zustand eingetreten ist (zB hirnorganische Schädigung), der als geistiges Gebrechen bezeichnet werden kann (BayObLG FamRZ 1998, 1327); die Meinung, Trunksucht sei unabhängig vom Grad Ausdruck einer psychischen Krankheit, wird in der Rechtsprechung nicht vertreten. Trunksucht oder Drogensucht allein rechtfertigt auch keine **Unterbringung** nach § 1906 I Nr. 1 BGB, auch nicht zwecks Entwöhnung. Eine notwendige „Entgiftungsphase" nach übermäßigem Alkohol- oder Drogenkonsum kann dagegen eine Unterbringung nach § 1906 I Nr. 1 BGB erforderlich machen. Bei Störung der öffentlicher Sicherheit kann der Alkoholisierte nach Polizeirecht ausgenüchtert oder nach dem Landesrecht (→ PsychKG) untergebracht werden.

Alle Angelegenheiten. Eine Betreuung kann mit dem Aufgabenkreis *alle Angelegenheiten* (sog. Totalbetreuung) vom VormG angeordnet werden, wenn der Betroffene nicht mehr in der Lage ist, den seiner bisherigen Lebensgestaltung entsprechenden Alltag wenigstens teilweise rechtlich zu gestalten und zu beherrschen *und* bezüglich aller Bereiche, die die konkrete Lebenssituation des Betroffenen ausmachen, Handlungsbedarf besteht (BayObLG FamRZ 1998, 452). In manchen Gerichtsbezirken kommt diese Totalbetreuung nicht vor: dort schreibt der Richter alle Aufgaben einzeln auf und vermeidet so das Wort „alle". Unzulässig ist eine Betreuung für *alle* Angelegenheiten *nur*, damit Wahlmanipulationen ausgeschlosen werden (BayObLG FamRZ 1998, 452). Auch beim Aufgabenkreis „alle Angelegenheiten" sind (entgegen dem Wortsinn) nicht erfasst: Postkontrolle (§ 1896 IV BGB); Einwilligung in die Sterilisation (§ 1899 II BGB). Vor Anordnung einer solchen Totalbetreuung ist in der Regel ein Verfahrenspfleger zu bestellen (§ 67 I Nr. 2 FGG). Folge der Totalbetreuung ist, dass der Betreute vom Wahlrecht ausgeschlossen ist (§ 13 BundeswahlG); diese Entscheidung ist daher (durch den Rechtspfleger) dem Wahlamt, das das Wählerverzeichnis führt, mitzuteilen (§ 69 l I FGG). Eine Erweiterung des Aufgabenkreises auf „alle" Angelegenheiten ist immer wesentlich im Sinne von § 69 i I 1 FGG.

Altenheim. Wenn der Betreuer in Ausübung des Aufenthaltsbestimmungsrechts den Betreuten in ein (*offenes*) Altenheim (Pflegeheim) bringt, bedarf das keiner Genehmigung des VormG (LG Offenburg BtPrax 1996, 196); im Einzelfall kann, wenn zugleich die Wohnung gekündigt wird, Genehmigungspflicht nach § 1907 I BGB in Frage kommen oder Anzeigepflicht nach § 1907 II BGB. Nur wenn im Altenheim dem Betreuten die Freiheit entzogen wird (geschlossene Anstalt), ist diese → Unterbringung nach § 1906 BGB genehmigungspflichtig. Die Entscheidung des Betreuers über den Aufenthalt darf vom VormG nur im Rahmen von §§ 1908i, 1837 II BGB überprüft werden, dh auf Pflichtwidrigkeit und Missbrauch (LG Köln FamRZ 1993, 110). Wenn der Betreuer ein anderes Altenheim bestimmt als der Meinung des Ehemanns der Betreuten entspricht liegt darin noch keine Pflichtwidrigkeit (OLG Schleswig FamRZ 1996, 1368). Weisungen in Zweckmäßigkeitsfragen (zB welches Heim) kann der Betreuer vom VormG nicht erbitten (BayObLG FamRZ 1992, 108). Der *zwangsweise* Transport des Betreuten in ein *offenes* Altenheim kann nicht analog § 1906 I BGB genehmigt werden (LG Offenburg FamRZ 1997, 899; LG Hildesheim BtPrax 1996, 230; aA LG Bremen BtPrax 1994, 102; Windel BtPrax 1999, 46) mit der Folge, dass die Betreuungsbehörde helfen müsste; hier kann vorerst nichts unternommen werden, wenn sich der Betroffene wehrt. Im Notfall bleibt nur die → Unterbringung in einem geschlossenen Heim.

Amtspflichtverletzung. Wenn das VormG (Richter, Rechtspfleger) Amtspflichten verletzt, so dass der Betreute Schaden erleidet, kommt eine → Haftung des Staates (Land) nach § 839 BGB, Art. 34 GG in Frage.

Anerkenntnis. Wird der Betreute verklagt und will der Betreuer die Forderung im Prozess anerkennen (§ 307 ZPO), ist das *prozessuale* Anerkenntnis zwar genehmigungsfrei (BGH LM § 306 ZPO Nr. 1). Obgleich sein prozessuales Handeln nach außen hin wirksam ist, muss der Betreuer aber vorher (im Innenverhältnis) eine Genehmigung des VormG nach § 1812 BGB (denn ein Anerkenntnis ist eine Verfügung über eine Forderung) einholen, weil er sich sonst uU schadensersatzpflichtig (§ 1833 BGB) macht.

Angehörige des Betreuten. Sie können (wie jedermann) eine Betreuung oder Unterbringung anregen (→ Antrag). Im Verfahren sollen sie bzw. müssen sie vom VormG angehört werden (§ 68a S. 3, 70 d I Nr. 1, 2 FGG), zB schriftlich, und können sich → äußern. Zu ihrer Information können sie (zumindest) beschränkt → Akteneinsicht in die Betreuungsakte des VormG erhalten; die Entscheidung des VormG muss ihnen aber in der Regel nicht von Amts wegen mitgeteilt werden. Bei einer Betreuung von Amts wegen können sie → Beschwerde einlegen (§ 69 g I FGG); ebenso gegen die Genehmigung einer Unterbringung (§ 70 m II; 70 d I Nr. 1,2 FGG). Der Betreuer steht in keinem Rechtsverhältnis zu den Angehörigen. Erst nach dem Tod des Betreuten muss er sich gegenüber den Erben rechtfertigen (§ 1890 BGB); → Rechenschaftslegung.

Angelegenheiten des Betroffenen. Das VormG hat zunächst Art und Umfang der Angelegenheiten des Betroffenen von Amts wegen zu ermitteln; denn ein Betreuer darf nur bestellt werden, wenn jemand *seine* (rechtlichen) Angelegenheiten nicht besorgen kann. Welche Angelegenheiten eine Person hat, hängt von der konkreten Lebenssituation des Betroffenen ab: alles, was er nach seiner sozialen Stellung und seiner bisherigen Lebensgestaltung (rechtlich) wahrzunehmen hatte (BayObLG FamRZ 1997, 388). Sodann ist zu klären, welche er noch besorgen kann und welche nicht mehr. Erst dann darf untersucht werden, ob dies auf eine Krankheit bzw. Behinderung zurückzuführen ist. Nicht die Normabweichung als solche, sondern der tatsächliche Umfang und die Bedeutung der Angelegenheiten, die nicht hinreichend besorgt werden, begründen die Erforderlichkeit der Betreuung. Dies ist inbesondere dann wichtig, wenn der Betreute überhaupt keine (oder in nur geringstem Umfang) rechtliche Angelegenheiten mehr zu besorgen hat (zB weil er im Heim lebt, das Sozialamt alles zahlt). Hier ist oftmals trotz schwerster geistiger Beeinträchtigungen ein Betreuer überflüssig, weil kein Handlungsbedarf besteht (§ 1896 II BGB). *Keine Angelegenheiten* im Sinne des § 1896 BGB sind solche ohne *rechtlichem* Bezug, weil der Betreuer ein gesetzlicher Vertreter (§ 1902 BGB) ist. Wer den Einkaufskorb nicht mehr tragen kann, braucht einen Träger und keinen Betreuer; insofern wird die in § 1896 II 2 BGB genannte „andere Hilfe“ oft missverstanden. Andererseits ist *Einkaufen, Verwaltung der Rente,* durchaus (neben dem Tatsächlichen) eine rechtliche Angelegenheit.

Anhörung des Betroffenen. Die Anhörung des Betroffenen (zB des Betreuten) durch das VormG ist im Betreuungsverfahren mehrfach vorgeschrieben bzw. empfohlen, zum Beispiel:

- vor Anordnung der Betreuung oder eines Einwilligungsvorbehalts (§ 68 FGG);
- vor bestimmten vermögensrechtlichen Angelegenheiten, wie Verfügungen und Verpflichtungen über Grundstücke, § 69 d I FGG mit § 1821 BGB;
- vor Verfügungen über Erbrechte, Pflichtteile, Vermächtnisse (§ 69 d I FGG mit § 1822 Nr. 1,2 BGB);
- vor Veräußerung bzw. Auflösung des Geschäfts, Verpachtung des gewerblichen Betriebs (§ 69 d I FGG mit § 1822 Nr. 3,4 BGB; § 1823 BGB);
- vor zahlreichen sonstigen wichtigen Geschäften (§ 69 d I FGG mit § 1822 Nr. 6–13 BGB);
- vor der allgemeinen Ermächtigung für häufiger zu tätigende (an sich jeweils genehmigungspflichtige) Geschäfte (§ 69 d I FGG mit § 1825 BGB);
- vor Bewilligung einer Vergütung an den Betreuer *aus dem Vermögen* des Betreuten (§ 56 g IV FGG).
- vor der Wohnungskündigung (§ 69 d I FGG mit § 1907 I BGB; zwingend, persönlich);
- vor Abschluss längerverpflichtender Verträge (§ 69 d I FGG mit § 1907 III BGB; zwingend, persönlich);
- vor Genehmigung gefährlicher ärztlicher Maßnahmen (§ 69 d I FGG mit § 1904 BGB; zwingend, persönlich);
- vor Genehmigung einer Sterilisation (§ 69 d III FGG mit § 1905 BGB; zwingend, persönlich);
- vor Unterbringung oder unterbringungsähnlichen Maßnahmen (§ 70 c FGG mit § 1906 BGB; zwingend, persönlich); → Anhörung vor Unterbringung.
- vor der Entlassung des Betreuers gegen den Widerspruch des Betreuten (§ 69i VII FGG; zwingend, persönlich);
- vor Bestellung eines neuen Betreuers (§ 69i VIII FGG; zwingend, persönlich);
- allgemein zur Sachaufklärung (§ 12 FGG).

Die Ausgestaltung ist unterschiedlich: die Anhörung ist entweder *zwingend* („hat") oder nur empfohlen („soll"); sie muss entweder *persönlich* (durch den Richter bzw. Rechtspfleger) erfolgen oder ist auch auf andere Weise (zB schriftlich) ausreichend.

a) **Vor der Bestellung eines Betreuers** oder der Anordnung eines Einwilligungsvorbehalts hat das Gericht den Betroffenen persönlich anzuhören und sich einen unmittelbaren Eindruck von ihm zu verschaffen (§ 68 FGG). Dasselbe gilt bei wesentlicher Erweiterung des Aufgabenkreises und Verlängerung der Betreuung. In der Beschwerdeinstanz muss die Anhörung durch das LG nur wiederholt werden, wenn zusätzliche Erkenntnisse zu erwarten sind (§ 69 g V FGG). Die Anhörung hat durch den zuständigen Vormundschaftsrichter zu erfolgen; nur ausnahmsweise darf der Richter eines anderen Gerichts darum ersucht werden (§ 68 I 4 FGG; → ersuchter Richter). Der **Anhörungsort** steht im Ermessen des Gerichts: oft wird sie in der Wohnung des Betroffenen (§ 68 I 2 FGG), in der Klinik oder im Gerichtsgebäude durchgeführt. Die Anhörung des Betroffenen erfolgt in **nichtöffentlicher Sitzung**; ein Zutrittsrecht haben daher außer dem Richter (und sonstigem Gerichtspersonal) nur der Sachverständige, der Verfahrenspfleger sowie Vertrauenspersonen des Betroffenen. Weiteren Personen (zB Pfleger, behandelnde Ärzte, Verwandte, künftiger Betreuer) kann das Gericht die Anwesenheit gestatten, aber nicht gegen den Willen des Betroffenen (§ 68 IV 3 FGG); der Betroffene will in der Regel seine persönlichen Verhältnisse nicht jedermann öffnen, deshalb sollte der Richter zumindest Teile der Anhörung ohne Anwesenheit Dritter durchführen. Erscheint der Betroffene nicht zur Anhörung, kann er → **vorgeführt** werden (§ 68 III FGG).

b) **Themen der Anhörung** sind u. a.: Feststellung der Personalien, des (früheren) Berufs, des Lebenslaufs, der Namen und Anschriften von Verwandten und sonstigen Angehörigen; Besprechung der finanziellen Verhältnisse des Betroffenen; ggf Hinweis auf die Kosten der Betreuung und wer sie trägt; **Augenschein** an der Umgebung; **Klärung der Erforderlichkeit** einer Betreuung bzw. eines Einwilligungsvorbehalts: welche Angelegenheiten hat der Betroffene überhaupt zu besorgen und welche kann er nicht mehr besorgen? Erörterung des Anlasses für die Einleitung des Verfahrens, des Sozialberichts, des bisherigen Akteninhalts. Hat der Betroffene anderen Personen (wirksam, dh in geschäftsfähigem Zustand) **Vollmachten** erteilt? Oder will er eine solche Vollmacht (nun) erteilen? Macht der

Betroffene **Vorschläge zur Person des Betreuers** (§ 1897 III, IV BGB)? Wer kommt sonst als Betreuer in Frage, wer wird als solcher vom Betroffenen entschieden abgelehnt? Interessenkonflikte Betroffener/Betreuer (§ 1897 V BGB)? Unterrichtung des Betroffenen über den möglichen Verlauf des Verfahrens (§ 68 I 3 FGG). Ferner ist zu klären, ob der Betroffene einer Anhörung seiner Angehörigen widerspricht (§ 68a S. 3 FGG); das ist zB denkbar bei getrennt lebenden Ehegatten.

c) Die **persönliche Anhörung des Betroffenen kann unterbleiben** (§ 68 II FGG), wenn der Betroffene nach dem unmittelbaren Eindruck des Gerichts offensichtlich nicht mehr in der Lage ist, seinen Willen kundzutun. Hier knüpft das Gesetz an den unmittelbaren Eindruck des Gerichts an; die Verständigungsunfähigkeit darf also nicht vom Gericht durch ärztliches Zeugnis oder sonstige Beweisaufnahme festgestellt werden, sondern nur durch eigenen persönlichen Eindruck. Eine Anhörung scheidet danach aus, wenn der Betroffene nicht mehr in Lage ist, auf Fragen zu antworten und zusammenhängende Sätze zu bilden, wenn er sich nicht mehr artikulieren kann, auch nicht mittels Gebärden etc. Die Anhörungspflicht besteht ferner nicht vor Aufhebung der Betreuung, des Einwilligungsvorbehalts oder deren Einschränkung oder wenn nach ärztlichem Gutachten erhebliche Nachteile für die Gesundheit des Betroffenen zu besorgen sind, falls er angehört wird (was nicht vorkommt).

Anhörung des Betroffenen vor Unterbringung. Vor Genehmigung einer Unterbringung (§ 1906 I BGB) oder unterbringungsähnlichen Maßnahme (§ 1906 IV BGB) muss der Vormundschaftsrichter den Betroffenen persönlich anhören, um sich einen unmittelbaren Eindruck von ihm zu verschaffen (§ 70 c FGG); dasselbe gilt vor deren Erweiterung, Verlängerung, *nicht* aber vor der Ablehnung, Einschränkung, Abkürzung. Die Anhörung darf nur ausnahmsweise durch einen → ersuchten Richter erfolgen. Das VormG kann den Betroffenen → vorführen lassen, wenn er sich weigert, zur Anhörung zu erscheinen (§ 70 c S. 5 iVm § 68 III FGG); sie erfolgt durch die Betreuungsbehörde, bei öffentlich-rechtlicher Unterbringung (§ 70 I S. 2 Nr. 3 FGG) durch die nach den Landesunterbringungsgesetzen zuständige Behörde (i.d.R. Ordnungsbehörde der Stadt- bzw.

Kreisverwaltung). Die Anhörung erfolgt, soweit zur Sachaufklärung erforderlich, in der üblichen Umgebung des Betroffenen (dh in dessen Wohnung, Altenheim, Anstalt). Im Übrigen gelten dieselben Regelungen wie bei der → Anhörung im Betreuungsverfahren.

Anordnung der sofortigen Wirksamkeit. Entscheidungen des VormG in Betreuungssachen (z. B. die Bestellung eines Betreuers) werden mit der Bekanntmachung an den Betreuer wirksam (§ 69a III 1 FGG), Unterbringungsentscheidungen sogar erst mit Rechtskraft, dh mit Ablauf der Beschwerdefrist (§ 70 g III 1 FGG). Wäre das zu spät, kann das VormG durch Beschluss die sofortige Wirksamkeit anordnen (§ 69a III 2, 70 g III 2 FGG); dann treten die Wirkungen schon vorher ein. → Wirksamwerden. Wird gegen die Entscheidung, die für sofort wirksam erklärt wurde, Beschwerde eingelegt, kann das Landgericht durch eine einstweilige Anordnung die Vollziehung aussetzen, § 24 III FGG. Zum Wirksamwerden in Sterilisationsfällen vgl § 69 a IV FGG.

Antrag. Die Bestellung eines Betreuers erfolgt auf Antrag des Betroffenen oder von Amts wegen (§ 1896 I 2 BGB). a) Antragsberechtigt ist nur der Betreute selbst. Auch bei einer auf Antrag angeordneten Betreuung kann der Betreute nicht ohne weiteres die Aufhebung der Betreuung verlangen; wenn die Voraussetzungen noch vorliegen, bleibt sie bestehen (vgl § 1908 d II BGB). b) Amtsverfahren. Die Anregung, eine Betreuung anzuordnen, kann von jedermann kommen. Wird sie seitens des Arztes ausgesprochen, zB weil eine Behandlung notwendig ist, so liegt darin keine Verletzung der Schweigepflicht. c) Unterschiede: bei Betreuung von Amts wegen ist im Verfahren die Einholung eines → Gutachtens erforderlich; bei Betreuung auf Antrag des Betroffenen genügt u.U. die Erholung eines ärztlichen Zeugnisses (§ 68 b I 2 FGG). Bei Betreuung von Amts wegen haben die Angehörigen ein Beschwerderecht gegen die Bestellung eines Betreuers (§ 69 g I FGG); bei Betreuung auf Antrag des Betroffenen gilt dies nicht, lediglich der Betreute und sein Verfahrenspfleger sind i.d.R. noch beschwerdeberechtigt.

Arzneimittelerprobung. Dem Betreuer ist nicht erlaubt, für den einwilligungsunfähigen Betreuten in die klinische Erprobung von

Arzneimitteln einzuwilligen, vgl § 40 Arzneimittelgesetz. In einen Heilversuch mit einem bisher unerprobten Medikament kann der Betreuer einwilligen (§ 41 Arzneimittelgesetz). Ein neues Krebsmittel darf also bei einem Betreuten, der nicht an Krebs leidet, nicht auf generelle Verträglichkeit getestet werden; bei einem Krebskranken darf es dagegen angewandt werden, weil sonst jede Weiterentwicklung der Medizin ausgeschlossen wäre.

Ärztliche Behandlung des Betreuten. Der ärztliche Eingriff ist rechtstechnisch eine Körperverletzung und daher nur gerechtfertigt, wenn eine Einwilligung des Patienten vorliegt, hilfsweise die Einwilligung seines Vertreters, oder Notstand, Notwehr, staatliche Genehmigung. Die Einwilligung muss keine bestimmte Form haben, insbesondere nicht schriftlich erklärt werden; mündliche Erklärung genügt. Sie kann ausdrücklich oder stillschweigend (zB indem die Behandlung geduldet wird) erteilt werden. Die mutmaßliche Einwilligung kann genügen, zB wenn der Patient bewusstlos ist, Gefahr im Verzug ist und dabei anzunehmen ist, dass ein verständiger Patient in dieser Situation mit dem Eingriff einverstanden ist (Beispiel: sofortige Behandlung von bewusstlosen Unfallopfern). Wirksam ist eine Einwilligung nur, wenn der Patient noch selbst einwilligungsfähig ist.

Ein Arzt, welcher einen Betreuten behandelt, muss daher in rechtlicher Hinsicht folgendes überprüfen: Ist der Betreute noch selbst → einwilligungsfähig? Dann entscheidet der Betreute allein. Ist er nicht mehr einwilligungsfähig? Dann entscheidet der Betreuer für ihn. Hat der Betreuer einen ausreichenden Aufgabenkreis? → Gesundheitssorge. Bedarf die Maßnahme zusätzlich der → Genehmigung des VormG? Bei besonders gefährlichen Maßnahmen braucht der Betreuer die → Genehmigung des VormG. Liegt die Genehmigung vor?

Der Arzt hat keinen Anspruch darauf, vom VormG beraten zu werden (vgl § 1837 BGB). Es ist seine Sache, festzustellen, ob er tätig werden darf. Das VormG muss aber Auskunft darüber geben, ob eine Genehmigung erteilt wurde (vgl § 34 FGG). Hält der Arzt eine Maßnahme für unbedingt geboten und verweigert der Betreuer die Einwilligung pflichtwidrig, kann der Arzt das VormG verständigen; eine Weisung des VormG an den Betreuer nach § 1837 I BGB kommt dann in Frage, in Extremfällen eine Entlassung des Betreuers wegen fehlender Eignung (§ 1908 b I BGB, § 69 f III FGG); bis zur Bestellung eines neuen Betreuers könnte das VormG selbst tätig werden (§ 1846 BGB). → Maßregeln. → Eilfälle. → Sterbehilfe. → Patiententestament. Handelt der Arzt ohne Einwilligung/Genehmigung, kann eine Straftat (Körperverletzung, § 223 StGB) und eine unerlaubte Handlung (§ 823 BGB) vorliegen.

Betreuter ist noch **selbst einwilligungsfähig**	Betreuter ist selbst **nicht** mehr **einwilligungsfähig**	
Betreuter entscheidet selbst, willigt selbst in seine Behandlung ein	ärztliche Maßnahme ungefährlich	ärztliche Maßnahme gefährlich
Meinung des Betreuers belanglos	Einwilligung des Betreuers notw. Keine Genehmigung des VormG notw.	Einwilligung des Betreuers notw. Genehmigung des VormG notw.
Einwilligung des Patienten entbehrlich, wenn Rechtfertigungsgründe vorliegen	Einwilligung des Betreuers entbehrlich, wenn Rechtfertigungsgründe vorliegen	Einwilligung entbehrlich, wenn Rechtfertigungsgründe vorliegen. Genehmigung des VormG entbehrlich bei § 1904 I 2

Ärztliches Zeugnis. Ärztliche Zeugnisse (statt Gutachten) genügen im Betreuungsrecht nur ausnahmsweise: vor Bestellung eines Betreuers *auf Antrag des Betroffenen* (§ 68a I 2 FGG); vor Bestellung eines → Kontrollbetreuers (§ 1896 III BGB; § 68a I 3 FGG); für die Verlängerung einer Betreuung (§ 69 i VI FGG); bei Genehmigung von unterbringungsähnlichen Maßnahmen (§ 1906 IV BGB; § 70e I 3 FGG). Worin sich das ärztliche Zeugnis (Attest) vom Gutachten unterscheidet, ist umstritten. Teils wird die Auffassung vertreten, es würden einige Zeilen auf dem Rezeptblock genügen, es enthalte nur ein Ergebnis. Der Zweck der Regelung und der Sinn der Reform verlangen dagegen, dass das Zeugnis den Inhalt eines → Gutachtens in Kurzform hat, also jedenfalls kurze Angaben zum Sachverhalt, zur Vorgeschichte, Untersuchungsergebnisse und Beurteilung.

Aufbewahrung von Handakten. → Akten des Betreuers.

Aufenthalt des Betroffenen. Er ist für die → Zuständigkeit des VormG wesentlich. Der gewöhnliche Aufenthalt des Betroffenen ist dort, wo er seinen tatsächlichen Lebensmittelpunkt hat (BayObLG FamRZ 1993, 89), der Ort, an dem er sich hauptsächlich (nicht unbedingt ständig) aufzuhalten pflegt, rein tatsächlich länger verweilt; es spielt keine Rolle, wo der Betroffene behördlich gemeldet ist. Auch ein auf längere Zeit angelegter Aufenthalt in einer Reha-Klinik begründet keinen neuen gewöhnlichen Aufenthalt am Klinikort (BayObLG FamRZ 1993, 89: zweijähriger Aufenthalt). Anders ist es, wenn nicht absehbar ist, ob und gegebenenfalls wann der Betreute aus einem längeren Klinikaufenthalt entlassen und dann wieder in seine Wohnung zurückkehren wird (BayObLG FamRZ 1997, 1363). Aufenthaltswechsel des Betroffenen *während* des gerichtlichen Verfahrens ist unerheblich, kann aber zur → Abgabe des Verfahrens führen (§ 65a I 2 FGG; OLG Brandenburg FamRZ 1998, 109).

Aufenthaltsbestimmung. Aufenthaltswahl ist der tatsächliche Vorgang der Niederlassung, während zu einer Wohnsitzbegründung (§ 7 BGB) noch der hierauf gerichtete rechtsgeschäftliche Wille erforderlich ist; trotzdem beinhaltet der Aufgabenkreis „Aufenthaltsbestimmung" nach der Rspr auch, den alten Wohnsitz aufzuheben und einen neuen zu begründen (BayObLG FamRZ 1992, 1222); er berechtigt ferner zur Kündigung des alten Mietvertrages (wegen der Genehmigung des VormG vgl § 1907 BGB); dazu, den Betreuten von Dritten (zB Verwandten) herauszuverlangen, die ihn widerrechtlich festhalten. Dagegen gibt er dem Betreuer kein Recht, dem Betreuten den bloßen Umgang (Besuche usw) mit bestimmten Personen zu untersagen, §§ 1908 i, 1632 II BGB (BayObLG FamRZ 1991, 1481); dazu müsste der Aufgabenkreis „Personensorge" bewilligt werden. Die Anordnung einer gesundheitlichen Maßnahme durch den Betreuer, zB im Heim, ist von diesem Aufgabenkreis ebenfalls nicht umfasst; hierzu ist der Aufgabenkreis „Gesundheitssorge" (oder ähnlich) notwendig. Ob der Aufgabenkreis auch die Unterbringung im Sinne von § 1906 BGB umfasst, ist zweifelhaft.

Aufenthaltsbestimmungs-Einwilligungsvorbehalt. Ist ein → Einwilligungsvorbehalt im Bereich der Aufenthaltsbestimmung angeordnet worden, dann muss das VormG dies der Meldebehörde unter Angabe des Namens des Betreuers mitteilen, § 69 l II 1 FGG. Ebenso ist es bei Aufhebung des Einwilligungsvorbehalts oder bei einem Wechsel des Betreuers, § 69 l II 2 FGG. Der Betreuer kann dann den Betreuten an- und ummelden. Im Übrigen ist zweifelhaft, ob ein solcher Einwilligungsvorbehalt dem Betreuten sonstige Rechte nimmt. Denn die Wahl des Aufenthalts (nicht zu verwechseln mit der Wohnsitzbegründung, welche eine Willenserklärung voraussetzt, § 8 I BGB) ist ein *tatsächlicher*, kein rechtsgeschäftlicher Vorgang, der Einwilligungsvorbehalt hingegen bezieht sich nur auf Rechtsgeschäfte, Willenserklärungen. Die Rspr hält den Einwilligungsvorbehalt wegen § 69 l FGG trotzdem für möglich (BayObLG FamRZ 1993, 852; aA Sonnenfeld FamRZ 1995, 396), ohne allerdings zu sagen, was er nützen soll (der Betroffene kann trotzdem auf der Parkbank übernachten).

Aufgabenkreise. Der Betreuer wird für bestimmte Aufgabenkreise bestellt, § 1896 BGB. Das sind die Gebiete, in denen er den Betreuten vertreten darf (→ Gesetzlicher Vertreter) und muss (§ 1902 BGB). Das BGB schreibt (leider) keine typischen Aufgabenkreise vor, sondern überläßt es dem Richter, den Aufgabenkreis herauszufinden und zu definieren, der genau den Bedürfnissen des Betreuten entspricht. Beispiele: → Personensorge, → Gesundheitssorge, → Alle Angelegenheiten, → Aufenthaltsbestimmung, → Vermögenssorge, → Unterbringung. – **Unzulässige Aufgabenkreise** sind solche, wo keine rechtliche Vertretung erfolgt („Erledigung des Schriftwechsels"); Erziehung des Betreuten; Sorge, Erziehung und Vertretung der Kinder des Betreuten (hier sind Maßnahmen des Jugendamts, des Familiengerichts erforderlich, § 1666 BGB); Eheschließung; Errichtung eines Testaments, Abschluss eines Erbvertrages; Ausübung des Wahlrechts; Verwaltungs fremden Vermögens (keine eigene Angelegenheit); → Organspende; → Sterbehilfe.

Zweifelhaft ist manchmal, wozu genau der zugewiesene Aufgabenkreis ermächtigt; daraus ergeben sich Probleme der Rechtssicherheit (der Geschäftsgegner weiß nicht genau, wozu der Betreuer berechtigt ist), Haftung (wird der Betreuer außerhalb seines Aufgabenbereichs tätig, haftet er selbst, § 179 BGB), Aufsicht. In solchen Fällen sollte eine Klarstellung durch das VormG herbeigeführt werden. → Angelegenheiten des Betroffenen.

Aufhebung der Betreuung. Sie ist zu unterscheiden von der bloßen → Entlassung des Betreuers unter Fortbestand der Betreuung. Bei der Aufhebung (damit ist gleichzeitig der Betreuer entlassen) kommt es darauf an, wie es seinerzeit zur Betreuung kam: a) Falls die Betreuung seinerzeit **von Amts wegen** angeordnet wurde, dann ist sie (jederzeit) von Amts wegen aufzuheben, wenn ihre Voraussetzungen (§ 1896 BGB; → Betreuung) weggefallen sind, § 1908 d I 1 BGB. Längstens alle fünf Jahre wird das vom VormG überprüft (§ 69 I Nr. 5 FGG); vorher, wenn eine kürzere Überprüfungsfrist angeordnet wurde, oder wenn ein Anlass dazu besteht oder jemand einen Aufhebungsantrag stellt. Der Betreuer ist, wenn die Voraussetzungen vorliegen, zu einem solchen Antrag verpflichtet (§ 1901 V BGB). b) Falls die Betreuung seinerzeit **auf Antrag des Betreuten** angeordnet wurde (§ 1896 I 2 BGB), dann ist sie scheinbar auf Antrag des Betreuten ohne weiteres wieder aufzuheben (§ 1908 d II 1 BGB); in Wirklichkeit wird sie nur aufgehoben, wenn die Voraussetzungen weggefallen sind, zB weil der Betroffene keine psychische Krankheit bzw. Behinderung mehr hat. Falls damals nur ein ärztliches Attest zugrundegelegt wurde, ist nun die Einholung eines Gutachtens nachzuholen (§§ 68 b I 2; 69 i IV FGG). Für die Zeit *zwischen* schubförmig auftretenden psychotischen Störungen erfolgt keine Aufhebung der Betreuung (BayObLG FamRZ 1995, 510). Der Betroffene kann anstelle oder neben dem Aufhebungsantrag Beschwerde gegen die Anordnung der Betreuung einlegen, obwohl er sie selbst „beantragt“ hat (OLG Hamm FamRZ 1995, 1519); er muss nicht erst das Ergebnis eines Aufhebungsverfahrens abwarten. c) Die Betreuung eines nur **körperlich Behinderten,** welcher geistig völlig gesund ist, die auf Antrag des Betreuten angeordnet wurde, ist auf Antrag des Betroffenen wieder aufzuheben (vgl § 1896 I 3 BGB). → Aufhebungsverfahren. → Unterbringungsbeendigung.

Aufhebungsverfahren. Will das VormG eine Betreuung aufheben (oder einschränken), ist das Verfahren stark vereinfacht. Das VormG hat nur der Betreuungsbehörde sowie auf Verlangen den näheren Verwandten bzw. nahestehenden Personen Gelegenheit zur Äußerung zu geben (§ 69 i III iVm § 68 a FGG); deren Zustimmung ist aber nicht erforderlich. Eine erneute *persönliche* Anhörung des Betroffenen ist nicht erforderlich; doch wird ein Kontakt zwischen dem VormG und dem Betreuten sinnvoll sein. Eine neue Begutachtung bzw. Vorlage eines ärztlichen Zeugnisses ist nicht vorgeschrieben, allerdings im Regelfall geboten (OLG Frankfurt FamRZ 1992, 859). Ein Verfahrenspfleger muss vor Aufhebung einer Betreuung nicht bestellt werden. Die Aufhebung erfolgt durch Beschluss des Richters. Der Beschluss wird wirksam mit der Bekanntgabe der Entscheidung an den Betreuer (§ 69a III FGG); damit ist gleichzeitig der Betreuer entlassen. Er hat die Bestallungsurkunde an das VormG zurückzugeben (§ 1893 II BGB), ferner Schlussbericht und Schlussabrechnung zu erstellen. Eine Aufhebung der Betreuung durch *einstweilige Anordnung* ist nicht möglich (vgl 69 f FGG). **Rechtsmittel:** Gegen die Aufhebung der Betreuung steht dem Betreuten die *einfache* Beschwerde zu, ebenso den Ehegatten, näheren Verwandten (§ 69 i III iVm § 69 g I FGG); nach aA muss die Beschwerde binnen zwei Wochen eingelegt werden (HK-BUR-Rink § 1908 d Rz 12). Der *Betreuer* selbst hat kein Recht auf Fortbestand der Betreuung und daher kein Beschwerderecht, wenn die Betreuung aufgehoben wird (OLG Düsseldorf FamRZ 1998, 1244; OLG Köln FamRZ 1997, 1293); gegen eine Entlassung (unter Fortbestand der Betreuung) könnte er dagegen Beschwerde einlegen (§ 69 g IV Nr. 3 FGG). **Verfahren bei Ablehnung eines Aufhebungsantrags:** hier bestehen keine verfahrensrechtlichen *Besonderheiten* (BayObLG FGPrax 1995, 52). Ein Aufhebungsantrag kann ohne weitere Ermittlungen, Gutachten, Anhörung abgelehnt werden, wenn die letzte Entscheidung des VormG erst kurz (zB zwei Monate) zurücklag (BayObLG FamRZ 1998, 323). **Rechtsmittel**: Gegen die Ablehnung der Aufhebung kann nach einer Meinung unbefristet Beschwerde eingelegt werden, nach anderer Meinung nur binnen einer Frist von zwei Wochen (MünchKomm-Schwab § 1908 d Rz 4). → Unterbringungsbeendigung.

Aufhebung des Einwilligungsvorbehalts. Wegen § 1908 d IV BGB gelten hier dieselben Bestimmungen wie bei der → Aufhebung der Betreuung. Der Betreuer hat das VormG zu verständigen, wenn eine Aufhebung oder Einschränkung in Frage kommt (§ 1903 IV iVm § 1901 IV BGB); außerdem wird innerhalb der höchstens fünfjährigen Überprüfungsfrist (§ 69 I Nr. 5 FGG) von Amts wegen nachgeprüft, ob der Einwilligungsvorbehalt unverändert weiterbestehen muss. Eine Aufhebung auf Antrag (§ 1908 d II BGB) scheidet aus, da ein Einwilligungsvorbehalt nur von Amts wegen angeordnet wird.

Aufhebung der Verfahrenspflegschaft. Das Amt des Verfahrenspflegers gilt in Betreuungssachen grundsätzlich jeweils nur für eine Instanz (§ 67 II FGG) einschließlich Rechtsmitteleinlegung, im Verfahren betreffend Unterbringungsgenehmigung hingegen bis zur Rechtskraft der abschließenden Entscheidung (dh bei Rechtsmitteleinlegung u.U. zwei oder drei Instanzen lang), § 70 b IV FGG. Das VormG kann jedoch die Bestellung schon vorher jederzeit aufheben, wenn die Voraussetzungen weggefallen sind. Wird die Bestellung aufgehoben, ist dies für den Verfahrenspfleger nicht anfechtbar, weil insoweit eine unanfechtbare Zwischenentscheidung vorliegt (OLG Hamburg FamRZ 1997, 1293) und er kein Recht auf das Amt hat. Der Betreute hingegen könnte Beschwerde einlegen.

Auflassungsvormerkung. Wenn der Betreuer als Vertreter des Betreuten (Aufgabenkreis: Vermögenssorge) ein Grundstück veräußert und im notariellen Vertrag eine Auflassungsvormerkung für den Erwerber bewilligt, dann wird die Vormerkung vom Grundbuchamt nur eingetragen, wenn die Bewilligung der Vormerkung vom VormG genehmigt wurde. Diese Genehmigung ist erforderlich, weil ein Grundstücksgeschäft im weiteren Sinne vorliegt (§§ 1908i in Verb. mit § 1821 I Nr. 1 BGB; BayObLG FGPrax 1997, 84).

Aufsicht durch das VormG. Bei der Ausübung seines Amtes ist der Betreuer selbstständig. Das VormG darf und muss aber den Betreuer beaufsichtigen (§ 1908 i I, 1837 II BGB); dies gilt auch, wenn die Betreuungsbehörde Betreuerin ist. Die Durchführung dieser Aufgabe wird u. a. ermöglicht durch § 1802 BGB (Vorlage eines → Vermögensverzeichnisses), durch §§ 1840, 1843 BGB (jährliche →

Rechnungslegung und Rechnungsprüfung), durch § 1839 BGB (→ Auskunftspflicht). Pflichtwidrigkeiten des Betreuers liegen vor, wenn er gegen gesetzliche Regelungen verstößt, zB das Vermögensverzeichnis oder die Jahresrechnung nicht einreicht, das eigene Vermögen mit dem des Betreuten vermengt (§ 1805 BGB), gerichtliche Anordnungen nicht befolgt, → Sperrvermerke nicht eintragen lässt, ohne vorgeschriebene Genehmigung des VormG handelt. Dagegen handelt der Betreuer nicht pflichtwidrig, wenn er in **Zweckmäßigkeitsfragen** aus sachlichen Gründen anderer Ansicht ist als das VormG. In Zweckmäßigkeitsfragen darf das VormG nicht an Stelle des Betreuers tätig werden und keine bindenden Anordnungen treffen (BGHZ 17, 108/116). Eine Frage der Zweckmäßigkeit ist es zB in der Regel, welche Beträge für den Lebensunterhalt des Betreuten aufgewandt werden, wieviel Taschengeld er erhält (doch ist die Aufnötigung eines sparsamen Lebenszuschnitts pflichtwidrig, wenn Geld vorhanden ist, BayObLG FamRZ 1991, 481), bei welcher Bank das Konto geführt wird, ob Gläubiger des Betreuten bezahlt oder zurückgewiesen werden sollen, in welches Pflegeheim der Betreute untergebracht wird (OLG Schleswig FamRZ 1996, 1368); die große Bedeutung der Wünsche des Betreuten (§ 1901 III BGB) ist aber stets im Auge zu behalten.

Gegen Gebote und Verbote des VormG kann der Betreuer Beschwerde einlegen (§§ 19, 20 FGG), gegen bloße Ratschläge nicht; auch für den Betreuten kann eine Beschwerdeberechtigung bestehen. Dritte Personen (zB die kontoführende Bank) haben kein eigenes Recht darauf, dass das VormG im Wege der Aufsicht einschreitet; sie können Maßnahmen des VormG nur anregen.

Aufsichtspflichtverletzung. § 832 I BGB sagt: „Wer kraft Gesetzes zur Führung der Aufsicht über eine Person verpflichtet ist, die ... wegen ihres geistigen oder körperlichen Zustandes der Beaufsichtigung bedarf, ist zum Ersatz des Schadens verpflichtet, den diese Person einem Dritten widerrechtlich zufügt. Die Ersatzpflicht tritt nicht ein, wenn er seiner Aufsichtspflicht genügt oder wenn der Schaden auch bei gehöriger Aufsichtführung entstanden sein würde“. Beispiele: der Betreute überquert plötzlich die Straße, ein Auto muss scharf abbremsen, das dahinter fahrende Auto fährt auf und wird beschädigt; der Betreute verursacht durch nachlässigen Umgang mit Zigaretten einen Brand. Ein Betreuer mit dem Aufgabenkreis „Personensorge" hat zwar auch die Aufsichtspflicht (LG Bielefeld BtPrax 1999, 111; im Einzelnen streitig, vgl Bauer/Knieper BtPrax 1998, 123, 168), doch kann er den Betreuten nicht (wie ein kleines Kind) dauernd im Auge behalten, er hat also i.d.R. seiner Aufsichtspflicht genügt, außer eine Unterbringung wäre erforderlich gewesen. Eine (teilweise) Übertragung der Aufsichtspflicht auf eine andere Person, zB ein Heim, ist möglich. Aber auch ein Pflegeheim trifft keine Pflicht, geistig behinderte Menschen ständig einzuschließen und sie von jedem Kontakt mit der Außenwelt abzuschneiden (vgl OLG Koblenz NJW-RR 1997, 345; OLG München NJW 1966, 404).

Aufwandspauschale (Aufwandsentschädigung). a) Erhält der Betreuer (als ehrenamtlich tätiger Betreuer eines Mittellosen) keine Vergütung, hat er die Wahl: (1) Er kann seine → Aufwendungen im einzelnen aufschreiben, belegen und nach § 1835 I BGB abrechnen (das wird er tun, wenn es sich um mehr als 600 DM jährlich handelt, zB weil hohe Reisekosten angefallen sind); oder (2) er fordert gemäß § 1835a BGB die Pauschale; dann braucht er keine Belege (Porto, Telefon usw) aufbewahren und nichts notieren, macht uU sogar einen bescheidenen Gewinn. Da der Betreuer am Jahresanfang nicht wissen kann, welche Aufwendungen anfallen werden, sollte er vorsorglich aber doch Belege sammeln und sich Notizen machen; denn vielleicht überschreiten seine Auslagen unvorhergesehen 600 DM. Die Wahl kann jedes Jahr und jede Betreuung neu getroffen werden.

b) Wenn dem Betreuer eine Vergütung zusteht, weil er *Berufsbetreuer* ist oder weil er zwar ehrenamtlich tätig ist, aber wegen des Vermögens des Betreuten eine Vergütung erhält (§ 1836 III BGB), muss er seine Aufwendungen *im Einzelnen* zusammenstellen und sie gemäß § 1835 vom (vermögenden) Betreuten fordern, bei Mittellosigkeit des Betreuten erhält er sie von der Staatskasse; er kann also nicht die Pauschale des § 1835a BGB geltend machen.

Berufsbetreuer	ehrenamtlicher Betreuer eines Mittellosen	ehrenamtlicher Betreuer eines Vermögenden
keine Pauschale	Pauschale	keine Pauschale

c) Keine Pauschale können fordern: Vereine als Betreuer oder für ihre Vereinsbetreuer, Behörden als Betreuer oder für ihre Behödenbetreuer (§§ 1835a V, 1908 e I 1, 1908 i I, 1908 h I 1 BGB), Verfahrenspfleger (§ 67 III FGG).

d) Eltern als Betreuer eines behinderten volljährigen mittellosen Kindes können ebenfalls die Pauschale aus der Staatskasse fordern (§ 1835a III Halbs.2 BGB); der Unterhaltsanspruch gegen die Eltern gilt nicht als Vermögen. Sind zwei Personen, zB Eltern, Mitbetreuer können sie die Pauschale doppelt fordern (Knittel § 1835a Rz 3).

e) Die Pauschale beträgt derzeit für ein ganzes Jahr 600 DM (§ 1835a I; § 2 II 1 ZSEG: 25 DM mal 24). Dauert die Betreuung weniger als ein Jahr, ist sie entsprechend zu vermindern. In den ehem. DDR-Ländern erfolgt keine Kürzung um 10% (Art. 4 BtÄndG). Beginnt das Abrechnungsjahr 1998 (zB vom 1. 12. 1998 bis 30. 11. 1999), ist streitig, ob 600 DM gefordert werden können (so das BayObLG, Beschl. v. 2. 8. 1999), oder ob das Jahr 1998 nach den alten Sätzen (375 DM jährlich) abzurechnen ist, der Betreuer also 1/12 von 375 und 11/12 von 600 DM erhält.

f) Die Pauschale wird nur auf Antrag gewährt. Sie ist ein Jahr nach der Bestellung des Betreuers erstmals fällig, also nicht zum Schluss eines Kalenderjahres (31.12.), sondern irgendwann im Jahresverlauf (§ 1835a II BGB). Die weiteren Beträge sind dann zwei, drei usw Jahre später fällig. Stirbt der Betreute, muss nicht das volle Jahr abgewartet werden; die entsprechend gekürzte Pauschale ist dann sofort fällig. Bezüglich des Erlöschens des Anspruchs gilt: am 31.12., der auf die erste Fälligkeit folgt, beginnt eine Dreimonatsfrist zu laufen, mit deren Verstreichen der Anspruch erloschen ist (§ 1835a IV BGB). *Beispiel:* Betreuerbestellung am 2. 2. 1999. Pauschale ist erstmals am 2. 2. 2000 fällig. Der Erstattungsantrag muss spätestens am 31. 3. 2001 beim Amtsgericht eingehen; Telefax genügt. Er unterbricht auch dann die Frist, wenn der (vermögende) Betreute selbst zahlungspflichtig ist. Eine Fristverlängerung gibt es nicht; eine Wiedereinsetzung bei Fristversäumung ist nicht zulässig.

g) Wenn der Betreuer die Vermögenssorge hat, kann er den Betrag selbst aus dem Vermögen des Betreuten entnehmen; eine Festsetzung durch das VormG ist unzulässig. Ist der Betreute zwar vermögend, der Betreuer aber ohne Vermögenssorge, kann er über das Konto des Betreuten faktisch nicht verfügen; wird nicht freiwillig bezahlt, kann der Betreuer die Festsetzung durch das VormG beantragen (§ 69e S. 1 iVm § 56 g I 1 Nr. 1 FGG); zuständig ist der Rechtspfleger. Der Festsetzungsbeschluß ist ein Vollstreckungstitel gegen den Betreuten (§ 69e S. 1 iVm § 56 g VI FGG). Ist der Betreute mittellos und will der Betreuer Ersatz der Pauschale aus der Staatskasse, kann auf seinen Antrag hin die Feststellung und Anweisung aus der Staatskasse durch den Urkundsbeamten der Geschäftsstelle des VormG im Verwaltungsweg erfolgen (§ 69e S. 1 iVm § 56 g I 4 FGG) oder Festsetzung durch den Rechtspfleger (§ 69e S. 1 iVm § 56 g I 1 Nr. 1 FGG). Gegen die gerichtliche Festsetzung ist die sofortige Beschwerde (Frist: zwei Wochen, § 22 FGG) zum LG zulässig, wenn der Beschwerdegegenstand 300 DM übersteigt oder die Beschwerde zugelassen wurde (§ 56 g V 1 FGG); bei Beträgen unter 300 DM ist nur noch die befristete Erinnerung zulässig (§ 11 II RPflG). Eine weitere Beschwerde ist unzulässig, außer das Landgericht hat sie zugelassen (§ 56 g V 2 FGG).

Aufwendungsersatz. Zu unterscheiden ist zwischen → Vergütung und Auslagen (=Aufwendungen). a) Anspruch auf Ersatz der konkreten Aufwendungen (Auslagen) durch den *vermögenden* Betreuten haben berufsmäßige und nicht berufsmäßige Betreuer (§ 1835 I BGB), auch Eltern als Betreuer ihres volljährigen Kindes, Vereine als Betreuer oder für ihre Vereinsbetreuer, Behörden als Betreuer oder für ihre Behördenbetreuer. Ist der Betreute *mittellos*, besteht der Anspruch gegen die Staatskasse (§ 1835 IV BGB), aber nur für berufsmäßige und nicht berufsmäßige Betreuer sowie bei Vereinen für ihre Vereinsbetreuer, nicht hingegen für selbst zu Betreuern bestellte Vereine (§ 1835 V BGB), für Behörden, für Behörden bei Bestellung von Behördenbetreuern (§§ 1908 h I, 1835 V BGB). Der Erstattungsanspruch des Verfahrenspflegers richtet sich (auch bei Mittellosen) nur gegen die Staatskasse (§ 67 III BGB). Auch → Vorschuss auf künftige Aufwendungen (zB Fahrtkosten) kann gefordert werden (§§ 669, 1835 IV BGB), ferner 4% Zinsen (§§ 246, 256 BGB) ab dem Aufwendungstag bis zur Bezahlung, auch wenn kein Verzug vorliegt.

b) Aufwendungen sind Auslagen bzw. Vermögensleistungen des Betreuers, die zum Zwecke der Führung der Betreuung freiwillig oder auf Weisung des Betreuten oder auf Weisung des Gerichts erbracht werden; sie können aber auch als notwendige Folge der Führung des Amts entstehen, zB Steuern. Der Betreuer kann seine Aufwendungen notieren, einzeln nachweisen und dann nach § 1835 BGB ersetzt verlangen. Er kann statt dessen (wenn er nicht Berufsbetreuer ist) pauschal (derzeit) 600 DM pro Jahr verlangen (§ 1835a BGB). → Aufwandspauschale.

c) Hinsichtlich der Ersatzfähigkeit muss danach unterschieden werden, ob Ersatz vom Betreuten oder aus der Staatskasse gefordert wird. Denn vom *vermögenden* Betreuten sind zusätzlich auch alle Auslagen des Betreuers für den Betreuten zu ersetzen, die auf Weisung des Betreuten erfolgten (wie Einkauf von Lebensmitteln, Kleidung, Medikamente); aus der Justiz-Staatskasse sind lediglich notwendige Aufwendungen zu ersetzen, die unmittelbar der Führung der Betreuung dienen. Was somit von der Krankenkasse oder (notfalls) vom Sozialamt zu tragen ist, wird nicht aus der Justizkasse erstattet. § 1835 I BGB soll nicht den Umfang der Sozialleistungen der öffentlichen Hand erweitern.

d) **Ersatzfähig** sind zB: → Fahrtkosten, Porto, → Telefon, Telefax; → Fotokopien; u.U. → Haftpflichtversicherungen; → Berufliche Dienste (§ 1835 III BGB); Dolmetscherkosten; an Hilfskräfte, Schreibkräfte bezahlte Vergütung, wenn sie für delegierbare Tätigkeiten, zB für Sortieren von zahlreichen Belegen, kompliziertere Kontenabrechnung, Buchführung eingesetzt werden; in den Aufwendungen steckende Mehrwertsteuer (→ Umsatzsteuer); Rechtsberatungskosten, wenn zB ein *konkreter* Rat eines Steuerberaters eingeholt werden muss; Verdienstausfall, wenn zB der als Handwerker beruflich tätige (ehrenamtliche) Betreuer den Betreuten wegen eines akuten Problems während der Arbeitszeit besucht (streitig, vgl Seitz BtPrax 1992,85); Auslagen für Vertretung (zB wenn die Betreuerin eine Babysitterin für die eigenen Kinder engagiert, damit der Betreute besucht werden kann (vgl Bach BtPrax 1995,10).

e) **Nicht ersatzfähig** sind: Allgemeine Bürounkosten (Miete, Personal, Strom usw); Allgemeine Fachliteratur, Einführungskurse, Fortbildungskosten, Kosten des Erfahrungsaustauschs; Auslagen für den Lebensunterhalt, für Medikamente des mittellosen Betreuten (sie sind gegebenenfalls beim Sozialamt bzw. bei der Krankenkasse geltend zu machen); Schäden, die der Betreute dem Betreuer zufügt (zB zerrissene Kleidung); Vermögensschäden, die der Betreuer bei der Amtsführung erleidet (zB Autoschaden bei der Fahrt zum Betreuten); ferner alle Aufwendungen, die nicht der Führung der Betreuung dienen (wie Geschenke), sowie solche außerhalb seines Aufgabenkreises; Aufwendungen *nach* Beendigung der Betreuung (sie können aber eventuell über §§ 1698a, b BGB zu erstatten sein); schon aus damaliger Sicht überflüssige Aufwendungen.

f) Der Anspruch auf Ersatz entsteht mit der Aufwendung. Er **erlischt** gegenüber dem Betreuten wie gegenüber der Staatskasse 15 Monate nach der Entstehung, wenn er nicht vorher beim VormG geltend gemacht wurde (§ 1835 I 3 BGB), dh beziffert zur Erstattung eingereicht wurde (die Belege können nach Fristablauf nachgereicht werden). Die Fahrt vom 9.4. 1999 muss also spätestens am 9.7. 2000 beim VormG abgerechnet werden. Die Frist kann verlängert werden (§ 1835 I 4 BGB). Es handelt sich um eine Ausschlussfrist; wird sie versäumt, gibt es keine Wiedereinsetzung.

g) **Ist der Betreute vermögend** und hat der Betreuer die Vermögenssorge, kann er die verauslagten Aufwendungen bzw. der Vorschuss für künftige Aufwendungen unmittelbar vom vermögenden Betreuten fordern und das Geld sich selbst überweisen, ohne dass *hierfür* eine Genehmigung durch das VormG erforderlich wäre (anders, wenn von gesperrten Konten überwiesen werden soll). Ein Ergänzungsbetreuer ist nicht notwendig, da es sich um ein Erfüllungsgeschäft handelt, §§ 1795, 181 BGB (BayObLG Rpfleger 1981, 302). Der entnommene Betrag ist in der jährlichen Abrechnung gegenüber dem VormG aufzuführen und wird auf diese Weise mittelbar vom Rechtspfleger überprüft (§ 1843 BGB). Eine Festsetzung des Aufwendungsersatzes durch das VormG ist unzulässig (BayObLG FamRZ 1996, 1166). Versäumt der Betreuer die Entnahme aus dem Vermögen und wird (zB von den Erben) nicht freiwillig bezahlt, muss er den Betreuten (bzw. dessen Erben) vor dem Zivilgericht auf Zahlung verklagen; es entscheidet nach Grund und Höhe (OLG Köln FamRZ 1998, 1451). Ob das Verfahren nach § 56 g I Nr. 1 FGG noch zulässig ist, ist zweifelhaft (der Antrag sollte versuchsweise gestellt werden).

h) Ist der Betreute zwar vermögend, der Betreuer aber ohne Vermögenssorge, kann er das Geld faktisch dem Vermögen des Betreuten nicht entnehmen. Wird nicht freiwillig bezahlt, kann der Betreuer die Festsetzung durch das VormG beantragen (§ 69e S. 1 iVm

§ 56 g I S. 1 Nr. 1 FGG); zuständig ist der Rechtspfleger. Der Festsetzungsbeschluss ist ein Vollstreckungstitel gegen den Betreuten (§ 69e S. 1 iVm § 56 g VI FGG), nach Umschreibung auch gegen dessen Erben. Rechtsmittel gegen den Beschluss: § 56 g V FGG. Ein Anwaltsbetreuer kann seine Anwaltsdienste nicht nach § 19 BRAGO gegen den Betreuten festsetzen lassen (OLG München NJW 1965, 1026). Auch der **Betreute** kann die Festsetzung durch das VormG beantragen, § 56 g I 1 Nr. 1 FGG.

i) **Ist der Betreute mittellos,** zahlt die Staatskasse an den Betreuer auf Antrag den Aufwendungsersatz (§ 1835 IV BGB). Die einzelnen Aufwendungen sind, soweit möglich, durch Belege nachzuweisen; eine Pauschale gibt es nicht (Sonderfall: § 1835a BGB; → Aufwandspauschale); eine Schätzung ist aber möglich (vgl § 287 ZPO). Die Feststellung der aus der Staatskasse zu erstattenden Auslagen (und deren Anweisung) kann in unproblematischen Fällen durch den Urkundsbeamten der Geschäftsstelle des VormG im Verwaltungsweg erfolgen (§ 69e S. 1 iVm § 56 g I 4 FGG); wenn der Betreuer mit eventuellen Kürzungen nicht einverstanden ist, kann er die Festsetzung durch Beschluss nach § 56 g I FGG verlangen. Statt dessen kann das VormG aber auch von vornherein durch den Rechtspfleger die zu ersetzenden Aufwendungen der Höhe nach durch Beschluss festsetzen (§ 69e S. 1 iVm § 56 g I 1 Nr. 1 FGG).

j) Gegen die Festsetzung durch das VormG (Rechtspfleger) ist die sofortige Beschwerde (Frist: zwei Wochen, § 22 FGG) zum LG zulässig, wenn der Beschwerdegegenstand 300,- DM übersteigt oder die Beschwerde zugelassen wurde, § 56 g V 1 FGG. Eine weitere Beschwerde des Betreuers gegen den Beschluss des Landgerichts betreffend die Erstattung ist unzulässig, außer das Landgericht hat sie zugelassen (§ 56 g V 2 FGG).

Auskunftspflicht des Betreuers. Der Betreuer muss dem VormG auf Verlangen jederzeit über die Führung der Betreuung und über die persönlichen Verhältnisse des Betreuten Auskunft erteilen (§§ 1908 i I; 1839 BGB). Auf Anforderung hat der Betreuer persönlich beim VormG zu erscheinen. Die Auskunftspflicht umfasst auch die Pflicht zur Vorlegung von Unterlagen, wie zB Sparbuch, Kontoauszüge. Die Auskunft kann durch Zwangsgeld erzwungen werden (§ 1837 III BGB), notfalls erfolgt Entlassung (§ 1908 b BGB). Die Berichterstattungspflicht besteht nicht mehr nach Beendigung der Betreuung. Neben der Auskunftspflicht im Einzelfall besteht die periodische → Berichtspflicht.

Ausländer. Für Ausländer mit gewöhnlichem Aufenthalt im Inland kann ein Betreuer nach deutschem Recht bestellt werden (Art. 24 I 2 EGBGB). Fehlt einer solcher dauerhafter Aufenthalt (zB bei einem Ausländer auf der Durchreise), sind die deutschen VormG jedenfalls für vorläufige Maßregeln (zB einstweilige Anordnungen) zuständig, Art. 24 III EGBGB. → Türkische Betreute. Ist ein Ausländer in seinem Heimatland entmündigt oder unter eine Art Betreuung gestellt worden, wird eine solche Entscheidung zwar in Deutschland grundsätzlich anerkannt (§ 16a FGG), doch muss im Einzelfall untersucht werden, welche Auswirkungen dies hier hat, da die ausländischen Rechtsinstitute den deutschen nur bedingt vergleichbar sind. Ähnlich ist die Problematik, wenn ein Deutscher im Ausland entmündigt wurde und dann nach Deutschland zurückkehrt.

Ausschlagung der Erbschaft. Wenn der Betreute eine Erbschaft gemacht hat, die (möglicherweise) überschuldet ist, kann sie ausgeschlagen werden (§ 1942 BGB). Die Ausschlagung erfolgt durch den Betreuer als den gesetzlichen Vertreter des betreuten Erben (§ 1902 BGB), falls dieser Betreuer einen ausreichenden Aufgabenkreis hat (zB Vermögenssorge). Die Frist für die Auschlagung beträgt 6 Wochen ab Erlangen der Kenntnis vom Anfall der Erbschaft (dh Kenntnis vom Todesfall, von den Verwandtschaftsverhältnissen oder von einem Testament bzw. Erbvertrag), § 1944 BGB. Bei Geschäftsfähigkeit des Betreuten kommt es dabei auf seine Kenntnis an, bei Geschäftsunfähigkeit auf die Kenntnis des Betreuers (BayObLG Rpfleger 1984, 403). Die Ausschlagung durch den Betreuer bedarf der Genehmigung des VormG (§§ 1908i iVm § 1822 Nr. 2 BGB). Wenn die Genehmigung des VormG längere Zeit dauert, so dass die Sechswochenfrist nicht eingehalten werden kann, ist das unschädlich, weil der Beteiligte an der Wahrung der Frist durch höhere Gewalt (nämlich die Langsamkeit des Gerichts) gehindert wurde (§ 203 II BGB). Anders ist es, wenn die Genehmigung irrig nicht beantragt wurde. Zur Ausschlagung genügt es übrigens nicht, dass einfach ein Brief an das Nachlassgericht geschrieben wird; die Erklärung muss vielmehr bei einem Notar öffentlich beglaubigt werden (§ 1945 BGB). Selbst wenn aber die Ausschlagung übersehen wurde, ist die Lage nicht hoffnungslos: denn der Vermögensbetreuer kann dann die Gläubiger auf die Dürftigkeit des Nachlasses verweisen, ihnen diesen zur Verfügung stellen, und die Begleichung der restlichen Schulden verweigern (§§ 1990, 19991 BGB).

Aussageverweigerungsrecht. Bestimmte Personen, zB nahe Verwandte, haben im Zivil- und Strafprozess als Zeugen ein Aussageverweigerungsrecht (zB nach §§ 383 ff ZPO). Will zB der volljährige Betreute im Erbschaftsprozess seines Vaters mit seinem Onkel *nicht aussagen,* kann er das (auch bei Verstandesunreife) selbst entscheiden. Will er trotz des Verweigerungsrechts *aussagen,* kann er das nur bei vorhandener Einsichtsfähigkeit selbst entscheiden (BayObLGZ 1985, 53); fällt diese Einsichtsfähigkeit in das Wesen des Aussageverweigerungsrechts, kann nur ein Betreuer mit diesem Aufgabenkreis darüber entscheiden.

Ausstattung. Der Betreuer kann eine Ausstattung aus dem Vermögen des (geschäftsunfähigen) Betreuten nur mit Genehmigung des VormG versprechen oder gewähren (§ 1908 BGB). Ausstattungen sind alle Vermögenswerte, die Eltern ihrem (ehelichen oder nichtehelichen) Kinde anlässlich der Heirat (sog Mitgift oder Aussteuer; zu unterscheiden vom üblichen Hochzeitsgeschenk) oder sonst zur Begründung oder Erhaltung der Selbstständigkeit zuwenden, § 1624 BGB. Dazu können auch Fälle der → Hof- bzw. Geschäftsübergabe zählen. Ohne den Beschluss des VormG ist die Ausstattungsverpflichtung bzw. Gewährung unwirksam. Wird die „Ausstattung" einer anderen Person als dem Kind gewährt (zB dem Enkel) oder *überschreitet sie die Angemessenheit* im Hinblick auf die Vermögensverhältnisse, so handelt es sich um eine unwirksame Schenkung, die auch durch Genehmigung des VormG nicht wirksam wird (BayObLG BtPrax 1998, 72).

Auswahl des Betreuers. Wenn der Vormundschaftsrichter einen Betreuer bestellt, wählt er gleichzeitig den Betreuer aus. Dabei orientiert er sich an Vorschlägen der Betreuungsbehörde, des Betroffenen, des Verfahrenspflegers oder von Verwandten; allerdings sind die Vorschläge nicht verbindlich. Bei der Auswahl ist nach folgendem Schema vorzugehen:

a) **Rangverhältnis.** Den Vorrang hat ein ehrenamtlich tätiger Betreuer (§ 1897 VI 1 BGB). Nur wenn ein Ehrenamtlicher nicht vorhanden oder nicht geeignet ist, darf ein → Berufsbetreuer bestellt werden, hierbei zunächst Einzelpersonen, dann Vereins- und Behördenbetreuer, hierauf Betreuungsverein, zuletzt die Betreuungsbehörde (§ 1900 I BGB).

b) Ist der in Frage kommende Betreuer wegen Abhängigkeit ausgeschlossen? Zur **Vermeidung von Interessenkonflikten** schreibt § 1897 III BGB vor, dass derjenige nicht zum Betreuer bestellt werden darf, der zu der Anstalt, dem Heim oder der sonstigen Einrichtung, in welcher der Betreute untergebracht ist oder wohnt, in einem Abhängigkeitsverhältnis oder in einer anderen engen Beziehung steht. *Beispiel:* die Betreute ist in einem Caritas-Altenheim in Pflege; die Tochter der Betreuten arbeitet dort als Angestellte im Büro. Sie kann daher nicht zur Betreuerin ihrer Mutter bestellt werden. – Es gibt keinen Ermessensspielraum, auch keine Durchbrechung im Einzelfall; selbst wenn der Betroffene ausdrücklich diese (abhängige) Person als Betreuer wünscht, darf sie nicht bestellt werden. (BayObLG FamRZ 1997, 245). Verwandte des Abhängigen sind nicht absolut ausgeschlossen, falls sie nicht aus sonstigen Gründen als ungeeignet gelten müssen. Abhängig ist (jedenfalls, aber nicht nur), wer in einem Dienst- oder Arbeitsverhältnis steht. Besteht ein Abhängigkeitsverhältnis, greift der Ausschluss durch, ohne dass es auf konkrete Interessengegensätze ankäme. Ausreichend ist deshalb die Abhängigkeit zum Heimleiter, Heiminhaber, Heimbetreiber; auch wenn der Betreuer als Angestellter im Heim A tätig ist, während der Betreute im Heim B wohnt, falls beide Heime der gleichen Leitung unterliegen (BayObLG FamRZ 1997, 245). – Ungenügend ist ein Abhängigkeitsverhältnis zum kommunalen Heimträger. Gemeindebedienstete können daher zum Betreuer bestellt werden, falls sie in einem Bereich tätig sind, der in keinem unmittelbaren Zusammenhang mit dem Heim steht. Ist ein Betreuungsverein Alleingesellschafter einer GmbH, die ein Heim betreibt, darf ein Mitarbeiter des Vereins jedenfalls dann nicht zum Betreuer für Bewohner dieses Heims bestellt werden, wenn er dem Geschäftsführer der

GmbH disziplinarisch unterstellt ist (BayObLG BtPrax 1998, 74).

c) Ausschluss infolge einer **anderen engen Beziehung zum Heim** (§ 1897 III BGB)? Es kommt darauf an, ob Interessenkonflikte denkbar sind. Demzufolge können zB nicht Betreuer von Heimbewohnern sein: der Inhaber des Heims, sein Ehegatte (OLG Düsseldorf FamRZ 1994, 1416) oder Kind; Freunde und Verwandte von Heimpersonal; ebenso nicht der hauptamtliche Mitarbeiter des Vereins, der Träger des Heims ist, in dem der Betreute wohnt (LG Stuttgart BtPrax 1996, 75).

d) Hat der Betroffene einen **Vorschlag** gemacht? Der Vorschlag ist keine Willenserklärung; der Betroffene muss daher nicht geschäftsfähig sein (BayObLG FamRZ 1996, 1374). Es reicht deshalb aus, dass der Betroffene mit natürlichem Willen einen als ernsthaft deutbaren Vorschlag macht; barer Unsinn zählt nicht. Der Vorschlag kann auch in einer Betreuungsverfügung enthalten sein (§ 1897 IV 3 BGB). Der Vorschlag ist nur unbeachtlich, wenn er *dem Wohl des Betreuten zuwiderläuft* (§ 1897 IV 1 Halbs. 2 BGB); das muss das VormG ermitteln. Im Endergebnis ist der Vorschlag nur dann nicht verbindlich, wenn die vom VormG ins Auge genommene Person *deutlich* besser geeignet ist als die vom Betreuten vorgeschlagene (BayObLG FamRZ 1997, 900). Der *Vorschlag des Geschäftsfähigen* hat meines Erachtens ein solches Gewicht, dass er auch bindend ist, wenn er dem Wohl des Betreuten zuwiderläuft (vgl OLG Düsseldorf FamRZ 1995, 894). Wird ein Angehöriger vorgeschlagen, der aber zur Vermögensverwaltung ungeeignet erscheint, kommt in Frage, dass die Betreuung auf zwei Betreuer (→ Mitbetreuer) aufgeteilt wird. Bestehen sonstige vermögensmäßige Bedenken gegen den Angehörigen (zB Sohn, Tochter), kann ihm die Befreiung entzogen werden, § 1908i II BGB (→ Befreite Betreuung).

e) Wenn ein **Vorschlag fehlt:** Eltern, Kinder und Ehegatten des Betreuten, ferner Freunde, gute Bekannte, haben den Vorrang vor familienfremden Personen (§ 1897 V BGB). Wenn aber Kompetenzkonflikte innerhalb der Verwandtschaft drohen, zB über die Höhe von Pflichtteilszahlungen, oder sich Verwandte für überfordert halten, amtliche Hilfe vorschlagen, sollte trotz Vorhandenseins geeigneter Verwandter eine neutrale Person bestellt werden (BayObLG FamRZ 1996, 1370).

f) Die **Gefahr von Interessenkonflikten** verhindert die Bestellung zum Betreuer, wenn konkrete Umstände, Verdachtsmomente, vorliegen (OLG Hamm FamRZ 1993, 988). Abstrakte Gefahren wie Erbberechtigung sind ungenügend.

g) Ist der Ausgewählte (fachlich und persönlich) **geeignet**? → Eignung des Betreuers.

h) Ist der Ausgewählte mit der Bestellung zum Betreuer **einverstanden** ? § 1898 II BGB verbietet die Bestellung, wenn sich jemand nicht zur Übernahme der Betreuung bereit erklärt hat.

i) **Auswahl bei einstweiligen Anordnungen.** Aus § 69 f I 5 FGG folgt: bei der Bestellung eines Betreuers durch eine *gewöhnliche* einstweilige Anordnung hat das VormG die Auswahlkriterien des § 1897 IV, V BGB zu beachten. Bei Bestellung durch eine sog *eilig*e einstweilige Anordnung („Gefahr in Verzug") müssen diese Auswahlgesichtspunkte nicht beachtet werden (LG Regensburg FamRZ 1993, 597).

Auswechslung des Betreuers → Entlassung.

Ausweis → Personalausweis. → Schwerbehindertenausweis. Der Betreuer erhält von VormG einen Ausweis (§ 69 b II FGG).

B

Bankverbindung des Betreuten. Der Betreuer mit dem Aufgabenkreis Vermögenssorge sollte sein Amt baldigst der Bank des Betreuten anzeigen (unter Übersendung einer Kopie des Betreuerausweises). Er sollte dort anfragen, welche Girokonten, Sparkonten und sonstige Vermögenswerte bei der Bank geführt werden, ob Konten und Depots in den letzten Monaten vor Anordnung der Betreuung aufgelöst wurden, die Buchungen aus den letzten Monaten erbitten (um unberechtigte Abhebungen/Überweisungen vor Anordnung der Betreuung feststellen zu können), ferner eine Saldenbestätigung sämtlicher Konten für den Stichtag „Anordnung der Betreuung" (die jedoch anhand der Kontoauszüge zu überprüfen ist); Kontovollmachten für Dritte sind zu widerrufen; welche Daueraufträge bestehen? Das Konto lautet weiterhin auf den Betreuten, vertreten durch den Betreuer B. Der Betreuer muss sodann bestimmte Konten → sperren. Bei → Geldanlagen sind teilweise Genehmigungen des VormG erforderlich. Die Kreditaufnahme bedarf der Genehmigung des VormG (§§ 1908 i I, 1822 Nr. 8 BGB); eine solche Kreditaufnahme liegt auch vor, wenn das Girokonto vorübergehend überzogen wird. Die Kontoauszüge kann sich der Vermögensbetreuer zusenden lassen, auch wenn die → Postkontrolle nicht zu seinen Aufgaben gehört. Die Bankverbindung kann der Betreuer (zB aus Zweckmäßigkeit) ohne Genehmigung des VormG wechseln. → Girokonto. → Sparbuch.

Bargeld oder Guthaben auf zinslosen Konten darf nur ausnahmsweise vorhanden sein, nämlich soweit Geld zur Bestreitung von Ausgaben bereitzuhalten ist. → Geldanlage.

Anlage von Bargeld und Girokontoguthaben		
soweit zur Bestreitung von Ausgaben bereitzuhalten:	soweit nicht bereitzuhalten, ist es anzulegen:	
	mündelsichere Anlage	Andere Anlage
keine verzinsliche Anlage notwendig	nur in der Form des § 1807 BGB	nach § 1811 genehmigungspflichtig;

Befreite Betreuung. Bestimmte Betreuer (zB der Vater oder die Mutter des Betreuten, der Ehegatte, Sohn, Tochter, Enkel) haben weniger Pflichten als gewöhnliche Betreuer (§§ 1857a, 1853, 1854, 1908 i BGB); man spricht hier von befreiten Betreuungen.

a) Ein privilegierter Betreuer ist im Bereich der Vermögenssorge von folgenden Regelungen befreit:

- Bestimmte Beschränkungen bei der Anlegung von Geld gelten für ihn nicht (§§ 1852 II 1, 1809, 1810 BGB);
- der Sperrvermerk für das angelegte Geld ist also nicht erforderlich; zu Geldanlagen in Bundesanleihen, Sparbriefen, Sparguthaben usw braucht der Betreuer nicht die Genehmigung des VormG.
- Über Forderungen (Bankguthaben usw) und Wertpapiere kann er ohne Genehmigung des VormG verfügen, (§§ 1852 II 1, 1812 BGB);
- Wertpapiere des Betreuten kann der Betreuer im ungesperrten Depot der Bank lassen (§§ 1853, 1814, 1815, 1816 BGB);
- Während der Dauer der Betreuung muss er nicht laufend (jährlich) Rechnung legen (§§ 1854, 1840 II, 1908i). Nach dem Ablaufe von je zwei Jahren hat der Betreuer aber dem VormG eine Übersicht über den Bestand des Vermögens des Betreuten einzureichen. Das VormG kann längere Zwischenräume (bis 5 Jahre) gestatten (§ 1854 II BGB).

b) Auch bei befreiter Betreuung bestehen aber insbesondere folgende Pflichten:

- das Vermögensverzeichnis nach § 1802 ist aufzustellen und einzureichen; dem VormG sind Einzelauskünfte zu erteilen (§ 1839 BGB).

- Pflicht zur Erstellung von Vermögensübersichten im Abstand von 2–5 Jahren.
- das Geld des Betreuten ist mündelsicher nach §§ 1806 ff BGB anzulegen;
- Genehmigungen sind in den Fällen der §§ 1821, 1822 BGB zu erholen; Schenkungsverbot;
- Die → Schlußrechnung nach § 1890 BGB ist zu erstellen;
- Die Aufsicht des VormG besteht im Übrigen uneingeschränkt, § 1837 BGB.

c) Ist die Betreuungsbehörde Betreuerin, ist sie nach §§ 1908 i I, 1857 a BGB befreit; in einigen Bundesländern ist sie durch Landesrecht zusätzlich von weiteren Pflichten befreit (§ 1908 i I 2 BGB). Ist ein Betreuungsverein als solcher Betreuer, ist er nach §§ 1908 i I 1, 1857a BGB befreit; hier kann das Landesrecht nicht erweitern. Sind die nahen Angehörigen Betreuer, kann das VormG die Befreiung aufheben oder einschränken, zB wenn sie verdächtige Geldgeschäfte tätigen (§ 1908 i II 2 Schlusssatz BGB).

Betreuer ist:	Betreuungsbehörde; Betreuungsverein	Vater, Mutter, Ehegatte, Abkömmling, Vereinsbetreuer, Behördenbetreuer	sonstige Person
Befreiung?	Ja; bei der Behörde weitere Befreiung nach Landesrecht möglich	Ja (§ 1908i II 2, 1857a)	Nein. Besondere Befreiungen nach §§ 1817, 1825 möglich
Rücknahme der Befreiung möglich?	Nein	VormG kann die Befreiung aufheben, § 1908 i II 2	Ja

Behandlungsabbruch → Sterbehilfe.

Behandlungsvertrag. Den Vertrag mit dem Arzt bzw. Krankenhaus kann der Betreute selbst abschließen, wenn er geschäftsfähig ist und nicht unter Einwilligungsvorbehalt (§ 1903) steht; anderenfalls kann nur der Betreuer mit dem entsprechenden Aufgabenkreis den Vertrag abschließen; eine Genehmigung des VormG (nach § 1904 BGB) braucht der Betreuer *hierzu* nicht. Der Betreuer wählt auch den Arzt aus, wobei der Wille des Betreuten zu berücksichtigen ist (§ 1901 II BGB), aber nicht bindet.

Behinderten, die *nur* körperlich behindert sind (zB Blinde, Taube, Stumme), nicht aber auch geistig, kann vom VormG einen Betreuer bestellt werden, aber nur auf eigenen Antrag (§ 1896 I 3 BGB). Ein Betreuer zur Besorgung *aller* Angelegenheiten darf aber nicht bestellt und ein Einwilligungsvorbehalt nach § 1903 BGB darf nicht angeordnet werden. Die Erforderlichkeit (§ 1896 II) liegt nur vor, wenn der Behinderte niemanden findet, dem er eine Vollmacht erteilen kann. Denn Vorlesen, Einkaufen usw ist nicht Aufgabe eines Betreuers. → Schwerbehinderte.

Behindertentestament. Darunter versteht man erbrechtliche Regelungen, die dem behinderten Kind zu seinen Lebzeiten zusätzlich zu den Leistungen der Sozialhilfe laufende Einnahmen verschaffen, den Nachlass aber dem Zugriff des Trägers der Sozialhilfe entziehen. Solche Testamente sind nicht grundsätzlich wegen Sittenwidrigkeit nichtig (BGH 123, 368). Der Pflichtteilsanspruch des Kindes ist allerdings möglicherweise auf den Träger der Sozialhilfe überleitbar. Einzelheiten sind unklar und streitig, notarielle Beratung ratsam; vgl Damrau ZEV 1998, 1.

Bekanntmachung der Entscheidung. Entscheidungen des VormG in Betreuungssachen, auch einstweilige Anordnungen (BayObLG FamRZ 1994, 1060), sind dem **Betroffenen** stets selbst bekanntzumachen (§ 69a I 1 FGG), auch wenn er geschäftsunfähig ist oder die Entscheidung nicht verstehen kann. Von der Bekanntmachung der Entscheidungsgründe (aber nicht des Entscheidungssatzes, dh des Tenors) an den Betroffenen kann das VormG ausnahmsweise absehen, wenn dies nach ärztlichem Zeugnis wegen erheblicher Nachteile für seine Gesundheit erforderlich ist. Ist der Betroffene durch einen **Rechtsanwalt** vertreten, sind diesem die Entscheidungen zusätzlich bekanntzumachen, ebenso dem **Verfahrenspfleger,** dem Antragsteller, dem **Betreuer.** Die **Betreuungsbehörde** erhält die Entscheidung vom VormG, wenn ihr im Verfahren Gelegenheit zur Äußerung gegeben wurde; ferner immer, wenn ein Betreuer bestellt oder ein Einwilligungsvorbehalt angeordnet wird (§ 69a II FGG).

Den **Personen,** denen Gelegenheit zur Äußerung zu geben war (Ehegatten, Angehörige, Vertrauenspersonen usw, § 69 a S. 3, 4 FGG), muss die Entscheidung nicht mitgeteilt werden. Sie sind gegebenenfalls auf ihr Akteneinsichtsrecht (§ 34 FGG) angewiesen. Den **Beschwerdeberechtigten** (Angehörige usw, vgl § 69 g I FGG) muss die Entscheidung ebenfalls nicht mitgeteilt werden. – Die Bekanntmachung erfolgt formlos (dh durch einfachen Brief); durch förmliche Zustellung (also mit Zustellungsurkunde) nur, wenn gegen die Entscheidung die sofortige Beschwerde gegeben ist (§§ 22, 69 g FGG); vgl § 16 FGG.

Beratung. Ehrenamtliche und berufsmäßige Betreuer können sich beim VormG beraten lassen (§§ 1908i I, 1937 I); ferner bei der → Betreuungsbehörde (BtBG § 4). Ehrenamtliche Betreuer haben ferner Anspruch auf Beratung durch den Betreuungsverein, der sie angeworben hat (§ 1908 f I Nr. 2 BGB). Ein Beratungsanspruch des Betreuten ist nicht gesetzlich verankert; er muss sich an seinen Verfahrenspfleger wenden oder einen Anwalt, der u.U. über → Beratungshilfe bezahlt wird.

Beratungshilfe. Wer, zB als Betreuer, rechtlichen Rat braucht, kann sich gegen Honorar von einem Anwalt beraten lassen. Wer sich das nicht leisten kann, kann beim Amtsgericht eine verbilligte (bzw. kostenlose) Rechtsberatung durch einen Anwalt beantragen. Dort muss er das Beratungshilfe-Formular ausfüllen. In einfachen Fällen gibt der Rechtspfleger selbst (kostenlos) die erbetene Auskunft (§ 3 II BerHG). In anderen Fällen stellt der Rechtspfleger dem Ratsuchenden einen Beratungsschein aus, mit dem dieser zu einem Anwalt seiner Wahl gehen kann, um sich dort beraten zu lassen. In Bremen, Hamburg, Berlin erfolgt die Beratung unter Umständen durch die dort eingerichtete öffentliche Rechtsberatung (§ 14 BerHG). Die Beratungshilfe wird bewilligt, wenn eine anderweitige Beratung nicht möglich ist, der Antragsteller nicht mutwillig handelt und wenn er nach seinen wirtschaftlichen Verhältnissen (bzw. den Verhältnissen der vertretenen Person, also des Betreuten) nicht in der Lage ist, die anwaltliche Beratung selbst zu bezahlen; letzteres richtet sich nach denselben Grundsätzen wie die → Prozesskostenhilfe. Kostenlose Beratung für den jeweiligen Spezialbereich kann u.U. erfolgen durch Gewerkschaften, Mietervereine, Sozialleistungsträger.

Bereiterklärung → Übernahmepflicht.

Berichtspflicht. Der Betreuer hat dem VormG über die persönlichen Verhältnisse des Betreuten mindestens einmal jährlich zu berichten (§§ 1908 i I, 1840 I BGB). Inhalt des Berichts ist zB: Aufenthalt des Betreuten, Wohn- und Lebensverhältnisse, letzter Besuch des Betreuers bei ihm, gesundheitliche Lage, Einkommen (Rente, Unterhalt), laufende Verpflichtungen (zB Miete), Vermögen, Erweiterung oder Einschränkung der Betreuung, Einwilligungsvorbehalt erforderlich? Eine bestimmte Form ist für den Bericht nicht vorgeschrieben; in der Regel ist er schriftlich.

Berufliche Dienste. Ist der Betreuer Arzt, Schneider, Schuhmacher usw, ist es unangebracht, dass er seine beruflichen Dienste am Betreuten unentgeltlich oder verbilligt erbringen soll; deshalb bestimmt § 1835 III BGB, dass er die angemessene (dh festgelegte, hilfsweise übliche) Vergütung als → Aufwendung verlangen kann, falls der Betreuer mit den Diensten eine Angelegenheit innerhalb seines Aufgabenkreises besorgt hat und er die Erledigung dieser Angelegenheit aus seiner Sicht für erforderlich halten durfte (BayObLG FamRZ 1998, 1050). Die Erforderlichkeit ist genau zu prüfen, denn die Versuchung für den Betreuer ist groß, zwar zweckmäßige, aber nicht unbedingt erforderliche Dienste zu erbringen. § 1835 III BGB spielt vor allem eine Rolle, wenn Anwälte zu Betreuern bestellt sind. Für Dienste, die jedermann leisten kann, wie zB für ein Mahnschreiben, können sie nicht nach der BRAGO abrechnen. Dagegen ist die BRAGO anzuwenden (und die entsprechenden Stunden sind aus der Betreuervergütungsabrechnung herauszurechnen), wenn Anwaltszwang besteht oder ein verständiger Laie sich anwaltlicher Hilfe bedient hätte

(BayObLGZ 1981, 62/8). Darf der Anwalt Gebühren nach der BRAGO abrechnen, kann er auch seine diesbezüglichen Portoauslagen gemäß § 26 BRAGO pauschalieren (LG Berlin Rpfleger 1970, 338). Streitig ist, ob der Betreuer, der Rechtsanwalt ist und Tätigkeiten erbracht hat, die an sich nach der BRAGO abrechenbar sind (§ 1835 III BGB), nach seiner Wahl zum BRAGO-Satz als Aufwendung oder (wenn dies günstiger ist) nach Stundensatz gemäß § 1836 II BGB abrechnen kann (dafür BayObLG BtPrax 1999, 29). Anwälte als → Verfahrenspfleger können diese Tätigkeit nicht über § 1835 III BGB nach der BRAGO abrechnen (§ 67 III FGG). – Schwierigkeiten bereiten berufliche Dienste aus dem Gesundheitsbereich. § 1835 III BGB gewährt keine zusätzlichen Sozialleistungen; was Krankenkassen, Sozialämter nicht zu zahlen haben, kann nicht von Justizfiskus gefordert werden. Ein Betreuer mit dem Aufgabenkreis Gesundheitssorge, der selbst Therapeut ist, soll Stunden für psycho-soziale Therapie aufwenden und über § 1835 III gegenüber der Staatskasse abrechnen können (BayObLG FamRZ 1998, 1050); hätte er nur die Vermögenssorge ginge das nicht.

Berufsbetreuer. §§ 1836 ff BGB unterscheiden bezüglich der → Vergütung zwischen Betreuern, die die Betreuung berufsmäßig führen und anderen Betreuern (den ehrenamtlichen). Ob Berufsmäßigkeit vorliegt, wird seit 1999 bei jeder Betreuung durch Beschluss des VormG (Rechtspfleger bzw. Richter) festgestellt (es gibt keine generelle Anerkennung der Berufsmäßigkeit). Das VormG hat bei der Feststellung kein Ermessen. Ein Antrag des Betreuers ist nicht erforderlich.

a) Die Feststellung ist schon bei der Bestellung des Betreuers (also am Anfang) zu treffen, kann aber auch nachgeholt werden (§ 18 FGG). Fehlt die Feststellung der Berufsmäßigkeit, kann der Betreuer die Übernahme der Betreuung ablehnen (vgl § 1898 II BGB). Fehlt die Feststellung, hält sich der Betreuer aber für einen Berufsbetreuer, kann er Ergänzung beantragen und schließlich Beschwerde einlegen; die Beschwerde ist unbefristet (§ 19 FGG).

b) Die Berufsmäßigkeit darf nur (muss aber dann auch) vom VormG festgestellt werden, wenn bestimmte Voraussetzungen vorliegen (§ 1836 II 3 Alt.1 BGB). Es gibt drei Fallgruppen der Berufsmäßigkeit:

aa) Quantitätskriterium: der Betreuer führt laufend mindestens 11 Betreuungen (einschließlich Pflegschaften, Vormundschaften). Oder: Sein Zeitaufwand beträgt voraussichtlich wöchentlich mehr als 20 Stunden zu 60 Minuten.

bb) Prognose der Berufsmäßigkeit. Wer nur eine Betreuung führt, aber bereit ist, weitere zu übernehmen, ist Berufsbetreuer, wenn anzunehmen ist, dass das VormG oder mehrere VormG dem Betreuer künftig mehrere Betreuungen übertragen, so dass er schließlich mindestens 11 führt. Als absehbare Zeit wird man 1–2 Jahre ansetzen können. Diese Regelung betrifft insbesondere Berufsanfänger; der angehende Berufsbetreuer erhält deshalb eine Vergütung schon für den ersten Fall. Umgekehrt: wer als Berufsbetreuer bestellt wurde, verliert den Vergütungsanspruch nicht dadurch, dass die Zahl seiner Betreuungen zurückgeht (BayObLG FamRZ 1998, 187).

cc) Ausnahmefälle (§ 1836 II 4 BGB). Wenn die Gesamtbetrachtung zu dem Ergebnis führt, es handle sich nicht mehr um eine echte Einzelbetreuung, nicht mehr nur um Erfüllung staatsbürgerlicher Pflichten, sondern um Arbeiten im Rahmen einer Berufsausübung, liegt Berufsbetreuung (auch bei weniger als 11 Fällen und geringem Zeitaufwand) vor (vgl BayObLG FamRZ 1998, 187; OLG Köln FamRZ 1998, 1536). Ein Anwalt, der nur eine einzige Betreuung mit nur 1–2 Stunden wöchentlichem Zeitaufwand führt, kann daher Berufsbetreuer sein (BayObLG BtPrax 1999, 29). Ebenso ist es, wenn jemand bestellt wird, der sich nur zur berufsmäßigen Ausübung angeboten hat (OLG Karlsruhe FamRZ 1998, 1535). Auch wer nur in → Nebentätigkeit arbeitet, kann Berufsbetreuer sein.

Beschwerde. Die Entscheidungen in Betreuungssachen sind mit der Beschwerde anfechtbar (§ 19 I FGG; § 11 I RPflG), nicht mit Berufung oder Revision. Dabei macht es keinen Unterschied, ob der Richter oder der Rechtspfleger entschieden hat (Ausnahme: → Erinnerung). In Vergütungs- und Aufwendungsersatzangelegenheiten findet sich eine Sonderregelung in § 56 g FGG (→ Vergütung). Gegen eine Auslagenentscheidung nach § 13a II FGG ist die Beschwerde nur im Rahmen von § 20a I 2 FGG statthaft (→ Kosten).

a) Für die Beschwerde ist manchmal eine **Frist** zu wahren: (1) die Beschwerde ist in den Fällen des § 69 g IV FGG (Einwilligungsvorbehalt, Betreuerentlassung) sowie in den Fällen des § 56 g V FGG

(Vergütung) binnen einer Frist von zwei Wochen einzulegen (→ sofortige Beschwerde); dasselbe gilt in → Unterbringungssachen. (2) Unbefristet ist die Beschwerde in den übrigen Fällen (zB gegen die Bestellung eines Betreuers, gegen die Auswahl des Betreuers).

b) Die Beschwerde setzt weiter voraus, dass das VormG eine **anfechtbare Entscheidung** erlassen hat; die Entscheidung darf ferner nicht durch eine gesetzliche Bestimmung als unanfechtbar deklariert worden sein. Die Einleitung eines Betreuungsverfahrens und die einzelnen Ermittlungshandlungen sind zB keine anfechtbaren Verfügungen (BayObLG FamRZ 1998, 1183); ebenso nicht die bloße Anordnung der medizinischen Untersuchung zur Vorbereitung des Gutachtens nach § 68 b FGG (BayVerfGH BtPrax 1995, 179). Worüber in erster Instanz noch nicht entschieden ist kann idR kein Beschwerdeverfahren stattfinden.

c) Die Beschwerde kann ferner nur einlegen, wer eine **Beschwerdeberechtigung** hat; das sind alle, die in ihren Rechten verletzt sind (§ 20 I FGG) oder denen das Gesetz auch ohne eine solche Verletzung ein Beschwerderecht einräumt (§ 69 g I FGG).

Betreuter und sein Verfahrenspfleger	Angehörige des Betreuten, Sonstige Personen, Betreuungsbehörde		
	wenn die Betreuung auf Antrag des Betreuten erfolgte	wenn die Betreuung von Amts wegen angeordnet wurde	
Sie können gegen alle belastenden Entscheidungen Beschwerde einlegen. Ausnahme: Unanfechtbarkeit	i.d.R. keine Beschwerderecht dieser Personen	*Bestimmte* Angehörige, und die Behörde haben gegen *bestimmte* Entscheidungen ein Beschwerderecht, § 69 g I FGG	Sonstige Personen haben idR kein Beschwerderecht

Der Betreute und sein Verfahrenspfleger können somit gegen belastende Entscheidungen immer Beschwerde einlegen, auch gegen die Anordnung einer Betreuung auf eigenen Antrag (OLG Hamm FamRZ 1995, 1519); ferner gegen die Anordnung einer Betreuung von Amts wegen, deren Erweiterung oder Beschränkung usw.

Die Angehörigen, sonstige Personen und die Betreuungsbehörde haben i.d.R. kein Beschwerderecht, wenn die Betreuung *auf Antrag des Betreuten* angeordnet wurde (denn § 69 g I FGG ist dann nicht einschlägig; ein eigenes Recht dieser Personen im Sinne von § 20 I FGG ist nicht verletzt). Das gilt auch, wenn der Betreute schon geschäftsunfähig war (OLG Düsseldorf BtPrax 1998, 53). *Beantragt* der verwirrte Vater, dass seine Tochter zur Betreuerin bestellt wird, hat der Sohn daher kein Beschwerderecht (OLG Düsseldorf FamRZ 1998, 510), kann auch nicht mit Beschwerde erreichen, dass er anstatt seiner Schwester zum Betreuer bestellt wird. Er müsste den Verfahrenspfleger oder den Vater veranlassen, dass diese Beschwerde einlegen (erfolgte die Betreuerbestellung dagegen nicht auf Antrag des Vaters, sondern von Amts wegen, kann der Sohn Beschwerde einlegen).

d) Wurde die Betreuung *von Amts wegen* angeordnet, können bestimmte Personen (und die Betreuungsbehörde) gegen bestimmte Entscheidungen des Vormundschaftsgerichts Beschwerde einlegen.

(1) Privilegierte Personen sind nach § 69 g I FGG: der Ehegatte des Betroffenen; auch der Getrenntlebende, der Geschiedene bis zur Rechtskraft der Scheidung. Der Lebenspartner des Betreuten dagegen hat gegen die Bestellung eines Betreuers kein Beschwerderecht (BayObLG FamRZ 1998, 1185). Bestimmte Verwandte, nämlich die in gerader Linie verwandten: Eltern, Großeltern usw, Kinder (auch nichteheliche, adoptierte), Enkel, Urenkel; in gerader Linie verschwägert: Schwiegersohn/-tochter, Schwiegereltern und großeltern, Ehefrau zum nichtehelichen Kind des Ehemannes; Stiefmutter; in der Seitenlinie bis zum dritten Grad verwandt: Bruder (auch Halbbruder)/Schwester, Onkel/Tante, Neffe/Nichte. Nicht unter diese Verwandten fallen: Großneffe und Großonkel; die Schwägerin (BayObLG FamRZ 1995, 302).

(2) Fälle, in denen diese Personen (und die Betreuungsbehörde) Beschwerde einlegen können, sind nach § 69 g I FGG nur: (a) Bestellung eines Betreuers von Amts wegen (§ 1896 I BGB); ebenso

eines vorläufigen Betreuers durch einstweilige Anordnung. Die Beschwerde kann sich (als beschränkte Beschwerde) auch nur gegen die Auswahl einer bestimmten Person zum Betreuer richten (BGH FamRZ 1996, 607). Die Beschwerde gegen die Auswahl ist abzugrenzen vom → Entlassungsantrag (§ 1908b BGB). (b) Bestellung eines neuen Betreuers nach § 1908 c BGB (§ 69 i VIII FGG); (c) Bestellung eines weiteren Betreuers (§ 69 i V FGG); eines Gegenbetreuers (BayObLG FamRZ 1994, 325); (d) Erweiterung des Aufgabenkreises des Betreuers *von Amts wegen*; (e) Ablehnung der Bestellung eines Betreuers; (f) Aufhebung der Betreuung, § 69 i III FGG; (g) Einschränkung des Aufgabenkreises des Betreuers, § 69 i III FGG; (h) Anordnung eines Einwilligungsvorbehalts (§ 1903 BGB), auch eines vorläufigen Einwilligungsvorbehalts durch einstweilige Anordnung; (i) Erweiterung des Kreises der einwilligungsbedürftigen Aufgaben (§ 69 i II, I, 69 g I FGG); (j) Aufhebung eines Einwilligungsvorbehalts, § 69 i III FGG; (k) Einschränkung des Kreises der einwilligungsbedürftigen Aufgaben, § 69 i III FGG; (l) Ablehnung der Anordnung eines Einwilligungsvorbehalts (§ 1903 BGB); (m) Entlassung des Betreuers, § 69i III (BayObLG FamRZ 1994, 324).

e) Alle anderen Entscheidungen des Vormundschaftsgerichts fallen nicht unter § 69 g I FGG. Deshalb ist in solchen Fällen die Beschwerde nur zulässig, wenn der Beschwerdeführer in einem eigenen Recht verletzt ist (§ 20 I FGG). Will die Tante ihren kranken Neffen besuchen und verweigert dies dessen Betreuer, hat sie kein Beschwerderecht (BayObLG FamRZ 1993, 1222), weil Tanten kein gesetzliches Recht auf Umgang mit ihren Neffen haben. Die Ablehnung der Entlassung des bisherigen Betreuers (§ 1908 b BGB) fällt ebenfalls nicht unter § 69 g I FGG (BayObLG Rpfleger 1998, 112). Folge: Wird ein Anwalt von Amts wegen zum Betreuer bestellt, kann die Tochter über § 69 g I FGG ihre Bestellung ggf durchsetzen, wenn sie sofort tätig wird. Wartet sie einige Zeit und beantragt dann die Entlassung des Anwalts und die eigene Bestellung, liegt ein Fall des § 1908 b BGB vor, die Tochter kann gegen die Ablehnung der Betreuerauswechslung nichts unternehmen, da sie kein Recht (§ 20 I FGG) darauf hat, dass der andere Betreuer entlassen wird (BGH FamRZ 1996, 607).

f) Die Beschwerde gegen Entscheidungen des VormG kann bei diesem Gericht **eingelegt** werden (zB durch Brief; durch Erklärung zu Protokoll der dortigen Geschäftsstelle) oder beim übergeordneten Landgericht, § 21 FGG. Untergebrachte können die Beschwerde auch beim Amtsgericht des Unterbringungsbezirks einlegen (§ 69 g III FGG). Ein Rechtsanwalt muss nicht eingeschaltet werden. Mit der Beschwerde können neue Tatsachen, neue Beweise, Zeugen, Gutachten eingeführt werden, § 23 FGG. Über die Beschwerde entscheidet das Landgericht. → Beschwerdeverfahren. Zum Kostenrisiko → Gerichtskosten.

Beschwerdeentscheidung. Zuständig zur Entscheidung über eine Beschwerde gegen einen Beschluss des VormG ist eine Zivilkammer (niemals ein Einzelrichter) des übergeordneten Landgerichts, §§ 19 II, 30 I FGG. Die Entscheidung des LG darf nur den Verfahrensgegenstand regeln, der schon Gegenstand der erstinstanzlichen Entscheidung war (denn andernfalls fehlt die angreifbare Verfügung) und der angefochten ist. Legt *nur* der Betroffene gegen die Bestellung eines Betreuers Beschwerde ein, darf daher das LG den Aufgabenkreis nicht erweitern (BayObLG FamRZ 1998, 1183). Teilanfechtungen sind zulässig; zB kann der Betreute die Anfechtung auf die Auswahl des Betreuers beschränken; in einem solchen Fall hat das LG die Voraussetzungen für die Betreuung als solche nicht mehr zu prüfen (BayObLG FamRZ 1996, 419). Ferner gilt das Verschlechterungsverbot (reformatio in peius): Legt *nur* der Betreuer Beschwerde gegen die Vergütungsfestsetzung ein, kann er vom LG nicht noch stärker gekürzt werden (BayObLG FamRZ 1996, 1166). → Gerichtskosten.

Beschwerderecht des Betreuers. Ein Betreuer kann gegen Entscheidungen des VormG, die ihn in seinen Rechten verletzen, im eigenen Namen Beschwerde einlegen (§ 20 I FGG). Gegen Entscheidungen, die seinen Aufgabenkreis betreffen (zB Erweiterung oder Beschränkung des Aufgabenkreises, BayObLG FamRZ 1998, 452; oder Versagung einer Genehmigung, BayObLG BtPrax 1998, 72) kann ein (nicht entlassener) Betreuer auch im Namen des Betreuten Beschwerde einlegen (§ 69 g II FGG). Wird eine **Betreuung aufgehoben**, kann der Betreuer dagegen nicht aus § 69 g II FGG Beschwerde einlegen (OLG Düsseldorf BtPrax 1998, 80), auch nicht aus § 20 I, § 69 i III, § 69 g IV Nr. 3 FGG; denn er hat kein Recht auf

Anordnung oder Bestand einer Betreuung. Wird ein **Betreuer entlassen**, wird dies mit der Bekanntmachung an ihn wirksam (§ 69a III 1 FGG); die Beschwerde hiergegen hat keine aufschiebende Wirkung; der entlassene Betreuer ist dann nicht mehr befugt, *im Namen des Betreuten* Beschwerde (zB gegen die Versagung einer Genehmigung) einzulegen (BayObLG FamRZ 1996, 58). Wohl aber kann er gegen seine eigene Entlassung Beschwerde einlegen (§ 69 g IV Nr. 3 FGG).

Beschwerdeverfahren. Wurde Beschwerde einlegt, prüft das VormG, ob der Beschwerde abgeholfen werden darf und kann. Eine Abhilfe ist idR zulässig, außer in den Fällen der sofortigen Beschwerde (§ 18 II FGG). Andernfalls werden die Akten dem übergeordneten LG vorgelegt.

a) In zweiter Instanz muss der Betreute nicht unbedingt nochmals von allen drei Richtern der Zivilkammer des Landgerichts *persönlich angehört* werden. Die wiederholte Anhörung entfällt, wenn von einer erneuten Anhörung keine zusätzlichen Erkenntnisse zu erwarten sind (§ 69 g V 3 FGG); das ist selten. Eine neue Anhörung ist zB dann notwendig, wenn das Protokoll des VormG und die Beschlussgründe den persönlichen Eindruck vom Betroffenen nicht ausreichend vermitteln (OLG Stuttgart FamRZ 1993, 1365); oder wenn die Anhörung durch das VormG schon längere Zeit zurückliegt (OLG Zweibrücken NJW-RR 1986, 1330); oder wenn das VormG den Betroffenen verfahrenswidrig nicht angehört hat (BayObLG NJW-RR 1987, 781); oder wenn das LG aufgrund der Persönlichkeit des Betroffenen vom Gutachten des Sachverständigen abweichen will (BayObLG FamRZ 1993, 442). Ist eine neue Anhörung notwendig, fragt sich, ob alle drei Richter dabei sein müssen. Es genügt, wenn die Zivilkammer einen ihrer Richter beauftragt, den Betreuten anzuhören, falls der beauftragte Richter der Kammer die Anhörung und den persönlichen Eindruck eingehend und nachvollziehbar in den Akten niederlegen kann (§ 69 g V 2 FGG). Hält sich der Betreute weit entfernt auf, kann der Richter eines anderen Bezirks ersucht werden, die Anhörung durchzuführen (§ 68 I 4 FGG).

b) Eine **Wiederholung von Zeugenvernehmungen** erübrigt sich dann, wenn die Zeugenaussage ausreichend protokolliert ist, es auf den persönlichen Eindruck vom Zeugen nicht ankommt, nichts Zusätzliches aufzuklären ist und gegen die Richtigkeit der Zeugenaussage weder etwas vorgebracht ist noch sich Bedenken aufdrängen. Die Wiederholung der Anhörung der Auskunftspersonen ist nicht zwingend geboten (§ 69 g V 3 FGG).

c) Die **Begutachtung durch einen Sachverständigen** muss nur ausnahmsweise wiederholt werden (§ 69 g V 4 FGG), zB wenn zwischen der Erstellung des ersten Gutachtens und der Entscheidung des LG längere Zeit verstrichen ist oder wenn das Erstgutachten inhaltlich unzureichend erscheint (OLG Stuttgart FamRZ 1993, 1365); oder wenn der Beschwerdeführer oder eine Anhörungsperson gegen das Gutachten Bedenken vortragen (BayObLG FamRZ 1994, 1059); oder wenn sich die Anknüpfungstatsachen (zB der Gesundheitszustand des Betreuten) geändert haben.

d) Der Verfahrenspfleger für die erste Instanz kann zwar noch Beschwerde einlegen, dann aber ist sein Amt erloschen (§ 67 II FGG). Er kann beim LG beantragen, für die Beschwerdeinstanz bestellt zu werden, dann kann er zB an den Anhörungen teilnehmen und weitere Beschwerde einlegen.

e) Das LG (Beschwerdegericht) entscheidet durch Beschluss; es kann zB die Entscheidung des VormG aufheben und selbst neu entscheiden; oder an das VormG zurückverweisen; oder die Beschwerde zurückweisen. Gegen den Beschluss ist uU die → weitere Beschwerde statthaft.

Besitz. Wenn der Betreute dem Betreuer die Herausgabe von Bargeld, Wertgegenständen und Unterlagen verweigert, fragt sich, ob ein Anspruch darauf besteht, oder sogar eine Pflicht hierzu (aus § 1901 IV BGB: Folgenmilderung). Man muss unterscheiden:

(1) wenn der Betreute *geschäftsfähig* ist, kann er selbst Verbindlichkeiten eingehen; dann aber muss er auch in der Lage bleiben, diese zu erfüllen. Der Betreuer gelangt nur auf freiwilliger Basis in den Besitz des Geldes. (2) Etwas anderes gilt, wenn der geschäftsfähige Betreute unter Einwilligungsvorbehalt (§ 1903) steht: soweit der Vorbehalt sich erstreckt, erfordert seine Durchsetzung, dass der Betreuer den Besitz an den entsprechenden Sachen ergreift. (3) Ein *geschäftsunfähiger* Betreuter kann keine Verbindlichkeiten eingehen oder Verfügungen vornehmen; hier erfordert der Schutz des

Betreuten die Inbesitznahme bestimmter Gegenstände, damit die Werte dem Betreuten nicht verloren gehen. Zwang gegen den Betreuten setzt ein Urteil des Zivilgerichts voraus; das VormG kann hier nicht weiterhelfen (allenfalls durch Einwirkung auf den Betreuten und Überzeugungsarbeit). Bei Sparbüchern genügt Kraftloserklärung.

Bestattung des Betreuten. Mit dem Tode des Betreuten endet das Amt des Betreuers; ein Aufhebungsbeschluss des VormG entfällt. Die Einzelheiten des Bestattung (Art der Totenfeier, Grabschmuck usw) bestimmt, wer das Recht der **Totenfürsorge** hat. Dafür kommt es auf den geäußerten Willen des Verstorbenen an; fehlt es daran, haben die nächsten Angehörigen das Recht der Totenfürsorge. In den Bestattungsgesetzen der Länder ist zum Teil geregelt, dass ein Betreuer, welcher die Personensorge hat, die Bestattungsmodalitäten regeln kann (vgl Stockert BtPrax 1996, 203). Die **Kosten der Bestattung** haben die Erben zu tragen (§ 1968 BGB); sind sie dazu nicht in der Lage oder schlagen sie die Erbschaft aus, hat das Sozialamt die Kosten zu begleichen (§ 15 BSHG). Der Erbe muss lediglich die Kosten einer angemessenen Bestattung tragen (§ 1968 BGB); das richtet sich im Wesentlichen nach den finanziellen Verhältnissen des Verstorbenen und seiner Erben. Nur im Rahmen einer Notmaßnahme, wenn also Erben und Angehörige unbekannt sind oder sich um nichts kümmern, ist der Betreuer berechtigt, Anordnungen für die Bestattung des verstorbenen Betreuten zu treffen, zB ein Bestattungsinstitut zu beauftragen (LG Leipzig FamRZ 1996 1361); der Betreuer sollte aber davon wegen der unklaren und streitträchtigen Rechtslage Abstand nehmen. Die Kosten der Bestattung sind Nachlassverbindlichkeiten; der Betreuer darf sie nicht dem Konto des Verstorbenen entnehmen (Pohl BtPrax 1996,88); das ist Sache der Erben bzw. eines → Nachlasspflegers.

Der Zeitaufwand für die Regelung der Bestattung usw wird bei einem mittellosen Betreuten nicht aus der Staatskasse vergütet, wenn *kein* Notfall vorliegt. Nach dem Tod des Betreuten steht der Nachlass voll zur Begleichung der Vergütung des Betreuers zur Verfügung (LG Koblenz Rpfleger 1996, 288); dann gilt auch die Schongrenze von zB 8000 DM nicht mehr. Vgl § 1836 e I 3 BGB; § 56 g III FGG.

Bestattungsvorsorgevertrag. Der Betreute kann, bei Geschäftsunfähigkeit gesetzlich vertreten durch den Betreuer, zu Lebzeiten die Bestattung regeln, also ein Grabdenkmal kaufen, die Bestattung bezahlen, die künftige Grabpflege begleichen. Wird er dadurch mittellos, muss die Staatskasse künftig den Betreuer bezahlen; die Übernahme der weiteren Heimunterbringungskosten durch die Sozialhilfe kann erforderlich werden (VG Sigmaringen BtPrax 1999, 33). Der Abschluss der entsprechenden Verträge bedarf nicht der Genehmigung des VormG, außer es wird von gesperrten Konten bezahlt (§§ 1809, 1813 BGB). Will der Betreuer selbst die künftige Grabpflege entgeltlich (und durch Vorauszahlung abgegolten) übernehmen, ist ein entsprechender Vertrag nur möglich, wenn ein weiterer Betreuer (Ergänzungsbetreuer, § 1899 BGB) bestellt wird, weil der Betreuer sonst unzulässig mit sich selbst kontrahieren würde (§§ 1795, 181 BGB).

Besuchsrecht. Der Betreuer mit dem Aufgabenkreis Personensorge hat das Recht, den Umgang des Betreuten mit anderen Personen zu regeln (§ 1908i I, 1632 II BGB). Wenn er dritten Personen (Verwandten, Bekannten) Besuche verbietet, kann das VormG hiergegen bei Pflichtwidrigkeit durch eine Weisung an den Betreuer einschreiten (§ 1837 II BGB). Zu beachten ist, dass der Betreuer kein Erziehungsrecht gegenüber dem (volljährigen !) Betreuten hat. Kontaktverbote sind daher nur vertretbar, wenn andernfalls der Betreute schweren Schaden erleiden würde, zB psychische Schäden oder finanzielle Nachteile zu erwarten sind. Lehnt das VormG eine Weisung an den Betreuer ab, besteht oft kein Beschwerderecht. Will die Tante ihren kranken Neffen besuchen und verweigert dies der Betreuer, hat sie kein Beschwerderecht (BayObLG FamRZ 1993, 1222), weil kein Fall des § 69 g I FGG vorliegt und sie kein Recht auf Umgang im Sinne von § 20 hat (zweifelhaft, weil Kontakte naher Angehöriger untereinander wohl durch das Persönlichkeitsrecht geschützt sind; vgl KG JZ 1989, 38). Wollen Bekannte den Betreuten besuchen, haben sie kein Beschwerderecht (OLG Saarbrücken FGPrax 1999, 108). Rechtlich geschützte Kontaktrechte haben immer beauftragte oder angeforderte Anwälte, Abgeordnete, Verfahrenspfleger.

Betreuer. Als Betreuer kommen in Frage (§§ 1897, 1900 BGB): ehrenamtlich tätige Einzelpersonen, wie zB Verwandte; freiberuflich tätige Berufsbetreuer (vgl § 1836 I BGB), wie zB Rechtsanwälte; Vereinsbetreuer (meist Sozialarbeiter, Sozialpädagogen); Behördenbetreuer; Betreuungsvereine; Betreuungsbehörden. Eine juristische Person (zB GmbH) kann nicht Betreuer werden. Sog. **Betreuungsbüros** sind Zusammenschlüsse (Bürogemeinschaften) mehrerer selbstständiger Betreuer. Da die Betreuung nicht übertragbar ist, Arbeiten nur beschränkt delegierbar sind, ist das Einschalten von Angestellten nur beschränkt möglich. → Vertretung.

Betreuerausweis. Der Betreuer erhält vom VormG einen kleinen Ausweis, damit er sich im Rechtsverkehr (zB gegenüber Banken) ausweisen kann (§ 69 b II FGG); der Ausweis ist an sich überflüssig, weil die Ausfertigung des Bestellungsbeschlusses zum Nachweis besser geeignet ist. Im Ausweis stehen die Namen des Betreuten und des Betreuers, ferner der Aufgabenkreis sowie gegebenenfalls der Einwilligungsvorbehalt. Diesen Ausweis erhalten Einzelbetreuer, aber auch Vereins-/Behördenbetreuer, Vereine/Behörden. Bei Aufhebung der Betreuung ist der Ausweis zurückzugeben, ebenso bei Entlassung; bei Änderung des Aufgabenkreises ist er zu berichtigen. Der Ausweis wird vom Rechtspfleger ausgestellt.

Weicht der Aufgabenkreis im Ausweis versehentlich vom Aufgabenkreis im Bestellungsbeschluß ab, ist der Beschluss maßgebend. Der Ausweis begründet keine Gutgläubigkeit bei Geschäftspartnern, keine Rechtsscheinwirkung.

Betreuerwechsel. Wird ein Betreuer → entlassen oder stirbt er und besteht das Bedürfnis für eine Betreuung weiterhin, ist vom VormG ein neuer Betreuer zu bestellen (§ 1908 c BGB). Das Verfahren ist gegenüber der erstmaligen Bestellung eines Betreuers etwas vereinfacht, obwohl es für den Betreuten oft wichtiger ist, *wer* sein Betreuer ist als ob eine Betreuung überhaupt besteht. Der Betreute ist vom VormG (Richter) persönlich anzuhören, § 69i VIII FGG (außer er hat sich mit dem Betreuerwechsel einverstanden erklärt); anzuhören sind ferner die Betreuungsbehörde, die nahen Angehörigen, die Vertrauensperson (§ 69i VIII mit § 68a FGG). Die Anhörung kann uU unterbleiben (§ 69 VIII mit § 69 d I 3 FGG), die Umgebungsanhörung ist also nicht zwingend geboten. Eine Vorführung des Betroffenen ist möglich (BayObLG BtPrax 1994, 171). Ein neues Sachverständigengutachten oder Attest ist nicht erforderlich, die erneute Bestellung eines Verfahrenspflegers nicht vorgeschrieben. Das VormG kann den **Betreuerwechsel mit sonstigen Änderungen verbinden,** zB den Aufgabenkreis erweitern oder vorzeitig die Dauer der Betreuung überprüfen; dann findet nicht das obige erleichterte Verfahren statt, sondern bei Erweiterung das Verfahren nach § 69i I FGG, bei Verlängerung das Verfahren nach § 69 i VI FGG. Einschränkung des Aufgabenkreises und Verkürzung des Überprüfungszeitpunkts sind dagegen ohne weiteres zulässig. Falls Entlassung und Neubestellung im selben Beschluss erfolgen, wird die jeweilige Entscheidung wirksam mit Bekanntmachung an den alten bzw neuen Betreuer (§ 69a III FGG); das kann zeitlich differieren, so dass uU vorübergehend zwei Betreuer Vertretungsmacht haben. In der Zeitspanne zwischen Entlassung und Neubestellung kann das VormG selbst nach § 1846 BGB (→ Maßregeln) tätig werden; ein vorläufiger Betreuer könnte im Wege einer einstweiligen Anordnung (§ 69 f I FGG) bestellt werden. **Verhältnis der beiden Betreuer zueinander.** Der bisherige Betreuer hat dem Betreuten, nunmehr vertreten durch den neuen Betreuer, das verwaltete Vermögen nebst → Akten herauszugeben und Rechenschaft zu legen, §§ 1908 i, 1890 BGB. Wird das unterlassen, kann der neue Betreuer als Vertreter des Betreuten gegen den alten Betreuer Herausgabeklage vor dem Zivilgericht erheben. → Entlassung des Betreuers.

Betreuung. Die Anordnung einer Betreuung durch das → VormG setzt nach § 1896 BGB voraus:
- der Betroffene ist volljährig.
- der Betroffene kann seine → Angelegenheiten nicht besorgen.
- Ursache dafür sind bestimmte Erkrankungen bzw. Behinderungen; → psychische Krankheit;
- die Betreuung ist erforderlich, § 1896 II; → Erforderlichkeit.

Unwesentlich ist dagegen: ob ein Antrag gestellt wird; ob der Betroffene geschäftsfähig oder geschäftsunfähig ist; dass der Betroffene mit der Anordnung der Betreuung einverstanden ist. Der Betreuer ist → gesetzlicher Vertreter des Betreuten. Seine allgemeinen → Pflichten sind in § 1901 BGB normiert. Zum gerichtlichen Verfahren → Betreuungsverfahren. → Inhalt der Entscheidung. → Mitteilung. → Wirksamwerden. Zu den Rechtsmitteln → Beschwerde.

Betreuung im Drittinteresse. Eine Betreung darf grundsätzlich nur angeordnet werden, wenn dies den Interessen *des Betreuten* dient. Nur ausnahmsweise kann auf Anregung eines Dritten hin die Betreuung im ausschließlichen Interesse Dritter angeordnet werden (BayObLG FamRZ 1998, 922). Beispiele: der Arbeiter will seinen Lohnanspruch gegen den geschäftsunfähig gewordenen Arbeitgeber einfordern; der Vermieter will die Kündigung gegenüber dem geschäftsunfähig gewordenen Mieter aussprechen (BayObLG FamRZ 1996, 1369); Störung oder Gefährdung der Mitbewohner eines Hauses, schwere Störung eines anderen durch krankhaften Liebeswahn. Eine solche Betreuung im bloßen Interesse eines Dritten ist nur zulässig, wenn die Geltendmachung von Rechten gegen den Betroffenen in Frage steht und der Dritte daran ohne die Bestellung eines Betreuers wegen (partieller) Geschäftsunfähigkeit des Betroffenen gehindert wäre (BayObLG FamRZ 1996, 1369). Bei der Ausübung seines Amtes hat der Betreuer auch die Interessen des Dritten zu berücksichtigen; die Annahme des Kündigungsschreibens darf er zB nicht verweigern. Wenn das VormG den „Antrag" des Dritten ablehnt, kann er dagegen Beschwerde (§§ 19, 20 FGG) zum LG einlegen (BayObLG FamRZ 1996, 1369). Will ein Kläger jemanden verklagen, der geschäftsunfähig ist, und hat der Beklagte keinen Betreuer, kann in Eilfällen der Zivilrichter dem Beklagten auf Antrag des Klägers einen Prozesspfleger bestellen (§ 57 ZPO).

Betreuungsbehörden. Seit 1992 gibt es Betreuungsbehörden. a) Die **Aufgaben** der Betreuungsbehörde können in fünf Komplexe eingeteilt werden: (1) Beratung und Unterstützung von Betreuern; Hilfe, wenn der Betreuer den Betreuten in die geschlossene Anstalt schaffen möchte, damit er dort untergebracht wird, § 1906 BGB, § 70 g V FGG. Beratung und Unterstützung von Betreuungsvereinen, Fortbildung (§§ 4–6 BtBG); diese Aufgaben werden als → Querschnittaufgaben bezeichnet. (2) Hilfe gegenüber dem VormG in Betreuungs- und zivilrechtlichen Unterbringungssachen, zB bei der Sachverhaltsermittlung, Erstellung von Sozialberichten, (unverbindlicher) Vorschlag eines Betreuers, Prüfung der Eignung von

Betreuern. Im Bereich der →Vorführungen und Zuführungen hat die Betreuungsbehörde die Aufgabe, den Betroffenen beim VormG vorzuführen, damit er dort angehört werden kann; oder beim Sachverständigen, damit er zwecks Erstellung des Gutachtens untersucht und beobachtet werden kann. (3) Kontrolle des VormG durch Einlegung von Rechtsmitteln, § 69 g I FGG. (4) Führung von Betreuungen, selbst oder durch Mitarbeiter; vgl.unten. (5) Geschäftsführung der örtlichen Betreuungsarbeitsgemeinschaft. Sonstige durch BtG, FGG und weitere Normen zugewiesene Aufgaben.

b) **Nicht zuständig** ist die Betreuungsbehörde für die Beratung des Betreuten; für Tätigkeiten im Rahmen der Unterbringung eines Kindes (§ 70 I 2 Nr. 1 a FGG); dafür ist das Jugendamt zuständig. Sie ist auch nicht zuständig für Tätigkeiten im Rahmen der öffentlichrechtlichen Unterbringung nach dem LandesUnterbrG, LandesPsychKG (dafür sind i.d.R. die Ordungsämter zuständig).

c) Auf **örtlicher Ebene** sind die Betreuungsbehörden (fast überall) bei den Kreisen und kreisfreien Städten angesiedelt; die Dienststellen heißen *Betreuungsbehörde* oder *Betreuungsstelle.* Einzelheiten sind in den Ausführungsgesetzen der Länder zum Betreuungsgesetz geregelt. Die Kommune kann die Aufgaben auf eine schon bestehende Behörde (zB das Jugendamt, Sozialamt) oder eine neu errichtete Behörde (zB in München) übertragen; sie kann auch die Aufgaben auf verschiedene Behörden verteilen. Es handelt sich um eine Aufgabe des eigenen Wirkungskreises bzw weisungsfreie Pflichtaufgabe, Selbstverwaltungsangelegenheit der Kommune; sie unterliegt lediglich der Rechtsaufsicht. Örtlich zuständig ist die Behörde, in deren Bezirk der Betroffene zurzeit der Maßnahme seinen gewöhnlichen Aufenthalt hat (OLG Hamburg BtPrax 1994, 138; § 3 BtBG)

d) Im **Verhältnis zum VormG** sind vier verschiedene Aspekte auseinanderzuhalten:

- Äußerung auf Verlangen des Betroffenen, § 68a S. 1 Alt.1 FGG. Hier soll offenbar die Behörde Gesichtspunkte vortragen, die den Betroffenen schützen könnten; die Behörde kann aber darauf verzichten.
- Äußerung, weil das VormG die noch erforderliche Sachaufklärung nicht selbst vornehmen will, § 68a S. 1 Alt.2.FGG. Beim

VormG ist ein personeller Unterbau (Sozialarbeiter, Beamte usw) für Ermittlungstätigkeit nicht vorhanden, die Aufgabe ist auf den Richter bzw. Rechtspfleger konzentriert. Deshalb kann sich das VormG der Hilfstätigkeit der Behörde bedienen. Die Behörde muss dem nicht entsprechen.

- Hilfe bei der Sachverhaltsfeststellung, § 8 S. 2 BtBG. Hier besteht eine Tätigkeitspflicht der Behörde, die als Hilfstätigkeit zu qualifizieren ist.
- Vorschlag eines Betreuers, § 8 S. 3 BtBG. Hier wird die Behörde quasi-gutachterlich tätig; sie hat Tätigkeitspflicht.

e) Hinsichtlich der **Betreuungstätigkeit** ist zu unterscheiden: (1) Die zuständige **Betreuungsbehörde als Institution** darf erst zum Betreuer bestellt werden, wenn eine Betreuung durch eine natürliche Person oder einen Verein nicht möglich ist (§ 1900 IV 1 BGB); dies ist ein absoluter Auffangtatbestand (BayObLG FamRZ 1994, 1203). Die Praxis scheint dies aber nicht so genau zu handhaben; denn in ca 5,4% der Fälle wird eine Behörde zur Betreuerin bestellt (vgl BT-Drucks.13/7133 S. 6). Die Behörde kann auch bestellt werden, wenn sie nicht einwilligt. Doch kann sie gegen die (nicht erwünschte) Bestellung Beschwerde einlegen mit der Begründung, Herr/ Frau X sei zur Übernahme bereit; da es immer einen übernahmebereiten Anwalt oder sonstigen Berufsbetreuer gibt, ist die Beschwerde immer erfolgreich. Die Behörde lässt die Arbeiten durch ihre Bediensteten, seien es Angestellte oder Beamte, ausführen (§§ 1900 IV 2, II BGB); diese Personen werden dadurch nicht zu Behördenbetreuern. Die Namen der Sachbearbeiter, die intern mit der Wahrnehmung beauftragt wurden, teilt die Behörde dem VormG mit (§ 1900 IV 2, II 3 BGB). Gegen die Auswahl dieser Personen steht dem Betroffenen gem § 69 c II FGG das Recht zu, gerichtliche Entscheidung zu beantragen; der Betreute kann sich also einen anderen Behörden-Sachbearbeiter wünschen. Wenn sich zeigt, dass natürliche Personen (auch: Behördenbetreuer) die Betreuung übernehmen können, muss die Behörde dies dem VormG mitteilen (§ 1900 IV, III BGB); sie wird dann entlassen (§ 1908 b V BGB).

Besonderheiten für die Behörde als Betreuerin: sie erhält eine Vergütung nur vom vermögenden Betreuten (§ 1908 h II BGB; mißverständlich daher § 1836 IV BGB); ebenso ist es beim Ersatz von Aufwendungen (§ 1835 V BGB); Vorschuss auf Aufwendungen kann nie verlangt werden (§ 1835 V BGB); Geld des Betreuten darf zB bei der Stadtsparkasse angelegt werden, wenn (und obwohl) die Stadt Betreuungsbehörde ist (1805 S. 2 BGB); kein Zwangsgeld gegen eine Behörde (§ 1837 III BGB); erleichterte Entlassung der Behörde als Betreuerin (§ 1908 b V BGB); die Behörde hat die Stellung einer → befreiten Betreuerin (§ 1908 i iVm § 1857 a BGB); Befreiung von der Aufsicht des VormG in vermögensrechtlicher Hinsicht durch Landesrecht (§ 1908 i I 2 BGB); der Behörde darf kein Gegenbetreuer bestellt werden (§ 1908 i iVm § 1792 BGB); die Behörde darf nicht zur Sterilisationsbetreuerin bestellt werden (§ 1900 V BGB).

(2) Ein **Behördenbetreuer,** dh ein Behördenmitarbeiter, wird vom VormG zum Betreuer bestellt (§ 1897 II 2 BGB). → Behördenbetreuer.

Betreuungsplan. Von Sozialarbeitern wird gelegentlich die Auffassung vertreten, eine Betreuung solle (müsse) nach einer individuellen Planung durchgeführt werden; eine zielorientierte und transparente Betreuungsarbeit müsse methodisch entwickelt werden; Nachweis der Erforderlichkeit und Qualität der Arbeit; Planung von Zielen und Aufwand der Betreuung; Zielvereinbarungen; Einbeziehung von beteiligten Institutionen; qualitäts-bezogene Arbeitsdokumentation; Zielüberprüfung; Krisenmanagement (BtPrax 1999, 60). Die rechtlichen Grundlagen und die Relevanz sind aber zweifelhaft, weil das VormG wenig Spielraum und angesichts der Rechtsmittelsituation kaum Kompetenz hat.

Betreuungsstelle Die → Betreuungsbehörde heißt in manchen Ländern Betreuungsstelle.

Betreuungsvereine. Die Betreuung durch Vereine hat historische Gründe. Im Bundesgebiet gab es zum 1. 1. 1995 868 anerkannte Betreuungsvereine. Ein ins Vereinsregister eingetragener Verein kann nach § 1908 f BGB von der zuständigen Behörde (zB Regierungspräsident) für das jeweilige Bundesland als Betreuungsverein *anerkannt* werden, wenn er gewährleistet, dass er eine ausreichende Zahl geeigneter Mitarbeiter hat und die gesetzlichen Aufgaben und landesrechtlichen Voraussetzungen erfüllt. Diese *Aufgaben* sind:

Beaufsichtigung, Weiterbildung und Versicherung der Mitarbeiter; planmäßige Bemühungen um die Gewinnung ehrenamtlicher Betreuer; Einführung, Fortbildung und Beratung ehrenamtlicher Betreuer; planmäßige Information der Öffentlichkeit über Vorsorgevollmachten und Betreuungsverfügungen; Organisation eines Erfahrungsaustauschs zwischen den Mitarbeitern. Bis 1991 anerkannte Vormundschaftsvereine (§ 1791 a I BGB) gelten als anerkannte Betreuungsvereine (Art. 9 § 4 BtG), müssen also nicht gesondert anerkannt werden. Nicht anerkannte Vereine können sich zB beratend betätigen; sie können nur nicht selbst Betreuer werden, ihre Mitarbeiter nicht Vereinsbetreuer. Die *Finanzierung der Vereine* erfolgt zum Teil durch die Länder (Landes-Förderrichtlinien); 1995 wurden an 868 Vereine ca 24 Mio DM ausbezahlt (BT-Drucks.13/7133 S. 16), im Übrigen durch Zahlungen der Staatskasse (§§ 1836, 1836a BGB) bei mittellosen Betreuten, Zahlungen der Betreuten (wenn diese begütert sind), Spenden, Zuschüsse der Träger (zB der Kirchen).

Hinsichtlich der Betreuungstätigkeit ist zu unterscheiden:

a) Der **Verein,** also die juristische Person, wird vom VormG als **Betreuer** bestellt; das ist nur ausnahmsweise zulässig, nämlich wenn der Verein damit einverstanden ist und wenn eine Betreuung durch eine Einzelperson (Verwandte, Berufsbetreuer, Vereinsbetreuer, Behördenbetreuer) nicht möglich ist (§ 1900 I BGB). In 0,85% der Fälle wird ein Verein zum Betreuer bestellt (BT-Drucks. 13/7133 S. 6). Eine Bestellung ohne Einwilligung des Vereins ist wirksam, aber mit Beschwerde (erfolgreich) anfechtbar. Betreuung durch den Verein hat also die vorletzte Rangstufe, den letzten Rang hat die Behörde. Die Betreuung durch eine juristsiche Person soll den Vorteil haben, den konkreten Sachbearbeiter ohne Einschaltung des VormG intern auswechseln zu können, so dass personenbezogene Aggressionen verringert werden können. Lebt der Betreute in einem Heim, das der Verein betreibt, kann der Verein aber nicht zum Betreuer bestellt werden (§ 1897 III BGB). Der Verein lässt die Arbeiten durch seine Bediensteten, seien es Angestellte oder (für Hilfstätigkeiten) ehrenamtliche Helfer, ausführen (§ 1900 II BGB); diese Personen werden dadurch nicht zu Vereinsbetreuern. Die Personen, die mit der Wahrnehmung beauftragt wurden, teilt der Verein dem VormG mit (§ 1900 II 3 BGB); derjenige, der in einem Heim des

Vereins für den Betreuten (mit-)sorgt, zB als Pflegekraft, darf diese Aufgabe nicht wahrnehmen (vgl §§ 1908 i, 1791a III 1 Halbs.2 BGB). Gegen die Auswahl der Person, der ein Verein die Wahrnehmung der Betreuung überträgt, steht dem Betroffenen gem § 69 c II FGG das Recht zu, gerichtliche Entscheidung zu beantragen; der Betreute kann sich also einen anderen Vereins-Sachbearbeiter wünschen. Wenn sich zeigt, dass nun natürliche Personen die Betreuung übernehmen können, muss der Verein dies dem VormG mitteilen (§ 1900 III BGB); er wird dann entlassen (§ 1908 b V BGB).

Besonderheiten, wenn ein Verein zum Betreuer bestellt ist: der Verein ist bei der Vermögenssorge von der Einhaltung einiger Bestimmungen befreit (§§ 1908i I, 1857a); → befreite Betreuung; zum Sterilisationsbetreuer darf ein Verein nicht bestellt werden (§ 1900 V BGB). Zwangsgeld darf gegen den Verein nicht festgesetzt werden, § 1837 III 2 BGB. Wird ein Betreuungsverein zum Betreuer bestellt (§ 1900 I), stehen dem Verein nur dann Ansprüche auf Ersatz von Aufwendungen gegen den Betreuten zu, wenn dieser über ausreichendes Vermögen verfügt (§ 1908 i iVm § 1835 V 1 BGB); ein Vorschuss kann nicht gefordert werden (§ 1835 V BGB). Der Verein selbst kann weder Ersatz für allgemeine Verwaltungskosten (§ 1908 i iVm § 1835 V 2 BGB) noch eine *Vergütung* (§ 1908 i iVm § 1836 IV; auch nicht von vermögenden Betreuten) oder Aufwandsentschädigung (§ 1908 i iVm §§ 1836 a, 1836 IV BGB) erhalten. Damit sollen die Vereine veranlasst werden, Vereinsbetreuer einzuschalten. Vereine können leichter als andere Betreuer entlassen werden (§ 1908 b V BGB). Der Verein muss nach Bundesrecht selbst keine eigene Versicherung nachweisen, obgleich er selbst haftet. Ist der Verein selbst Betreuer, so hat er für seine Angestellten, die die Betreueraufgabe wahrnehmen (§ 1900 II BGB), nach § 1908 i iVm §§ 1833, 1791 a III 2, 31 wie für verfassungsmäßig berufene Vertreter einzustehen, er haftet also selbst.

b) Ein **Vereinsbetreuer,** also ein Angestellter des Vereins, wird vom VormG zum Betreuer bestellt; das ist nur zulässig, wenn der Verein damit einverstanden ist (§ 1897 II BGB). Der Mitarbeiter kann natürlich gleichzeitig Vereinsmitglied sein. Zur Stellung und Vergütung → Vereinsbetreuer.

c) **Mitglieder des Vereins**, ehrenamtliche Helfer eines Vereins. Sie sind nicht durch einen Anstellungsvertrag an den Verein gebunden;

daher können sie nicht Vereinsbetreuer im Sinne des § 1897 II BGB werden, wohl aber ehrenamtliche Betreuer (wesentlicher Unterschied: der ehrenamtliche Betreuer wird selbst vergütet, der Vereinsbetreuer nicht).

Betreuungsverfahren des VormG. Das → zuständige → VormG leitet das Betreuungsverfahren von Amts wegen oder auf → Antrag ein. Der Richter hat den Betroffenen grundsätzlich persönlich anzuhören (§ 68 I FGG); → Anhörung. Falls erforderlich, wird dem Betroffenen vom VormG ein → Verfahrenspfleger bestellt (§ 67 I FGG). Im Verfahren über die Betreuerbestellung gilt der Betroffene, auch wenn er geschäftsunfähig ist, als → verfahrensfähig (§ 66 FGG). Über die Notwendigkeit einer Betreuung ist vom VormG ein → Sachverständigengutachten einzuholen (§ 68 b I FGG). Der zuständigen → Betreungsbehörde ist in der Regel Gelegenheit zur Äußerung zu geben (§ 68 a S. 1 FGG). Das VormG kann diese Behörde ferner um Ermittlungshilfe bitten (§ 8 BtBG). Den näheren Verwandten sowie dem Ehegatten ist in der Regel Gelegenheit zur Äußerung zu geben (§ 68a S. 3 FGG); in seltenen Fällen kommt es zu einem → Schlussgespräch (§ 68 V FGG). Das VormG lehnt dann entweder die Anordung der Betreuung ab oder (wenn die Voraussetzungen der →Betreuung vorliegen) es ordnet die Betreuung an, bestellt gleichzeitig einen → Betreuer und bestimmt seinen → Aufgabenkreis (sog. Einheitsentscheidung) für eine bestimmte Zeit. → Dauer der Betreuung. Die Anordnung wird in einer bestimmten Weise → bekanntgemacht (§ 69 a I, II FGG). In → Eilfällen sind → einstweilige Anordnung des VormG möglich (§ 69 f FGG). Die Entscheidung kann mit →Beschwerde angegriffen werden. Der Betreuer wird in der Regel → vergütet und erhält Ersatz seiner → Aufwendungen (Auslagen).

Betreuungsverfügung. Darunter versteht man eine Verfügung des Betroffenen, in der für den Fall seiner Betreuung Regelungen zur Ausgestaltung der Betreuung getroffen werden. Beispiele: Wünsche zur Person des Betreuers (§§ 1897 IV 3, 1901 I BGB), Ort der Unterbringung (Name des Altenheims), Wünsche über die medizinische Behandlung (zB Wahl von Krankenhaus und Arzt), Höhe der Vergütung des Betreuers (§§ 1908 i, 1836 BGB) und der Aufwandsentschädigung (§§ 1908 i, 1835) bei hinreichendem Vermögen des Betreuten, Anordnungen über die Geldanlage (§§ 1908 i, 1806 BGB), Haftungserleichterungen für den Betreuer (§ 1833), Anordnungen über Geschenke gemäß § 1908 i II 1 BGB. *Form:* für die Betreuungsverfügung ist keine Form vorgeschrieben, doch ist Schriftform zweckmäßig. Keinesfalls muss sie (wie ein Testament) handschriftlich sein, auch nicht unbedingt unterschrieben sein (dann gibt es freilich Nachweisprobleme). Geschäftsfähigkeit des Verfassers ist nicht erforderlich, da es sich nicht um eine Willenserklärung, sondern um Wünsche handelt. Die Unterschrift von Zeugen ist überflüssig. **Amtliche Verwahrung:** in einigen Bundesländern (Baden-Württemberg, Bayern, Hessen, Sachsen) kann man eine Betreuungsverfügung gebührenfrei beim zuständigen VormG verwahren lassen; dadurch ist gesichert, dass sie später aufgefunden und verwertet wird. **Ablieferungspflicht:** Wer eine Betreuungsverfügung besitzt, hat sie an das VormG abzuliefern, sobald er von der Einleitung eines Betreuungsverfahrens Kenntnis erlangt hat (§ 1901a BGB); dazu kann der Besitzer durch Zwangsgeld gezwungen werden (§ 69 e S. 2 FGG). Wird der Besitz nur vermutet, dann kann das VormG von dieser Person die Abgabe einer eidesstattlichen Versicherung verlangen, dass sie die Verfügung nicht habe und auch nicht wisse, wo sie sich befinde; § 83 II FGG, § 883 II ZPO; notfalls könnte sogar zur Erzwingung die Haft angeordnet werden (§ 83 II FGG; § 901 ZPO).

Bettgitter → unterbringungsähnliche Maßnahmen.

Bezirksrevisor → Staatskasse.

Bluttransfusion. Ist der Betreuer ein Zeuge Jehovas und verweigert er daher die Zustimmung zu einer Bluttransfusion beim (volljährigen) Betreuten, obwohl sie notwendig ist, um den Betreuten aus einer lebensbedrohlichen Situation zu retten, dann gibt es zwei rechtliche Möglichkeiten: das VormG ordnet die Transfusion selbst an, weil der Betreuer als verhindert gilt (§§ 1908 i, 1846 BGB; AG Nettetal FamRZ 1996, 1104); oder der Betreuer wird durch einstweilige Anordnung als ungeeignet entlassen und dann ordnet das VormG dies an.

Bundesschatzbriefe, Bundesobligationen. Es handelt sich um Forderungen gegen die Bundesrepublik. Betreutengeld darf darin angelegt werden (§ 1807 Nr. 2 BGB), Genehmigung des VormG soll eingeholt werden (§ 1810 BGB), ferner Sperrvermerksabrede mit der Bank, in deren Wertpapierdepot (lautend auf den Betreuten) diese Wertrechte gebucht sind. Sind die Bundesschatzbriefe bei der Bundesschuldenverwaltung in Bad Homburg zu Gunsten des Betreuten verbucht (kostengünstiger !), muss dort der Sperrvermerk vereinbart werden (§ 1816 BGB); Befreiung nach § 1817 BGB ist möglich.

BtÄndG. Das Betreuungsrechtsänderungsgesetz (BtÄndG) vom 25. 6. 1998, in Kraft getreten am 1. 1. 1999, brachte die erste große Reform des Betreuungsrechts. Sie bestand im wesentlichen in Maßnahmen zur Kostendämpfung. Da Übergangsrecht fehlt, ist davon auszugehen, dass es materiellrechtlich nur für Sachverhalte ab 1. 1. 1999 gilt; Tätigkeiten vor 1999 sind also zB nach altem Vergütungssätzen abzurechnen. Andererseits gilt das neue Verfahrensrecht (§ 56 g FGG) auch für alte Sachverhalte: hat das VormG 1998 eine Vergütungsbeschluss erlassen und will der Betreuer dagegen 1999 Beschwerde einlegen, ist dies nun eine *sofortige* Beschwerde. Es gilt die Zweiwochenfrist; da aber der Beschluss des VormG bisher nicht zugestellt worden ist (wie es dem alten Recht entsprach), ist die Frist noch nicht verstrichen. Eine Zulassung der Beschwerde ist entbehrlich, da eine solche Zulassung vor 1999 nicht möglich war.

BVormVG. Das Gesetz über die Vergütung von Berufsvormündern aus der Staatskasse (BVormVG) ist durch das BtÄndG v. 25. 6. 1998 neu geschaffen worden. Über §§ 1908i I, 1836a BGB gilt es auch für Betreuer. Eine Erhöhung der Vergütungssätze ist deshalb künftig nur noch im Weg der Gesetzesänderung möglich.

C

Chemotherapie bei fortgeschrittener Krebserkrankung des Betreuten bedarf es (bei Einwilligungsunfähigkeit des Betreuten) der Einwilligung des Betreuers mit dem Aufgabenkreis Gesundheitssorge und zusätzlich der Genehmigung des VormG nach § 1904 BGB (vgl Knittel § 1904 Rz 13).

D

Datenschutz. Die Datenschutzgesetze des Bundes und der Länder enthalten die grundlegenden Regelungen. Ein strafrechtlicher Schutz ist in § 203 StGB verankert. Über → Mitteilungen des VormG an anderen Stellen vgl §§ 69a, 69k, l, m, n FGG. Der Sozialleistungsträger darf das VormG informieren, wenn er eine Betreuung für erforderlich hält, § 71 III SGB-X. Für die Betreuungsbehörde finden sich Regelungen in §§ 7 und 8 BtBG. Vereinzelt wird die Auffassung vertreten, die Schweigepflicht gelte auch behörden- und institutionsintern (dh die Mitarbeiter dürfen nicht miteinander über ihre Fälle reden); das ist unrealistisch. Zum Datenschutz vgl Pardey BtPrax 1998, 92; Klie BtPrax 1998, 3.

Dauer der Betreuung. Im Beschluss, durch den ein Betreuer bestellt wird, setzt das VormG den Zeitpunkt fest, zu dem spätestens über die Aufhebung oder Verlängerung der Betreuung zu entscheiden ist (§ 69 I Nr. 5 FGG); das sind höchstens fünf Jahre nach Erlass der Entscheidung. Die Frist wird unter Berücksichtigung der voraussichtlichen Dauer der Betreuungsbedürftigkeit nach Ermessen bestimmt; sie ergibt sich in der Regel aus dem Gutachten des Sachverständigen (§ 68 b I 5 FGG); in der Praxis werden meist fünf Jahre festgesetzt. Fehlt versehentlich das Überprüfungsdatum, ist von der Höchstdauer von 5 Jahren auszugehen. Bei schubförmig verlaufenden psychischen Krankheiten muss die Frist unter Berücksichtigung des bisherigen Krankheitsverlaufs festgelegt werden (BayObLG FamRZ 1995, 510). Wenn die Betreuung nicht vor diesem Datum verlängert wird, endet sie nicht, sondern besteht weiter; auch ein Einwilligungsvorbehalt besteht weiter (BayObLG FamRZ 1998, 1183). Soll die Betreuung später verlängert werden, ist dasselbe Verfahren wie bei erstmaliger Bestellung durchzuführen (§ 69 i VI FGG). Allerdings kann von der erneuten Einholung eines Gutachtens abgesehen werden, soweit sich aus der persönlichen Anhörung und aus einem → ärztlichen Zeugnis keine Änderung bezüglich der Betreuungsbedürftigkeit ergibt (§ 69 i VI 2 FGG). Eine durch

einstweilige Anordnung eingerichtete Betreuung darf nur sechs Monate dauern (§ 69 f II FGG); sie kann nach Anhörung eines Sachverständigen vom VormG bis zu einer Gesamtdauer von einem Jahr verlängert werden.

Dauer der Unterbringung. Die Anordnung oder eine Genehmigung einer Unterbringung ist vom VormG zu befristen: sie endet (längstens) nach einem Jahr (in Ausnahmefällen bei offensichtlich langer Unterbringungsbedürftigkeit: in zwei Jahren) nach Erlass der Entscheidung (§ 70 f I Nr. 3 FGG). Die Zeitspanne ist vom VormG im Beschluss anzugeben. Wird die Maßnahme nicht vor Fristablauf verlängert, endet sie automatisch; eine Aufhebung erübrigt sich. Die Länge der Frist hängt vom Einzelfall ab. Die Unterbringung nach dem LadesPsychKG dient oft nur der Bewältigung einer kurzen Krise, so dass hier meist eine kurze Frist reicht. Die angemessene Länge ergibt sich aus dem Gutachten des Sachverständigen. Die Höchstdauer muss besonders begründet werden (BayObLG FamRZ 1995, 695). Schon vor Fristablauf ist aber die Unterbringung aufzuheben, wenn ihre Voraussetzungen weggefallen sind (§ 70 i I FGG). Wird die Unterbringung durch eine **einstweilige Anordnung** bestimmt bzw genehmigt, darf sie die Dauer von sechs Wochen nicht überschreiten (§ 70 h II 1 FGG); nach Anhörung eines Sachverständigen kann sie bis zu insgesamt drei Monaten verlängert werden. Wird allerdings vor Ablauf der sechs Wochen bzw drei Monate eine endgültige Unterbringung genehmigt, gelten deren Höchstfristen. Die einstweilige Anordnung verliert mit dem Wirksamwerden der Endentscheidung über die Unterbringung von selbst ihre Wirkung (KG FamRZ 1993, 84).

Deliktsfähigkeit. Wenn der Betreute zB fremde Sachen beschädigt oder jemanden verletzt, haftet er nur dann aus unerlaubter Handlung auf Schadensersatz (§ 823 BGB), wenn er zurechnungsfähig war. Wer in einem die freie Willensbestimmung ausschließenden Zustande krankhafter Störung der Geistestätigkeit einem anderen Schaden zufügt, ist für den Schaden nicht verantwortlich (§ 827 S. 1 BGB). Anders ist es, wenn sich der Täter zB durch Betrinken selbst in diesen Zustand versetzt hat (§ 827 S. 2 BGB). Anders ist es ferner, wenn die Billigkeit eine Schadloshaltung erfordert (§ 829 BGB), zB wenn der geistesschwache Millionär das Auto des armen Beamten zerkratzt.

Disziplinarverfahren gegen Beamte. Gegen einen verhandlungsunfähig gewordenen Beamten kann ein Disziplinarverfahren eingeleitet oder fortgesetzt werden. Auf Antrag der Einleitungsbehörde bestellt ihm das VormG hierfür einen Betreuer (§ 19 II Nr. 1 BDO). Der Betreuer muss ebenfalls Beamter sein (§ 19 II 2 BDO).

E

Ehegatte als Betreuer → befreite Betreuung.

Eheschließung. Wer → geschäftsunfähig ist, kann keine Ehe eingehen (§ 1304 BGB). Diese Ehegeschäftsfähigkeit wird zwar durch die Anordnung einer Betreuung nicht berührt (BayObLG BtPrax 1997, 111); bei Betreuten aber ist sie manchmal zweifelhaft. § 69 k FGG sieht daher vor, dass das VormG das Standesamt informiert, wenn nach den Erkenntnissen des VormG der Betreute heiraten will. Die Prüfung der Ehegeschäftsfähigkeit bleibt dem Standesbeamten überlassen. Er kann die Akten des VormG einsehen, § 34 FGG (Böhmer StAZ 1990, 213/6), um sich anhand des Gutachtens ein Bild zu machen. Wenn er dann noch Zweifel hat, kann er von dem Verlobten die Vorlage eines weiteren Gutachtens fordern oder die Sache dem Amtsgericht (§ 45 II PStG) vorlegen. BayObLG FamRZ 1997, 294 lässt für die Ehegeschäftsfähigkeit genügen, wenn der Betreute das Wesen der Ehe erfassen kann. Lehnt der Standesbeamte die Beurkundung der Eheschließung ab, kann der Betreute und/oder sein Verlobter die Entscheidung des Amtsgerichts verlangen, § 45 I PStG; das AG wird dann ein Sachverstandigengutachten zur Frage der Ehegeschäftsfähigkeit einholen. Gegen den ablehnenden Beschluss des AG kann Beschwerde und weitere Beschwerde eingelegt werden. Durch die Anordnung eines → Einwilligungsvorbehalts kann eine Eheschließung nicht verhindert werden (§ 1903 II BGB). → Scheidung.

Ehevertrag. Der *geschäftsfähige* aber betreute Ehegatte kann selbst einen Ehevertrag abschließen; der Betreuer kann nicht für ihn handeln (§ 1411 I 4 BGB). Ist ein Einwilligungsvorbehalt angeordnet, so kann der geschäftsfähige betreute Gatte selbst einen Ehevertrag schließen, aber nur mit Zustimmung des Betreuers, der hierzu nach § 1411 I 3 BGB die Genehmigung des VormG braucht. Steht ein *geschäftsunfähiger* Ehegatte unter Betreuung, so kann er selbst keinen Ehevertrag abschließen (§ 104 Nr. 2 BGB); der Betreuer könnte mit Genehmigung des VormG für ihn den Vertrag schließen (§ 1411 II 2 BGB).

Eidesstattliche Versicherung. Wenn eine Pfändung nicht zur Befriedigung des Gläubigers geführt hat, kann er beantragen, dass der Schuldner vor einem Gerichtsvollzieher die eidesstattliche Versicherung (also ein Vermögensverzeichnis) abgibt (§ 807 ZPO), um auf diese Weise Vermögenswerte des Schuldners aufzuspüren. Früher hieß dies „Offenbarungseid". Diese Verpflichtung trifft nur einen → prozessfähigen (dh geschäftsfähigen) Schuldner. (1) Ist der Betreute geschäftsfähig, wird ihm die Ladung zugestellt und er gibt die eidesstattliche Versicherung selbst ab. Zumindest aber, sobald der Betreuer sein Amt angezeigt hat, hat *er* die eidesstattliche Versicherung abzugeben (vgl § 53 ZPO). (2) Ist der Betreute geschäftsunfähig, muss die Ladung an seinen gesetzlichen Vertreter, dh an den Betreuer mit dem Aufgabenkreis Vermögenssorge zugestellt werden; der Betreuer muss das Vermögensverzeichnis erstellen und die Richtigkeit versichern. (3) Besteht ein Einwilligungsvorbehalt für den entsprechenden Aufgabenkreis, muss ebenfalls an den Betreuer zugestellt werden; auch dann hat der Vermögensbetreuer die eidesstattliche Versicherung abzugeben.

Eignung des Betreuers. Nur eine zur konkreten gesetzlichen Vertretung geeignete Person darf vom VormG zum Betreuer bestellt werden (§ 1897 I BGB). → Auswahl.

a) **Allgemeines.** Die Staatsangehörigkeit spielt keine Rolle. Auch der frühere Verfahrenspfleger ist nicht ungeeignet. Beamte können bestellt werden, brauchen aber eine → Nebentätigkeitsgenehmigung oder müssen (bei Betreuung eines Angehörigen) die Tätigkeit anzeigen. Für sog. Religionsdiener (Pfarrer; Ordensmitglieder) vgl § 1784 iVm § 1908 i. Heimbedienstete können ungeeignet sein (§ 1897 III BGB); → Auswahl. Wer insolvent ist, kann als Vermögensbetreuer ungeeignet sein. Wer einen Taubstummen betreut, wird idR die Taubstummensprache beherrschen müssen oder ist nur als Mitbetreuer geeignet. Eine bestimmte **Höchstzahl von Betreuungen** je Betreuer gibt es nicht; keinesfalls ist es so, dass ein Berufsbetreuer nicht mehr als 25–30 Betreuungen führen kann (solchen Behauptungen liegen wirtschaftliche Interessen zu Grunde: der Freiberufler will möglichst viele betreuen, mancher Vereinsmitarbeiter möglichst wenige).

b) **Fachliche Eignung.** Das Gesetz schreibt keine bestimmte Qualifikation vor, keine abgelegte Prüfung. Deshalb kann im Grundsatz jede natürliche Person, gleich welcher Vorbildung, Betreuer werden. Welches fachliche Wissen vorhanden sein muss, hängt vom Aufgabenkreis ab und dem Umfang und der Schwierigkeit der hier durchzuführenden Leistungen. Für kompliziertere Rechts- und Vermögensangelegenheiten kommen Rechtsanwälte, Steuerberater, Kaufleute oder sonst kaufmännisch/rechtlich geschulte Personen in Betracht. Für die Organisation ambulanter Dienste werden Sozialarbeiter eher geeignet sein. Die Ermittlungen des VormG müssen sich auch auf die fachliche Eignung erstrecken; doch ist zu beachten, dass auch ein an sich ungeeigneter Verwandter Vermögen verwalten kann, wenn er Hausverwaltungen und Steuerberater einschaltet. Ferner können die Aufgaben auf mehrere Betreuer aufgeteilt werden (§ 1899 BGB; → Mitbetreuung).

c) **Eignung zur persönlichen Betreuung**. Voraussetzung der Eignung ist weiterhin die Möglichkeit zum persönlichen Kontakt, die bei nennenswerter Entfernung zwischen Aufenthaltsort des Betreuten und Wohnsitz des Betreuers fehlen *kann*. Indes kommt es hier auf den Aufgabenkreises an; die Vermögenssorge erfordert nur seltenen persönlichen Kontakt; deshalb steht große räumliche Entfernung *grundsätzlich* nicht entgegen (OLG Köln FamRZ 1996, 506). Die persönliche Betreuung durch den Betreuer bedeutet nicht, dass dieser die Personensorge persönlich ausüben muss (Kochen, Wohnung putzen, Einkaufen, Betreuten zum Arzt fahren usw); gemeint ist lediglich, dass es sich nicht mehr um eine anonyme Verwaltung von Betreuungsfällen handeln soll. Der persönliche Kontakt, insbesondere das Gespräch zwischen Betreuer und Betreutem, ist wichtig. Die Intensität dieses Kontaktes hängt ab von den Wünschen der Beteiligten, dem Aufgabenkreis und der Art der Behinderung des Betreuten.

Mangelnde Eignung des Betreuers führt uU zur → Entlassung.

Eilfälle. Dauert das reguläre Verfahren des VormG zu lange, kann das VormG zuvor durch eine → einstweilige Anordnung eine vorläufige kurzfristige Regelung treffen. Würde auch das zu lange dauern, kann das VormG selbst die erforderlichen → Maßregeln treffen (§§ 1908i I; 1846 BGB). Ist die Sache noch eiliger, kann jeder nach den Grundsätzen der Geschäftsführung ohne Auftrag, des Notstandes, der Notwehr, selbst handeln.

Eilfälle bei der ärztlichen Behandlung. Erforderlich ist (bei Einwilligungsunfähigkeit des Betreuten) die Einwilligung des Betreuers und manchmal die Genehmigung des VormG.

a) **Wenn ein Betreuer fehlt:** Ist noch kein Betreuer bestellt oder hat der Betreuer keinen ausreichenden Aufgabenkreis oder ist er (durch Urlaub, Unerreichbarkeit usw) verhindert, kann das VormG bei einem einwilligungsunfähigen Patienten unmittelbar in ärztliche Maßnahmen einwilligen (§ 1846 BGB; → Maßregeln), falls mit dem Aufschub Gefahr verbunden wäre. Der Arzt kann sich unmittelbar an das VormG wenden. Ist die Sache allerdings weniger eilbedürftig, kann ein vorläufiger Betreuer durch → einstweilige Anordnung des VormG bestellt werden (§ 69 f FGG), der genauso wie der „endgültige" Betreuer einwilligen kann.

b) **Betreuer vorhanden, aber Einwilligung des Betreuers fehlt.** Die Einwilligung des Betreuers ist nur entbehrlich, wenn die allgemeinen Rechtfertigungsgründe (Notstand, mutmaßliche Einwilligung, berechtigte Geschäftsführung ohne Auftrag usw) vorliegen. Andernfalls kann wegen fehlender Einwilligung keine Behandlung erfolgen. → Ärztliche Behandlung. In Notfällen kommen → Maßregeln des VormG in Frage; in weniger eiligen Fällen → Aufsichtsmaßnahmen des VormG (§ 1837 BGB).

c) **Genehmigung des VormG wäre notwendig, fehlt aber.** Ist im Hinblick auf eine Untersuchung des Gesundheitszustandes, eine Heilbehandlung oder einen ärztlichen Eingriff zu befürchten, dass der (einwilligungsunfähige) Betreute daran stirbt oder einen schweren und länger dauernden gesundheitlichen Schaden erleidet, ist grundsätzlich die Genehmigung des VormG erforderlich (§ 1904 I 1 BGB). Da es aber längere Zeit dauert, bis diese Genehmigung vorliegt, darf der Betreuer ohne diese Genehmigung des VormG einwilligen, wenn mit dem Aufschub Gefahr verbunden ist (§ 1904 I 2 BGB). Eine nachträgliche Genehmigung ist nicht möglich.

Für Notfälle gilt also, vereinfacht gesagt: wenn nicht einige Tage oder Wochen gewartet werden kann, ist die Genehmigung des

VormG entbehrlich; wenn auch nicht Stunden gewartet werden kann, ist auch die Einwilligung des Betreuers nicht mehr notwendig.

Eilfälle bei der Unterbringung. Es ist zu unterscheiden: a) Wenn ein Betreuer fehlt: Hat der Untergebrachte bzw. Unterzubringende noch keinen Betreuer, obwohl dies notwendig wäre (§ 1906 BGB), kann das VormG durch Beschluss (einstweilige Anordnung) einen vorläufigen Betreuer bestellen (§ 69 f FGG). Hat der vorhandene Betreuer keinen ausreichenden Aufgabenkreis (zB nur Vermögenssorge), kann das VormG durch einstweilige Anordnung den Aufgabenkreis erweitern (§ 69 i FGG). – b) Wenn die Genehmigung des VormG fehlt: der Betreute kann, falls die übrigen Voraussetzungen des § 1906 BGB vorliegen, ohne Genehmigung untergebracht werden, wenn die Genehmigung wegen der Eilbedürftigkeit nicht mehr beschafft werden kann (§ 1906 II 2 BGB); die Genehmigung ist aber nachträglich zu beantragen. – c) Die Unterbringung durch den (endgültigen oder vorläufigen) Betreuer kann vom VormG (statt durch Beschluss gemäß § 70 f FGG) durch → einstweilige Anordnung gemäß § 70 h FGG genehmigt werden (vorläufige Unterbringungsmaßnahmen). – d) In noch dringenderen Eilfällen, also wenn die Bestellung eines vorläufigen Betreuers und die vorläufige Genehmigung der Unterbringung durch einstweilige Anordnungen noch zu viel Zeit erfordern, kann das VormG selbst den Betreuten unterbringen, § 1908 i I iVm § 1846 (OLG Schleswig NJW 1992, 2974). → Maßregeln. Im Übrigen kommen Eilanträge der Kreisverwaltungsbehörde (Ordnungsbehörde) nach dem PsychKG/UnterbrG in Betracht, Eilmaßnahmen der Polizei nach dem Landespolizeirecht oder des Leiters des Krankenhauses (zB nach Art. 10 IV BayUnterbrG); andernfalls muss sich die Anstalt an den Betreuer oder an das VormG wenden. e) Immer kann gehandelt werden, wenn Notwehr/Nothilfe dies rechtfertigen.

Einführungsgespräch. Der Betroffene wird im Verfahren informiert (§ 68 S. 3 FGG); ferner soll ein Schlußgespräch stattfinden (§ 68 V FGG). Nach Anordnung der Betreuung wird der Betreuer vom Gericht unterrichtet (§ 69b I 2 FGG). Anschließend soll der Rechtspfleger noch in geeigneten Fällen mit dem Betreuer und dem Betreuten ein Einführungsgespräch führen (§ 69b III FGG), also ein

Dreiergespräch. Sonstige Personen können am Gespräch nur teilnehmen, wenn Betreuer und Betreuter damit einverstanden sind. Das Gespräch findet in der Regel im Gerichtsgebäude statt. Die Fahrtkosten des Betroffenen zum Gespräch muss er selbst tragen. Der Zeitaufwand des Betreuers einschließlich Fahrtkosten wird nach §§ 1835 ff BGB vergütet. Zwingend ist das Gespräch nicht vorgeschrieben; der Betreute kann nicht gezwungen werden, zu erscheinen. Es ist zulässig, das Gespräch gleichzeitig mit der mündlichen → Verpflichtung und der → Unterrichtung durchzuführen. In der Praxis ist das isolierte Einführungsgespräch selten.

Eingruppierung. Bei Vereinen angestellte Vereinsbetreuer werden meist nach Bundesangestelltentarifvertrag (BAT) IV a vergütet, Behördenbetreuer sind als Angestellte hauptsächlich in BAT IV b eingestuft (Gregersen/Deinert S. 41). Auf die Eingruppierungsklage eines Behördenbetreuers hin entschied das Bundesarbeitsgericht: Die Tätigkeit eines Diplom-Sozialpädagogen mit staatlicher Anerkennung als Behördenbetreuer hebe sich in der Regel nicht durch besondere Schwierigkeit und Bedeutung im Sinne der VergGr.IVa Fallgruppen15 und 16 BAT/VKA aus der Verg.Gr.IV b Fallgr.16 der Vergütungsgruppen für Angestellte im Sozial- und Erziehungsdienst der Anlage 1a zum BAT/VKA heraus. Zum Berufsbild des Sozialarbeiters/Sozialpädagogen gehöre auch die Tätigkeit eines Behördenbetreuers. Die übertragenen Aufgaben seien nicht besonders schwierig; sie würden auch kein beträchtlich gesteigertes fachliches Wissen und Können erfordern (BAG BtPrax 1997, 32; ebenso BAG NZA 1996, 657 bezüglich Diplom-Sozialarbeitern mit staatlicher Anerkennung; BAG NZA-RR 1996, 275 bez. Sozialarbeiterin mit staatlicher Anerkennung im sozialpsychiatrischen Dienst). BAG BtPrax 1999, 71: ein Diplompädagoge und Sozialarbeiter ohne Berufspraktikum und ohne staatliche Anerkennung sei in die Vergütungsgruppe für Angestellte im Sozial- und Erziehungsdient der Anlage 1a zum BAT einzugruppieren.

Einheitsentscheidung. Die Anordnung der Betreuung und die Auswahl des Betreuers erfolgen in *einer* Entscheidung, indem eine bestimmte Person zum Betreuer bestellt wird. Im Betreuungsrecht gibt es also nicht wie im Vormundschaftsrecht die Aufspaltung zwischen Anordnung der Vormundschaft (durch den Vormundschaftsrichter) und Auswahl des Vormunds/Pflegers (durch den Rechtspfleger). Für die gesamte Entscheidung ist grundsätzlich der Richter und nur in Ausnahmefällen der Rechtspfleger zuständig (§ 14 Nr. 4 RPflG). Die Einheitsentscheidung soll zur Verfahrensökonomie beitragen; sie hat sich in der Praxis bewährt. Bedenken bestanden, weil manche glaubten, der Richter könne die Geeignetheit des Betreuers schlechter beurteilen als der Rechtspfleger, der dauernd mit Vormündern, Pflegern und Betreuern zusammenarbeite.

Einkommen selbstständiger Berufsbetreuer. Bei Befragungen gaben freiberufliche Berufsbetreuer ein durchschnittliches monatliches Bruttoeinkommen von 3980 DM an (Westdeutschland 4125 DM, Ostdeutschland 3200 DM); je Betreuung wurden im Schnitt 202 DM monatlich eingenommen. Bei mehr als 40 Betreuungen stieg das Monatseinkommen auf ca 6600 DM (Gregersen/Deinert S. 40). Zum Einkommen von Vereins- und Behördenbetreuern → Eingruppierung.

Einkommensteuer. Bezüglich der Vergütung gilt:

a) **Besteuerung der Vergütung beim Betreuer:** (1) Die *Aufwandsentschädigung* des ehrenamtlichen Betreuers (§ 1836a BGB; jährlich 600 DM) ist nach § 3c Nr. 12 Satz 1 EStG steuerfrei. Denn es handelt sich um Zahlungen aus der Landeskasse, die in einem Bundesgesetz als Aufwandsentschädigung (nach Grund und Höhe) festgesetzt sind und jedenfalls als Teil der Gesamtzahlungen an Betreuer im Haushaltsplan des Landes ausgewiesen werden. Im Übrigen lägen jedenfalls die Voraussetzungen von § 3 Nr. 12 Satz 2 EStG vor. (2) Wenn jemand aber acht oder zehn Betreuungen hat, ist es eine Frage des Einzelfalls, ob noch Ehrenamtlichkeit oder schon Gewinnerzielungsabsicht vorliegt; hier kann Einkommensteuerpflicht bezüglich der Einnahme abzüglich Kosten vorliegen. (3) Der ehrenamtliche Betreuer, welcher eine Vergütung erhält (§ 1836 III BGB), ist einkommensteuerpflichtig. (4) Die *Einkünfte des selbstständiger Berufsbetreuers* aus seiner Tätigkeit unterliegt der Einkommensteuer (§ 18 I Nr. 1 EStG) und gegebenenfalls der Kirchensteuer. → Gewerbesteuerpflicht liegt im Regelfall nicht vor. § 18 I Nr. 3 EStG (Einkünfte aus sonstiger selbstständiger Tätigkeit) dürfte im Regelfall ausscheiden, weil der Berufsbetreuer nicht nur gelegentlich tätig wird.

b) **Steuerliche Berücksichtigung beim Betreuten.** (1) Wenn der Betreuer *nur* die Vermögenssorge hat, sind die an den Betreuer bezahlte Vergütung für den Betreuten Werbungskosten bzw. Betriebsausgaben. Sie werden also von den Einkünften zB aus Vermietung und Verpachtung bzw. von den Einkünften aus Kapitalvermögen in voller Höhe abgezogen. Beispiel: der Betreute B hat jährlich 30 000 DM Einkünfte aus Vermietung und aus Zinsen; er zahlt an den Betreuer im Veranlagungsjahr 3000 DM Vergütung; der Betrag ist voll abziehbar, nur 27 000 DM aus dieser Einkunftsart sind zu versteuern.- (2) Wenn dem Betreuer nur die Personensorge übertragen ist, ist die an den Betreuer bezahlte Vergütung beim Betreuten als außergewöhnliche Belastung, aber nur teilweise, vom Einkommen abziehbar (§ 33 EStG). Nur der Teil der Vergütung, der die dem Steuerpflichtigen (dh. dem Betreuten) zumutbare Belastung überschreitet, kann vom Gesamtbetrag der Einkünfte abgezogen werden. Was zumutbar ist bestimmt § 33 III EStG, es handelt sich um Beträge zwischen 1% und 7% des Gesamtbetrages der Einkünfte. Hat die Betreute zB 50 000 DM Einkünfte und beträgt die zumutbare Belastung 6% (= 3000 DM), die Zahlung an den Betreuer ebenfalls 3000 DM, dann kann nichts vom Einkommen abgezogen werden, es tritt kein Steuervorteil beim Betreuten ein. – (3) Ist dem Betreuer sowohl die Vermögenssorge als auch die Personensorge übertragen, ist die Vergütung im Schätzwege aufzuteilen (Rdvfg der OFD Frankfurt v. 5. 9. 1997, abgedruckt ZEV 1998, 224). – (4) Der erhöhte Behindertenpauschbetrag nach § 33 b III EStG (bis zu 7200 DM jährlich) kann daneben angesetzt werden, weil er die infolge der Behinderung erwachsenden typischen erhöhten Aufwendungen abdeckt, während der Betreuer überwiegend organisatorische Aufgaben wahrnimmt (Rundverfügung der OFD Frankfurt v. 5. 9. 1997, abgedruckt ZEV 1998, 224). → Steuervorteile für Behinderte.

Einnahmen des Betreuten. Zu den Aufgaben des Vermögensbetreuers gehört es, zu prüfen, ob die möglichen Einkommensquellen des Betreuten ausgeschöpft sind und von Befreiungsmöglichkeiten und Vergünstigungen Gebrauch gemacht wurde. Beispiele:

Altersrente, Betriebsrente, Berufsunfähigkeitsrente, Erwerbsunfähigkeitsrente; Kriegsschadenrente (Lastenausgleich); Versorgungsrente; Zusatzrente; Witwen- und Waisenrenten; Pflegegeld; Arbeitslosengeld, Arbeitslosenhilfe, Sozialhilfe; Wohngeld; Kindergeld; Erziehungsgeld; Krankengeld; Blindengeld; Unterhaltsansprüche; Ansprüche aus einem Übergabevertrag; Mieteinnahmen; Kapitalzinsen (bei Zinseinnahmen Freistellungsauftrag bezüglich der Kapitalertragsteuer).

Befreiung von der Medikamentenzuzahlung (Antrag bei der Krankenkasse); Telefon- und Rundfunkgebührenermäßigung; Freifahrt für Schwerbehinderte; bei Banken evtl Befreiung von Kontoführungsgebühren.

Einschränkung der Betreuung oder des Einwilligungsvorbehalts. Wenn die Voraussetzungen nur für einen Teil der Aufgaben des Betreuers wegfallen, ist der Aufgabenkreis einzuschränken (§ 1908 d I 2 BGB). Im Übrigen gelten die Regeln für die →Aufhebung der Betreuung entsprechend, weil die Einschränkung rechtlich eine Teilaufhebung ist. Gegen die Einschränkung des Einwilligungsvorbehalts ist nur die *sofortige* Beschwerde gegeben (§ 69 i III iVm § 69 g IV FGG).

Einstweilige Anordnung. Das Verfahren der Bestellung eines Betreuers im regulären Verfahren dauert einige Monate. Deshalb muss es eine Möglichkeit geben, schneller auf Notfälle reagieren zu können. → Eilfälle. → Maßregeln des VormG.

a) § 69 f FGG gestattet dem VormG durch einstweilige Anordnung (nicht: einstweilige Verfügung !) einen vorläufigen Betreuer zu bestellen (vgl. unten b), wenn vier Voraussetzungen vorliegen:

- dringende Gründe für die Annahme, dass die Voraussetzungen für die Bestellung (oder Entlassung) eines Betreuers oder die Anordnung eines Einwilligungsvorbehalts gegeben sind und mit dem Aufschub Gefahr verbunden wäre; weiter: Gefahr in Verzug;
- ein ärztliches Zeugnis über den Zustand des Betroffenen liegt vor;
- soweit erforderlich ist ein Verfahrenspfleger bestellt;
- der Betroffene wurde, soweit möglich, persönlich angehört; andernfalls ist das nachzuholen.

b) Die einstweilige Regelung ist von ihrer Verlängerung und von der endgültigen Regelung zu unterscheiden. Nach der vorläufigen

Regelung ist jeweils vom VormG von Amts wegen das Normalverfahren der endgültigen Regelung einzuleiten. Es folgt ein zweiter Beschluss, wonach zB der vorläufige Betreuer zum endgültigen Betreuer bestellt wird. Der vorläufige Betreuer hat dieselbe Rechtsmacht wie ein endgültiger Betreuer; auch die Folgen der Bestellung sind dieselben (Ausnahme. § 13 Nr. 2 BWahlG, kein Wahlrechtsausschluß durch einstw.Anordnung).

c) **Einstweilige Anordnungen sind in folgenden Fällen zulässig:**

- ein vorläufiger Betreuer wird bestellt (§ 69 f I FGG),
- Erweiterung des Aufgabenkreises eines vorhandenen (vorläufigen oder endgültigen) Betreuers durch einstweilige Anordnung (§ 69 i I FGG);
- ein (vorläufiger oder endgültiger) Betreuer wird entlassen (§ 69 f III FGG);
- Entlassung des Betreuers bezüglich einzelner Aufgabenkreise (die Betreuung als solche bleibt aber bestehen),
- ein einstweiliger Einwilligungsvorbehalt wird angeordnet (§ 69 f I FGG);
- Erweiterung des Kreises der einwilligungsbedürftigen Willenserklärungen, wenn schon ein Einwilligungsvorbehalt angeordnet ist (§ 69 i II FGG).
- eine Aufhebung der Betreuung durch einstweilige Anordnung ist dagegen nicht möglich.

d) Das Gesetz unterscheidet zwei Arten der einstweiligen Anordnung; bei der einen (§ 69 f I 1–3 FGG) ist die Eilbedürftigkeit noch nicht so groß, deshalb ist hier der Betroffene noch anzuhören, ein Verfahrenspfleger ist zu bestellen, bei der Betreuerauswahl ist auf die Verwandten Rücksicht zu nehmen; bei der anderen (§ 69 f I 4, 5 FGG) kann auf all das verzichtet werden, nur noch die Gefahrensituation und das ärztliche Zeugnis sind erforderlich. Dass der Arzt den Betroffenen zeitnah persönlich untersucht haben muss, ist nicht vorgeschrieben; aber ein Zeugnis ohne diese Untersuchung wird kaum brauchbar sein. Als Qualifikation des Ausstellers des Zeugnisses ist im Gesetz nur „Arzt“ vorgeschrieben; man wird aber in der Regel einen Arzt mit → Sachverständigenqualifikation benötigen.

e) Wird die Anordnung vor Ablauf ihrer Laufzeit, spätestens von 6 Monaten, nicht verlängert, endet sie kraft Gesetzes von selbst

(BayObLG FamRZ 1994, 1190). Ergeht vor Fristablauf die Entscheidung in der Hauptsache, tritt die einstweilige Anordnung von selbst außer Kraft, ohne dass eine ausdrückliche Aufhebung erforderlich wäre (vgl OLG Karlsruhe FamRZ 1998, 568).

f) Zuständig für einstweilige Anordnungen ist das VormG (→ Richter), das auch für die reguläre Entscheidung → zuständig wäre, oder wo das Fürsorgebedürfnis auftritt (§ 65 I, V 1 FGG). Ein Antrag ist nicht erforderlich, das Gericht entscheidet von Amts wegen. Die Voraussetzungen bedürfen keines vollen Beweises; ihre Glaubhaftmachung reicht aus (BayObLG FamRZ 1997, 1288). Der Beschluss wird formlos bekanntgemacht an den Betroffenen (BayObLG FamRZ 1994, 1060), an seinen Verfahrensbevollmächtigten, den Verfahrenspfleger, den vorläufigen Betreuer; vgl §§ 69 a, 16 FGG.

g) Rechtsmittel: gegen die Bestellung eines Betreuers: einfache → Beschwerde (§ 69 g FGG); bei Entlassung eines Betreuers gegen seinen Willen: sofortige Beschwerde, § 69 g IV Nr 3 BGB; bei Anordnung eines vorläufigen Einwilligungsvorbehalts bzw. Erweiterung des Kreises der einwilligungsbedürftigen Willenserklärungen: sofortige Beschwerde, § 69 g IV Nr. 1 FGG. Die Beschwerde hat keine aufschiebende Wirkung.

h) Zeitliche Überholung der Beschwerde. Wird durch einstweilige Anordnung ein vorläufiger Betreuer für eine bestimmte Zeitspanne bestellt und *nach* Fristablauf dagegen Beschwerde eingelegt, ist sie mangels Rechtsschutzbedürfnisses unzulässig (BayObLG FamRZ 1996, 898). Wird die Beschwerde *vor* Fristablauf eingelegt und kann

Reguläres Verfahren	Eilige einstweilige Anordnung
Sachverständigengutachten notwendig	Ärztliches Zeugnis genügt
Verfahrenspfleger u.U. erforderlich	Verfahrenspfleger entbehrlich
VormG in Betreuerauswahl nicht frei	Keine Einschränkungen bei Betreuerauswahl
Betreuerbestellung für 5 Jahre	Bestellung für 6 Monate, max. 1 Jahr

bis dahin nicht entschieden werden, dann erledigt sich die Hauptsache mit dem Ende der vorläufigen Betreuung (hier kann die Beschwerde auf die Kosten beschränkt werden und bleibt dann insoweit zulässig; BayObLG FamRZ 1994, 1190).

i) Wirksamwerden der einstweiligen Anordnung. Sie wird wirksam mit der Bekanntmachung an den Betreuer (§ 69a III FGG) bzw. an den sonst Betroffenen, statt dessen auch mit der Übergabe an die Geschäftsstelle des VormG (§ 69 f IV FGG).

Einstweilige Anordnung über vorläufige Unterbringungsmaßnahmen. Voraussetzung ist eine erhebliche Wahrscheinlichkeit dafür, dass die endgültige Unterbringung genehmigt/angeordnet wird, dh dass die Voraussetzungen des § 1906 BGB bzw des LandesPsychKG /LandesunterbrG vorliegen. Bei der zivilrechtlichen Unterbringung muss also schon ein Betreuer mit dem Aufgabenkreis „Unterbringung" bestellt sein, zumindest durch einstweilige Anordnung nach § 69 f I FGG ein vorläufiger Betreuer mit diesem Aufgabenkreis; der Betreuer muss ferner die Genehmigung der Unterbringung beantragt haben oder gleichzeitig beantragen (§ 1906 II BGB). Bei der öffentlich-rechtlichen Unterbringung muss die Ordnungsbehörde einen Unterbringungsantrag gestellt haben oder gleichzeitig stellen. Mit dem Aufschub muss Gefahr verbunden sein. Ein ärztliches Zeugnis über den Zustand des Betroffenen ist erforderlich. Die Bestellung eines Verfahrenspflegers ist nicht unbedingt erforderlich (§ 70 b FGG). Der Betroffene muss vom Richter persönlich angehört werden, zumindest ist diese Anhörung baldigst nachzuholen. Den in § 70 d FGG genannten Personen und Stellen (Ehegatte, Eltern, Kinder, Betreuer, Vertrauensperson, Anstaltsleiter, zuständige Behörde) ist Gelegenheit zur Äußerung zu geben, sofern nicht Gefahr im Verzug ist. Die Unterbringung darf die Dauer von sechs Wochen nicht überschreiten (§ 70 h II 1 FGG); sie kann nach Anhörung eines Sachverständigen durch eine weitere einstweilige Anordnung bis zu einer Gesamtdauer von drei Monaten verlängert werden. Der Unterbringungsbeschluss ist mit sofortiger Beschwerde anfechtbar, § 70 h I 2 iVm § 70 g III 1 und § 70 m I FGG. **Vorläufige Unterbringungsmaßnahmen** können vom VormG ferner nach § 1908 i I 1 iVm **§ 1846 BGB** getroffen werden (→ Maßregeln des VormG); § 70 h III FGG.

Einweisungsgesetz. In der DDR existierte früher (als Unterbringungsgesetz) das *Gesetz über die Einweisung in stationäre Einrichtungen für Psychisch Kranke* vom 11.6. 1968 (GBl DDR I S. 273). Nach der Wiedervereinigung galt es zunächst als Landesrecht der DDR-Länder fort (Art. 9 I Einigungsvertrag). In den folgenden Jahren haben dann diese Länder eigene PsychKG erlassen und das EinweisungsG aufgehoben.

Einwilligungsfähigkeit. Rechtsgutsverletzungen (zB ärztlicher Eingriff, Anstaltsunterbringung) sind rechtswidrig, außer der Berechtigte hat eingewilligt. Wirksam einwilligen kann nur jemand, der einwilligungs*fähig* ist. Dabei kommt es nicht auf die Geschäftsfähigkeit des Patienten an (sie spielt eine Rolle, wenn zB Verträge geschlossen werden), sondern auf die natürliche Einsichts- und Steuerungsfähigkeit (OLG Hamm FGPrax 1997, 64). Einwilligungsfähig ist danach, wer Art, Bedeutung und Tragweite (auch die Risiken) der Maßnahme zu erfassen und seinen Willen hiernach zu bestimmen vermag. Die Einwilligungsfähigkeit muss sich auf die konkrete Maßnahme beziehen. Eine wirksame Einwilligung in ärztliche Maßnahmen setzt zusätzlich voraus, dass der Patient über die Maßnahme und die Risiken ausreichend *aufgeklärt* wurde und dass er die Aufklärung verstehen konnte.

Geschäftsfähigkeit	Einwilligungsfähigkeit
betrifft die Fähigkeit zu rechtsgeschäftlichem Handeln	betrifft die Beseitigung von Rechtswidrigkeit
Abhängig vom Alter und davon, ob ein die freie Willensbestimmung ausschließender Zustand vorlag; keine relative Geschäftsfähigkeit	Abhängig von der Einsichtsfähigkeit und der konkreten Maßnahme; relative Einwilligungsfähigkeit möglich

a) Ist der Betreute einwilligungsfähig, so muss er selbst entscheiden, ob er sich einer Untersuchung/ Behandlung oder einem Eingriff unterziehen will; der Betreuer hat (auch wenn sein Aufgabenkreis die Gesundheitsfürsorge umfasst) keine Rechtsmacht, eine fehlende Einwilligung zu ersetzen oder umgekehrt den Eingriff zu verhindern. Zwangsuntersuchung und Zwangsbehandlung eines *einwilli-*

gungsfähigen Patienten sind daher unzulässig. Ein → Einwilligungsvorbehalt, durch den der Betreute ausgeschaltet wird und der Betreuer dann für ihn handeln kann (dh Zwangsbehandlung), ist unzulässig (OLG Hamm FamRZ 1995, 433).

b) Ist der Betreute einwilligungsunfähig, so handelt der Betreuer für ihn, wenn sein Aufgabenkreis sich auf die Gesundheitsfürsorge erstreckt, und erteilt (oder versagt) die Einwilligung zur Untersuchung, Heilbehandlung oder zum Eingriff.

c) Ist die *Einwilligungsfähigkeit zweifelhaft,* hat der Betreuer keinen Vorrang oder Stichentscheid. Für den Arzt besteht somit ein Risiko; widerspricht der Betreute der Behandlung und ist der Arzt nicht von der Einwilligungsunfähigkeit überzeugt, sollte er daher die Behandlung unterlassen.

d) *Feststellungsverfahren.* Das VormG kann nicht verbindlich feststellen, ob ein Betreuter einwilligungsfähig ist; die Anordnung einer Betreuung mit dem Aufgabenkreis Gesundheitssorge ist freilich ein Indiz dafür. Auch der Betreuer kann die Einwilligungsfähigkeit nicht verbindlich feststellen. Letztlich entscheidet der Arzt, der den Eingriff durchführt, auf sein Risiko, ob er den Patienten für einwilligungsfähig hält. Eine gewisse Hilfe mag das Gutachten geben, das vor Anordnung einer Betreuung eingeholt wird. Praktisch entfällt das Problem für den Arzt, wenn beide (Betreuter und Betreuer) einwilligen und unter den Voraussetzungen des § 1904 I 1 BGB das VormG zustimmt; dann ist der Arzt auf jeden Fall abgesichert.

Einwilligungsvorbehalt. Früher wurden gefährdende Lebenssachverhalte teilweise durch Entmündigung zB wegen Verschwendungsucht gelöst (§ 6 Abs 1 Nr 2 aF BGB); die → Entmündigung ist abgeschafft. Der Einwilligungsvorbehalt hat eine ähnliche Aufgabe. Die Bestellung eines Betreuers hat keinen Einfluss auf die Geschäftsfähigkeit eines Betreuten. Ein Geschäftsfähiger kann daher trotz Betreuung unsinnige Geschäfte (wie unnötige Bestellungen bei Versandhäusern, Abschluss von überflüssigen Versicherungen) tätigen und sich schädigen; bei einem Geschäftsunfähigen wären diese Geschäfte zwar unwirksam (§ 104 Nr. 2 BGB), doch müsste bei einem Prozess der Geschäftsunfähige seine seinerzeitige Geschäftsunfähigkeit beweisen, was oft schwierig ist; deshalb ist auch bei einem Geschäftsunfähigen ein Einwilligungsvorbehalt möglich (OLG Düsseldorf FamRZ 1993, 1224). Nur in etwa 5% aller Betreuungen besteht gleichzeitig ein Einwilligungsvorbehalt (BT-Drucks.13/7133 S. 7).

a) § 1903 BGB sieht daher vor, dass bei einer unter Betreuung stehenden Person zusätzlich durch Beschluss des VormG angeordnet werden kann, dass der Betreute zu einer Willenserklärung, die den Aufgabenkreis des Betreuers betrifft, dessen Einwilligung bedarf (andernfalls ist die Willenserklärung unwirksam). Eine solche Anordnung ist nur zulässig, wenn dies **zur Abwendung einer erheblichen Gefahr für das Vermögen** (oder die Person) des Betreuten erforderlich ist. Bei Geschäftsfähigen ist der Einwilligungsvorbehalt verfassungsrechtlich problematisch; die Rechtsprechung fordert daher zusätzlich, dass der mit dem Einwilligungsvorbehalt nicht einverstandene Betreute aufgrund seiner psychischen Erkrankung seinen Willen nicht frei bestimmen kann (BayObLGZ FamRZ 1996, 897; OLG Hamm FamRZ 1995, 433/5). Erforderlichkeit ist nur anzunehmen, wenn eine konkrete Gefahr erheblicher Beschädigung besteht; andererseits ist nicht erforderlich, dass schon etwas passiert ist. Eine Vermögensbetreuung und damit ein entsprechender Einwilligungsvorbehalt kann auch erforderlich sein, um eine weitere Verschuldung eines vermögenslosen Betreuten zu verhindern (BayObLG FamRZ 1997, 902); denn es bedeutet einen Nachteil, wenn *weitere* Schulden entstehen.

b) Die **Reichweite eines Einwilligungsvorbehaltes** kann sich allenfalls auf solche Willenserklärungen erstrecken, die dem jeweiligen Aufgabenkreis des Betreuers zugeordnet sind; es gibt drei Möglichkeiten: (1) Aufgabenkreis des Betreuers und Reichweite des Einwilligungsvorbehalts decken sich (Beispiel: Betreuung mit Einwilligungsvorbehalt für vermögensrechtliche Angelegenheiten). (2) Der Aufgabenkreis ist größer als die Reichweite des Einwilligungsvorbehaltes (Beispiel: Betreuung für *alle* Angelegenheiten; Einwilligungsvorbehalt nur für *vermögensrechtliche* Angelegenheiten). (3) Beschränkungen: Innerhalb eines Aufgabenkreises kann weiter eingeschränkt werden: aa) Betragsmäßig: eine Beschränkung des Einwilligungsvorbehalts auf Rechtsgeschäfte über mehr als 500 DM soll zulässig sein (BayObLG FamRZ 1994, 1135). bb) Zeitlich: „bis zur Beendigung der Sanierungsarbeiten" (BayObLG FamRZ 1995, 1517). cc) Gegenständliche Beschränkung: „Verwaltung, insbesondere Sanierung des Hauses..." (BayObLG FamRZ 1995, 1517).

Diese detaillierten Beschränkungen sind wegen der Abgrenzungsfragen meines Erachtens problematisch.

c) **Gegenstand eines Einwilligungsvorbehalts kann nicht sein** (§ 1903 II BGB): die **Eheschließung** (sie kann also nicht von der Zustimmung des Betreuers abhängig gemacht werden; → Ehe). **Verfügungen von Todes wegen** (für ein Testament oder den Widerruf eines Testaments braucht also ein Betreuter keine Einwilligung seines Betreuers). → Testierfähigkeit. Der *geschäftsfähige* Betreute kann ohne Zustimmung seines Betreuers und ohne Genehmigung des VormG als Erblasser einen **Erbvertrag** abschließen, trotz Einwilligungsvorbehalt (§ 1903 II BGB). Ein Einwilligungsvorbehalt kann sich nicht auf Willenserklärungen erstrecken, zu denen der beschränkt geschäftsfähige Minderjährige nach den Vorschriften des Familien- bzw Erbrechts gleichfalls nicht der Zustimmung des gesetzlichen Vertreters bedarf. Hierzu zählt der Rücktritt vom Erbvertrag (§ 2296 I 2 BGB) und der Abschluss eines Erbverzichtsvertrages (§ 2347 II 1 BGB). Für einen nur (!) **körperlich Behinderten** darf mangels Erforderlichkeit kein Einwilligungsvorbehalt angeordnet werden. Für **Prozeßhandlungen** gibt es keinen Einwilligungsvorbehalt, da sich dieser nur auf *Rechtsgeschäfte* bezieht; vgl § 53 ZPO. Der Einwilligungsvorbehalt kann sich nicht auf *tatsächliches Verhalten* beziehen wie zB auf die **Aufenthaltsbestimmung** (OLG Hamm FamRZ 1995, 433/5; aA BayObLG 1993, 852); sinnvoll ist in solchen Fällen, den Vorbehalt nur auf die damit verbundenen rechtsgeschäftlichen Erklärungen zu erstrecken, zB Abschluss und Kündigung des Heimvertrags. Unzulässig ist ein Einwilligungsvorbehalt im Bereich der → **ärztlichen Behandlung** (durch Anordnung eines Einwilligungsvorbehalts kann somit der Widerspruch des einwilligungsfähigen Betreuten nicht unbeachtlich gemacht werden).

Der Einwilligungsvorbehalt erstreckt sich nicht auf:
- Aufgabenbereiche außerhalb der Betreuung
- Aufgabenkreise, für die er nicht angeordnet wurde;
- personenrechtliche Angelegenheiten (§ 1903 II BGB)
- rechtliche vorteilhafte Handlungen (§ 1903 III 1 BGB)
- geringfügige Angelegenheiten des täglichen Lebens (§ 1903 III 2 BGB).

d) Selbst wenn ein Einwilligungsvorbehalt angeordnet ist, bedarf der Betreute nicht der Zustimmung des Betreuers, wenn die Willenserklärung dem Betreuten lediglich einen **rechtlichen Vorteil bringt** (§ 1903 III 1 BGB); ein wirtschaftlicher Vorteil ist nicht dasselbe wie ein rechtlicher Vorteil. Der Betreute braucht auch dann nicht die Einwilligung des Betreuers, wenn die Willenserklärung eine **geringfügige Angelegenheit des täglichen Lebens** betrifft (§ 1903 III 2 BGB). Darunter fällt zB der alltägliche Barkauf von Lebensmitteln, soweit diese nach Menge und Wert nicht das übliche Maß übersteigen; hierbei kommt es auf die Verkehrsauffassung und die finanziellen Verhältnisse des Betreuten an. Hier kann das VormG aber ausdrücklich etwas anderes angeordnen, zB bei einem Alkoholiker, um zu verhindern, dass dieser rechtswirksam am Kiosk Alkohol (auf Kredit) beschafft.

e) **Verfahren:** Die Anordnung eines Einwilligungsvorbehalts erfolgt von Amts wegen durch einen Beschluss des VormG; zuständig ist der Richter. Jedermann kann dies beim VormG anregen. Die Anordnung kann in einem *einheitlichen Verfahren* gleichzeitig mit der Bestellung des Betreuers erfolgen oder nachträglich *isoliert*, dh nachdem die Betreuung schon einige Zeit besteht. Vor der Anordnung eines Einwilligungsvorbehalts hat das VormG den Betroffenen grundsätzlich **persönlich anzuhören** (§ 68 I FGG) und ein **Sachverständigengutachten** über die Notwendigkeit und den Umfang einzuholen (§ 68 b II FGG). Ein **Verfahrenspfleger** ist nur zu bestellen, wenn dies zur Wahrnehmung der Interessen des Betroffenen erforderlich ist (§ 67 I 1 FGG). Ferner ist der zuständigen Betreuungsbehörde sowie den in § 68 a FGG genannten Angehörigen Gelegenheit zur Äußerung zu geben. Das Schlussgehör (§ 68 V FGG) wird in der Praxis nicht durchgeführt. Die Entscheidung des VormG (**Beschluss**) hat den Aufgabenkreis zu bezeichnen (§ 69 I Nr. 4 FGG), damit Rechtsklarheit besteht. In den Beschlussgründen muss *jeder einzelne* Aufgabenkreis des Einwilligungsvorbehalts konkret und nachprüfbar dargelegt werden (BayObLG FamRZ 1996, 897). Der Beschluss ist dem Betreuer, der zuständigen Betreuungsbehörde sowie grundsätzlich dem Betroffenen bekannt zu machen (§ 69 a I, II FGG). Die Anordnung des Einwilligungsvorbehalts wird **wirksam** im Zeitpunkt der Bekanntmachung an den Betreuer (§ 69a III FGG). - Ein Einwilligungsvorbehalt kann auch durch eine **einstweilige**

Anordnung bestimmt werden (§ 69 f FGG), für längstens sechs Monate (§ 69 f II FGG).

f) **Folgen der Anordnung eines Einwilligungsvorbehalts:** die Geschäfts des *geschäftsunfähigen* Betreuten sind ohnehin unwirksam (§ 104 Nr. 2, 105 BGB); hier erspart der Vorbehalt nur den Nachweis der Geschäftsunfähigkeit. Ob ein vom *(geschäftsfähigen)* Betreuten geschlossener Vertrag wirksam ist, hängt von den Genehmigung des Betreuers ab (§§ 108, 1903 I 2 BGB); war der Betreute aber bei Vertragsschluss geschäftsunfähig (§ 104 Nr. 2 BGB), so kann man allenfalls durch Umdeutung zur Gültigkeit des Geschäfts gelangen. Von Anfang an wirksam sind solche Rechtsgeschäfte des geschäftsfähigen Betreuten, die er mit seinem Taschengeld tätigt (§§ 110, 1903 I 2 BGB). Wenn der geschäftsunfähige Betreute mit Einwilligungsvorbehalt mit seinem Taschengeld dagegen eine Büchse Bier kauft, ist Käufer der Betreuer, der sich des Betreuten als Boten bedient. Einseitige Rechtsgeschäfte des geschäftsfähigen (aber mit Einwilligungsvorbehalt belasteten) Betreuten, wie zB eine Kündigung, sind ohne Einwilligung des Betreuers unwirksam (§§ 111, 1903 I 2 BGB). Willenserklärungen, die gegenüber dem geschäftsfähigen Betreuten abgegeben werden, werden nicht wirksam, bevor sie dem Betreuer zugegangen sind, es sei denn, die Erklärung bringt dem Betreuten lediglich einen rechtlichen Vorteil (§§ 131 II, 1903 I 2 BGB). Die Verjährung von Ansprüchen des Betreuten wird gehemmt, solange ein unter einem Einwilligungsvorbehalt stehender Betreuter ohne Betreuer ist (§§ 206, 1903 I 2 BGB). Arbeitet der (geschäftsfähige) Betreute, kann er in diesem Bereich in einem beschränkten Umfang trotz des Einwilligungsvorbehalts eigenverantwortlich entscheiden (§§ 112, 113, 1903 I 2 BGB).

g) **Rechtsmittel:** Der Betroffene, die Betreuungsbehörde und die in § 69 g I FGG genannten Angehörigen können gegen die Anordnung eines Einwilligungsvorbehalts das Rechtsmittel der **sofortigen Beschwerde** einlegen (§ 69 g IV Nr. 1 FGG). Die zweiwöchige Beschwerdefrist (§ 22 I FGG) läuft für den Betroffenen erst mit Bekanntgabe an ihn selbst (§ 69 g IV 3 FGG). Die Anordnung eines Einwilligungsvorbehalts durch einstweilige Anordnung kann noch angefochten werden, nachdem ein endgültiger Einwilligungsvorbehalt angeordnet wurde (BayObLG BtPrax 1997, 198) oder die einstweilige Anordnung abgelaufen ist, weil die zivilrechtlichen

Wirkungen fortbestehen; eine Erledigung der Hauptsache tritt also nicht ein.

Wurde ein **Einwilligungsvorbehalt zu Unrecht angeordnet** und daher (zB vom Beschwerdegericht) aufgehoben, ergibt sich aus § 69 h FGG, dass die *zuvor* vom Betreuten vorgenommenen Geschäfte wirksam sind. Aber auch die Geschäfte, die der Betreuer zwischenzeitlich getätigt hat, sind wirksam, weil er als gesetzlicher Vertreter handelte (§ 1902 BGB). Denkbar ist somit, dass beide Geschäfte sich widersprechen.

h) **Gutgläubige Vertragspartner** (Dritte) werden nicht geschützt; wer nicht weiß, dass er mit einem unter Einwilligungsvorbehalt Stehenden kontrahiert, wird nicht geschützt. Der Betreute haftet diesem Dritten auch nicht aus Verschulden bei Vertragsschluss, positiver Vertragsverletzung oder dergleichen. In ein **öffentliches Register** wird der Einwilligungsvorbehalt nicht eingetragen; Außenstehende sind darauf angewiesen, sich beim VormG zu erkundigen, was ein berechtigtes Interesse voraussetzt (§ 34 FGG).

Elektrokrampftherapie (EKT). Wenn der Patient noch → einwilligungsfähig ist und einwilligt, kann sie erfolgen. Ist er nicht mehr einwilligungsfähig, kann nur ein Betreuer mit dem Aufgabenkreis → Gesundheitssorge anstelle des Patienten einwilligen. Streitig ist, ob der Betreuer dazu die → Genehmigung des VormG nach § 1904 BGB braucht. Bejahend LG Hamburg FamRZ 1994 1204; aA Dodegge FamRZ 1996,74; Wiebalck u. a. BtPrax 1997, 48, 51.

Elterliche Sorge. a) Die elterliche Sorge steht bei **ehelichen Kindern** beiden Eltern zu (§ 1626 BGB). Wird ein Elternteil geschäftsunfähig, dann ruht seine elterliche Sorge (§ 1673 I BGB). Der andere Elternteil übt dann die elterliche Sorge allein aus (§ 1678 I BGB). Wenn der geschäftsunfähig gewordene Elternteil einen Betreuer hat, ändert dies nichts an der geschilderten Rechtslage; der Betreuer erlangt also nicht die elterliche Sorge. b) Bei **nichtehelichen Kindern** steht die elterliche Sorge im Regelfall der Mutter zu (§ 1626a II BGB). Wird sie geschäftsunfähig (zB infolge eines Verkehrsunfalls), dann ruht ihre elterliche Sorge (§ 1673 I BGB). Wenn eine Besserung nicht zu erwarten ist, hat das Familiengericht die elterliche Sorge dem nichtehelichen Vater übertragen, wenn dies dem Wohl des Kindes entspricht (§ 1678 II BGB). Andernfalls ist dem Kind ein Vormund zu bestellen. Die Betreuung spielt hier keine Rolle. c) In manchen Fällen haben die Eltern eines nichtehelichen Kindes eine öffentlich beurkundete Sorgeerklärung des Inhalts abgegeben, dass Mutter und Vater *gemeinsam* die elterliche Sorge über das nichteheliche Kind ausüben wollen (§ 1626a I BGB; Kindschaftsrechtsreform). Wird hier ein Elternteil geschäftsunfähig, ist es wie bei ehelichen Kindern: der andere Elternteil übt die Sorge allein aus (§1678 I BGB). Ein Vormund ist nicht erforderlich; die Betreuung spielt keine Rolle.

Eltern als Betreuer → befreite Betreuung. → Angehörige. → Beschwerdeberechtigung.

Empfängnisverhütung. Wenn die geistig behinderte Betreute die empfängnisverhütende Spritze nicht mehr haben will, kann sie dazu vom Betreuer nicht gezwungen werden. Denn eine Krankheit liegt nicht vor, so dass jede Form der Zwangsbehandlung ausscheidet. In Frage kommt eine geschlossene Unterbringung, damit die Frau von sexuellen Kontakten ferngehalten werden kann; sie würde aber voraussetzen, dass die Frau durch eine zu erwartende Schwängerung einen erheblichen gesundheitlichen Schaden erleidet (§ 1906 I Nr. 1 BGB). → Schwangerschaft. → Sterilisation.

Entlassung des Betreuers. Bei der → Aufhebung der Betreuung (zB weil der Betroffene wieder gesund ist wird kein neuer Betreuer bestellt. Bei der Entlassung des Betreuers dagegen besteht die Betreuung fort; es wird nur der **Betreuer ausgewechselt.** Die Entlassung (§ 1908 b BGB) ist von der anschließenden Bestellung eines anderen Betreuers (§ 1908 c BGB) zu unterscheiden (es liegen also zwei verschiedene Verfügungen vor, was sich bei der Anfechtung auswirkt).

a) Zur Entlassung kann es aus verschiedenen Gründen kommen:

- auf Anregung des Betreuers, wenn ihm die Betreuung nicht mehr zumutbar ist (§ 1908b II BGB);
- auf Wunsch des Betreuten, wenn er zugleich eine gleich geeignete übernahmebereite Person als Betreuer vorschlägt (§ 1908 b III BGB);

- Auf Anregung der Staatskasse, wenn der (teure) Berufsbetreuer durch einen (billigeren) ehrenamtlichen Betreuer ersetzt werden kann (§ 1908 b I 2 BGB; § 69 I 2 FGG);
- Auf jedermanns Anregung und von Amts wegen, wenn der Betreuer *nicht geeignet* ist oder ein anderer *wichtiger Grund* vorliegt (§ 1908b I 1 BGB).

b) **Wirkung der Entlassung:** das Amt des Betreuers endet mit Zugang des Entlassungsbeschlusses, die Betreuung dagegen besteht fort. Eine sofortige Beschwerde gegen die Entlassung hat keine aufschiebende Wirkung (§§ 69 g III Nr. 3; 16 I; 24 I FGG); es bleibt also bei der Entlassung, bis das Landgericht entschieden hat. Das VormG darf nach einer Entlassung mit der Bestellung eines neuen Betreuers in der Regel nicht warten, bis über die sofortige Beschwerde des entlassenen Betreuers entschieden ist (OLG Köln FamRZ 1995, 1086), weil sonst der Betreute monatelang ohne Betreuer wäre. Es wird ein reguläres Bestellungsverfahren einleiten; in Eilfällen kann der neue Betreuer auch durch einstweilige Anordnung bestellt werden (§ 69 f FGG). Vomundschaftsgerichtliche Genehmigungen, die dem ehemaligen Betreuer bereits erteilt und vollzogen wurden, behalten ihre Wirksamkeit.

c) **Entlassung zu Unrecht.** Hat die sofortige Beschwerde des zu Unrecht entlassenen Betreuers Erfolg, so entfällt seine Entlassung *rückwirkend* (BayObLG FamRZ 1996, 58/59); eine Neubestellung des entlassenen Betreuers ist daher unrichtig (vgl BayObLG FamRZ 1988, 874). Nun ist die Entlassung des (jetzt überflüssigen) neuen Betreuers erforderlich (Entlassungsgrund: § 1908 b I BGB, wichtiger Grund; BayObLG FamRZ 1996, 58). Diesem Nachfolgebetreuer steht gegen seine eigene Entlassung die Beschwerde zu (BayObLG FamRZ 1996, 58; aA OLG Düsseldorf FamRZ 1995, 123), allerdings immer erfolglos, weil er die Entlassung hinnehmen muss, wenn die Entlassung des ursprünglich bestellten Betreuers aufgehoben wurde. Bis zum Wirksamwerden der Entlassung des Nachfolgers hat der Betreute zwei Betreuer, also eine doppelte gesetzliche Vertretung **(Konkurrenz zweier Betreuer).** Sie sind → Mitbetreuer nach § 1899 III BGB. Handlungen des neuen Betreuers vor Aufhebung der Entlassung bleiben wirksam, § 32 FGG (OLG Köln FamRZ 1995, 1086). Rechtsmittel → Entlassungsverfahren.

Entlassung des Betreuers wegen mangelnder Eignung (§ 1908 b I Alt.1 BGB). Die mangelnde Eignung kann ihre Ursache entweder in der Person oder in den Verhältnissen des Betreuers haben, aber auch beim Betreuten liegen. Verschulden des Betreuers ist nicht erforderlich. **Beispiele:** fehlende Sachkenntnis des Betreuers, um den ihm zugewiesenen Aufgabenkreis ordnungsgemäß zu bewältigen (zB bei Vermögensverwaltung); unzulängliche Erfüllung der Aufgaben, mangelndes Engagement des Betreuers (BayObLG FamRZ 1997, 1358); fünfundzwanzig Jahre lang den Betroffenen nicht im Heim besucht (LG Hildesheim BtPrax 1997, 79); unterlassene oder ungenügende **Rechnungslegung** (OLG Zweibrücken FGPrax 1998, 57); wiederholter hartnäckiger Verstoß gegen Berichtspflichten (BayObLG FamRZ 1996, 509); längere **Krankheit** oder Abwesenheit des Betreuers, so dass er seine Aufgaben nicht wahrnehmen kann (BayObLG FamRZ 1996, 1105; LG Koblenz BtPrax 1998, 38: Fernfahrer, der dauernd unterwegs ist, ungeeignet); wenn sich zwischen dem Betreuer und dem Betreuten Feindschaft entwickelt hat, es zu Handgreiflichkeiten kommt (BayObLG FamRZ 1995, 1235); Geschäftsunfähigkeit des Betreuers; wenn der **Betreute in dem Heim untergebracht** worden ist oder wohnt, in dem der Betreuer arbeitet (§ 1897 III BGB); Eröffnung des Insolvenzverfahrens über das Vermögen des Vermögens-Betreuers, auch sonstiger Vermögensverfall beim Vermögensbetreuer (OLG Zweibrücken FGPrax 1998, 57); Verurteilung des Vermögensbetreuers wegen Diebstahl, Betrug etc (LG Koblenz BtPrax 1998, 38). Die Entlassung ist das äußerste Mittel; sie darf nur erfolgen, wenn es keine andere Möglichkeit gibt, um dem Wohl des Betreuten zu entsprechen (BayObLG FamRZ 1996, 1105). Deshalb sind vorrangig: Aufsichtsmaßnahmen des VormG, Weisungen, Androhung der Entlassung, Androhung und Verhängung von Zwangsgeld (§ 1908 i iVm § 1837 BGB). Ferner ist vor Entlassung zu prüfen, ob es genügt, wenn der Aufgabenkreis des mäßig geeigneten Betreuers nur beschränkt wird (**Teilentlassung**) und im Übrigen ein weiterer Betreuer bestellt wird (BayObLG FamRZ 1998, 1257); so wenn der Sohn zwar für die Vermögensverwaltung ungeeignet ist, ihm aber der Aufgabenkreis Personensorge belassen werden kann. Es kommt immer darauf an, ob aus der Entlassung nicht ein größerer Schaden als beim Verbleiben des Betreuers im Amt verbleibt (BayObLG FamRZ 1997,

1360); kleinere Mängel der Vermögensabrechnung sind daher hinzunehmen, wenn sich der Betreuer im Übrigen einsetzt oder vom Betreuten gewünscht wird. Ob der Betreute mit der Entlassung einverstanden ist, spielt keine Rolle; selbst wenn die betreute Mutter die Betreuung durch ihren Sohn wünscht, kann er bei eindeutiger Ungeeignetheit entlassen werden (BayObLG FamRZ 1996, 1105); allerdings ist in solchen Fällen große Zurückhaltung angebracht, weil ein kleiner finanzieller Schaden den Verlust familiärer Bindungen nicht aufwiegt. Wirkungen, Rechtsmittel → Entlassung des Betreuers.

Entlassung des Betreuers aus sonstigem wichtigem Grund (§ 1908 b I 1 Alt.2 BGB). Wenn zwar beim Betreuer *kein Eignungsmangel* besteht, aber ein sonstiger *wichtiger* Grund vorliegt, ist er ebenfalls zu entlassen. **Beispiele:** Pflichtwidrigkeiten des Betreuers, die noch nicht als Eignungsmangel zu qualifizieren sind; wenn ein Verwandter, der früher die Betreuung nicht übernehmen konnte, so dass ein Dritter als Betreuer bestellt wurde, nunmehr die Betreuung übernehmen möchte (BayObLG Rpfleger 1998, 112); wenn eine *erheblich* geeignetere Person zur Verfügung steht und der Betreute mit dem Wechsel einverstanden ist (BayObLG FamRZ 1994, 1353); die Gefahr von Interessenkonflikten in Vermögensfragen (vgl § 1897 V BGB), wobei aber konkrete Gefahren bestehen müssen, Erbberechtigung ungenügend ist. **Keine ausreichenden Gründe** sind in der Regel: Der bloße Wunsch des Betreuten, den Betreuer zu entlassen; eine zu wenig tatkräftige Räumung der vollgestellten Wohnung (BayObLG BtPrax 1997, 239); wenn der Betreuer die aufgrund krankhaften Sammeltriebs mit Schachteln und Plastiksäcken vollgestellte Wohnung nicht entrümpeln lässt (BayObLG FamRZ 1998, 1257/8); dass ein anderer Betreuer die „Integration des Betreuten in das soziale Leben besser fördern" könnte (OLG Köln FamRZ 1998, 1258); Spannungen zwischen Betreuer und Betreutem im Bereich der Vermögenssorge (BayObLG FamRZ 1994, 1135); Verlegung des Kontos zu einer anderen Bank gegen den Willen des Betreuten (BayObLG FamRZ 1996, 509); wenn sich der Betreuer mit nachvollziehbaren Gründen weigert, den Wohnsitz des Betreuten zu ändern (BayObLG FamRZ 1998, 1261); dass der Betreuer stark belastet ist, solange er das Amt gleichwohl ordentlich führt. Entlassungen sind immer nur das äußerste Mittel → Entlassung wegen mangelnder Eignung. Wirkungen, Rechtsmittel → Entlassung des Betreuers.

Entlassung des Betreuers auf eigenen Antrag. Der Betreuer *kann* seine Entlassung verlangen, wenn nach der Bestellung Umstände eingetreten sind, auf Grund derer ihm eine Betreuung nicht mehr zugemutet werden kann (§ 1908 b II BGB). Abzuwägen ist das Interesse des Betreuers an seiner Entlassung gegen das Interesse des Betreuten an der Weiterführung der Betreuung. Unzumutbarkeit liegt vor, wenn persönliche, familiäre, berufliche oder sonstige Umstände neue Belastungen für den Betreuer mit sich bringen. Beispiele: Familienzuwachs; erforderlich werdende Pflege einer nahestehenden Person (OLG Schleswig FGPRax 1997, 223); Arbeitsüberlastung, Versetzung an einen anderen Ort, Krankheit, fortgeschrittenes Alter, ein gespanntes Verhältnis zum zuständigen Rechtspfleger bzw Richter, Verschlechterung von Verkehrsverbindungen, Unterbringung des Betreuten in einem entfernten Heim, unakzeptable Vergütungspraxis des zuständigen VormG (AG Northeim BtPrax 1994, 179; aA OLG Schleswig FamRZ 1998, 1259), vom Betreuten ausgehende Entfremdung, die das Vertrauensverhältnis empfindlich stört, Mißhandlungen (BayObLG FamRZ 1995, 1235). In der Praxis wird einem Entlassungsbegehren ohne weiteres stattgegeben, weil es keinen Sinn hat, einen unwilligen Betreuer halten zu wollen. **Rechtsmittel:** Wird die vom Betreuer beantragte Entlassung vom VormG abgelehnt, kann er dagegen einfache (unbefristete) → Beschwerde einlegen (BayObLG FamRZ 1994, 324). Wurde ein Betreuer *mit seinem Einverständnis* entlassen, ist seine Beschwerde hiergegen unzulässig, weil eine Beschwerde fehlt (BayObLG FamRZ 1998, 440); das gilt auch, wenn nach Entlassung eine dem bisherigen Betreuer missliebige Person bestellt wurde: keine Beschwerde des alten Betreuers gegen die Bestellung dieser Person (BayObLG FamRZ 1998, 440). Wird der Betreuer mit seinem Einverständis entlassen, kann der Betreute hiergegen einfache Beschwerde einlegen (BayObLG FamRZ 1998, 440); §§ 19, 20 FGG. Wirkungen → Entlassung des Betreuers.

Entlassung des Betreuers auf Antrag des Betreuten. Der Betreute kann jederzeit die Entlassung des Betreuers anregen und sich zur

Begründung auf fehlende Eignung oder sonstige wichtige Gründe stützen (§ 1908 b I BGB); dies führt aber nicht automatisch zur Entlassung, sondern nur dazu, dass das VormG das Vorliegen dieser Gründe überprüft. Hat der Betreute einen mißliebigen Berufsbetreuer, kann er anregen, dass er einen billigeren ehrenamtlichen Betreuer erhält (§ 1908 b i 2 BGB; → Entlassung aus fiskalischen Gründen); ein Rechtsanspruch darauf besteht aber nicht. Eine weitere Möglichkeit ist, dass der Betreute eine gleich geeignete übernahmebereite Person findet und vorschlägt (§ 1908 b III BGB); auch ein Vereinsbetreuer kann vorgeschlagen werden (BayObLG FamRZ 1996, 250). Die Übernahmebereitschaft hat das VormG von Amts wegen zu ermitteln. Der Betreuerwechsel steht im Ermessen des VormG (BayObLG FamRZ 1998, 1260). Der Willensvorrang des Betreuten, der bei der Bestellung des Betreuers gilt (§ 1897 IV BGB), ist also bei der Entlassung zwar eingeschränkt, gleichwohl ist der Wunsch des Betroffenen bei der Ausübung des Ermessens zu berücksichtigen und hat besonderes Gewicht (BayObLG FamRZ 1994, 322; 1998, 1260). Ein häufiger Wechsel kann zB abgelehnt werden. Der Vorschlag des Betreuten ist auch dann beachtlich, wenn er geschäftsunfähig ist (BayObLG FamRZ 1994, 1353); er zählt aber nicht, wenn ein Dritter starken Einfluss ausübt und diese Person ein erhebliches wirtschaftliches Interesse am Wechsel des Betreuers hat (BayObLG FamRZ 1994, 1353) oder wenn der Vorschlag letztlich nicht dem ureigenen Willen des Betreuten entspricht (OLG Düsseldorf FamRZ 1995, 1234). Für die Entlassung und Neubestellung nach § 1908 b III BGB ist der Rechtspfleger zuständig (BayObLG FamRZ 1996, 250); bei § 1908b I, II, V BGB dagegen der Richter (§ 14 Nr. 4 RPflG).

Angehörige des Betreuten sowie sein Lebensgefährte können wie jeder andere Mensch die Entlassung und Auswechslung anregen, haben aber kein Recht darauf, also auch kein Beschwerderecht gegen die Ablehnung (BayObLG FGPrax 1998, 56). Wird der Betreuer gegen seinen Willen entlassen, hat er dagegen die → *sofortige* Beschwerde (§ 69 g IV Nr. 3 FGG). Wirkungen, Rechtsmittel → Entlassung des Betreuers.

Entlassung des Berufsbetreuers aus fiskalischen Gründen. Wenn sich zeigt, dass eine bisher von einem (vergütungsberechtigten) →

Berufsbetreuer (zB Rechtsanwalt) geführte Betreuung von einem billiger arbeitenden ehrenamtlichen Betreuer übernommen werden kann, dann soll (nicht: muss) das VormG (Richter) den Berufsbetreuer entlassen und den ehrenamtlichen Betreuer bestellen (§ 1908 b I 2 BGB). Damit dies durchgesetzt werden kann, ist der Staatskasse (Bezirksrevisor) eine Beschwerdeberechtigung gegen den Beschluss des VormG, der die Entlassung (die nur auf *diesen* Grund gestützt wurde) ablehnt, eingeräumt worden (§ 69 g I 2 FGG). Dieses fiskalischen Argument ändert aber nichts daran, dass bei der Ermessensentscheidung die Kontinuität der Betreuung zu berücksichtigen ist; ferner, dass eine Auswechslung nur in Betracht kommt, wenn der ehrenamtliche Betreuer gleich qualifiziert ist. Gegen die Entlassung kann der Betreute einfache Beschwerde einlegen, der Betreuer sofortige Beschwerde (§ 69 g IV Nr. 3 FGG).

Entlassung eines Behördenbetreuers. Hier gilt wegen § 1908 b IV 3 BGB dasselbe, wie bei der → Entlassung eines Vereinsbetreuers.

Entlassung der Behörde als Betreuer. Es gelten dieselben Regeln wie bei der → Entlassung des Vereins (§ 1908 b V BGB). Die Behörde ist nicht zu entlassen, wenn der Betreute seinen gewöhnlichen Aufenthalt wechselt; ohne weiteres wird dann die neue örtlich zuständige Behörde Betreuer (§ 3 II BtBG); eine förmliche Abgabe wird von der Rechtsprechung für erforderlich gehalten (OLG Zweibrücken FamRZ 1992, 1325; OLG Hamburg BtPrax 1994, 138). Ausnahmeregelung bei einem schwebenden Verfahren vgl § 3 II 2 BtBG.

Entlassung eines Vereinsbetreuers. Er *muss* vom VormG entlassen werden, wenn er ungeeignet ist oder ein anderer wichtiger Grund vorliegt (§ 1908b I BGB); er *kann* entlassen werden, wenn der Betreute einen gleich geeigneten übernahmebereiten anderen Betreuer (dies kann auch ein Vereinsbetreuer sein) vorschlägt (§ 1908b III BGB). Der Vereinsbetreuer selbst kann seine Entlassung verlangen, wenn ihm die Betreuung nicht mehr zumutbar ist (§ 1908 b II BGB); das ist zB der Fall, wenn das Arbeitsverhältnis des Vereinsbetreuers endet oder dieser versetzt wird. Ferner kann der Verein (vertreten durch die satzungsmäßig hierzu berufenen Personen) die Entlassung seines Vereinsbetreuers verlangen (§ 1908 b IV 1 BGB); eine Begründung ist nicht erforderlich. Dann gibt es zwei Möglichkeiten: (1) Das VormG entläßt innerhalb angemessener Zeit diesen Vereinsbetreuer; Einwendungen des Betreuers sind unerheblich. Verbindet der Verein (wie meist) das Verlangen, den Vereinsbetreuer X zu entlassen, mit dem Wunsch, stattdessen den Mitarbeiter Y zum Vereinsbetreuer zu bestellen, handelt es sich um zwei verschiedene Vorgänge. Die Entlassung des X richtet sich nach § 1908 b IV 1 BGB. Der Mitarbeiter Y muss nur bestellt werden, wenn weder X als Privatbetreuer weiter tätig werden will (§ 1908 b IV 2 BGB) noch eine sonstige Person sich findet (§ 1908 b V BGB). Oder (2): Wenn die Ermittlungen des VormG ergeben, dass die Entlassung dieses Vereinsbetreuers nicht zum Wohl des Betreuten *erforderlich* ist und der Betreuer die Betreuung als (ehrenamtlicher oder berufsmäßiger) Privatbetreuer fortführen möchte, dies auch dem Wunsch des Betreuten entspricht, kann das VormG (Rechtspfleger) statt der Entlassung beschließen, dass der Vereinsbetreuer die Betreuung zukünftig als Privatperson weiterführt (§ 1908 b IV 2 BGB). Dieses Verfahren spielt eine Rolle, wenn der Vereinsbetreuer zugleich vom Verein aus seinem Arbeitsverhältnis entlassen wird und nun als „Arbeitsloser" Betreuungen führen oder sich selbstständig machen will. Denn andernfalls wird ihm der Verein kaum die Nebentätigkeits-Genehmigung erteilen.

Entlassung des Vereins als Betreuer. Der Verein kann unter denselben Voraussetzungen entlassen werden, wie ein Betreuer. → Entlassung des Betreuers. Ferner muss er entlassen werden, sobald der Betreute durch eine oder mehrere natürliche Personen hinreichend betreut werden kann (§ 1908 b V BGB); dies ist auch der Fall, wenn ein Vereinsbetreuer zur Verfügung steht. Der Verein ist verpflichtet, das VormG entsprechend zu informieren (§ 1900 III BGB). Streitig ist, ob es genügt, dass sich ein Berufsbetreuer zur Übernahme der Betreuung anbietet (verneinend LG Mainz Rpfleger 1993, 283).

Entlassungsverfahren. Wird die Entlassung eines Betreuers beantragt bzw angeregt, hat das VormG die Voraussetzungen, zB die mangelnde Eignung, von Amts wegen zu ermitteln. Der Betreute und der Betreuer sind persönlich anzuhören, *wenn* der Betreute der Entlassung des Betreuers widerspricht (§ 69 i VII FGG). Dem Betreuten ist ein Verfahrenspfleger (§§ 67 I Nr. 1, 68 II Nr. 2 FGG) zu bestellen, wenn er nicht in der Lage ist, seinen Willen kundzutun (BayObLG FamRZ 1997, 1358). Der Entlassungsbeschluß muss begründet werden, wenn ein Beteiligter mit der Entlassung nicht einverstanden war. Er wird wirksam mit Zugang beim Betreuer (§ 69a III FGG). Ob er eine Rechtsmittelbelehrung enthalten muss, ist streitig (dafür BayObLG FamRZ 1994, 323). Eine vorläufige Entlassung ist unzulässig; zulässig ist aber eine endgültige → Entlassung durch einstweilige Anordnung (§ 69 f III FGG), wenn Eilbedürftigkeit besteht, zB weil der Betreuer bedenkliche Geschäfte beabsichtigt.

Rechtsmittel: a) **Gegen den Entlassungsbeschluß** steht dem entlassenen Betreuer und dem Betreuten (sowie dem Verfahrenspfleger) die *sofortige* Beschwerde zu (§ 69 g IV Nr. 3 FGG), wenn der Betreuer *gegen seinen Willen* entlassen worden ist. Dritten steht die sofortige Beschwerde gegen die Entlassung nicht zu, auch nicht im Interesse des Betreuten, auch nicht der Betreuungsbehörde, wenn die Behörde nicht selbst Betreuer war und auch noch nicht selbst zum neuen Betreuer bestellt wurde (BayObLG FamRZ 1994, 452). Gegen den Entlassungsbeschluß steht dem Betreuer die *einfache* Beschwerde zu, wenn er sich nicht gegen die beabsichtigte Entlassung gewandt hatte, zB nicht gefragt wurde. b) **Gegen die Ablehnung der Entlassung** durch das VormG ist die einfache Beschwerde gegeben (BayObLG FamRZ 1994, 324). Beschwerdeberechtigt ist der Betreute, sein Verfahrenspfleger, der Betreuer. Die Behauptung, wichtige Gründe für die Entlassung lägen vor (§ 1908 b I BGB), gibt den **Angehörigen** dagegen kein Beschwerderecht, weil § 1908 b BGB den Betroffenen, nicht die Angehörigen schützen soll (BGH FamRZ 1996, 607; BayObLG Rpfleger 1998, 112). Wenn das VormG den Antrag der Tochter des Betreuten, den bisherigen Betreuer zu entlassen und sie selbst zu bestellen, ablehnt, kann die Tochter also hiergegen keine zulässige Beschwerde einlegen; der Betreute freilich kann (veranlasst von der Tochter) Beschwerde einlegen. Auch der Lebensgefährte des Betreuten hat kein Beschwerderecht (BayObLG FGPrax 1998, 56).

Entlassung des Betreuers durch einstweiligen Anordnung. Das VormG muss bei der Entlassung das reguläre → Entlassungsverfahren einhalten. Die Entlassung (eines endgültigen oder vorläufigen Betreuers) durch einstweilige Anordnung setzt voraus:

- Wahrscheinlichkeit, dass die Entlassungsvoraussetzungen des § 1908 b I BGB (→ Entlassung) vorliegen; dazu gehört auch, dass mildere Eingriffe (zB Maßnahmen nach § 1837 BGB) nicht ausreichen und dass dem Betreuten aus der Entlassung des Betreuers kein größerer Schaden erwächst als bei seinem Verbleiben (BayObLG FamRZ 1994, 324/325).
- Mit dem Aufschub der Entlassung muss Gefahr verbunden sein; das ist zB der Fall, wenn der Betreuer eine Maßnahme ankündigt, vorbereitet oder fortzusetzen gedenkt, die das Vermögen des Betroffenen schädigen würde, und er auf andere Weise nicht von seinem Vorhaben abgehalten werden kann. In Betracht kommt dies bei Interessenkollisionen, unsauberer Vermögensverwaltung, dauernder Nichteinholung von Genehmigungen des VormG.
- Dem Betreuer muss, soweit möglich und zweckmäßig, vorher rechtliches Gehör gewährt werden; ebenso dem Betreuten.

Wenn schon die völlige Entlassung des Betreuers durch einstweilige Anordnung zulässig ist, dann muss auch ein Minus, nämlich die Entlassung bezüglich einzelner Aufgabenkreise durch einstweilige Anordnung, zulässig sein (HK-BUR-Rink § 69f Rz 11; streitig).

Wenn dringende Gründe für die Annahme sprechen, dass die Voraussetzungen für die Entlassung vorliegen und mit dem Aufschub Gefahr verbunden wäre, kann das VormG (Richter) ausnahmsweise im Wege der → einstweiligen Anordnung den Betreuer entlassen (§ 69 f III FGG).

Entlassung des Untergebrachten → Unterbringungsbeendigung.

Entlastungserklärung. Wird die Betreuung aufgehoben, hat der alte Betreuer gegenüber dem Betreuten (oder: dessen Erben; dem neuen Betreuer) abzurechnen. Für den alten Betreuer ist es allerdings bequemer, wenn der Betreute dem bisherigen Betreuer eine Entlastungserklärung (vgl § 1892 BGB) erteilt (Sie lautet zB: „X (Betreuter) bestätigt dem Y (Betreuer), dass er keine Forderungen mehr gegen Y hat; ihm wird Entlastung erteilt.“). Eine solche Entlastungserklärung ist rechtlich ein negatives Schuldanerkenntnis (§ 397 II BGB); der Betreute ist hierzu nicht verpflichtet. Die Erklärung dreht die Beweislast um: glaubt nämlich der Betreute nach Abgabe der Entlastung, dass er entgegen seiner ursprünglichen Annahme doch eine Forderung gegen den Betreuer hat, dann kann er zwar das Anerkenntnis nach §§ 812 II, 814 BGB zurückfordern, muss aber beweisen, dass die Forderung tatsächlich bestanden hat und er sich sich bei Abgabe seiner Erklärung darüber geirrt hat (vgl OLG Köln FamRZ 1996, 249).

Entmündigung. Die Entmündigung war früher in § 6 BGB geregelt; sie wurde 1992 durch das Betreuungsgesetz abgeschafft. Die 1992 existierenden Vormundschaften über Volljährige wurden zu Betreuungen, der bisherige Vormund zum Betreuer (Art. 9 BtG § 1). Die früheren Sachverhalte (zB der geschäftsfähige Verschwender wird allmählich zum Sozialhilfeempfänger, was verhindert werden soll) werden jetzt teilweise durch die Anordnung eines → Einwilligungsvorbehalts gelöst.

Erbbaurecht. Die Verfügung des Betreuers über ein Erbbaurecht des Betreuten (zB die Löschung) bedarf der Genehmigung des VormG (§ 1821 I Nr. 1, 1908i BGB).

Erbe des Betreuten. Der Betreuer hat dem Erben des Betreuten das verwaltete Vermögen herausgeben (→ Vermögensherausgabe) und → Rechenschaft abzulegen. Er schuldet die noch nicht bezahlte Betreuervergütung aus dem Nachlass. → Vergütung. Betreuervergütungen, die die Staatskasse bezahlt hat, kann sie uU vom Erben erstattet verlangen. → Rückgriff der Staatskasse gegen Erben des Betreuten.

Erbengemeinschaft. Wenn der Betreute zusammen mit anderen Personen jemanden beerbt, entsteht eine Erbengemeinschaft (§§ 2032 ff BGB). Der Nachlass wird gemeinschaftlich verwaltet (§ 2038 BGB), wobei der Betreuer die Verwaltungsrechte seines Betreuten ausübt. Die Auseinandersetzung (§ 2042 BGB) bedarf der Genehmigung des VormG (→ Erbteilungsvertrag).

Erbeinsetzung → Testament.

Erbschaft des Betreuten. Hat der Betreute jemanden beerbt, kann der Betreuer mit dem Aufgabenkreis „Vermögenssorge" einen →

Erbschein beantragen. Er ist verpflichtet, die ihm vom Finanzamt zugesandten Vordrucke „Erbschaftsteuererklärung" auszufüllen (§ 31 ErbStG). Das zugeflossene Vermögen ist in einem Ergänzungsverzeichnis dem VormG mitzuetilen (§ 1802 I BGB). Verfügungen über die angefallene Erbschaft (zB eine Übertragung) bedürfen der Genehmigung des VormG (§ 1822 Nr. 1); ebenso die → Ausschlagung; auch eine Erbschaftsteilung ist genehmigungspflichtig (→ Erbteilung).

Erbschein. Der Erbschein ist ein Zeugnis des Nachlassgerichts (Abteilung des Amtsgerichts) über erbrechtliche Verhältnisse (§ 2353 BGB). Ist der Betreute gestorben, können die Erben einen Erbschein beantragen, nicht aber der Betreuer des Verstorbenen, weil er nicht Vertreter der Erben ist. Ist dagegen eine andere Person verstorben und kommt der Betreute als Erbe in Betracht, kann der Betreuer (wenn er einen entsprechenden Aufgabenkreis hat, zB Vermögenssorge) als Vertreter des Betreuten einen Erbschein beim Nachlassgericht beantragen.

Erbteilungsverträge bedürfen der Genehmigung des VormG (§§ 1908i I, 1822 Nr. 2 BGB), auch wenn keine Grundstücke vorhanden sind. Hat der Betreute zusammen mit seinem Bruder den Vater beerbt, dann bedarf somit die Aufteilung der Erbschaft der Genehmigung. Das VormG darf sie nur erteilen, wenn es zuvor die Wertverhältnisse ermittelt hat (vgl BGH FamRZ 1995, 151), weil Sinn der Regelung ist, eine Benachteiligung des Betreuten zu verhindern. Verkaufen die beiden Miterben die gesamte Erbschaft, besteht ebenfalls Genehmigungsbedürftigkeit (§ 1822 Nr. 1: Verpflichtung zur Verfügung über eine angefallene Erbschaft). Verkaufen die Miterben einen einzelnen Nachlassgegenstand und fließt der Erlös in den Nachlass, besteht aus § 1822 BGB keine Genehmigungspflicht, aber eventuell aus anderen Bestimmungen (zB wenn ein Grundstück verkauft werden soll).

Erbverzichtsvertrag. Dies ist ein vom Erblasser zu seinen Lebzeiten mit dem Ehegatten oder einem Verwandten abgeschlossener Vertrag, durch den der Vertragspartner auf sein künftiges gesetzliches Erbrecht oder/und Pflichtteilsrecht verzichtet; der Vertrag muss notariell beurkundet werden (§ 2348 BGB). a) **Der Verzichtende**: Ist der Betreute *geschäftsfähig*, kann er selbst wirksam verzichten; besteht insoweit ein Einwilligungsvorbehalt, ist die Zustimmung des Betreuers (und deren Genehmigung durch das VormG, vgl § 2347 BGB) notwendig. Ist der verzichtende Betreute *geschäftsunfähig*, so kann er selbst den Vertrag nicht abschließen, wohl aber sein Betreuer mit Genehmigung des VormG (§ 2347 I 2 BGB). b) **Der Erblasser:** Steht der geschäftsfähige Erblasser unter Betreuung, so kann er selbst den Verzichtsvertrag schließen; der Betreuer kann nicht für ihn handeln (§ 2347 II 1 BGB); ein Einwilligungsvorbehalt kann nicht angeordnet werden (§ 1903 II iVm § 2347 II 1 BGB). Ist der Erblasser *geschäftsunfähig*, so kann er selbst einen Erbverzichtsvertrag nicht schließen. Für ihn kann der Betreuer einen Vertrag mit Genehmigung des VormG schließen (§ 2247 II 2 BGB).

Erforderlichkeitsgrundsatz. Eine Betreuung darf vom VormG nur angeordnet werden, wenn sie erforderlich ist (§ 1896 II BGB). Nicht erforderlich ist sie, wenn der Betroffene ausreichend und wirksam jemandem → Vollmacht erteilt hat. Ferner, wenn andere Hilfen (Verwandte, soziale Dienste) bestehen, bei denen kein gesetzlicher Vertreter bestellt wird; dies ist missverständlich, denn für rein tatsächliches Helfen (Hilfe beim Tragen, Waschen, Essen usw) könnte sowieso kein Betreuer bestellt werden, weil hier keine rechtliche Vertretung vorliegt. Aber schon die Hilfe beim Einkaufen erfordert eine Abrechnung und wenn der Betroffene dies nicht mehr kontrollieren kann, ist ein Betreuer erforderlich. Fehlt die Erforderlichkeit, darf die Betreuung auch nicht mit Zustimmung des Betroffenen angeordnet werden, weil der Grundsatz öffentlichen Interessen dient (Schonung der Staatskasse) und deshalb nicht zur Disposition des Betroffenen steht (OLG Köln FamRZ 1996, 249: Blinder). Im Übrigen ist der Grundsatz der Verhältnismäßigkeit zu beachten (BayObLG BtPrax 1995, 64).

Ergänzungsbetreuung. Sie ist vom VormG anzuordnen, wenn der Betreuer an der Vertretung des Betreuten teilweise verhindert ist, weil er mit sich selbst kontrahieren müsste (§§ 181, 1795, 1796 BGB). Beispiele: der Betreuer möchte mit dem Betreuten einen

Pflegevertrag oder Darlehensvertrag schließen. Rechtlich wird der Aufgabenkreis des einen Betreuers durch Beschluss eingeschränkt und in einem regulären Betreuungsverfahren ein weiterer Betreuer (→ Mitbetreuer) für einen bestimmten Aufgabenkreis bestellt. Der Ergänzungsbetreuer hat seinen Aufgabenkreis in eigener Verantwortung zu besorgen (BayObLG BtPrax 1998, 32) und wird wie ein gewöhnlicher Betreuer vergütet.

Erinnerung. Früher war gegen Entscheidungen des Rechtspflegers die Erinnerung gegeben, gegen Richterbeschlüsse die → Beschwerde. Seit 1. 10. 1998 ist gegen Rechtspfleger- Entscheidungen i.d.R. ebenfalls die Beschwerde statthaft (§ 11 I RPflG); nur soweit der Rechtspfleger entschieden hat und ein Rechtsmittel nicht gegeben wäre, falls ein Richter entschieden hätte, ist statt der Beschwerde eine befristete Erinnerung einzulegen, § 11 II RPflG (Frist: zwei Wochen); der Vormundschaftsrichter entscheidet dann endgültig. → Vergütung.

Erledigung der Hauptsache. Wird gegen die Bestellung eines vorläufigen Betreuers Beschwerde eingelegt und fällt die vorläufige Betreuung dann wegen Zeitablaufs weg, hat sich die Hauptsache des Beschwerdeverfahrens erledigt. Wird die Beschwerde nicht auf die Kosten beschränkt, wird sie mangels Rechtsschutzbedürfnisses unzulässig. Für die Fallgruppe der Unterbringung ist das inzwischen sehr umstritten; sogar eine erst nach Ablauf der Unterbringungsfrist eingelegte Beschwerde wird nun teils für zulässig erachtet (BayObLG FGPrax 1999, 120). Wenn durch einstweilige Anordnung ein vorläufiger Einwilligungsvorbehalt angeordnet wurde, dagegen Beschwerde eingelegt wird und dann der vorläufige durch einen endgültigen Einwilligungsvorbehalt abgelöst wird, bleibt die Beschwerde zulässig, weil der Einwilligungsvorbehalt wegen § 69 h FGG materielle Wirkungen hatte, die fortbestehen können (OLG Hamm FamRZ 1993, 722). Mit Zwangsmaßnahmen verbundene Zwischenentscheidungen (bestimmte Vorführungen) bleiben dagegen anfechtbar, und zwar auch noch nach Erledigung dieser Maßnahmen durch Vollzug oder Zeitablauf (BayVerfGH BtPrax 1995, 179).

Ernährung mit einer PEG-Sonde bedarf (bei Einwilligungsunfähigkeit des Betreuten) der Einwilligung des Betreuers mit dem Aufgabenkreis Gesundheitssorge und zusätzlich der Genehmigung des VormG nach § 1904 BGB (umstritten; vgl Hubert-Fehler/Hollmann BtPrax 1996, 210; Müller-Bohlen BtPrax 1997, 22; für Genehmigungsfreiheit Knittel § 1904 Rz 13b).

Ersatzbetreuung. Das VormG kann das Betreuer-Amt zwar mehreren Betreuern übertragen, aber gleichzeitig anordnen, dass es beim zweiten Betreuer gewissermaßen ruht, solange nicht der erste Betreuer verhindert ist oder der erste dem zweiten die Besorgung überträgt (§ 1899 IV BGB). Das kommt in der Praxis selten vor; ein Anwendungsfall wäre, dass zwei Betreuer bestellt werden, der andere aber erst tätig werden darf, wenn der eine in Urlaub ist. Schwierigkeiten ergeben sich für den Ersatzbetreuer beim Nachweis seiner Vertretungsmacht: der Betreuerausweis lässt nicht erkennen, ob der Hauptbetreuer tasächlich in Urlaub ist oder ob er die Aufgabe wirklich übertragen hat. Abhilfe kann hier nur eine private Urkunde des Hauptbetreuers schaffen, auf die die §§ 172 ff BGB analog angewandt werden. Bei Meinungsverschiedenheiten entscheidet das VormG (§§ 1908 i, 1798 BGB); dem Betreuten ist rechtliches Gehör zu geben.

Ersparnisse. Eine allgemeine Pflicht, aus den Einnahmen des Betreuten Ersparnisse zu bilden, gibt es nicht. Der Betreuer entscheidet aufgrund seiner Personen- und Vermögenssorge, in welchem Umfang Ersparnisse, auch aus dem Einkommen des Betreuten, zu bilden sind; dabei ist aber der Wille des Betreuten (§ 1901 BGB) zu beachten. Problematisch ist dies insofern, als durch überhöhte Ausgaben → Mittellosigkeit eintreten kann.

Ersuchter Richter. Das ist der Richter eines anderen Amtsgerichts (§ 2 FGG, § 156 GVG). Beispiel: das Betreuungsverfahren läuft beim VormG München, der Betroffene befindet sich vorübergehend in Köln. Dann kann der Münchener Richter zur Anhörung nach Köln fahren, in bestimmten Fällen aber auch nur die Akten zum VormG Köln schicken, wo dann der Betroffene durch einen Kölner Richter angehört wird. Nach § 68 I 4 FGG darf im Betreuungsverfahren die

Anhörung des Betroffenen nur ausnahmsweise durch einen ersuchten Richter erfolgen. In erster Instanz darf der zuständige Richter einen ersuchten Richter nur einschalten, wenn seines Erachtens von vornherein anzunehmen ist, dass er das Ergebnis der Anhörung durch den ersuchten Richter auch ohne eigenen Eindruck von dem Betroffenen zu würdigen vermag. Im Beschwerdeverfahren gilt dasselbe (vgl § 69 g V 1 FGG); ausnahmsweise darf hier ferner die Anhörung durch den **beauftragten Richter** der Zivilkammer des Landgerichts vorgenommen werden (§ 69 g V 2 FGG), dh der Betroffene wird nicht von allen drei Richtern der Zivilkammer angehört, sondern nur von einem. Der ersuchte Richter darf das Ersuchen nicht mit der Begründung ablehnen, der eigene Eindruck des erkennenden Gerichts sei erforderlich, vgl § 158 GVG (BayObLG FamRZ 1993, 450). Eine Ausnahme gilt bei Missbrauch (OLG Schleswig FamRZ 1995, 1596).

Erweiterung der Betreuung. Der Aufgabenkreis des Betreuers ist vom VormG zu erweitern, wenn dies erforderlich wird (§ 1908 d III BGB), zB weil sich die Behinderung verschlimmert hat, weil neue zu erledigende Angelegenheiten aufgetaucht sind. Für die Erweiterung des Aufgabenkreises gelten die Vorschriften über die erstmalige Bestellung eines Betreuers entsprechend (§ 1908 d III 2 BGB), zB: der Betreuer muss mit der Übernahme des erweiterten Aufgabenkreises einverstanden sein (§ 1898 II BGB); der Betreuer muss ferner für die neuen Aufgaben *geeignet* sein. Denkbar ist, dass für die zusätzlichen Angelegenheiten ein anderer (zusätzlicher) Betreuer bestellt wird (§ 1899 BGB; → Mitbetreuer). Bezüglich des **Verfahrens** unterscheidet das Gesetz zwischen wesentlicher und unwesentlicher Erweiterung des Aufgabenkreises:

a) Verfahren bei *wesentlicher* Erweiterung: darunter fallen zB Erweiterung der Vermögenssorge auf Personensorge (und umgekehrt), auf ärztliche Maßnahmen (§ 1904 BGB), auf Unterbringung (§ 1906 BGB), auf *alle* Angelegenheiten. Hier hat das VormG wegen § 69 i I FGG den Betroffenen grundsätzlich vorher persönlich anzuhören und ein Sachverständigengutachten einzuholen (§ 69 i I, II iVm §§ 68 I, 68 b FGG) sowie die Anhörungen der Angehörigen und eventuell der Betreuungsbehörde durchzuführen (§ 68a FGG). Falls erforderlich, ist erneut ein Verfahrenspfleger zu bestellen (vgl § 67 I

Nr. 2 FGG). Rechtsmittel gegen die Erweiterung: wie gegen die erstmalige Bestellung eines Betreuers (einfache Beschwerde, 69 g I iVm § 69 i II, I FGG).

b) Verfahren bei *unwesentlicher* Erweiterung: Hier ist das Verfahren vereinfacht (§ 69 i I 2 FGG). Gutachten/ ärztliches Zeugnis erübrigen sich (§ 68 b FGG), ebenso die *persönliche* Anhörung des Betroffenen (§ 68 FGG). Eine Anhörung im Sinne der Gewährung des rechtlichen Gehörs, zB schriftlich, ist ausreichend (§ 69 i I 2 FGG). Eine Anhörung der Betreuungsbehörde usw (§ 68a FGG) entfällt. Rechtsmittel: einfache Beschwerde (wie bei a).

Erweiterung des Einwilligungsvorbehalts. Der Einwilligungsvorbehalt ist vom VormG zu erweitern, wenn dies erforderlich wird (§ 1908 d III, IV BGB). Für den neuen Bereich müssen dieselben materiellrechtlichen Voraussetzungen (§ 1903 BGB) vorliegen wie für den ursprünglichen (→ Einwilligungsvorbehalt), also Gefährdung usw. Bei *wesentlicher* Erweiterung des Kreises der einwilligungsbedürftigen Willenserklärungen gelten die Verfahrensvorschriften über die erstmalige Anordnung eines Einwilligungsvorbehalts entsprechend. Ein Antrag ist überflüssig, die Erweiterung erfolgt von Amts wegen (aber jemand muss sie anregen). Eine einstweilige Anordnung ist möglich (§ 69 f FGG). Rechtsmittel: sofortige Beschwerde (§ 69i II, I, § 69 g IV Nr. 1 FGG). Bei *unwesentlicher* Erweiterung des Kreises der einwilligungsbedürftigen Willenserklärungen gelten Verfahrenserleichterungen (→ Erweiterung der Betreuung). Rechtsmittel: sofortige Beschwerde.

F

Fahrtkosten. a) Der berufsmäßige Betreuer kann seine im Interesse des Betreuten aufgewandten Fahrtkosten (zB zum Besuch des Betreuten, zum Gericht, zur Behörde) ersetzt verlangen (§ 1835 I BGB); → Aufwendungen. Bei mittellosen Betreuten zahlt die Staatskasse; der Betreuer muss den Antrag auf Festsetzung beim VormG stellen. Ein vermögender Betreuter ist selbst zahlungspflichtig; wenn der Betreuer die Vermögenssorge hat, kann er den Betrag selbst dem Vermögen des Betreuten entnehmen; eine Festsetzung durch das VormG entfällt (§ 56 g FGG). **Frist:** Der Anspruch erlischt, wenn er nicht binnen 15 Monaten ab Entstehung beim VormG geltend gemacht ist (§ 1835 I 3 BGB); → Aufwendungen. **Höhe der Fahrtkosten**: der Betreuer kann die aufgewandten Kosten des verwendeten öffentlichen Verkehrsmittels (Bus, Bahn) berechnen. Dabei darf er in der Regel nicht *erster* Klasse fahren. Bei häufigen Fahrten ist die Anschaffung einer Bahncard erforderlich, wenn unter Berücksichtigung der Kosten der Bahncard (die ebenfalls zu erstatten sind) sich insgesamt niedrigere Fahrtkosten ergeben. Bei Fahrt mit dem eigenen Pkw kann der Betreuer je Fahrtkilometer 0,52 DM berechnen, bei MWSt-Pflicht zuzüglich MWSt (§ 1835 I 1 BGB iVm § 9 ZSEG). Bei längeren Einsatzfahrten (ab etwa 200 km für Hin- und Rückfahrt) ist eine vergleichende Berechnung anzustellen, was billiger ist (Bahn oder Pkw); die höheren Pkw-Kosten können durch eine geringere Stundenzahl ausgeglichen werden. **Zins.** Der Betreuer kann die Verzinsung seiner Aufwendung mit 4% ab Aufwendung fordern (§§ 1835 I 1 iVm §§ 670, 246, 256 BGB). **Vorschuss.** Der Betreuer kann, bevor er eine Fahrt unternimmt, vom Betreuten Vorschuss verlangen (§§ 1835 I iVm § 670 BGB), zB wenn er das Geld nicht vorstrecken kann oder will. Ist der Betreute mittellos, kann ein Vorschuss aus der Staatskasse gefordert werden (§ 56 g I FGG). **Parkgebühren** können nach LG Koblenz FamRZ 1998, 1533 neben der Kilometerentschädigung nicht zusätzlich verlangt werden (unrichtig); ebenso nicht die Kosten von Winterreifen. **Steuern:** Der Berufsbetreuer kann die Fahrtkosten als Betriebsausgaben absetzen; dabei ist er nicht auf die erstatteten 0,52 DM beschränkt, sondern kann die höheren tatsächlichen Jahresgesamtkosten berücksichtigen.

b) Der ehrenamtliche Betreuer kann entweder seine Fahrtkosten aufschreiben und nach den obigen Grundsätzen konkret abrechnen. Er kann aber auch statt dessen für alle Fahrtkosten und sonstigen Aufwendungen ingesamt pro Jahr 600 DM verlangen (§ 1835a BGB). → Aufwandspauschale.

Finanzamt. Ist der Steuerpflichtige aufgrund seiner geistigen Situation nicht in der Lage, seine steuerlichen Pflichten zu erfüllen, kann das Finanzamt beim Vormundschaftsgericht die Bestellung eines Betreuers mit einem entsprechenden Aufgabenkreis beantragen (§§ 81 I Nr. 4, 79 AO). Der Betreuer hat dann die Aufgabe, die steuerlichen Pflichten des Betreuten zu erfüllen (§ 34 I AO); seine Vergütung kann er vom Finanzamt verlangen, das dann Ersatz vom Betreuten fordert (§ 81 III AO). Dazu gehört: Buchführungspflichten, Abgabe der Steuererklärungen, Auskunftspflichten, Bezahlung der Steuern aus dem verwalteten Vermögen (§ 34 I 2 AO), Duldung der Vollstreckung in das verwaltete Vermögen (§ 77 AO). Die Pflicht, dafür zu sorgen, dass die Steuern bezahlt werden können, entsteht nicht erst mit Fälligkeit der Steuer oder dem Zugang des Steuerbescheides; die Mittel müssen vom Betreuer so verwaltet werden, dass die später fällig werdende Steuer bezahlt werden kann. Das Zwangsgeld (§ 328 AO), zB wegen Nichtabgabe der Steuererklärung, der Verspätungszuschlag (§ 152 AO) und der Säumniszuschlag (§ 240 AO) kann je nach Sachlage gegen den Betreuer oder gegen den Betreuten festgesetzt werden. Schuldner von Zinsen auf die Steuern kann aber nur der Betreute sein (BFH BStBl 1992, 163). Wenn der Betreuer seine Pflichten aus § 34 AO verletzt, kann er selbst nach § 69 AO als Haftender in Anspruch genommen werden. Stirbt der Betreuer und ist noch kein neuer Betreuer bestellt, kommen Fristhemmungen in Frage (§ 171 XI AO).

Fixierung → unterbringungsähnliche Maßnahmen.

Fotokopien. Die Kosten für Kopien, die zur Führung der Betreuung erforderlich sind, sind als → Aufwendungen zu erstatten (§ 1835 I

BGB). Was darf kopiert werden? Es wird die Auffassung vertreten, Kopien (zB der kompletten Vormundschaftsakte, Umfang 300 Seiten) für die Handakten des Betreuers seien nicht erstattungspflichtig, weil sie zu seinen Allgemeinkosten gehören würden (LG Paderborn FamRZ 1993, 237); das ist abzulehnen (LG München I FamRZ 1997, 450). Alles was zur Führung des Amts kopiert werden muss, ist erstattungsfähig. Höhe des Erstattungsbetrags: wer auf Fremdgeräten kopiert (Copy-Shop) kann den dort bezahlten Betrag abrechnen. Wer selbst ein Kopiergerät hat, kann die Anschaffung, Wartung, Reparatur usw nicht auf die einzelnen Betreuungen umlegen. Wie viel je Seite abgerechnet werden darf, ist streitig. Teils werden nur 0,30 DM je Seite akzeptiert (LG Berlin FamRZ 1995, 496); streitig ist, ob § 11 II ZSEG iVm Nr. 9000 GKG-KV entsprechend angewandt werden darf (für die ersten 50 Seiten jeder Betreuungssache 1 DM je Seite, für die weiteren Blätter 0,30 DM je Seite; Bach BtPrax 1995, 9).

Führerschein. Ergeben sich in einem Betreuungsverfahren (zB durch das Gutachten) Tatsachen, die darauf hindeuten, dass der Betroffene aufgrund seines Zustandes ungeeignet zum Führen von Kraftfahrzeugen ist, so verständigt das VormG die zuständige Fahrerlaubnisbehörde (§ 69 k I,k II FGG), welche dann prüft, ob Anlass besteht, die Fahrerlaubnis zu entziehen (§§ 2,3 StVG).

G

Gebrechlichkeitspflegschaft. Die Gebrechlichkeitspflegschaft (§ 1910 III aF BGB) wurde 1992 durch das Betreuungsgesetz abgeschafft. Die entsprechenden Pflegschaften wurden kraft Gesetzes zu Betreuungen, der bisherige Pfleger zum Betreuer (Art. 9 BtG § 1). Die früheren Sachverhalte werden jetzt über das Betreuungsrecht gelöst.

Gegenbetreuer. Das VormG kann zusätzlich zum Betreuer einen Gegenbetreuer bestellen (§§ 1908 i I iVm § 1792, 1799 BGB). Aufgaben: der Gegenbetreuer wirkt an der Aufnahme des Vermögensverzeichnisses mit, ihm ist vom Betreuer die laufende Rechnung und die Schlussrechnung vorzulegen (§§ 1802 I 2, 1842, 1891 I BGB); zu bestimmten vermögensrechtlichen Geschäften hat der Betreuer statt der Genehmigung des VormG die des Gegenbetreuers einzuholen (§§ 1812 II, 1810 BGB), wie zB bei der Abhebung von Geld (§§ 1813, 1809 BGB); bei Geldanlagen hat er mitzuwirken (§ 1810 S. 1 BGB). Bei Betreuten, die große Vermögen haben, vor allem verwaltungsintensive Immobilien und breitgestreute Wertpapieranlagen, kann sich auf diese Weise das VormG Arbeit sparen und seine Haftung verringern (vgl § 1792 II BGB). Ob für die Bestellung der Richter oder der Rechtspfleger zuständig ist, ist streitig. Unklar ist ferner, welches Bestellungsverfahren einzuhalten ist; meines Erachtens sollte man das Verfahren wie bei Bestellung eines weiteren Betreuers analog anwenden (§ 69 i V Halbs 2 FGG); eine neue Begutachtung vor Bestellung erübrigt sich daher, doch sollte der Betreute vom Richter vorher persönlich angehört werden; eine Beteiligung der Betreuungsbehörde ist entbehrlich. Bestellt werden sollten kaufmännisch versierte Personen. Der Gegenbetreuer ist (anders als der Betreuer, § 1902 BGB) kein gesetzlicher Vertreter des Betreuten, auch kein Mitbetreuer im Sinne von § 1899 BGB. Er wird vergütet ähnlich wie ein Betreuer (§§ 1835, 1836 BGB). Gegenbetreuer werden in der Praxis sehr selten bestellt.

Geldanlage. Es ist zu unterscheiden: – a) Bei Beginn der Betreuung vorgefundenes Bargeld und Guthaben auf (geringverzinslichen) Girokonten ist vom Betreuer baldigst verzinslich anzulegen (§§ 1908 i I, 1806 Halbs 1 BGB) und zwar auf die in § 1807 BGB genannte Art und Weise, mit Sperrvermerk (§ 1809 BGB); nur mit Genehmigung des VormG kann der Betreuer Geld auch anders anlegen (§ 1811 BGB). → *Vermögensumschichtung.* → *Bankverbindung.* - b) Ebenso ist mit hinzukommendem Geld (zB Einnahmen aus Lohn, Renten, Vermietung, Erbschaften, Kapitaleinkünften) zu verfahren. Die Anlagepflicht erstreckt sich nicht auf Vermögen, das einer Testamentsvollstreckung unterliegt (OLG Celle OLGZ 1967, 485) oder dem Anteil an einer Erbengemeinschaft, wenn der Betreute dort nur einen Minderheitsanteil hat. – c) Erwirbt der Betreute etwas durch Erbschaft oder Schenkung, werden ganz selten zusätzliche → Verwaltungsanordnungen des Erblassers (§ 1803 BGB) bei der Anlage zu beachten sein. – d) Geld, das für laufende Ausgaben benötigt wird, muss nicht verzinslich angelegt werden (§ 1806 Halbs 2); hier entfällt auch ein → Sperrvermerk (§ 1809 BGB).

Geldanlage in	Genehmigung des VormG
Aktien; Investmentanteile; private Darlehen	§ 1811
Anleihen von Bund, Ländern; Bundesobligationen; Finanzierungsschätze; Bundesschatzbriefe	§§ 1807 Nr. 2, 1810
Grundbesitz	jedenfalls nach § 1821 I Nr. 5 genehmigungspflichtig
Private Darlehen, gesichert durch Hypothek	§§ 1807 Nr. 1, 1810
Sparbuch, Sparbrief, Festgeld	§§ 1807 Nr. 5, 1810
Andere Sachwerte, Gold, Silber	streitig, ob genehmigungsfrei oder Genehmigung nach § 1811 erforderlich
Pfandbriefe	§§ 1807 Nr. 4, 1810

Das Gesetz meint, dass der Betreuer die Vermögenswerte des Betreuten *mündelsicher* anlegen soll, dh in der Form des § 1807 BGB; sogar hierzu „soll" er die Genehmigung des VormG einholen (§ 1810 BGB). Praktische Bedeutung haben nur noch § 1807 Nr. 2 BGB (Anlage in Bundesanleihen, Bundesschatzbriefen, Bundesobligationen, Finanzierungsschätzen des Bundes), § 1807 Nr. 4 BGB (Pfandbriefe) und § 1807 Nr. 5 BGB: Anlage als verzinsliches Guthaben, Sparbuch, Sparbrief, Termingeld, bei *öffentlichen* Sparkassen oder sonstigen Banken und Sparkassen, die einer Sicherungseinrichtung angehören. Diesen Einlagensicherungsfonds gehören fast alle deutschen Banken an. Allerdings decken die Fonds nicht jede Form der Geldanlage, zB nicht vom Kreditinstitut ausgegebene Inhaberschuldverschreibungen (vgl Jünger FamRZ 1993, 147). Will der Betreuer Haftung vermeiden, sollte er Geldanlagen nur bei Sparkassen oder großen Geschäftsbanken tätigen. Bei anderen als festverzinslichen Anlagen, zB in Aktien, Investmentanteilen, braucht der Betreuer eine Genehmigung des VormG, entweder eine spezielle Genehmigung (für die konkrete Anlage) nach § 1811 oder eine allgemeine Genehmigung nach § 1817. → Geldanlage (nicht mündelsicher).

Geldanlage (nicht mündelsicher). Das VormG (Rechtspfleger) kann dem Betreuer eine andere Geldanlegung als die in § 1807 BGB vorgeschriebene gestatten, in jedem Einzelfall oder (bei Vermögen bis ca 10 000 DM) auch pauschal (nach § 1817 BGB); §§ 1811, 1908i I BGB. Die Erlaubnis soll nur verweigert werden, wenn die beabsichtigte Art der Anlegung nach Lage des Falles den Grundsätzen einer wirtschaftlichen Vermögensverwaltung zuwiderlaufen würde. Unter diese Bestimmung fällt die Anlage in Aktien und Investmentanteilen, aber auch in Guthaben bei nicht mündelsicheren (zB ausländischen) Banken. Ob die Geldanlage in Sachwerten (Gold, Kunstwerke, Grundstücke) unter § 1811 BGB fällt ist streitig, aber zu bejahen.

Voraussetzungen der Genehmigung:

a) Die andere Anlage muss in ihrer Sicherheit in etwa der mündelsicheren Anlage entsprechen.

b) Sie muss einen höheren Ertrag aufweisen bzw. andere wirtschaftliche Vorteile gegenüber der Anlage nach § 1807 BGB haben.

c) Sie muss eine gewisse Liquidität aufweisen, dh in einer den Umständen entsprechenden Zeit zu marktgerechten Preisen zu Geld gemacht werden können.

d) Bei größeren Vermögen ist eine angemessene Streuung erforderlich; wer nur zehntausend Mark hat und diese in ausländischen Aktien anlegen will, handelt nicht wirtschaftlich vernünftig; bei einem Millionenvermögen ist es falsch, es nur mündelsicher anzulegen; hier müssen zB Aktien und Grundstücke einbezogen werden.

e) Wichtig ist ferner der mutmaßliche Wille des Betreuten (§ 1901): hat er früher alle Ersparnisse in Aktien angelegt, wird der Betreuer so fortfahren müssen.

Geldanlagen haben vielfältige Risiken: Konjunktur-, Inflations-, Liquiditätsrisiko; Änderung der steuerlichen Situation; Psychologie des Marktes; Einfluss der Nebenkosten; Erhöhung des Risikos durch Kreditfinanzierung. Bei verzinslichen Wertpapieren ferner: Bonität des Schuldners; Zinsänderungsrisiko; Kündigungsrisiko (der Schuldner zahlt uU die hochverzinsliche Anleihe vorzeitig zurück); Auslosungsrisiko (zu frühe Rückzahlung). Bei Aktien ferner: Insolvenzrisiko; Kursrisiko; Dividende schwankt. Bei Investmentanteilen ferner: unbekanntes Fondsmanagement; hohe Ausgabekosten und laufende interne Kosten; bei Immobilienfonds leerstehende Objekte. Bei Auslandsanlagen kommt hinzu das Währungsrisiko; Transfer-Risiko (das Ausland darf aufgrund gesetzlicher Bestimmungen Zins und Tilgung nicht nach Deutschland überweisen); Länderrisioko (unterschiedliche Bonität der Länder); Änderung von Doppelbesteuerungsabkommen; Informationsdefizit. Geldanlage in ausländischen Anleihen dürfte in keinem Fall genehmigungsfähig sein, auch nicht bei hohen Zinsen.

Genehmigung des VormG (Allgemeines). Die Vertretungsmacht des Betreuers (§ 1902 BGB) wird in vielen Fällen dadurch eingeschränkt, dass er für sein Handeln die Genehmigung des VormG braucht. Zuständig ist dafür der → Richter bzw. der → Rechtspfleger. Wird der Betreuer ohne die (vorherige oder nachträgliche) Genehmigung tätig, hat das zum Teil nur zur Folge, dass dies vom VormG beanstandet wird, das Geschäft aber wirksam bleibt (sog. Innengenehmigung); in einigen Fällen aber ist das Geschäft unwirksam, wenn die Genehmigung fehlte (sog. Außengenehmigung). Der Genehmigungsbeschluss des VormG wird wirksam, sobald er dem Betreuer bekanntgegeben wurde (§ 16 FGG); genehmigt ist die Verfügung des Betreuers aber erst, wenn der Betreuer die Entscheidung dem Geschäftsgegner bekanntgibt (§ 1829 I 2 BGB).

Wichtige Genehmigungsfälle:

bestimmte Geldanlagen	§§ 1807, 1810, 1811
→ Verfügung über Forderungen, Rechte, Wertpapiere	§ 1812
Verfügungen über Grundstücke, Grundstücksrechte und Verpflichtungen hierüber; Grundstückserwerb	§ 1821 Nr. 1–5
Verfügungen über Erbschaften, Erbteile, Pflichtteile, Ausschlagung einer Erbschaft, Erbteilungsvertrag	§ 1822 Nr. 1,2
Veräußerung eines Geschäfts	§ 1822 Nr. 3
Kreditaufnahme, Bürgschaft	§ 1822 Nr. 8, 10
bestimmte Vergleiche	§ 1822 Nr. 12
bestimmte familienrechtliche Handlungen	zB § 1411
gefährliche medizinische Maßnahmen	§ 1904
Sterilisation	§ 1905
Unterbringung durch Betreuer	§ 1906 I, II
Unterbringungsähnliche Maßnahmen	§ 1906 IV, II
Unterbringung durch Bevollmächtigten	§ 1906 V, II
bestimmte längerverpflichtende Verträge	§ 1907 III
bestimmte Miet- und Pachtverträge	§ 1907 III

Genehmigungsfreie Geschäfte. Der Betreuer braucht oft die → Genehmigung des VormG. Da → Verfügungen idR genehmigungspflichtig sind, ist er in rechtsgeschäftlicher Hinsicht kaum selbst handlungsfähig. Denn unter „Verfügung“ versteht man heute die unmittelbare Einwirkung auf ein bestehendes Recht, also seine Übertragung, Belastung, Aufgabe oder sonstige Inhaltsänderung. So gesehen ist bereits die Kündigung des Zeitschriftenabonnements genehmigungspflichtig. Auch die Annahme einer dem Betreuten geschuldeten Leistung ist eine genehmigungspflichtige Verfügung (Beispiele: die Lebensversicherung kann die Vorlage der Genehmigung des VormG fordern, bevor sie die geschuldete Versicherungssumme von 30 000 DM überweist; die Rentenversicherung, bevor sie die Rentennachzahlung von 10 000 DM überweist); hier will das Gesetz vermeiden, dass der Betreuer große Beträge entgegennimmt und unterschlägt.

Bewegungsfreiheit hat der Betreuer nur ausnahmsweise:
- in den Fällen des § 1813 BGB (unten a).
- bei Entbindung nach § 1817 BGB (unten b);
- bei allgemeiner Ermächtigung des VormG gem. § 1825 BGB (unten c);
- bei → befreiter Betreuung;

a) Der Betreuer braucht keine Genehmigung des VormG zur Annahme einer Leistung, die nicht in Geld oder Wertpapieren besteht (§ 1813 I Nr. 1 BGB), also zB zur Annahme von gekauften Gegenständen, von vereinbarten Handwerkerleistungen; weiterhin ist keine Genehmigung erforderlich bei Empfang von Geld (Abhebungen vom Konto), wenn das Guthaben bis 5000 DM beträgt (→ Girokonto) und wenn das Geld unversperrt (→ Sperre) anlegt ist (§ 1813 I Nr. 2, II BGB). § 1813 I Nr. 3 (Rückzahlung von bereitzuhaltendem oder anders angelegtem Geld, §§ 1806, 1811 BGB) spielt keine praktische Rolle. § 1813 I Nr. 4 befreit die Entgegennahme von Zinseinnahmen und Mietzinsen von der Genehmigungspflicht. Nach § 1813 I Nr. 5 ist es genehmigungsfrei, wenn der Betreuer bestimmte Nebenforderungen einkassiert (sollte eine Kündigung Kosten, zB eines Anwalts, verursacht haben und der Gegner diese zahlen wollen; oder wenn dem Gegner die Prozesskosten auferlegt wurden und er diese an den Betreuer zahlen will; Zahlung von Nebenleistungen, Verzugszinsen, Kosten, Provisionen, Vertragsstrafen).

b) Das VormG kann nach § 1817 I BGB den Betreuer auf dessen Antrag von den ihm nach den §§ 1806 bis 1816 BGB obliegenden Verpflichtungen entbinden, soweit
- der Umfang der Vermögensverwaltung dies rechtfertigt (das ist idR der Fall, wenn der Wert des Vermögens ohne Berücksichti-

gung von Grundbesitz zehntausend Deutsche Mark nicht übersteigt; und
- eine Gefährdung des Vermögens nicht zu besorgen ist (zB weil der Betreuer vertrauenswürdig ist).

Zuständig ist der Rechtspfleger. Das heißt: wenn der Betreute nur ein Geldvermögen bis etwa 10 000 DM hat, dann kann das VormG den Betreuten durch Beschluss von bestimmten Pflichten und Genehmigungserfordernissen befreien: § 1806: verzinsliche Anlage des Geldes (wegen der verloren gegangenen Zinseinnahme kann aber Haftung drohen, § 1833); § 1807: Abweichungen von den Mündelgeldanlageregeln; § 1808: entfällt; § 1809: keine Versperrung mehr erforderlich; § 1810: keine Genehmigung des VormG in den Fällen der §§ 1806, 1807 mehr erforderlich; § 1811: andersartige Anlage auch ohne Genehmigung des VormG (Haftungsgefahr !); §§ 1812: keine Genehmigung mehr zur Verfügung über eine Forderung oder ein Wertpapier (der Betreuer kann dann zB 8000 DM überweisen, ohne eine Genehmigung des VormG zu beantragen); § 1814: Hinterlegung von Inhaberpapieren; § 1815: Umschreibung von Inhaberpapieren; § 1816: Sperrung von Buchforderungen. Die Befreiung des VormG kann sich auf alle diese Fälle oder nur einen Teil davon beziehen; auch eine Befreiung unter Auflagen ist zulässig.

c) Das VormG kann dem Betreuer ferner zu Rechtsgeschäften, zu denen nach § 1812 die Genehmigung des Gegenbetreuers erforderlich ist, sowie zu den im § 1822 Nr. 8, 9, 10 bezeichneten Rechtsgeschäften eine allgemeine Ermächtigung erteilen (§ 1825 I BGB); eventuell nur teilweise. Die Ermächtigung *soll* nur erteilt werden, wenn sie zum Zwecke der Vermögensverwaltung, insbesondere zum Betrieb eines Erwerbsgeschäfts, erforderlich ist (§ 1825 II BGB). Zuständig ist der Rechtspfleger. Die Befreiung von § 1812 ist bei nennenswerter Vermögensverwaltung zweckmäßig und würde eine allgemeine Ermächtigung für Bankgeschäfte bringen, die nicht ohnehin schon nach § 1813 I Nr. 1 genehmigungsfrei sind (OLG Köln Rpfleger 1994, 503); → Girokonto. Bei Befreiung von § 1822 Nr. 8 würde zB eine laufende Kontoüberziehung gestattet sein (hier müsste im Beschluss aber eine Betragsgrenze angegeben werden); die Befreiung von § 1822 Nr. 9 (Wechselgeschäfte) und § 1822 Nr. 10 (Bürgschaften) spielt in der Praxis keine Rolle. Wegen § 1825 II BGB erteilen die VormG diese Befreiung oft nur, wenn der Betreuer einen Geschäftsbetrieb des Betreuten führt.

Genehmigung des VormG zu ärztlichen Maßnahmen. Ist der Betreute nicht → einwilligungsfähig, kann nur der Betreuer mit dem Aufgabenkreis → Gesundheitssorge (oder: Personensorge; alle Angelegenheiten) für ihn in ärztliche Maßnahmen einwilligen; dabei sind natürlich der Wille und die Wünsche des Betreuten zu berücksichtigen. Ist zu befürchten, dass der Betreute auf Grund der Maßnahme stirbt oder einen schweren und länger dauernden Schaden erleidet, ist *zusätzlich* die Genehmigung des VormG erforderlich (§ 1904 I BGB); die Einwilligung des Betreuers ist nur wirksam, wenn die Genehmigung vorliegt (sog. Außengenehmigung; OLG Frankfurt NJW 1998, 2747). Der Arzt handelt somit rechtswidrig, wenn zwar der Betreuer ihm die Einwilligung zur erforderlichen Maßnahme erteilt hat, die erforderliche vormundschaftsgerichtliche Genehmigung aber nicht existiert. Es ist deshalb zweckmäßig, dass sich der Arzt die Genehmigung des VormG vorlegen lässt. → Eilfälle. Die Verweigerung der Genehmigung mit der Begründung, sie sei nicht notwendig (sog Negativattest), entlastet Betreuer und Arzt nur faktisch, nicht rechtlich verbindlich.

Die Genehmigung des VormG ist erforderlich, wenn folgende Voraussetzungen vorliegen:

a) Bestimmte medizinische Maßnahmen, nämlich

- Untersuchungen durch Ärzte und sonstigen Personen wie Krankenschwestern, Heilpraktiker.
- Heilbehandlung. Darunter fallen alle Maßnahmen (von Ärzten, Heilpraktikern, sog Heilern und sonstigen Personen) zur Verbesserung des Gesundheitszustandes, zB Operationen, Spritzen, Verabreichung von Medikamenten, Krankengymnastik, auch sog alternative Behandlungen wie Eigenurineinspritzung. Bloße Ratschläge („Nicht Rauchen") sind keine Behandlung. Das Unterlassen einer Behandlung ist ebenfalls nicht genehmigungspflichtig.
- Ärztliche Eingriffe. Darunter fällt alles, was nicht Heilbehandlung ist, aber doch in den Körper des Patienten eingreift, zB kosmetische Operationen, Schwangerschaftsabbruch, Organspende.

b) wenn die begründete Gefahr besteht, dass der Betreute dadurch bestimmte Schäden erleidet:

- Begründete Gefahr, dass er an der Behandlung oder deren Folgen stirbt. Damit ist eine gewisse Wahrscheinlichkeit gemeint, ohne dass genaue Prozentsätze angegeben werden können (aA LG Berlin FamRZ 1993, 597: Gefahr, wenn in mindestens 8–10% der Fälle mit schädlichen Folgen zu rechnen ist). Unabhängig vom Gesundheitszustand des Betreuten gibt es Operationen, die stets besondere Risiken mit sich bringen. Hierzu zählen alle Risikooperationen oder -behandlungen wie zB Herzverpflanzung, Angiographie, Kobaltbestrahlung, Bandscheibenoperation, Aortenstenose etc (Schreiber FamRZ 1991, 1014).
- oder Gefahr eines schweren *und* längerdauernden gesundheitlichen (körperlichen oder psychischen) Schadens. Manche Untersuchungen sind ungefährlich, wie Abtasten des Körpers, Abhören, Blutdruckmessung, Röntgenaufnahmen, Ultraschalluntersuchung, Computer-Tomographie, Blutentnahme, Harnkatheter. Nur die Gefahr *schwerer* Schäden fällt unter § 1904 BGB, nicht geringere zu erwartende Schäden. Zusätzlich muss es sich um einen länger dauernden gesundheitlichen Schaden handeln. Ein vorübergehender Schmerz, zB nach der Operation oder der Zahnextraktion, fällt nicht unter § 1904 BGB. Wann der Schaden *länger dauert* kann nicht ohne weiteres gesagt werden; die Materialien zum Gesetz meinten, dass bei einer Dauer von einem Jahr und mehr ein länger dauernder Schaden vorliegt; doch können auch kürzere Zeitspannen ausreichen. Andere können im Einzelfall (je nach Alter, Krankheits- und Schwächezustand des Patienten) oder generell gefährlich sein, wie Entnahme von Hirnflüssigkeit, Vollnarkose, Herzkatheter, gefäßchirurgische Eingriffe an den großen (arteriellen) Gefäßen; Operationen am Gehirn, am Rückenmark, am offenen Brustkorb; Transplantationen von unpaaren Organen (Herz, Leber) und Knochenmark; radikale Eingriffe und Behandlungsmaßnahmen bei fortgeschrittenen Krebserkrankungen; systematische Chemotherapie/ Bestrahlung; uU die Entfernung von inneren Organen oder Organteilen; intravasale Diagnostik mit Ausnahme einfacher Rechtsherzkatheteruntersuchungen; interventionelle Radiologie; Behandlung mit in Deutschland nicht zugelassenen Medikamenten. → Elektrokrampftherapie. → Psychopharmaka. → Medikamente.

Genehmigungsverfahren bei ärztlichen Maßnahmen. Jeder kann die Genehmigung beim VormG anregen, zB der Betreuer, der Arzt; jährlich werden ca 5000 Genehmigungen von den VormGen erteilt. Vor Genehmigung ist gegebenenfalls dem Betreuten ein Verfahrenspfleger zu bestellen (§ 67 FGG). Das VormG hat sodann aufzuklären, ob der Betroffene bezüglich der konkreten Behandlung tatsächlich → einwilligungsunfähig ist; der Betreute ist vom Richter persönlich anzuhören (§ 69 d I 3 FGG); ein Sachverständigengutachten ist einzuholen, wobei Sachverständiger und ausführender Arzt personenverschieden sein sollen (§ 69 d II 1, 2 FGG); ein → ärztliches Zeugnis genügt nicht (OLG Hamm FGPrax 1997, 64). Das Gutachten muss dem Betreuten vollständig und rechtzeitig vor der Entscheidung zugeleitet werden (BayObLG BtPrax 1993, 208). Es ist eine Frage des Einzelfalls, ob der Sachverständige den Betroffenen persönlich untersuchen muss (im Regelfall wird es notwendig sein). Die engsten Familienangehörigen oder eine dem Betroffenen nahestehende Person sind zu informieren (§ 69 d II 3 iVm § 68 a S. 3 und S. 4 FGG).

a) **Entscheidung:** Örtlich zuständig ist das VormG (der Richter), wo die Betreuung anhängig ist (§ 65 IV FGG), sonst das Gericht des Aufenthaltsortes (§ 65 I FGG). Der Beschluss ist dem Betreuer und (auch) dem Betreuten bekanntzumachen (§ 69a I FGG). Gerichtsgebühren fallen nicht an (§§ 92, 93 KostO).

aa) **Genehmigung der Einwilligung des Betreuers:** die Maßnahme sollte möglichst genau bezeichnet werden; eine Befristung der Genehmigung ist zulässig und oft zweckmäßig. Wirksam wird der Beschluss schon mit der Bekanntmachung an den Betreuer (§ 69a III FGG); ab jetzt darf der Arzt tätig werden. Ist der Betreuer nicht erreichbar oder Gefahr im Verzug, kann sofortige Wirksamkeit nach § 69a III 2 FGG angeordnet werden. Auch wenn das VormG eine ärztliche Maßnahme genehmigt hat, ist der Betreuer nicht verpflichtet, die entsprechende Behandlung (Operation usw) durchführen zu lassen, er kann es sich anders überlegen. Die Unterbringungsgenehmigung des VormG nach § 1906 I, IV BGB beinhaltet nicht die Genehmigung in gefährliche medizinische Behandlungen nach § 1904 BGB (uU ist eine doppelte Genehmigung erforderlich). Bei nach dem Landes-PsychKG untergebrachten Personen werden ärztliche Maßnahmen nicht nach § 1904 BGB genehmigt, sondern nach den Bestimmungen im PsychKG bzw. UnterbringungsG des jeweiligen Bundeslandes.

bb) **Ablehnung der Genehmigung.** Das geschieht in ca 10% der Fälle, zB wenn die Behandlung keine Erfolgsaussicht hat (LG Berlin FamRZ 1993, 599) oder wenn die Vorteile in keinem vernünftigen Verhältnis zum Risiko stehen. Ändern sich die Verhältnisse, kann eine neue Genehmigung beantragt und erteilt werden. Wird die Genehmigung abgelehnt, weil die Behandlung überhaupt nicht genehmigungsbedürftig ist (zB keine schweren Folgen), sog Negativattest, kann der Betreuer selbst entscheiden und einwilligen. Wird abgelehnt, weil der Betreute noch einwilligungsfähig ist, kann er (allein) selbst entscheiden. Dem Betreuer selbst dürfen bei Ablehnung keine Kosten oder Auslagen (Sachverständigenhonorar) auferlegt werden (§ 13a II FGG).

b) **Rechtsmittel.** Der Betreute kann die Genehmigung des VormG (oder deren Ablehnung) mit der (unbefristeten) Beschwerde (§§ 19, 20 FGG) anfechten. Der Betreuer kann die Beschwerde im eigenen und/ oder im Namen des Betreuten einlegen (§ 69 g II FGG). Der Arzt, Sachverständige, das Krankenhaus und sonstige Dritte haben kein Beschwerderecht.

Genehmigungsverfahren bei Unterbringung. Die → Unterbringung durch den Betreuer bedarf der Genehmigung des VormG (§ 1906 II BGB); ebenso die Unterbringung nach dem LandesPsychKG. Für die zivilrechtliche wie für die öffentlich-rechtliche Unterbringung nach → Landesrecht gelten hinsichtlich des Verfahrens die §§ 70 – 70 i, 70 m, n FGG; für die landesrechtliche Unterbringung sind zusätzlich §§ 70 k, l FGG anwendbar. Ein förmlicher Genehmigungsantrag ist bei Unterbringung durch den Betreuer nicht erforderlich. Zuständig ist das VormG (Richter). Örtlich zuständig für die Genehmigung einer Unterbringung durch den Betreuer ist das VormG, bei dem die Betreuung anhängig ist (§ 70 II FGG); für die Genehmigung einer landesrechtlichen Unterbringung das VormG, in dessen Bezirk das Bedürfnis für eine Unterbringung hervorgetreten ist (§ 70 V 1 FGG) bzw. in dessen Bezirk die Anstalt liegt, in der der Betroffene bereits untergebracht ist (§ 70 V 2 FGG). Im Verfahren ist der Betreute unbeschränkt verfahrensfähig (§ 70 a FGG), auch wenn er geisteskrank/geschäftsunfähig ist.

a) Im gewöhnlichen Genehmigungsverfahren ist dem Betreuten ein **Verfahrenspfleger** zu bestellen, soweit dies zur Wahrnehmung seiner Interessen erforderlich ist (§ 70 b FGG). Vor einer Unterbringungsmaßnahme hat das VormG den Betroffenen **anzuhören** (§ 70 c FGG) und den nahen Verwandten, dem Betreuer, dem Leiter der Anstalt sowie der zuständigen Behörde (zB Betreuungsbehörde, Ordnungsamt) Gelegenheit zur Stellungnahme zu geben (§ 70 d FGG). Ferner ist das **Gutachten** eines Psychiaters einzuholen, der den Betroffenen persönlich zu untersuchen und zu befragen hat. Bei Genehmigung unterbringungsähnlicher Maßnahmen gemäß § 1906 IV BGB genügt ein **ärztliches Zeugnis** (§ 70 e FGG). Weigert sich der Betreute, zur Anhörung oder beim Gutachter zu erscheinen oder ist er trotz ausreichender Bemühungen nicht anzutreffen, kann das VormG die **Vorführung** anordnen. Die Unterbringung darf vom VormG nur für höchstens ein Jahr angeordnet werden, ausnahmsweise auch für die Dauer von zwei Jahren (§ 70 f I FGG). Im Beschluss des VormG ist die Unterbringungsmaßnahme näher zu bezeichnen, zB „Unterbringung in der geschlossenen Abteilung eines Altenheims“ (§ 70 I Nr. 2 FGG); der Name des Altenheims wird im Beschluss nicht genannt; die konkrete Anstalt bestimmt der Betreuer (BayObLG FamRZ 1994, 320). Bei unterbringungsähnlichen Maßnahmen (§ 1906 IV BGB) ist die genehmigte Maßnahme („Festbinden mit Bauchgurt am Bett von… bis Uhr“) zu nennen; unzweckmäßig ist es dabei, unklare Begriffe (zur „Nachtzeit“; „bei Bedarf“) zu verwenden. Das VormG kann die Genehmigung zB des Anbindens des Betreuten am Bett mit der Einschränkung „nur nach ausdrücklicher Anordnung des behandelnden Arztes“ versehen (BayObLG FamRZ 1993, 600). Gerichtsgebühren werden vom VormG für das Genehmigungsverfahren nicht erhoben (§ 128 b KostO); der Verfahrenspfleger wird aber vermögenden Untergebrachten in Rechnung gestellt (§ 128 b S. 2 KostO). Die Kosten der Unterbringung (Anstaltskosten) muss der Betroffene selbst zahlen, außer die Krankenkasse, Beihilfe, Sozialhilfe usw treten ein. Wird ein Unterbringungsantrag abgelehnt und hatte der Betroffene zB Anwaltskosten zur Verteidigung aufgewandt, können diese Kosten dem Verfahrensveranlasser auferlegt werden (§ 13a II FGG). Die Entscheidung des VormG ist grundsätzlich dem in § 70 d FGG genannten Personen- und Behördenkreis sowie dem Betroffenen bekannt zu geben (§ 70 g FGG). Die Entscheidung über die Unterbringung wird zwar erst mit Rechtskraft wirksam, doch ordnet das VormG im Regelfall die **sofortige Wirksamkeit** an (§ 70 g III FGG), so dass der Betreute sofort untergebracht werden kann und nicht erst die Beschwerdefrist abgewartet werden muss. Sind die Voraussetzungen weggefallen, hat das VormG die Unterbringung aufzuheben (§ 70 i FGG). Vor einer Aufhebung von Unterbringungsmaßnahmen, die nach dem LandesPsychKG angeordnet wurden, hat das VormG der zuständigen (Ordnungs-)Behörde grundsätzlich Gelegenheit zur Äußerung zu geben (§ 70 i FGG). Für eine **Verlängerung der Unterbringung** (→ Dauer) gelten die Vorschriften für die erstmalige Maßnahme entsprechend (§ 70 i II FGG).

Die Durchführung der Unterbringung ist Sache des Betreuers, nicht des VormG, das keinen Unterbringungsbefehl erläßt, sondern nur die freiheitsentziehende Unterbringung des Betreuten genehmigt. → Zwang bei der Unterbringung. Deshalb kann das VormG auch nicht eine Verlegung von dem einen Heim in ein anderes anordnen oder verbieten (das ist Sache des Betreuers).

b) Wenn die Unterbringung eilt, kann das VormG von der Durchführung des (zeitaufwendigen) gewöhnlichen Verfahrens zunächst absehen und statt dessen mit einer **einstweiligen Anordnung** eine vorläufige freiheitsentziehende Unterbringungsmaßnahme des Betreuers genehmigen (§ 70 h FGG); die auf diese Weise genehmigte Unterbringung darf die Dauer von sechs Wochen nicht überschreiten; in Ausnahmefällen kann auf eine Gesamtdauer von bis zu drei Monaten verlängert werden (§ 70 h II FGG). Dabei muss gründlich geprüft werden, ob wirklich Gründe für die Annahme bestehen, dass mit dem Aufschub Gefahr verbunden ist (BVerfG FamRZ 1998, 895).

c) **Rechtsmittel.** Gegen die Entscheidung, durch die eine Unterbringungsmaßnahme (§ 70 f FGG), eine vorläufige Unterbringung (§ 70 h FGG) oder eine erneute Unterbringung (§ 70 i FGG) angeordnet werden, steht dem Betroffenen die sofortige Beschwerde zu (§ 70 m FGG). Beschwerdeberechtigt ist immer der Betroffene (§ 20 FGG) sowie der in § 70 d FGG genannte Personen- bzw. Behördenkreis (§ 70 m FGG), also zB Ehegatten, Eltern, Kinder, Vertrauensperson, Leiter der Anstalt, Betreuungsbehörde.

d) Wenn der Betroffene nach Einlegung der Beschwerde, aber vor Entscheidung darüber entlassen wird (zB durch Verlegung auf eine offene Station; Entlassung wegen Zeitablauf) ist Erledigung der Hauptsache eingetreten; der Betroffene kann jetzt nur noch seine Beschwerde auf die Frage beschränken, wer die Verfahrenskosten zu tragen hat (KG FamRZ 1993, 84); im Übrigen wird sie von der herrschenden Meinung für unzulässig erachtet (OLG Karlsruhe FamRZ 1998, 439). → Erledigung der Hauptsache.

e) Ist der Betroffene bereits entlassen worden, dann lehnt die bisher hM die Möglichkeit ab, dass der Betroffene anschließend eine isolierte Feststellung der Rechtswidrigkeit der seinerzeitigen Unterbringung erlangt (KG FamRZ 1997, 442). Glaubt der Entlassene, dass er rechtswidrig untergebracht war, kann er auf Schadensersatz klagen (zB wegen Verdienstausfall); hier wird als Vorfrage geprüft, ob die Unterbringung rechtswidrig war (falsche Diagnose und daher zu Unrecht in psych. Anstalt, zB LG Marburg VersR 1995, 1199). Diese hM wird zunehmend angezweifelt (OLG Köln BtPrax 1998, 35).

Genehmigungsverfahren des VormG in Vermögensangelegenheiten. In zahlreichen Fällen braucht der Vermögensbetreuer die → Genehmigung des VormG, vor allem in Grundstücksangelegenheiten. Hinsichtlich des Verfahrens ist in § 69d I FGG lediglich für einige Fällen vorgeschrieben, dass das VormG den Betreuten vorher anhören soll (also nicht muss); → Anhörung. Die Einholung von Gutachten ist nicht ausdrücklich vorgeschrieben, doch wird das VormG oftmals ohne Gutachten nicht entscheiden können, was dem Wohl des Betreuten dient, zB wegen des angemessenen Preises, wenn ein Grundstück des Betreuten veräußert werden soll. Auch der Wille des Betreuten und dessen emotionale Wertvorstellungen sind angemessen zu berücksichtigen; deshalb scheidet zB die Genehmigung des Verkaufs von ererbtem Grundbesitz des Betreuten aus, mag auch ein guter Preis erzielbar sein, wenn der Betreute damit nicht einverstanden und auf das Geld nicht angewiesen ist (BayObLG FamRZ 1998, 455).

Genehmigung des VormG (Wirksamwerden; Abänderbarkeit). Wird ein Grundstück des Betreuten vom Betreuer veräußert, bedarf der Vertrag der Genehmigung des VormG (§§ 1821 I Nr. 1, 1908i BGB). Die Genehmigung wird dem Käufer gegenüber wirksam in dem Augenblick, in dem der Betreuer die Genehmigung dem Käufer mitteilte (§§ 1828, 1829 I 2 BGB). In der Praxis lässt sich der Notar vom Betreuer (für den Verkäufer) bevollmächtigen, die Genehmigung zu beantragen, vom VormG entgegen zu nehmen und dem Käufer mitzuteilen; vom Käufer lässt er sich bevollmächtigen, die Genehmigung mitgeteilt zu erhalten. Der Notar teilt sich dann faktisch die Genehmigung selbst mit. Ein solches Vorgehen hält die Rechtsprechung für zulässig (sog Doppelvollmacht, BayObLG FamRZ 1997, 1426). Da die Genehmigung somit dem Käufer gegenüber wirksam geworden ist, kann sie nicht mehr geändert werden (§§ 69e S. 1, 55 FGG), auch nicht auf Beschwerde hin (§ 62 FGG). Wenn der Betreute also vom Verkauf nichts wusste, weil er nicht informiert wurde, und nun Beschwerde einlegt, hilft ihm das nicht mehr. Davon macht die Rechtsprechung nur eine Ausnahme, wenn der Betreuer durch sein Vorgehen dem Betreuten sittenwidrig Schaden zufügen wollte, was kaum beweisbar ist.

Gerichtskosten für die Betreuung. Beispiel: gegen Frau B wird ein Betreuungsverfahren eingeleitet; Aufgabenkreis: Gesundheitsfürsorge und Aufenthaltsbestimmung. Frau B ist Eigentümerin von Mietshäusern und Wertpapieren im Gesamtverkehrswert von 1,55 Millionen DM. Es muss je nach dem Ausgang des Verfahrens und nach der Vermögenslage von Frau B unterschieden werden.

a) Falls die Betreuung angeordnet wird, wird das Gericht Frau B folgende Beträge in Rechnung stellen:

- das von der Staatskasse an den Verfahrenspfleger bezahlte Honorar (§§ 93a II, 137 Nr. 16 KostO).
- das Honorar des Sachverständigen, die Fahrtkosten des Gerichts, weitere Gerichtsauslagen (§ 92 I, 137 Nr. 6 und 7 KostO);
- für das erste Kalenderjahr eine Gerichtsgebühr von 1500 DM. Die Gebühr wird aus dem Vermögen (nicht aus dem Einkommen !) errechnet, § 92 I KostO. 50 000 DM (und das selbstgenutzte Einfamilienhaus) sind frei, vom Restvermögen von (im Beispiel) 1,5 Mio DM werden je 10 000 DM 10 DM jährlich verlangt, also rund 1 Promille). Dieser Betrag wird erstmals bei Anordnung der Betreuung fällig. Ab dem übernächsten Kalenderjahr fällt diese Gebühr laufend am 1.1. für das neue Jahr an (Beispiel: Betreuungsanordnung am 1. 10. 1998, erste Gebühr ist am 1. 10. 1998 fällig,

zweite Jahresgebühr am 1. 1. 2000, dritte Gebühr am 1. 1. 2001 usw). Wird kein Betreuer bestellt, sondern hat der Betroffene einen Bevollmächtigten ernannt, entfällt diese Gerichtsgebühr.

b) Falls Frau B nur 50 000 DM (oder weniger) Vermögen hat, muss sie weder den Sachverständigen noch die laufende Gerichtsgebühr zahlen (§ 92 I Kost), wohl aber den Verfahrenspfleger (§ 93a II KostO; denn hier kommt es auf die Freibeträge des § 1836c BGB an, die nur 4500 bis 8000 DM betragen). Falls Frau B gänzlich mittellos ist, (kann und) muss sie natürlich nichts bezahlen.

c) Falls sich aufgrund des Gutachtens ergibt, dass Frau B keinen Betreuer braucht, also keine Bestellung eines Betreuers erfolgt, muss sie an die Staatskasse keine Gerichtsgebühren zahlen, auch keine Auslagen für Sachverständigenhonorar und Reisekosten des Richters sowie Honorar für den Verfahrenspfleger (§§ 92 I, 96 KostO). Das gilt sowohl, wenn Frau B vermögend wie wenn sie mittellos ist.

Gerichtskosten des Beschwerdeverfahrens. a) Eine *erfolgreiche* Beschwerde ist gerichtsgebühren- und auslagenfrei (§ 131 I 2, V KostO); Auslagen sind zB die Sachverständigenhonorare. – b) Bei *erfolglosen* Beschwerden ist zu unterscheiden: Richtet sich die Beschwerde gegen eine Entscheidung des VormG und ist sie von dem Betreuten oder im Interesse dieser Person eingelegt, so ist sie in jedem Fall (auch bei Erfolgslosigkeit) gerichtsgebührenfrei, § 131 III KostO. Der beauftragte Anwalt muss natürlich vom Beschwerdeführer bezahlt werden. Die Beschwerden des Betreuten sind somit immer gebührenfrei, desgleichen die Beschwerden des Verfahrenspflegers oder des vom Betreuten beauftragten Anwalts. Legt der Betreuer oder ein Angehöriger erfolglos Beschwerde ein, kommt es darauf an, ob sie *im Interesse des Betreuten* eingelegt wurde. Wird eine Vergütungsbeschwerde des Betreuers zurückgewiesen, erfolgte die Beschwerde zB nicht im Interesse des Betreuten. Wird zB die Beschwerde zurückgewiesen, weil kein Beschwerderecht besteht, ist es ebenso. Fallen Gerichtsgebühren an, richtet sich die Höhe nach dem Beschwerdewert; dieser bestimmt sich nach § 30 II, III KostO. Es handelt sich bei Betreuungen um eine nichtvermögensrechtliche Angelegenheit. Der Beschwerdewert ist daher *regelmäßig* mit 5000 DM anzunehmen. Beim Regelwert von 5000 DM fallen bei Zurückweisung der Beschwerde 1/2 Gebühr an, das sind 25 DM.

Nach Lage des Falles, zB bei sehr guter Vermögenslage des Betreuten, kann ein höherer Wert angenommen werden. Bei einem Vermögen von 4,4 Mio DM wird man ca 10% (400 000 DM) als Geschäftswert annehmen können (vgl BayObLG FamRZ 1994, 588); dann würde die 1/2-Gebühr 355 DM betragen. **Auslagen** werden bei unbegründeten Beschwerden immer erhoben. Der Beschwerdeführer kann in jedem Fall anregen, dass vom Beschwerdegericht von der Erhebung von Kosten abgesehen wird, weil seine Beschwerde auf unverschuldeter Unkenntnis beruhte (§ 130 V KostO).

Gerichtskosten in Unterbringungssachen. Es ist zu unterscheiden zwischen Gerichtsgebühren und Auslagen des Gerichts. Für die Genehmigung einer Unterbringung (§ 1906 BGB) verlangt das Vormundschaftsgericht keine Gerichtsgebühren (§ 128 b S. 1 KostO). Auch die Bestellung eines Verfahrenspflegers für das Unterbringungsverfahren (§ 70 b FGG) ist nach § 93a KostO gerichtsgebührenfrei. Die von der Gerichtskasse an den Verfahrenspfleger bezahlte Vergütung und Auslagenersatz (§ 137 Nr. 16 KostO) werden aber als Auslagen vom Untergebrachten erhoben, falls er vermögend ist (§ 93a II KostO, § 1836c BGB). Bei Ablehnung der Unterbringung werden die Auslagen des Verfahrenspflegers dem Betroffenen nicht in Rechnung gestellt (§ 96 KostO). Sonstige Auslagen im Sinne von § 137 KostO, insbesondere also die Kosten des Sachverständigen und die Reisekosten des Gerichts, werden in Unterbringungsverfahren (vom Betroffenen) nicht gefordert, weder bei Anordnung noch bei Ablehnung der Unterbringung.

Geschäftsübergabe. → Hofübergabe.

Geschäftsfähigkeit des Betroffenen. Jeder volljährige Mensch ist unbeschränkt geschäftsfähig, d. h. er kann Rechtsgeschäfte selbstständig vollwirksam vornehmen. Geschäftsunfähig ist nach § 104 Nr. 2 BGB, wer sich in einem die freie Willensbestimmung ausschließenden Zustand krankhafter Störung der Geistestätigkeit befindet; sog natürliche Geschäftsunfähigkeit; dieser Zustand kann dauerhaft sein, aber auch nur vorübergehend, zB während einiger Stunden, bestehen. Wenn dieser Zustand nicht vorliegt, ist der Volljährige, mag er auch unter einer psychischen Krankheit oder einer geistigen oder seelischen Behinderung leiden, geschäftsfähig. Die hM lehnt es (entgegen der Lebenserfahrung) ab, derselben Person für einfache Geschäfte Geschäftsfähigkeit zuzubilligen, für schwierige nicht, sog relative Geschäftsfähigkeit (BayObLG NJW 1989, 1679), weil sie die Abgrenzungsschwierigkeiten fürchtet; dagegen soll es möglich sein, dass jemand nur für einen bestimmten Kreis von Angelegenheiten (zB alles, was mit der Scheidung zusammenhängt) geschäftsunfähig ist, im Übrigen nicht, sog partielle Geschäftsunfähigkeit (BayObLG BtPrax 1997, 111).

a) Geschäftsunfähigkeit des Betroffenen ist nach dem Wortlaut des § 1896 BGB nicht Voraussetzung der Anordnung der Betreuung; auch ein Geschäftsfähiger kann also einen Betreuer bekommen (das ändert nichts an seiner Geschäftsfähigkeit; → Einwilligungsvorbehalt). Verfassungsrechtliche Gründe (Art 2 GG) verbieten aber, dass dem *geschäftsfähigen Betroffenen gegen seinen Willen* ein Betreuer bestellt wird (BayObLG FamRZ 1995, 116). Die Geschäftsunfähigkeit muss in jedem Bereich bestehen, für den ein Betreuer bestellt wird (partielle Geschäftsunfähigkeit); soweit es nicht auf die Geschäftsfähigkeit ankommt (zB bei der Einwilligung in ärztliche Maßnahmen), muss die entsprechende rechtliche Handlungsfähigkeit fehlen. Die Rechtsprechung formuliert anders: die Bestellung eines Betreuers setze voraus, dass der Betroffene „aufgrund seiner psychischen Krankheit oder Behinderung seinen Willen nicht frei bestimmen kann“ (BayObLG FamRZ 1996, 897), dh nicht im Stande ist, seinen Willen unbeeinflusst von der Krankheit oder Behinderung zu bilden und nach zutreffend gewonnenen Einsichten zu handeln (BayObLG FamRZ 1998, 920). Ist der geschäftsfähige Betroffene hingegen damit einverstanden, kann er einen Betreuer erhalten.

b) **Bedeutung der Geschäftsfähigkeit im Betreuungsrecht:** Beispiele: (1) Liegt eine → Vollmacht vor, dann hindert sie die Bestellung eines Betreuers nur, wenn sie wirksam ist; das setzt voraus, dass der Betroffene bei Erteilung der Vollmacht geschäftsfähig war. (2) Der geschäftsfähige Betreute kann seinem Betreuer Vollmacht erteilen; dann ist der Betreuer insoweit (zB in Vermögensangelegenheiten) von der Kontrolle des VormG befreit, weil er nicht mehr als Betreuer tätig wird. (3) Der geschäftsfähige Betreute kann noch selbst handeln, denn die Anordnung der Betreuung nimmt ihm die vorhandene Geschäftsfähigkeit nicht; ist der Betreute geschäftsunfähig, dann bleibt er es trotz Anordnung der Betreuung und wird nicht etwa dadurch beschränkt geschäftsfähig. Für den Betreuer ergeben sich damit Unklarheiten, wenn er nicht weiß, ob der Betreute geschäftsfähig ist oder nicht. Dem geschäftsfähigen Betreuten (ohne Einwilligungsvorbehalt) muss er zB das Sparbuch aushändigen, dem geschäftsunfähigen nicht. In zahlreichen Fällen (zB beim Erbverzicht, § 2347 BGB) darf der Betreuer nicht für den Betreuten handeln, wenn dieser noch geschäftsfähig ist.

c) **Feststellung der Geschäftsunfähigkeit.** Es gibt kein spezielles gerichtliches Verfahren zur Feststellung der Geschäftsunfähigkeit. Zwar wird im Betreuungsverfahren das Gutachten eines Sachverständigen zur Betreuungsbedürftigkeit eingeholt (§ 68 b FGG), doch muss sich diese Gutachten nur mit der Geschäftsfähigkeit befassen, wenn es darauf ankommt, zB weil eine → Vollmacht vorliegt, die (wäre sie wirksam) die Betreuung überflüssig machen würde. Im Tenor der Entscheidung des Vorm darf die Geschäfts(un)fähigkeit nicht festgestellt werden; in den Entscheidungsgründen kann darauf (allerdings nicht bindend) eingegangen werden (OLG Düsseldorf FamRZ 1993, 1224). Ob jemand geschäftsunfähig ist (bzw war), wird (als Vorfrage) im Rahmen von Zivilprozessen geklärt: hatte der Betreute zB eine Bürgschaft geleistet und wird er dann vom Gläubiger auf Zahlung verklagt, holt das Zivilgericht das Gutachten eines Sachverständigen ein, wenn sich der Betreute darauf beruft, bei Bürgschaftserteilung geschäftsunfähig gewesen zu sein. Die Beweislast hat dabei der Betreute: kann er nicht beweisen, damals geschäftsunfähig gewesen zu sein, geht das Gericht von Geschäftsfähigkeit aus. Die Klärung der Geschäftsfähiggkeit ist oft nicht einfach; ein bestimmtes Raster zur Prüfung der Geschäftsfähigkeit für einen zurückliegenden Zeitpunkt gibt es nicht, sie ist nicht messbar wie die Blutalkoholkonzentration; im Grenzbereich ist die Geschäftsfähigkeit oft nicht eindeutig feststellbar. Bei einem → Einwilligungsvorbehalt fällt dieses → Beweisproblem weg.

d) **Banken**, Geschäftsleute, Versicherungen wissen meist nicht, dass es geschäftsunfähige und geschäftsfähige Betreute gibt. Zum eigenen Schutz sollten sie vorsorglich jeden Betreuten als geschäftsunfähig behandeln.

Gesetzlicher Vertreter. Der vom VormG bestellte Betreuer ist ab Wirksamwerden der Entscheidung, dh ab Bekanntmachung an ihn (§ 69a III FGG), gesetzlicher Vertreter des Betreuten (§§ 1902, 1896 II 2 BGB). In dieser Funktion kann er Hilfskräfte hinzuziehen und durch Vollmacht Vertreter bestellen, allerdings nur in vermögensrechtlichen Angelegenheiten, im Übrigen grundsätzlich nicht. Die **Rechtsmacht des Betreuers** ist allerdings **eingeschränkt:**

a) durch den ihm zugewiesenen → Aufgabenkreis (der Gesundheitsbetreuer hat zB keine Vertretungsmacht in Vermögensangelegenheiten);

b) der Betreuer bedarf zu zahlreichen Geschäften der → Genehmigung des VormG (§§ 1908i I, 1809 ff, §§ 1821, 1822, 1824; §§ 1903 II bis 1908 BGB).

c) Schenkungsverbot (§§ 1908i II 1, 1804 BGB);

d) Keine Handlungsmacht bei Interessenkollision (§§ 1908 i I, 1795 BGB).

Die Vertretungsmacht des Betreuers verdrängt nicht die Handlungsfähigkeit des Betreuten. Der *geschäftsfähige* Betreute kann daher weiterhin selbstständig rechtsgeschäftlich tätig werden; dies kann zu doppelter Verpflichtung führen, wenn beide zB denselben Schrank verkaufen. Bei widersprechenden Verfügungen des Betreuers und des Betreuten (zB jeder übereignet ein Bild) gilt der Grundsatz der zeitlichen Priorität, eventuell kommt Gutglaubenserwerb in Betracht; bei widersprüchlichen Verpflichtungen (zB beide bestellen Heizöl) wird die eine erfüllt, die andere über Schadensersatzzahlung abgewickelt.

gesetzlicher Vertreter (Betreuer)	**rechtsgeschäftlicher Vertreter** (Bevollmächtigter)
Vertretungsumfang laut Beschluss des VormG	Vertretungsumfang laut Vollmachtstext
Aufsicht des VormG	keine gerichtliche Aufsicht
oft Genehmigung des VormG erforderlich	Genehmigung des VormG nur vereinzelt erforderlich (§§ 1904 II, 1906 V BGB)
Gerichtskosten, Betreuerkosten fallen an	Keine derartigen Kosten

Gesundheitssorge. Der Aufgabenkreis Gesundheitssorge ist ein Teilbereich der Personensorge und umfasst alle Bereiche der Medizin (BayObLG BtPrax 1995, 218/9).

Angeordnet werden darf die Gesundheits-Betreuung nur, wenn der Betreute insoweit krankheitsbedingt nicht mehr selbst → *einwilligungsfähig* ist. Ist er noch einwilligungsfähig, darf er sich selbst schädigen (indem er sich nicht behandeln lässt) und von einem Betreuer hieran nicht gehindert werden (vgl LG Kassel BtPrax 1997, 38). Wenn sich jemand bisher freiwillig in stationäre psychiatrische Behandlung begab, ist eine Betreuung insoweit nicht erforderlich (BayObLG FamRZ 1995, 1085). Bloße Uneinsichtigkeit des Kranken in einer medizinischen Problemlage rechtfertigt nicht die Betreuung (OLG Köln FamRZ 1995, 1083).

a) Wenn jemand in einer sog → **Patientenverfügung** seine künftige ärztliche Behandlung verweigert, macht das eine spätere Betreuung nicht überflüssig, weil diese Verweigerung die Ärzte nicht am Eingreifen hindert; niemand vermag den konkreten künftigen Behandlungsbedarf vorherzusehen, so dass seine Erklärung immer unter diesem Vorbehalt steht.

b) Im Beschluss des VormG muss der **Aufgabenkreis** möglichst eng umrissen werden: unzulässig sei eine Betreuung „Gesundheitssorge", wenn nur die Gesundheitssorge im nervenärztlichen Bereich erforderlich sei (BayObLG FamRZ 1994, 1059), weil der Betroffene körperlich hinreichend gesund ist. Geeignet als Gesundheits-Betreuer sind auch Personen, die keine medizinischen Kenntnisse haben. Wer Sekten angehört, die Bluttransfusionen ablehnen, kann mE zumindest nicht allein und nicht unbeschränkt zum Gesundheits-Betreuer bestellt werden (vgl AG Meschede FamRZ 1997, 958).

c) Der Aufgabenkreis Gesundheitssorge berechtigt den Betreuer, in medizinische Maßnahmen einzuwilligen (oder die Einwilligung zu versagen); entsprechende Arzt-, Krankenhaus- und Krankentransportverträge abzuschließen (§ 1902 BGB), zur Geltendmachung von Ansprüchen gegenüber der Pflegeversicherung; er berechtigt ihn zum Einholen von Informationen über den Patienten, Einsicht in die Krankenunterlagen, zur Auswahl des Krankenhauses, Arztes (wobei die Wünsche des Betreuten zu berücksichtigen sind). → Akteneinsicht in Patientenakten. Notfalls hilft Beschwerde beim Krankenhausträger, kassenärztliche Vereinigung, Ärztekammer, Klage vor dem Zivilgericht. Gegenüber dem Gesundheits-Betreuer können sich die Ärzte nicht auf eine angebliche *Schweigepflicht* berufen. Der Betreuer ist andererseits verpflichtet, bei gefährlichen Maßnahmen die Genehmigung des VormG einzuholen (§ 1904 BGB). Muss der Betreute die Behandlung selbst zahlen, kann es erforderlich sein, dass ferner der Aufgabenkreis „Vermögenssorge" angeordnet wird. Zur → Sterilisation ist der Gesundheits-Betreuer nicht berechtigt, ebenso nicht zur freiheitsentziehenden → Unterbringung. Der Arzt muss den Betreuer mit dem Aufgabenkreis Personensorge verständigen, wenn bei dem Betreuten bestimmte Geschlechtskrankheiten festgestellt wurden und die Unterrichtung des Betreuers zur ärztlichen Behandlung erforderlich ist (§ 11 II Gesetz zur Bekämpfung von Geschlechtskrankheiten).

d) **Zwangsweise ambulante Behandlung:** der Gesundheits-Betreuer kann den Betreuten gegen seinen Willen zwangsweise in die Arztpraxis, Klinik usw verbringen, ihn dort festhalten und die Depotspritze verabreichen lassen; Voraussetzung ist allerdings, dass andernfalls eine stationäre Unterbringung (§ 1906 BGB) zur Zwangsbehandlung notwendig wäre; es handelt sich also um ein milderes Mittel (Schweitzer FamRZ 1996, 1317).

e) Gehört die Gesundheitsfürsorge nicht zum Aufgabenkreis des Betreuers, ist aber eine Behandlung des Betreuten erforderlich, muss eine Erweiterung des Aufgabenkreises beantragt werden. → Eilfälle.

Gewerbesteuer. Der Gewerbesteuer unterliegt jeder stehende Gewerbetrieb im Sinne des Einkommensteuerrechts (§ 2 I GewStG). Hätte ein Berufsbetreuer gewerbliche Einkünfte im Sinne von § 15 II EStG, dann müsste er (falls der Freibetrag überschritten wird) zusätzlich zur Einkommensteuer Gewerbesteuer zahlen (die wiederum als Betriebsausgabe abziehbar wäre), andererseits würde ihm bei sehr hohen Einkünften eventuell die (allerdings möglicherweise verfassungswidrige) Tarifbegrenzung auf 47% (statt 53%) nach § 32 c EStG zugute kommen; er wäre bilanzpflichtig. Die Einkünfte des Berufsbetreuers sind aber als Einkünfte aus selbstständiger Arbeit nach § 18 I Nr. 1 EStG anzusehen (Folge: keine Gewerbesteuerpflicht). § 18 I Nr. 1 EStG unterscheidet drei Fallgruppen: der Betreuer übt weder eine wissenschaftliche Tätigkeit noch einen sog

Katalogberuf aus; seine Tätigkeit ist aber unter die *ähnlichen* Berufe einzuordnen. Denn er übt eine leitende und eigenverantworliche Tätigkeit aus, beschäftigt Mitarbeiter kaum oder nur in geringem Umfang, unterhält eine persönliche Beziehung zu jedem Betreuten, beteiligt sich nicht am allgemeinen wirtschaftlichen Verkehr und bietet seine Leistungen nicht öffentlich an.

Girokonto. Weist das Konto ein Guthaben auf (= Forderung gegen die Bank), dann braucht der Betreuer grundsätzlich für Abhebungen und Überweisungen eine Genehmigung des VormG (§§ 1908 i I, 1812 BGB). Diese Genehmigung ist nicht erforderlich, wenn eine befreite Betreuung vorliegt (§§ 1908 i II, 1857, 1852 II BGB), oder wenn das VormG eine allgemeine Ermächtigung (§ 1825 BGB) oder eine Entbindung (§ 1817BGB) bewilligt hat oder wenn das Guthaben nicht mehr als 5000 DM beträgt (§ 1813 I Nr. 2 BGB). Maßgebend ist die Höhe des Gesamtguthabens, nicht die einzelne Abhebung (OLG Köln FamRZ 1995, 187; **aA** LG Saarbrücken FamRZ 1992, 1348). Beträgt der Kontostand 10 000 DM, bedarf die Abhebung von 4000 DM der Genehmigung nach § 1812 BGB; bei einem Kontostand von 4000 DM dagegen dürfen die ganzen 4000 DM ohne Genehmigung abgehoben werden. Das ist auf den ersten Blick merkwürdig; Sinn der Regelung ist, dass andernfalls der Betreuer erhebliche Beträge ohne Kontrolle abheben könnte, indem er den Gesamtbetrag splittet. Die Genehmigungsfreiheit gemäß § 1813 I Nr 2 besteht nicht, wenn es sich um die Abhebung einer Geldanlage mit → Sperrvermerk handelt (§ 1809 mit § 1813 II 1); dann ist eine Entsperrung durch das VormG erforderlich.

Der Betreuer braucht ferner keine Genehmigung des VormG, wenn er vorübergehend (§ 1806 BGB) oder andersartig (§ 1811 BGB) angelegtes Geld wieder abheben will (§ 1813 I Nr. 3, II 2 BGB), gleichgültig wie hoch der Betrag ist. Unklar ist die Behandlung von **Überweisungen** durch den Betreuer; meines Erachtens sind sie wie Abhebungen zu behandeln (Jürgens § 1813 Rz 10; aA OLG Köln Rpfleger 1986, 432); andernfalls könnte der Betreuer das übliche Überweisungsverfahren nicht nutzen, sondern müsste eine Barkasse führen. Überweisungen Dritter auf ein Girokonto des Betreuten sollte man wie Einzahlungen des Betreuers behandeln (Jürgens § 1813 Rz 9). Folge ist, dass der Betreuer über das von Dritten auf das Girokonto des Betreuten überwiesene Geld frei verfügen kann durch Weiterüberweisung, Lastschriftverfahren, Abhebung, ohne dass es auf die Höhe des Guthabens oder der Überweisung ankäme (Jürgens § 1813 Rz 10); allerdings bedarf die Annahme als solche der Genehmigung des VormG (§ 1813 I Nr. 1 BGB). Überziehungskredit darf vom Betreuer nur mit Genehmigung des VormG in Anspruch genommen werden (§ 1822 Nr. 8), auch bei befreiter Betreuung.

Nutzungen wie zB Miet- und Pachtzinsen darf der Betreuer bar oder durch Überweisung ohne Genehmigung des VormG entgegennehmen (§ 1813 I Nr. 4 BGB). Werden **Zinsen eines Festgeldguthabens** dem Girokonto gutgeschrieben, ist die Annahme und Verfügung darüber genehmigungsfrei (§ 1813 I Nr. 4 BGB), auch wenn der Betrag höher als 5000 DM ist. Rentenzahlungen sind als Nutzungen anzusehen, fallen also unter § 1813 I Nr. 4 BGB (BSG MDR 1982, 698).

Grundbuch. Rechtsänderungen an Grundstücken des Betreuten setzen u. a. voraus, dass eine Eintragung im Grundbuch erfolgt (vgl § 873 BGB). Das Grundbuchamt hat die Gesetzmäßigkeit einer beantragten Eintragung zu prüfen; ist ein Betreuter beteiligt, hat es die *Vertretungsmacht* des Betreuers zu untersuchen, dh ob sein Aufgabenkreis ausreicht (§ 1902 BGB) und ob eine *Genehmigung des VormG* erforderlich ist und vorliegt. Solche Genehmigungserfordernisse können sich zB aus §§ 1812, 1821, 1822 BGB ergeben, also insbesondere bei Grundstücksgeschäften, Belastung von Grundstücken, Löschung von eingetragenen Rechten. Der beurkundende Notar weist den Betreuer in der Regel auf diese Voraussetzungen hin und holt auf Verlangen die Genehmigung des VormG ein. Die Betreuung wird im Grundbuch nicht eingetragen (anders als die Testamentsvollstreckung).

Gutachten. Im Betreuungsrecht gibt es rund 20 Fälle, in denen das VormG ein (medizinisches) Gutachten eines → Sachverständigen einholen muss: vor Bestellung eines Betreuers (§ 68 b FGG), vor (wesentlicher) Erweiterung des Aufgabenkreises eines Betreuers (§ 69 i I 1,2 FGG), vor Verlängerung der Bestellung eines Betreuers (§ 69 i VI FGG; Ausnahme: ein ausreichendes ärztliches Zeugnis liegt vor, § 69 i VI 2 FGG) und vor Bestellung eines weiteren Betreuers unter Erweiterung des Aufgabenkreises (§ 1899 BGB; § 69 i V FGG). Ist der Betreuer bestellt, sind Gutachten vor Genehmigung gefährlicher medizinischer Maßnahmen erforderlich (§ 1904 BGB; § 69 d II FGG), desgleichen vor einer Unterbringung (§ 70e FGG); *mehrere* Gutachten müssen zB vor einer Sterilisation erholt werden (§ 69d III 3 FGG). Daneben kommen auch andere Gutachten in Betracht, zB über den Wert eines Hauses des Betreuten, wenn der Betreuer es veräußern will und hierzu die Genehmigung des VormG erforderlich ist (§§ 1908 i I, 1821 Nr. 1 BGB). Von der Betreuungsbehörde kann ein → Sozialbericht erholt werden (das ist aber kein Gutachten).

a) **Nicht notwendig ist ein Gutachten,** wenn die Betreuung aufgehoben oder der Aufgabenkreis des Betreuers eingeschränkt werden soll. Nur das vom Gericht veranlaßte, dh in Auftrag gegebene, Gutachten genügt; das Gericht muss die zu klärenden Tatsachen selbst wenigstens im Kern bezeichnen, den Gutachter auswählen, ihn dem Betroffenen vor der Begutachtung bekannt geben (KG FamRZ 1995, 1379). Ärztliche Gutachten, die zB dem „Antrag" cincs Altcnhcims beigefügt sind, sind zunächst Privatgutachten und genügen allein nicht.

b) Die **Fragen an den Sachverständigen** sind bei Prüfung, ob eine Betreuung angeordnet werden muss, im Wesentlichen: Welche Krankheit/Behinderung liegt beim Betroffenen vor?

Grad der Ausprägung? Welche normalerweise vorhandenen Strukturen und Fähigkeit sind beeinträchtigt oder verlorengegangen? Einschränkungen im Wohnbereich, Arbeitsbereich, Freizeitbereich? Auswirkungen auf die Angelegenheiten des Betroffenen. Kann der Betroffene aufgrund seiner Krankheit/ Behinderung seinen Willen nicht frei bestimmten? (BayObLG FamRZ 1996, 897). Erforderlicher Umfang des Aufgabenkreises eines Betreuers (§ 68b I 5 FGG), erforderliche Dauer der Betreuung? Prognose über die weitere Entwicklung (KG FamRZ 1995, 1379); Rehabilitationsmöglichkeiten. Hat die Bekanntmachung der Entscheidungsgründe oder der Unterrichtungen erhebliche Nachteile für die Gesundheit des Betroffenen (§§ 69 a I 2, 69 k III Nr. 2 FGG)? Ob der Betroffene geschäftsfähig ist, ist jedenfalls dann zu untersuchen, wenn er eine → Vollmacht errichtet hat. Ob er einwilligungsfähig ist, muss begutachtet werden, wenn zB ein Betreuer mit dem Aufgabenkreis → *Gesundheitssorge* bestellt werden soll.

c) **Verfahren des Sachverständigen** (§ 68b I 4 FGG): er muss seine Kompetenz prüfen (§ 407 a ZPO); den Betroffenen je nach Krankheit/Behinderung persönlich befragen bzw untersuchen; die Untersuchung muss „maßnahmespezifisch" sein, dh auf die jeweilige Krankheit bzw beabsichtigte Maßnahme bezogen. Der zeitliche Abstand zwischen Untersuchung und Erstattung des Gutachtens darf nur gering sein, allenfalls 2–3 Wochen. Eine Begutachtung allein nach Aktenlage genügt nicht. Das Gutachten kann mündlich (zu Protokoll) oder schriftlich erstattet werden. Erscheint der Betroffene auf Vorladung nicht, kann er → vorgeführt werden (§ 68 b III FGG). Wenn die (kurze, ambulante) Untersuchung nicht genügt, um dem Sachverständigen ein klares Bild zu geben, kann die geschlossene Unterbringung zwecks Beobachtung vom VormG angeordnet werden (§ 68 b V FGG). Manchmal (nämlich in eindeutigen Fällen) genügt es aber auch, dass der Sachverständige den Betroffenen bei der richterlichen Anhörung befragt und anschließend mündlich sein Gutachten erstattet (§ 68 I 1, IV FGG). **Hilfskräfte** darf der Sachverständige bei Vorbereitung und Abfassung des schriftlichen Gutachtens hinzuziehen; sie sind im Gutachten namhaft zu machen und der Umfang ihrer Tätigkeit ist anzugeben, außer bei Hilfsdiensten von untergeordneter Bedeutung, wie Blutdruckmessung (vgl § 407 a ZPO; § 15 FGG).

d) Die **Vergütung** des Sachverständigen richtet sich nach dem → ZSEG.

e) **Anhörung des Sachverständigen**. Die Beteiligten können verlangen, dass der Sachverständige sein schriftliches Gutachten mündlich erläutert, § 15 I FGG, § 411 IV ZPO (OLG Hamm FamRZ 1992, 1087). Der Sachverständige kann → abgelehnt werden.

f) Inhaltliche **Anforderungen an das Gutachten**: Das Gutachten muss erkennen lassen, dass es die Begriffe des § 1896 BGB richtig sieht. Es muss nachvollziehbar und in sich widerspruchsfrei sein, erkennen lassen, welche Befragungen und Untersuchungen, Tests und Forschungsmethoden der Sachverständige angewandt hat; für jeden Aufgabenkreis muss das Fürsorgebedürfnis konkret festgestellt werden (BayObLG Rpfleger 1992, 197).

Bei Anordnung einer Betreuung bzw eines Einwilligungsvorbehalts muss das Gutachten aufzeigen, dass der Betroffene aufgrund einer psychischen Erkrankung seinen Willen nicht frei bestimmen kann (BayObLG FamRZ 1993, 851).

g) **Rechtliches Gehör.** Dem Betroffenen und seinem Verfahrenspfleger ist zum Gutachten rechtliches Gehör zu gewähren (Art. 103 GG; OLG Zweibrücken FamRZ 1990, 544), in der Regel durch Übersendung einer Kopie des *vollständigen* Gutachtens (OLG Düsseldorf FamRZ 1997, 1362) rechtzeitig *vor* der Entscheidung. Seltene Ausnahmen: § 68 II Nr. 1 und Nr. 2 FGG. Für die Zuleitung des Gutachtens darf vom Betroffenen kein Gerichtsauslagen-Vorschuss gefordert werden (OLG Düsseldorf FamRZ 1997, 1361).

h) **Einsicht durch Dritte**. Das Gutachten darf ohne Einwilligung des Betroffenen nicht an Angehörige, Ärzte und Dritte weitergegeben werden. Soweit die Angehörigen im Sinne von § 69 g I FGG Einsicht in das Gutachten *zwecks Begründung einer Beschwerde* fordern, kann dies nur im Rahmen des § 34 FGG geschehen. → Akteneinsicht.

H

Haftpflichtversicherung des Betreuers. Gegen seine Haftung aus der Betreuertätigkeit kann sich der Betreuer versichern.

a) Der *ehrenamtliche* Betreuer kann vom Betreuten bzw. aus der Staatskasse die Erstattung der Versicherungsprämien fordern (§ 1835 II 1 BGB; → Aufwendungsersatz), die er für eine Versicherung gegen folgende Schäden aufwendet: wenn er dem Betreuten aus § 1833 BGB oder wenn er Dritten aus Anlass der Betreuung Schadensersatz leisten muss. In einigen Bundesländern bestehen Sammelhaftpflichtversicherungen zu Gunsten ehrenamtlicher Betreuer, meist begrenzt auf ca 50 000 bis 100 000 DM; erstattungsfähig sind dann nur die Kosten einer Höherversicherung. Auskünfte erteilt das jeweilge Landes-Justizministerium. Nicht abwälzbar sind die Kosten einer Pkw-Haftpflichtversicherung oder die Versicherung gegen Eigenschäden des Betreuers (zB Kaskoversicherung, Unfallversicherung). Allerdings sind Betreuer u.U. nach § 2 I Nr. 10 SGB VII (früher § 539 RVO) in der gesetzlichen Unfallversicherung gegen Unfälle in Zusammenhang mit dem Betreueramt versichert.

b) Der *berufsmäßige* Betreuer kann die Erstattung dieser Versicherungsprämien nicht fordern (§ 1835 II 2 BGB); sie sind Teil seiner Allgemeinkosten. Er sollte sich versichern, bei Anwälten erfasst die allgemeine Anwaltshaftversicherung meist auch diese Schäden. *Vereins- und Behördenbetreuer* können eventuelle Versicherungskosten ebenfalls nicht beim Betreuten bzw. der Staatskasse geltend machen (§§ 1908 e I, 1908 h III BGB).

Haftung des Betreuten. a) Der Betreute haftet aus unerlaubter Handlung, wenn er selbst vorsätzlich oder fahrlässig bestimmte Rechtsgüter eines anderen widerrechtlich verletzt (§ 823 I BGB). Beispiele: der Betreute zerkratzt ein Auto; geht mit Zigaretten sorglos um und verursacht einen Brand; vor dem Haus des Betreuten wird nicht gestreut, ein Fußgänger stürzt und verletzt sich. Wenn der Betreute allerdings in einem die freie Willensbestimmung ausschließenden Zustand krankhafter Störung der Geistestätgkeit einem anderen den Schaden zufügte (Gutachterfrage !), haftet er nicht, § 827 BGB; eine Ausnahme gilt nur, wenn die Billigkeit eine Schadloshaltung erfordert (§ 829), zB weil der Täter (Betreuter) ein großes Vermögen hat. In allen Fällen kann der Betreuer haften, wenn er gegen eine evtl. bestehende → Aufsichtspflicht hinsichtlich des Betreuten verstoßen hat (§ 832 BGB). Wenn der Betreute haftet und haftpflichtversichert ist, tritt die Versicherung u.U. für den Schaden ein. Hat der Betreuer den Betreuten nicht (mit prämienerhöhendem Hinweis auf dessen Behinderung) haftpflichtversichert, fragt sich, ob er damit eine Pflichtverletzung begangen hat und daher aus §§ 1833, 1908i I BGB für den Schaden des Betreuten einstehen muss, dh dessen Schadensersatzleistung ersetzen muss. Könnte der Betreute wegen seiner Mittellosigkeit die Versicherungsprämien nicht aufbringen, hängt dies davon ab, ob die Sozialhilfe die Prämien zahlen würde, was regional unterschiedlich ist. Könnten die Prämien aufgebracht werden, fragt sich, ob überhaupt ein Betreuer (mit welchem Aufgabenkreis?) den Betreuten gegen Haftpflicht versichern muss. Bei Hausbesitz wird man das bejahen müssen (Gefahr von Glatteisunfällen). Im Übrigen gibt es keine generelle Pflicht des Betreuers, den Betreuten gegen Haftpflicht zu versichern. Der BGH (FamRZ 1980, 874) hat bezüglich eines Vormunds entschieden: eine Pflicht zum Abschluss besteht nur, wenn besondere Eigenschaften oder Lebensverhältnisse des Mündels ihn in besonderem Maße der Gefahr ausetzen, sich durch Schädigung Dritter haftpflichtig zu machen.

b) Der Betreute haftet ferner aus Vertrag, wenn der Betreuer im Rahmen eines Vertragsverhältnisses Fehler macht, weil der Betreuer als Erfüllungsgehilfe des Betreuten gilt (§ 278 BGB). Beispiel: der Betreute, vertreten durch den Betreuer, führt einen Mieterhöhungsprozess und verliert ihn. Dann muss der Betreute die Prozesskosten tragen. War der Prozess von vornherein völlig aussichtslos, hat der Betreuer dem Betreuten diese Kosten zu erstatten (§ 1833 BGB).

Haftung des Betreuers. Der Betreuer kann haften:

a) **gegenüber dem Betreuten**; gleich steht die Haftung gegenüber den Erben des Betreuten (sie erben den Schadensersatzanspruch nach § 1922 BGB). Voraussetzung ist eine Pflichtverletzung des Betreuers in seinem Aufgabenkreis und ein Verschulden (Fahrlässigkeit, auch leichte; Vorsatz) sowie der Eintritt eines Schadens. *Beispiele:* Geld wird nicht verzinslich angelegt, § 1806 BGB, oder höhere Beträge bleiben zinsungünstig auf dem Sparbuch (LG Bremen Rpfleger 1993, 338); verspätete Beantragung von Rente, Sozialhilfe, Wohngeld, sonstigen staatlichen Leistungen. Nichteinholen der Genehmigung des VormG vor bestimmten ärztlichen Maßnahmen (§ 1904 BGB), Sterilisation (§ 1905 BGB), Unterbringung (§ 1906 BGB), Wohnungskündigung (§ 1907 BGB); Unterlassen eines Prozesskostenhilfeantrags, so dass der Betreute mit Kosten belastet wird; Durchführung einer haltlosen Klage; Verjährenlassen von Forderungen; Unterlassen von gerechtfertigten Mieterhöhungen, von Unterhaltsklagen, Unterhaltsvollstreckung, von Rechtsmitteln gegen unrichtige Entscheidungen. Hat ein Betreuer mit dem Aufgabenkreis „Vermögenssorge“ es unterlassen, Sozialhilfe zu beantragen, dann haftet er nicht, wenn das Stellen eines Sozialhilfeantrags nicht von diesem Aufgabenkreis umfasst wird (so LG Köln FamRZ 1998, 919), was aber zweifelhaft ist.

Wenn einem nicht rechtskundigen Betreuer ein Sozialhilfebescheid für den Betreuten zugestellt wird, der plausibel ist, liegt kein Verschulden vor, wenn er kein Rechtsmittel einlegt (OLG Schleswig FamRZ 1997, 1427). Der Betreuer sollte im Zweifel den Rat des VormG (§ 1837 I BGB) oder der Betreuungsbehörde (§ 4 BtBG) einholen. Die Genehmigung eines Geschäfts durch das VormG schließt Verschulden des Betreuers allerdings nicht begriffsnotwendig aus. Kein Schaden soll vorliegen, wenn der Betreuer für den Betreuten versehentlich keine Sozialhilfe beantragte, so dass der Lebensbedarf anderweitig (Spenden Dritten) gedeckt wurde; denn andernfalls wäre die Sozialhilfe verbraucht worden und hätte nicht angespart werden können (LG Offenburg FamRZ 1996, 1356). Der Schadensersatzanspruch muss vor dem Zivilgericht geltend gemacht werden, nicht vor dem VormG; zu diesem Zweck muss das VormG dem geschädigten Betreuten einen neuen Betreuer (bzw. Ergänzungsbetreuer) bestellen, der dann dem bisherigen Betreuer verklagt. Der Schadensersatzanspruch verjährt in 30 Jahren (§ 195 BGB).

b) **Haftung des Betreuers gegenüber einem Dritten.** Anspruchsgrundlage kann culpa in contrahendo sein (sog. Sachwalterhaftung; vgl BGH FamRZ 1995, 282); das gilt zB, wenn der Betreuer dem Vertragspartner (zB Heim) gegenüber über das allgemeine Vertrauen hinaus *eine zusätzliche, von ihm persönlich ausgehende Gewähr* für die Seriosität und Erfüllung des Geschäfts geboten hat, zB die Zahlung der Altenheimkosten zugesagt hat.

Haftung des Behördenbetreuers. Er ist hinsichtlich seiner Tätigkeit Einzelbetreuer. Andererseits steht der Behördenbetreuer in einem Anstellungsverhältnis zur öffentlichen Körperschaft, welche den Betreuer mit Wahrnehmung von Aufgaben der öffentlichen Fürsorge beauftragt. Die Haftung des Behördenbetreuers ist umstritten: Haftet die Behörde *neben* ihm? Oder für ihn? Meines Erachtens ist der Beamte Einzelbetreuer und haftet (nur) selbst dem Betreuten nach § 1833 BGB; die Anstellungsbehörde haftet weder nach § 1833 BGB noch nach § 839 BGB, Art 34 GG. Die hM vertritt allerdings die Meinung, die Behörde hafte (MünchKomm-Schwab § 1897 Rz 16 mwN); dafür spricht, dass nach außen hin kein wesentlicher Unterschied zwischen der Betreuung durch eine Behörde oder einen Behördenbetreuer bestehen dürfte und durch die befremdliche Konstruktion des Behördenbetreuers Haftung umgangen werden kann. Der Frage kommt dann keine Bedeutung mehr zu, wenn der Behördenbetreuer haftpflichtversichert ist, wozu ihn das VormG gemäß §§ 1837 II, 1908 i BGB anhalten kann.

Haftung der Behörde. Ist die Behörde selbst Betreuerin (§ 1900 IV BGB), so haftet sie nach §§ 1908 i, 1833 BGB und nach § 839 BGB, Art 34 GG, nicht aber der einzelne Beamte oder Angestellte, der für die Behörde handelt.

Haftung des Betreuungsvereins. Ist der Verein selbst Betreuer (§ 1900 I BGB), so hat er für seine Angestellten, die die Betreueraufgabe wahrnehmen (§ 1900 II BGB), gem § 1908, 1833 i iVm § 1791 a III 2 BGB wie für verfassungsmäßig berufene Vertreter einzustehen.

Haftung des Sachverständigen. Der vom VormG bestellte → Sachverständige steht zum Betroffenen in keinem Vertragsverhältnis; zum VormG steht er in einer öffentlich-rechtlichen Beziehung, ist Richtergehilfe; deshalb haftet er nur ausnahmsweise. Wenn der Betroffene aufgrund eines (unrichtigen) Gutachtens oder einer falschen gutachterlichen Stellungnahme zu Unrecht (vorläufig) untergebracht wurde, dann haftet der Gutachter (Arzt) dem Betroffenen nur für Vorsatz oder grobe Fahrlässigkeit (OLG Schleswig NJW 1995, 791), zB auf Schmerzensgeld und Verdienstausfall. Schadensersatz kommt zB in folgendem Fall in Betracht: der Sachverständige hatte im Rahmen eines Unterbringungsverfahrens nach dem LandesPsychKG bei einer Frau fortschreitende Hirnatrophie diagnostiziert. Sie übertrug ihr Anwesen daher auf die Tochter, welche es veräußerte und das Geld verbrauchte. Dann stellte sich heraus, dass bei der Frau nur eine vorübergehende seelische Störung vorlag, das Gutachten also *leichtfertig* falsch war (OLG Oldenburg NJW-RR 1996, 666).

Haftung des Staates. Verletzt das VormG seine Pflichten, so haftet der Staat gem Art 34 GG, § 839 BGB auf Schadensersatz. Beispiele: unzureichende Beaufsichtigung und Überwachung des Betreuers (§ 1837 BGB), zB keine Kontrolle des → Sperrvermerks, Treffen ungeeigneter Anordnungen, Versäumen von gebotenem Einschreiten, falsche Beratung des Betreuers; wenn der Betreuer erst bei Vorlage der Jahresrechnung zum Nachweis über die gesetzmäßige Anlegung von Betreutengeld angehalten wird (RGZ 88, 264); ungenügende Kontrolle der Abrechnung, des Vermögensverzeichnisses oder der Jahresabrechnung, vormundschaftsgerichtliche Genehmigung von nachteiligen Geschäften.

Haftung des Vereinsbetreuers. Wird der Angestellte als Vereinsbetreuer und damit als Einzelbetreuer tätig, so haftet er selbst dem Betreuten wie Dritten. Streitig ist, ob daneben der Verein haftet. Das wird (mangels Haftungsnorm) zu verneinen sein. Die aA bejaht eine Haftung des Vereins infolge analoger Anwendung von § 1791 a III 2 BGB (MünchKomm-Schwab § 1908i Rz 20 mwN). Für Vereinsmitglieder, die unter Förderung des Vereins als Einzelbetreuer tätig sind, ohne dafür vom Verein entlohnt zu werden, haftet der Verein aus den gleichen Gründen nicht.

Heime. Einzelne Rechtsverhältnisse der Heime (dh der Einrichtungen, die zum Zwecke der Unterbringung von alten sowie pflegebedürftigen oder behinderten Menschen entgeltlich betrieben werden) sind im Heimgesetz von 1990 geregelt; dort sind zB Mindestanforderungen für die Räume und die fachliche Qualifikation des Personals bestimmt. Im Heimvertrag sind die Leistungen (Unterkunft, Verpflegung, Betreuung) des Heimträgers im Einzelnen zu beschreiben und das Entgelt anzugeben (§ 4 HeimG); im Vertrag kann vereinbart werden, dass der Träger das Entgelt einseitig erhöhen darf, wenn er seine Leistungen erhöhen muss (§ 4a HeimG); auch sonst sind Erhöhungen möglich (§ 4c HeimG). Bei Geschäftsunfähigkeit kann nur der Betreuer mit einem entsprechenden Aufgabenkreis den Vertrag schließen. Ob der Abschluss eines Heimvertrages der Genehmigung des VormG bedarf, weil er vom Betreuer auf mehr als vier Jahre abgeschlossen wird (§ 1907 III BGB), ist streitig; der Betreuer sollte vorsorglich die Genehmigung beantragen. Die Heimkosten werden finanziert aus eigenem Einkommen bzw Vermögen, Pflegeversicherung, hilfsweise Sozialhilfe. Spezielle Altenhilfe (§ 75 BSHG) kommt in Frage. Der Bewohner (dh bei Geschäftsunfähigkeit sein Betreuer) kann den Heimvertrag spätestens am dritten Werktag eines Kalendermonats für dcn Ablauf des übernächsten Monats schriftlich kündigen (§ 4b HeimG), also zB bis 3.1. zum 31.3. (ca 3 Monate Kündigungsfrist), aus wichtigem Grund jederzeit und ohne Frist. Auch das Heim kann kündigen (§ 4b III HeimG). Heime werden durch Behörden überwacht; Beschwerden bei der Heimaufsicht sind möglich. Heimträger und Heimpersonal dürfen keine Geschenke von den Bewohnern entgegennehmen (ausgenommen Kleinigkeiten) und können nicht wirksam zum Erben eingesetzt werden (§ 14 I, V HeimG). → Testierfähigkeit.

Heimverbringung → Altenheim.

Hirntote. Ob einer hirntoten schwangeren Frau, die künstlich „am Leben" gehalten wird, um noch gebähren zu können, ein Betreuer bestellt werden kann, ist umstritten (vgl AG Hersbruck FamRZ 1992, 1471 mit Anm. Schwab; Kern NJW 1994, 755); meines Erachtens ist es abzulehnen.

Hofübergabe. Steht der Landwirt unter Betreuung und ist er geschäftsunfähig, kann er seinem Sohn den Hof nicht mehr wirksam übertragen (§ 104 Nr. 2, 105 I BGB). Es könnte sich aber um eine → Ausstattung handeln; dann könnte der Vater, vertreten durch den

Betreuer, mit Genehmigung des VormG (Rechtspfleger) den notariellen Übergabevertrag schließen und die Übergabe vornehmen (§ 1908 BGB). Die persönliche Anhörung des Betreuten, seines Ehegatten und der Geschwister des Übernehmers durch das Gericht ist im Regelfall erforderlich, eventuell ist ein Verfahrenspfleger zu bestellen. Das VormG hat zu prüfen, ob die Übergabe zweckmäßig erscheint, den Vermögensverhältnissen entspricht (sie darf den Betreuten nicht in finanzielle Schwierigkeiten bringen) und ob die Weggabe des Vermögens dem Wohl des Betreuten entspricht; übliche Gegenleistungen (Leibrente, Wohnrecht usw) sind daher zu vereinbaren. Weiter ist zu beachten, dass Geschwister des Übernehmers erb- und pflichtteilsrechtlich geschmälert werden, wenn das Gesamtvermögen auf *ein* Kind übergeht; es fragt sich, ob es dem Wohle des betreuten Übergebers entspricht, wenn familiäre Beziehungen dadurch belastet werden. Das VormG entscheidet durch Beschluss. Gegen die Entscheidung des VormG ist die einfache Beschwerde statthaft (§ 19 FGG). Der Betreute hat immer ein Beschwerderecht; der Betreuer hat nur bei Verweigerung ein Beschwerderecht (BayObLG BtPrax 1998, 72). Der potentielle Hofübernehmer hat wohl kein Beschwerderecht, wenn die Genehmigung versagt wird, weil er kein Recht auf Übergabe hat (str); die benachteiligten Geschwister haben wohl ebenfalls kein Beschwerderecht gegen die Genehmigung, weil sie sich auch sonst nicht dagegen wehren können, dass ihr Vater (Mutter) das Vermögen weggibt. Sind beide Eltern (im gesetzliche Güterstand lebend) Miteigentümer des als Ausstattung zu übergebenden Betriebs, steht aber nur *ein* Elternteil unter Betreuung, während der andere gesund ist, kann ohne Mitwirkung des gesunden Elternteils keine Betriebsübergabe erfolgen.

I

Inhalt der Entscheidung des VormG. Die Entscheidung (dh der Beschluss, die Verfügung), durch die ein Betreuer bestellt oder ein Einwilligungsvorbehalt angeordnet wird, oder solche Maßnahmen erweitert oder verlängert werden, muss nach § 69 FGG enthalten: den Namen des Betroffenen, den Namen des Betreuers (gegebenenfalls mit dem Zusatz: als → Vereinsbetreuer des X-Vereins bzw → als Behördenbetreuer der Y-Behörde), seinen Aufgabenkreis, die → Dauer der Betreuung, eine → Rechtsmittelbelehrung, Begründung, Unterschrift. Wird ein Berufsbetreuer bestellt, ist auch die Berufsmäßigkeit festzustellen (§ 1836 I 1 BGB). Bei Anordnung eines Einwilligungsvorbehalts müssen die einwilligungsbedürftigen Willenserklärungen angegeben werden. Eine Kostenentscheidung entfällt (§ 92 KostO). Eine Anordnung, dass Auslagen zu erstatten sind, kann in seltenen Fällen in Frage kommen (§ 13 a II FGG). Unter Umständen ist eine Anordnung über die Mitteilung der Entscheidung an weitere Stellen erforderlich (§ 69 k FGG). Gegebenenfalls erfolgt die Anordnung der sofortigen Wirksamkeit, § 69 a III 2 FGG. In Sonderfällen ist anzuordnen, dass dem Betroffenen die Gründe nicht mitzuteilen sind (§ 69 a I 2 FGG). Fehlt ein notwendiger Bestandteil, ist die Entscheidung deswegen nicht nichtig, nur anfechtbar; sie kann vom VormG ergänzt (berichtigt) werden. Die Entscheidung wird → bekanntgemacht und damit → wirksam.

K

Kinder als Betreuer → befreite Betreuung.

Kontrollbetreuer. Wenn der Betreute einen Bevollmächtigten bestellt hat, ihn aber wegen seines geistigen Verfalls nicht mehr selbst überwachen kann, kann das VormG (Rechtspfleger, § 14 Nr. 4 RPflG) einen Betreuer mit diesem speziellen Aufgabenkreis bestellen (sog Kontrollbetreuer, Vollmachtsbetreuer), § 1896 III BGB. Dabei spielt es keine Rolle, ob der Bevollmächtige ein Fremder oder ein Familienangehöriger ist. Wenn Familienangehörige oder sonstige Personen in der Lage sind, den Bevollmächtigten zu überwachen, genügt dies nur, wenn sich der Bevollmächtigte tatsächlich überwachen lässt, aber nicht mehr, wenn ein Widerruf der Vollmacht angezeigt ist.

a) Eine Kontrollbetreuung darf vom VormG nur angeordnet werden, wenn feststeht, dass die Vollmacht wirksam erteilt war (Geschäftsfähigkeit !) und dass sie nicht erloschen ist (BayObLG FamRZ 1993, 1249); ferner müssen die Voraussetzungen des § 1896 I und II 1 BGB vorliegen (BayObLG FamRZ 1994 1550), das heißt, dass Umfang und Schwierigkeit der vom Bevollmächtigten zu besorgenden Geschäfte eine Überwachung durch einen Bevollmächtigten als angezeigt erscheinen lassen müssen. Es müssen weiter zumindest Anhaltspunkte dafür vorliegen, dass eine Überwachung des Bevollmächtigten angebracht erscheint, dh dass der Bevollmächtigte nicht im Interesse des Betroffenen und den im Innenverhältnis vereinbarten Kriterien handelt (vgl LG Augsburg BtPrax 1994, 176: der Bevollmächtigte ließ eine Wohnung im Mietshaus des Betroffenen längere Zeit leer stehen; noch kein ausreichender Anlass). Missbrauchsverdacht muss nicht vorliegen (LG München I FamRZ 1998, 700). Der geistige Zustand des Vollmachtgebers muss insbesondere so sein, dass er den Bevollmächtigten aus einem der in § 1896 I genannten Gründe selbst nicht mehr überwachen kann. Das Verfahren des VormG entspricht §§ 65 ff FGG.

b) Befugnisse des Kontrollbetreuers: Er hat alle Kontrollrechte des Vollmachtgebers, kann also vom Bevollmächtigten Auskunft verlangen (§ 666 BGB), eine geordnete Aufstellung der Einnahmen und Ausgaben (§ 666 BGB), Einsicht in die Belege oder deren Herausgabe (§ 667 BGB); er kann die Abweichung von ursprünglichen Weisungen des Vollmachtgebers erlauben (§ 665 S. 2 BGB), Schadensersatzansprüche gegen den Bevollmächtigten geltend machen; vor allem kann er die Vollmacht widerrufen (Folge: ein Betreuer für die sonstigen Angelegenheiten des Betroffene ist zu bestellen). Einen Ersatzbevollmächtigten kann der Kontrollbetreuer dagegen nicht bestellen.

c) Rechtsmittel: der Betroffene kann Beschwerde einlegen (§§ 19, 20 FGG; 11 I RPfLG). Der Bevollmächtigte selbst hat kein Beschwerderecht (§ 20 I FGG), wenn das VormG ihm einen Kontrollbetreuer zur Seite stellt (OLG Stuttgart FamRZ 1995, 437; m.E. bedenklich).

Körperlich Behinderte. → Behinderte.

Kosten der Betreuung. Kosten ist der Obergriff für Gebühren und Auslagen. Zu unterscheiden sind:

- die gerichtlichen Gebühren für die Durchführung des Betreuungsverfahrens vom Beginn des Verfahrens bis zur Beendigung der Betreuung. → Gerichtskosten
- die Auslagen des Gerichts (insbesondere das vom Gericht bezahlte Sachverständigengutachten und die Fahrtkosten des Richters) → Gerichtskosten
- die Kosten des Verfahrenspflegers des Betroffenen. → Gerichtskosten; → Verfahrenspfleger.
- die Kosten eines vom Betroffenen gegebenenfalls beauftragten Rechtsanwalts
- die Kosten, die der Betreuer für seine Tätigkeit berechnet (→ Vergütung; Aufwendungen).

Kosten eines Beschwerdeverfahrens → Gerichtskosten des Beschwerdeverfahrens.

Kündigung. Einem *geschäftsunfähigen* Betreuten kann (die Wohnung, das Arbeitsverhältnis) nicht wirksam gekündigt werden; die

Willenserklärung zB des Arbeitgebers, des Vermieters muss dem Betreuer als ges.Vertreter zugehen (§§ 131 I, 1902 BGB). Eine bloße zusätzlich Zusendung der Kündigung an den Betreuer lediglich zu Informationszwecken genügt nicht (BGH DNotZ 1983, 624; ArbG Stade BtPrax 1999, 39). Der geschäftsunfähige Betreute kann selbst nichts wirksam kündigen. → Mietverhältnis; → Kündigungsfrist.

Kündigungsfrist bei Wohnungsmiete. Hatte der Betreute vor vielen Jahren eine Wohnung gemietet und will er nun in ein Altenheim umziehen, kann es sein, dass eine lange Kündigungsfrist einzuhalten ist. Umzug ins Heim wegen Krankheit oder Gebrechlichkeit beseitigt nicht die Mietzahlungspflicht bis zum Vertragsende (§ 552 S. 1 BGB). Der *geschäftsunfähige* Betreute kann selbst nicht wirksam kündigen (vgl § 130 II BGB); für ihn muss der Betreuer als ges.Vertreter handeln. Wenn nichts anderes vereinbart ist, gilt für den Mieter eine Kündigungsfrist von 3 Monaten, die sich nach fünf, acht und zehn Jahren Mietzeit um jeweils drei Monate verlängert (§ 565 II BGB); bei einem seit 10 Jahren bestehenden Wohn-Mietverhältnis muss der Mieter also eine Frist von *einem* Jahr einhalten. Davon kann er sich ausnahmsweise lösen, wenn er einen geeigneten Nachmieter stellt und der Vermieter nach Treu und Glauben verpflichtet ist, diesen Nachmieter zu akzeptieren, was selten der Fall ist (OLG Hamburg NJW-RR 1987, 657). Das AG Altötting (BtPrax 1997, 207) will in entsprechender Anwendung der §§ 569, 570 BGB dem Mieter ein Sonderkündigungsrecht mit einer Frist von nur drei Monaten einräumen, wenn er vom Betreuer mit Genehmigung des VormG in einem Heim untergebracht werden muss; andere Gerichte haben sich dem bisher nicht angeschlossen.

L

Leibgedinge. In landwirtschaftlichen Übergabeverträgen ist manchmal dem Übergeber das Recht eingeräumt, auf Lebenszeit kostenlos im Haus wohnen zu dürfen und Anspruch auf Taschengeld, Verköstigung und Pflege zu haben. Der Vertrag oder das Landesrecht (zB Art. 18 BayAGBGB) bestimmt, ob und inwieweit bei Wegzug des Berechtigten (zB in ein Altenheim) der Übernehmer statt dessen eine Geldrente (und wie viel) zu zahlen hat. Der Vermögensbetreuer hat diese Rechte zu verfolgen. Sollte die notarielle Urkunde nicht auffindbar sein, kann beim Notar eine weitere Ausfertigung erlangt werden. Sollte lediglich der frühere Grundbesitz bekannt sein, nicht aber der Notar, kann über die Einsicht ins Grundbuch und dic dazu gehörigen Grundakten die Urkunde festgestellt werden (§ 12 GBO). Wegen der Schwierigkeit der Rechtsfragen ist es meist erforderlich, anwaltlichen Rat einzuholen.

M

Mahnverfahren gegen den Betreuten. Hier gelten dieselben Grundsätze wie bei einem → Zivilprozess gegen den Betreuten. → Zustellung. → Vollstreckungsbescheid.

Mailinglisten zum Betreuungsrecht gibt es zB von der Uni Bochum (E-Mail betreuungsrecht@ruhr-uni-bochum.de; nähere Informationen: http://www.ruhr-uni-bochum.de/zme/Lexikon/mailing. htm).

Maßregeln des VormG. Ist ein Betreuer noch nicht bestellt oder ist er an der Erfüllung seiner Pflichten verhindert, so hat das VormG die im Interesse des Betroffenen erforderlichen Maßregeln zu treffen (§§ 1908 i I, 1846 BGB). Eine solche Verhinderung des Betreuers liegt zB vor, wenn er aus rechtlichen Gründen (Interessenwiderstreit, § 1795 BGB) oder wegen Krankheit, Abwesenheit nicht tätig werden kann. Die Weigerung des Betreuers ist keine Verhinderung (OLG Düsseldorf FamRZ 1995, 637). Nach § 1846 BGB darf das VormG nur in Fällen tätig werden, die so dringend sind, dass auch kein vorläufiger Betreuer (§ 69 f FGG) mehr bestellt werden kann. Der Hauptanwendungsfall ist die Unterbringung einer Person in einer geschlossenen Anstalt (nur zulässig, wenn im Übrigen die Voraussetzungen des § 1906 BGB vorlägen; OLG Schleswig NJW 1992, 2974; → Unterbringung) oder die Genehmigung einer ärztlichen Maßnahme (entsprechend § 1904 BGB). Die Maßnahmen brauchen nicht nur einen vorläufigen Charakter haben (deshalb kann auch eine Amputation genehmigt werden). Der Betroffene kann gegen die Maßregeln des VormG (rechtlich sind das Beschlüsse) Beschwerde einlegen (§§ 19, 20 FGG), bei Unterbringung sofortige Beschwerde. Das VormG hat baldmöglichst einen Betreuer zu bestellen; er kann die Maßnahme überprüfen und gegebenenfalls abändern, zB die Unterbringung aufheben.

Medikamente. Wenn der Patient noch (→) einwilligungsfähig ist und einwilligt, können sie ihm verabreicht werden. Ist er nicht mehr einwilligungsfähig, kann nur ein Betreuer mit dem Aufgabenkreis

(→) Gesundheitssorge anstelle des Patienten einwilligen. Streitig ist, in welchen Fällen der Betreuer zusätzlich die Genehmigung des VormG nach § 1904 BGB braucht. Eine hierzu erstelle Liste (Schreiber FamRZ 1991, 1014) ist in Fachkreisen auf Ablehnung gestoßen (Nedopil FamRZ 1993, 1024; Wolter-Henseler BtPrax 1994, 183). Denn auch von einem an sich gut verträglichen Medikament kann im Einzelfall ein spezielles Risiko ausgehen, zB wenn eine erhöhte Sensibilität gegenüber den mit dieser Medikation gehäuft verbundenen Nebenwirkungen (etwa Beeinflussung von Herz und Kreislauf) besteht; wenn ein reduzierter Zustand des Allgemeinbefindens vorliegt; individuelle Überempfindlichkeiten gegenüber bestimmten Medikamenten; hohes Lebensalter ab 80/85 Jahren; Schwangerschaft; Dauer der Behandlung. Hier hilft nur, den Beipackzettel und sonstige Literatur zu studieren, sich beim Arzt zu erkundigen; das VormG wird vor Genehmigung ein medizinisches Gutachten erholen müssen. Medikamente können ferner nach § 1906 IV BGB genehmigungspflichtig sein, wenn sie zwar ungefährlich sind, aber nicht Heilzwecken dienen, sondern die Freiheit entziehen sollen. → Unterbringungsähnliche Maßnahme.

Mehrwertsteuer → Umsatzsteuer.

Meinungsverschiedenheiten zwischen Mit-Betreuern entscheidet das VormG (Richter, § 14 Nr. 5 RPflG) gem §§ 1908 i, 1797, 1798 BGB. Der entsprechende Beschluss des Richters ist mit sofortiger Beschwerde anfechtbar (§§ 60 I Nr. 6, 53 I FGG analog), nach anderer Ansicht unbefristet.

Meldepflicht. Das Melderecht bestimmt, dass sich derjenige, der eine Wohnung bezieht, binnen einer kurzen Frist bei der Meldebehörde (zB Gemeinde) anzumelden hat. Für Personen, für die ein Betreuer bestellt ist, der das Aufenthaltsbestimmungsrecht hat, obliegt diese Pflicht dem Betreuer; das regelt das jeweilige Landesrecht (zB Art 13 III BayMeldeG).

Mietverhältnis. Will der Vermieter dem *geschäftsunfähigen* Mieter kündigen, kann die Kündigung nicht wirksam werden, weil sie nicht in der richtigen Form zugehen kann. Vgl § 131 I BGB. Der Vermieter kann daher die Bestellung eines Betreuers (Aufgabenkreis: Mietverhältnis) beantragen, damit er wirksam kündigen kann. Die Kündigung ist dann an den Mieter, vertreten durch den Betreuer, zu richten und muss dem Betreuer zugehen (vgl LG Dresden WuM 1994, 377). Die Bestellung eines Betreuers im ausschließlichen Interesse eines Dritten (dh des Vermieters) ist in solchen Fällen zulässig (BayObLG FamRZ 1996, 1369). Lehnt das VormG die Bestellung ab, kann der Vermieter dagegen Beschwerde einlegen; seine Beschwerderecht folgt aus § 20 I FGG (BayObLG aaO). → Kündigung. → Kündigungsfrist. → Prozeßpfleger. → Räumung. → Wohnungsaufgabe (§ 1907 BGB).

Mietvertrag. Zum Abschluss eines Mietvertrags, bei dem der Betreute Mieter oder Vermieter ist und der etwas anderes als *Wohnraum* zum Gegenstand hat, braucht der Betreuer keine Genehmigung des VormG, wenn die Vertragsdauer maximal 4 Jahre beträgt. Wenn das Vertragsverhältnis länger als vier Jahre soll, braucht der Betreuer dagegen die Genehmigung des VormG (§ 1907 III BGB). Zuständig ist der Rechtspfleger. Besondere Gerichtsgebühren fallen dadurch nicht an. Bei Abschluss ohne Genehmigung ist der Vertrag, wenn er auf länger als 4 Jahre geschlossen ist, mit einer Laufzeit von 4 Jahren wirksam, wenn anzunehmen ist, dass er mit gleichem Inhalt auch für 4 Jahre geschlossen worden wären, § 139 BGB (BGH NJW 1962, 734). Mietverträge in diesem Sinne sind zB solche über bewegliche Sachen (Auto, Fernseher), oder eine Garage. Für den › Wohnraummietvertrag gelten andere Regelungen.

Minderjährige. Nach § 1896 BGB setzt die Bestellung eines Betreuers und die Anordnung eines Einwilligungsvorbehaltes die Volljährigkeit des Betroffenen voraus, da bis zur Volljährigkeit der Betroffene unter elterlicher Sorge (§§ 1626, 1629 BGB) oder unter Vormundschaft (§§ 1773, 1793 BGB) steht. Bei einem geistig behinderten Kind (als Betroffenem) kann vorhersehbar sein, dass es ab Volljährigkeit einen Betreuer braucht. § 1908a BGB erlaubt deshalb, dass schon gegen einen 17jährigen ein Betreuungsverfahren eingeleitet wird, die Betreuung und (gegebenenfalls) Anordnung des Einwilligungsvorbehalts aber erst mit Eintritt der Volljährigkeit wirksam wird. Durch diese Regelung soll sichergestellt werden, dass bei vorhersehbarer Betreuungsbedürftigkeit keine Zeitlücke zwischen Beginn der Volljährigkeit und Wirksamkeit der obigen Maßnahmen eintritt. Als Betreuer werden in erster Linie die Eltern des Minderjährigen (→ Mitbetreuung) in Betracht kommen.

Mitbetreuung. In der Regel ist eine einzelne Person zum Betreuer zu bestellen.

a) Die Bestellung mehrerer Betreuer (Mitbetreuer) ist die Ausnahme; sie ist in folgenden Fällen notwendig oder zweckmäßig:

- wenn die Angelegenheiten des Betreuten hierdurch besser geregelt werden können (§ 1899 I 1 BGB).
- als Hilfsbetreuer, → Ersatzbetreuer (§ 1899 IV BGB).
- bei **gesetzlichem Ausschluss der Vertretungsmacht** (§ 1908 i I iVm § 1795 BGB), da der Betreuer dann an der Besorgung der Angelegenheit gehindert ist. *Beispiel:* der Betreuer will den Betreuten selbst gegen Entgelt pflegen, also mit ihm einen Pflegevertrag schließen; oder: der Betreuer will vom Betreuten ein Darlehen aufnehmen.
- bei **entsprechender Anordnung** des Erblassers (§§ 1908 i, 1803 BGB): *Beispiel:* der alte Vater hat einen geistig behinderten Sohn, dessen Betreuer der Bruder B ist. Da der Vater dem B mißtraut, ordnet er in seinem Testament an, dass B die Verwaltung der künftigen Erbschaft (bzw einer Schenkung) nicht übernehmen darf. Nach dem Tod des Vaters ist daher ein weiterer Betreuer zu bestellen, dessen Aufgabengebiet so weit reicht, wie der andere Betreuer von der Besorgung der Angelegenheit jeweils ausgeschlossen ist.
- bei **Interessenkollision** zwischen Betreuer und Betreutem (BayObLG Rpfleger 1998, 111);
- wenn ein Betreuerwechsel in absehbarer Zeit bevorsteht, so dass der ausscheidende Betreuer noch vom künftigen Betreuer eingearbeitet werden kann (vgl etwa § 1908 b II, III BGB). In der Praxis wird davon kaum Gebrauch gemacht.

b) Werden mehrere Personen Betreuer, gibt es im Prinzip zwei Möglichkeiten:

aa) die beiden Betreuer haben **verschiedene Aufgabenkreise, sog. geteilte Mitbetreuung** (Beispiel: die Tochter erhält den Aufgabenkreis Personensorge; ein Anwalt den Aufgabenkreis Vermögenssorge). Hier ist jeder für seinen Bereich allein zuständig, vertritt den Betreuten insoweit allein und ist haftungsmäßig allein verantwortlich. Betrifft eine Frage beide Aufgabenkreise (Beispiel: zur medizinischen Behandlung ist ein teurer Klinikaufenthalt zweckmäßig, den die Kasse nicht zahlt: Personen- und Vermögenssorge) und können sich die Betreuer nicht einigen, entscheidet das VormG, §§ 1908i, 1798 BGB. Ebenso sind die Streitfälle zu lösen, wenn die Aufgabenkreise im Gerichtsbeschluss nicht eindeutig abgegrenzt sind. Fehlt im Beschluss eine Aufteilung, besteht Gesamtvertretung (§§ 1908 i, 1797 I 1 BGB).

bb) die beiden Betreuer haben den **gleichen Aufgabenkreis, sog. gemeinsame Mitbetreuung** (Beispiel: beide Eltern eines behinderten volljährigen Betreuten werden Betreuer). Dann haben nur beide Betreuer gemeinsam das Vertretungsrecht (§ 1899 III Halbs 1 BGB). Das bedeutet nicht, dass stets beide zugleich handeln müßten; eine wechselseitige Bevollmächtigung oder nachträgliche Zustimmung genügen auch. Eine Ausnahme von der Gesamtvertretung gilt nach § 1899 III Halbs 2 BGB, wenn das VormG im Bestellungs- oder einem späteren Beschluss etwas Abweichendes geregelt hat (zB dass jeder Betreuer Alleinvertretungsmacht hat oder dass der Vater den Stichentscheid zu treffen hat); das kommt in der Praxis nicht vor. Eine zweite Ausnahme besteht, wenn Gefahr damit verbunden ist, dass der eine Betreuer die Zustimmung des anderen Betreuers noch einholen muss (zB beim betreuten Sohn ist eine eilige ärztliche Maßnahme erforderlich, der Mitbetreuer ist nicht erreichbar); hier kann der eine (erreichbare) Betreuer allein handeln. Decken sich die Aufgabenkreise (zumindest teilweise) haften die Betreuer als Gesamtschuldner (§ 1833 II 1 BGB). → Meinungsverschiedenheiten zwischen Mitbetreuern.

Mitteilungen der Betreuungsbehörde. Die Behörde hat ein Mitteilungsrecht (§ 7 BtBG), keine Pflicht, hinsichtlich Tatsachen, die Maßnahmen des VormG in Betreuungssachen erforderlich machen.

Mitteilungspflichten des Betreuers. Dem Betreuer sind verschiedene Mitteilungspflichten auferlegt: Wenn er Berufsbetreuer ist: Meldung der Vergütung an die Betreuungsbehörde, § 1908 k BGB. Wenn er Berufsbetreuer ist und meint, dass er durch einen ehrenamtlichen Betreuer abgelöst werden kann: Mitteilung an das VormG

(§ 1897 VI 2 BGB). Bei Wohnungsaufgabe: Mitteilung an das VormG (§ 1907 II BGB). Eine gesetzlich nicht normierte Pflicht zur Information des VormG besteht, wenn der Betreute umgezogen oder verstorben ist. Der Betreuer mit dem Aufgabenkreis Personensorge hat jeden Wechsel der Wohnung und der Arbeitsstätte dem Gesundheitsamt mitzuteilen, wenn der Betreute Ausscheider von Choleravibrionen, Salmonellen oder Shigellen ist (§§ 6 III 2, 10 V, 45 IV BundesseuchenG).

Mitteilungspflichten des VormG. Das VormG hat vielfältige Pflichten, seine Erkenntnisse oder Entscheidungen in Betreuungssachen anderen Gerichten, Behörden oder sonstigen öffentlichen Stellen mitzuteilen, wenn dies (bei Einzelfallabwägung) erforderlich ist, um eine erhebliche Gefahr für das Wohl des Betroffenen, für Dritte oder für die öffentliche Sicherheit abzuwenden (§ 69 k I, II FGG). Von der Mitteilung sind im Regelfall der Betroffene, sein Verfahrenspfleger und der Betreuer zu informieren (§ 69 k III FGG). Die Vorgänge sind durch Aktenvermerke festzuhalten (§ 69 k IV FGG). In Frage kommen zB Mitteilungen des VormG an:

- die Betreuungsbehörde (§ 69 k FGG; BtBG)
- andere (inländische) Gerichte, Behörden, öffentliche Stellen zur Gefahrenabwehr oder zur Verfolgung von Straftaten oder Ordnungswidrigkeiten (§ 69 k I, II; § 69 n; § 69 o FGG, §§ 19, 20 EGGVG); Beispiele: der Betroffene will laut Vernehmung bestimmte Personen zusammenschlagen; er ist betrunken gefahren; er wird vom Pflegepersonal mißhandelt; der geisteskranke Anwalt könnte Mandanten schädigen; Gefahren, weil der Verwirrte einen Führerschein, Waffenschein oder Jagdschein hat. In Frage kommen Mitteilungen an die Waffenbehörde, Jagdbehörde, Straßenverkehrsbehörde, Anwaltskammer, Ärztekammer, Standesamt, Staatsanwaltschaft, Polizei usw. An Privatpersonen erfolgen keine Warnmitteilungen (statt dessen an die Polizei).
- an die Anstalt, Altenheim, Klinik etc, in der der Betreute lebt (§ 69 n FGG; § 70 S. 2,3 JGG; § 69 o FGG; §§ 19, 20 EGGVG);
- Mitteilung von Aufenthaltsbestimmungsrecht mit Einwilligungsvorbehalt an die Meldebehörde (§ 69 l II FGG); des Aufenthaltsbestimmungsrechts an den Leiter der Einrichtung, in der der Betreute untergebracht ist (§ 69 m I FGG);

- Mitteilung einer Betreuung für *alle* Angelegenheiten an das Wahlamt (§ 69 l I 1 FGG);
- Mitteilung von personenbezogenen Daten an ausländische öffentliche Stellen, Bundesjustizministerium, Auswärtiges Amt (§ 69 n FGG, § 16 EGGVG; völkerrechtliche Verträge);
- Mitteilungen zwecks Wahrnehmung von Aufsichts-, Kontroll-, Weisungsbefugnissen, Rechnungsprüfung, Statistik usw.
- Datenübermittlung auf Ersuchen anderer Stellen an diese (§ 34 FGG).

Einzelheiten sind in einer Verwaltungsvorschrift geregelt (Anordnung über Mitteilungen in Zivilsachen (MiZi) Nr XV vom 1. 6. 1998).

Mittellosigkeit. Wenn der Betreute mittellos ist, zahlt die Staatskasse die Vergütung und den Aufwendungsersatz des Berufsbetreuers (§§ 1836a, 1835 IV BGB); ferner die Aufwandsentschädigung des ehrenamtlichen Betreuers (§ 1835a III BGB). → Vergütung. Ein Betreuter ist mittellos, wenn ihm bei seinen wirtschaftlichen Verhältnissen nicht zugemutet werden kann, die Vergütung und die Aufwendungen des Betreuers selbst zu zahlen. Trotz dieser Kosten muss ihm eine angemessene Lebensgestaltung ermöglicht werden.

a) **Einkommensgrenze**. Mittellos ist, wessen Einkommen bestimmte Grenzen unterschreitet (vgl § 1836 c BGB). Der maßgebliche Betrag beträgt derzeit (1. 7. 1999–30. 6. 2000) bei einem Ledigen monatlich 1573 DM + Kaltmiete (§§ 76, 79 I, III, § 81 I und § 82 BSHG), nach aA *Warm*miete.
Bei einem Verheirateten und für jeden versorgten Unterhaltsberechtigten erhöht sich dieser Betrag um jeweils ca 435 DM (80% des Regelsatzes von ca. 540 DM; regional unterschiedlich; § 79 I Nr. 3 BSHG).

Beispiel I: Bruttoeinkommen des ledigen Betreuten	3000 DM
abzüglich Steuern, Versicherungen usw (§ 76 II, IIa BSHG)	650 DM
abzüglich Freibetrag für den erwerbstätigen Betreuten (§ 76 Abs 2a Nr. 1 BSHG; Höhe streitig, zwischen 100 und 300 DM);	100 DM
abzüglich Kaltmiete	700 DM
Rest	1550 DM

Der Betreute verfügt über weniger als 1573 DM und ist daher mittellos.

Beispiel II: Bruttoeinkommen des ledigen Betreuten 3500 DM
Abzüge wie oben; Rest 2050 DM

Dieser Betreute ist **teil-mittellos**; er kann im Monat bis zu 477 DM (2050–1573) aufbringen. Die Staatskasse zahlt seinen Betreuer (§ 1836 d Nr. 1 BGB) und holt sich vom Betreuten in monatlichen Raten bis zu 477 DM das verauslagte Geld zurück (§ 1836 e I BGB). Allerdings ist nicht jede Mark, die die Grenze übersteigt, vom Betreuten einzusetzen (§ 84 BSHG), die Aufbringung der Mittel in angemessenem Umfang muss zuzumuten sein. Wieviel zumutbar ist, lässt das Gesetz offen.

Hat ein in knappen finanziellen Verhältnissen lebender Betreuter Unterhaltsansprüche gegen wohlhabende volljährige Kinder oder Eltern oder Ehegatten, dann gilt er solange als mittellos als die Unterhaltsverpflichteten nicht freiwillig leisten, sondern verklagt werden müßten (§ 1836 d Nr. 2 BGB). Auch hier leistet die Staatskasse nur vor und holt sich das Geld, soweit möglich, vom Unterhaltspflichtigen zurück (vgl § 1836 e BGB). Nach LG Braunschweig BtPrax 1999, 34 soll der Unterhaltsanspruch gegen die Eltern nicht die Kosten des Verfahrenspflegers umfassen (kein Sonderbedarf nach § 1613 II BGB).

b) **Vermögensgrenze**. Mittellos ist ein Betreuter, der nicht mehr als folgendes Vermögen hat (§ 1836 c Nr. 2 BGB; § 88 BSHG):

- ein angemessenes Hausgrundstück (Einfamilienhaus, Eigentumswohnung); die Angemessenheit bestimmt sich u. a. nach der Grundstücksgröße, der Hauswohnfläche, der Ausstattung sowie dem Wert der Immobilie. Starre Grenzen gibt es nicht. Wenn allerdings der allein stehende Betreute auf Dauer in einem Pflegeheim wohnt, die Eigentumswohnung also nicht mehr selbst bewohnt, ist sie zu verwerten (BayObLG FGPrax 1997, 102).
- Kleinere Barbeträge. Nach der regional unterschiedlichen Rechtsprechung sind dies zwischen 4500 DM (LG Berlin BtPrax 1997, 204/5) und 8000 DM (BayObLG FamRZ 1998, 1054).
- Bei unzumutbarer Härte muss auch sonstiges Vermögen nicht eingesetzt werden (§ 88 II BSHG); zB Guthaben aus Schmerzensgeldzahlungen (BVerwG FamRZ 1995, 1348); wenn beim Hausverkauf nicht mehr als eine Schuldentilgung herauskommt (vgl BayObLG FamRZ 1998, 1054 Nr. 661). Hausverkauf ist zB kein Härtefall, wenn der Betreute keine nahen Angehörigen mehr hat und durch Verkauf des Hauses unter gleichzeitiger Bestellung

eines unentgeltlichen Wohnrechts auf Lebenszeit sichergestellt ist, dass er weiterhin im Haus wohnen bleiben kann (BayObLG FamRZ 1996, 245). Keine Härte ist der Einsatz einer Lebensversicherung, trotz des geringen Rückkaufwerts (BVerwG FamRZ 1998, 547).

Beispiel: der ledige Betreute hat ein Sparguthaben von 10 000 DM und eine monatliche Rente von 2100 DM; er zahlt 600 DM Miete. Die Betreuung kostet im Jahr 3000 DM. Aus dem Einkommen muss der Betreute nichts zahlen, weil ihm weniger als 1573 DM zur Verfügung stehen. Die Staatskasse zahlt dem Betreuer 3000 DM und holt sich dann beim Betreuten 2000 DM (so dass er nur noch 8000 DM, also den Schonbetrag, hat). In den folgenden Jahren kann der Betreute zu keinen Zahlungen mehr herangezogen werden.

c) Die **Feststellungen zur Mittellosigkeit** hat das VormG von Amts wegen zu treffen. Der Betreuer hat, wenn er den Vergütungsantrag stellt, nur eine beschränkte Mitwirkungsobliegenheit: er soll in seinem Antrag die wirtschaftlichen Verhältnisse des Betreuten darstellen (§§ 69e S. 1, 56 g II 1 FGG). Das VormG kann verlangen, dass der Antragsteller seine tatsächlichen Angaben glaubhaft macht, zB eidesstattlich versichert. Wenn nur Kleinbeträge zu erstatten sind und der Aufwand an Arbeitszeit und/oder Kosten in keinem vernünftigen Verhältnis dazu steht, kann das VormG ohne weitere Prüfung die Zahlung der Staatskasse an den Betreuer festsetzen (§§ 69e S. 1, 56 g II 3 FGG). Kann die Mittellosigkeit des Betreuten vom VormG nicht positiv festgestellt werden, geht dies zu Lasten der Staatskasse (OLG Frankfurt FamRZ 1996, 819); es ist dann von Mittellosigkeit auszugehen.

d) **Wesentlicher Zeitpunkt.** Es kommt auf die tatsächlichen Verhältnisse zur Zeit der Entscheidung über die Bewilligung der Vergütung an; im Beschwerdeverfahren sind die tatsächlichen Verhältnisse im Zeitpunkt der letzten Tatsacheninstanz (= LG) maßgebend (BayObLG BtPrax 1999, 32; OLG Köln FamRZ 1998, 1617); der Betreuer muss also nicht laufend Rücklagen für seine Vergütung bilden. Hatte der Betreuer die bewilligte Vergütung bereits aus dem Vermögen des Betreuten entnommen, ist hingegen auf den Zeitpunkt der Entnahme abzustellen (BayObLG FamRZ 1998, 1618).

N

Nachlasspflegschaft. Ist der Betreute gestorben und sind die Erben unbekannt, oder ist ungewiss, ob sie die Erbschaft annehmen, oder besteht sonst ein Bedürfnis für die Sicherung des Nachlasses, hat das Amtsgericht (Nachlassgericht) durch den Rechtspfleger die Nachlasspflegschaft anzuordnen und einen Nachlasspfleger zu bestellen (§§ 1960, 1961 BGB).
Der Betreuer muss dann gegenüber dem Nachlasspfleger (als Vertreter der unbekannten Erben) abrechnen und das Vermögen des Betreuten an ihn herausgeben. Der Nachlasspfleger kann auf Schlussabrechnung gegenüber dem VormG verzichten, muss aber nicht. Eine Entlastungserklärung des Nachlasspflegers bedürfte der Genehmigung des Nachlassgerichts (§§ 1915, 1812 BGB). Der Nachlasspfleger hat ferner eventuelle Schadensersatzansprüche des Betreuten gegen den Betreuer geltend zu machen (§ 1833 BGB). Zur Angemessenheit der Vergütung des Betreuers kann er Stellung nehmen; die Auszahlung der Vergütung kann er veranlassen. → Tod des Betreuten.

Namensänderung. Ist der Betreute geschäftsunfähig, so kann er selbst den Antrag nicht stellen; diesen stellt der Betreuer mit Genehmigung des VormG (§ 2 I 1 NamensänderungsG).

Nebentätigkeit. Wenn der Betreuer einen anderen Beruf hat und Betreuungen nebenbei führt, kann er gleichwohl ein vergütungsberechtigter → Berufsbetreuer sein (§ 1836 II BGB) und zwar nach jeder der drei Varianten. Der Wortlaut des Gesetzes spricht nicht dagegen. Art 12 I GG schützt auch das Recht, mehrere Berufe zu wählen und nebeneinander auszuüben. Das BVerfG hat ausdrücklich anerkannt, dass eine Justizangestellte, die Betreuungen lediglich nebenberuflich führt, Berufsbetreuerin mit Vergütungsanspruch sein kann und insoweit mehrere anders lautende Entscheidungen des OLG Hamm aufgehoben (BVerfG BtPrax 1999, 70). Weitere Rechtsprechung: ein Angestellter eines staatlichen Gesundheitsamts kann nebenbei Berufsbetreuer sein (BayObLG FamRZ 1997, 1305); ein Oberregierungsrat (BayObLG FamRZ 1996, 371); ein Landesverwaltungsdirektor mit drei Betreuungen (OLG Köln FamRZ 1998, 1536). Es genügt, dass die Tätigkeit als Teil einer Berufsausübung wahrgenommen wird; dass die Gesamtbetrachtung eine Inanspruchnahme des Betreuers ergibt, die üblicherweise nicht unentgeltlich als allgemeine staatsbürgerliche Pflicht geleistet wird (BayObLG FamRZ 1996, 1157; FamRZ 1996, 1173: 7 Betreuungen). Andernfalls würden qualifizierte Personen, die nicht zwingend auf die Einnahme angewiesen sind und daher mit weniger Stunden auskommen, ausgegrenzt. Die abweichende Meinung (OLG Hamm FamRZ 1996, 1107; LG Leipzig FamRZ 1997, 55) dürfte angesichts der BVerfG-Rechtsprechung nicht mehr haltbar sein. Ob der Betreffende seinen Hauptberuf vernachlässigt, ist eine Frage der Nebentätigkeitsgenehmigung. **Beamte** und Angestellte im öffentlichen Dienst müssen unentgeltliche Betreungen (zB von Angehörigen) ihrem Dienstvorgesetzen anzeigen; entgeltliche Betreuungen bedürfen der **Nebentätigkeitsgenehmigung** (zB § 42 BRRG; Landesbeamtenrecht; § 21 SoldatenG; § 65 BBG; § 11 BAT).

Nichtigkeitsklage (Wiederaufnahmeklage). Wenn eine Partei (Kläger, Beklagter) in einem Zivilprozess nicht nach Vorschrift des Gesetzes vertreten war, kann sie Nichtigkeitsklage erheben (§ 579 I Nr. 4 ZPO). Wurde zB jemand auf Zahlung verklagt, der geschäftsunfähig war, dem aber damals kein Betreuer mit dem entsprechenden Aufgabenkreis (idR Vermögenssorge) bestellt war, dann war der Beklagte wegen der Geschäftsunfähigkeit selbst nicht prozessfähig (§ 52 ZPO), er war auch nicht (durch einen Betreuer, § 1902 BGB) vertreten. Das Urteil gegen den Beklagten ist nicht nichtig, es wird rechtskräftig (BGH FamRZ 1963, 131). Das Urteil (bzw. ein Vollstreckungsbescheid) kann aber durch eine Nichtigkeitsklage beseitigt werden. Ab (erneuter) Zustellung an den nun bestellten Betreuer läuft hierfür eine Frist von einem Monat (§ 586 III ZPO), so dass die sofortige Beauftragung eines Anwalts ratsam ist.

Wenn der geschäftsunfähige Betroffene bei Prozessbeginn einen Anwalt beauftragt und bevollmächtigt hatte, war der Anwalt nicht wirksam bestellt worden; die Rechtslage ist dann so, wie wenn der Betroffene nicht wirksam vertreten war. War die Partei bei Prozessbeginn und Anwaltsbevollmächtigung geschäftsfähig und wird sie während des Prozesses geschäftsunfähig, wirkt die Anwaltsvollmacht weiter, die Nichtigkeitsklage ist unzulässig (BGH MDR 1964, 126). War die Partei bei Klageerhebung geschäftsunfähig und wurde sie während des Prozesses geschäftsfähig, hat sie durch die Fortführung des Prozesses den Mangel der bisherigen Prozessführung genehmigt (OLG Stuttgart FamRZ 1980, 379); die Nichtigkeitsklage entfällt.

Nießbrauch. Vor allem in ländlichen Gegenden sind Betreute oft Inhaber von Nießbrauchsrechten, dh sie haben das Recht, die Nutzungen einer Sache zu ziehen (§§ 1030 ff BGB). Beispiel: Frau B hat ihre Landwirtschaft mit notariellem Vertrag dem Neffen übergeben; sie hat sich den Nießbrauch an der Wohnung im ersten Stock des Haus vorbehalten und wohnt dort. Nach einigen Jahren zieht sie ins Altenheim; ein Betreuer wird ihr beigeordnet. Der Betreuer hat dann in der Regel das Recht (und im Rahmen ordnungsgemäßer Vermögensverwaltung die Pflicht), die leer stehende Wohnung anderweitig zu vermieten, wenn bei Bestellung nichts anderes vereinbart wurde.

Notariat. In Württemberg (Stuttgart) ist für Betreuungssachen in erster Instanz das Notariat als VomG zuständig (zweite Instanz ist auch hier das LG). Für Unterbringungssachen (§ 1906 BGB; § 68 b IV FGG) sowie die Genehmigungen nach § 1904 BGB (Gesundheitssorge) und § 1905 BGB (Sterilisation) sowie Einwilligungsvorbehalte (§ 1903 BGB) ist dagegen das Amtsgericht (Vormundschaftsrichter) zuständig (§§ 36, 37 BadWürtt.LFGG).

O

Obergutachten kennt das Gesetz nicht; sind zwei Gutachter verschiedener Meinung, entscheidet nicht ein dritter Gutachter den Streit, sondern das Gericht nach Anhörung der Gutachter. Mit Obergutachten ist ein weiteres Gutachten gemeint. Seine Einholung (§§ 15 FGG; 412 I ZPO) liegt im pflichtgemäßen Ermessen des Gerichts; sie kommt bei groben Mängeln vorliegender Gutachten in Betracht; ferner bei Zweifeln an der Sachkunde der bisherigen Gutachter; wenn deren Gutachten von unzutreffenden tatsächlichen Voraussetzungen ausgehen oder Widersprüche enthalten oder wenn ein neuer Sachverständiger über Forschungsmittel verfügt, die denen des früheren überlegen sind (BayObLG FamRZ 1998, 921). **Ergänzungsgutachten:** Wenn nachträgliche Feststellungen ergeben, dass der Sachverständige möglicherweise von unzutreffenden Tatsachen ausgegangen ist, hat das Gericht von Amts wegen ein Ergänzungsgutachten einzuholen (BayObLG FamRZ 1994, 318).

Organspende. Zu unterscheiden ist zwischen der Organentnahme bei toten Spendern (§§ 3–6 TPG) und von Lebenden (§ 7 TPG). *Bei Lebenden* müssen bestimmte allgemeine Voraussetzungen und die Einwilligung des Spenders vorliegen (§ 7 TPG). Wenn jemand wirksam in eine Organspende eingewilligt hat und dann (zB nach einigen Jahren altersbedingt) einwilligungsunfähig geworden ist, dürfte wegen § 7 II S. 2,3 TPG die frühere Einwilligung nicht mehr genügen (Ute Walter FamRZ 1998, 201, 203). Wenn der jetzt einwilligungsunfähige Spender einen Betreuer hat, ist der Betreuer im Regelfall nicht berechtigt, die Einwilligung zu ersetzen (Deinert BtPrax 1998, 60/ 62). Dies folgt aus dem Umstand, dass sich die Behandlung am Wohl des Betreuten und nicht an dem eines Dritten auszurichten hat (§ 1901 I BGB); anders mag es sein, wenn zB dem Kind des Betreuten ein Organ des Betreuten übertragen werden soll. Das Transplantationsgesetz regelt die Frage nicht ausdrücklich. Der Aufgabenkreis „Organspende" kann einem Betreuer isoliert nicht wirksam zugewiesen werden (AG Mölln FamRZ 1995, 188). *Ist der Betreute ver-*

storben, kann es in Einzelfällen noch zu den gesetzlichen Aufgaben des Personensorgebetreuers gehören, darüber zu entscheiden, ob dem Betreuten Organe entnommen werden dürfen. Das ergibt sich aus dem TPG, welches hilfsweise auf den Willen der Vertrauenspersonen des Verstorbenen abstellt; dazu gehört unter Umständen auch ein Betreuer (Deinert BtPrax 1998, 60, 63).

Ostabschlag. Für einen Betreuer, der seine Wohnsitz im „Beitrittsgebiet" hat, ermäßigen sich die Sätze nach § 1 I BVormVG um 10% (Art. 4 BtÄndG iVm § 1 Ermäßigungsatz-AnpassungsVO v. 15. 4. 1996, BGBl 1996, 604). Betroffen von der Kürzung sind somit die ostdeutschen Berufsbetreuer, welche aus der Staatskasse vergütet werden (sie erhalten zB statt 60 DM je Stunde nur 54 DM); nicht betroffen sind (ehrenamtliche) Ostbetreuer, die eine Pauschale (§ 1835a BB) erhalten, oder Betreuer, die vom Betreuten selbst bezahlt werden. Auslagen (Fahrtkosten usw) werden in keinem Fall gekürzt.

P

Pachtvertrag. Zum Abschluss eines Pachtvertrags, bei dem der Betreute Pächter oder Verpächter ist, braucht der Betreuer keine Genehmigung des VormG, wenn die Vertragsdauer maximal 4 Jahre beträgt. Wenn das Vertragsverhältnis länger als vier Jahre dauern soll, braucht der Betreuer dagegen die Genehmigung des VormG (§ 1907 III BGB). Zuständig ist der Rechtspfleger. Besondere Gerichtsgebühren fallen dadurch nicht an. Bei Abschluss ohne Genehmigung ist der Vertrag, wenn er auf länger als 4 Jahre geschlossen ist, mit einer Laufzeit von 4 Jahren wirksam, wenn anzunehmen ist, dass er mit gleichem Inhalt auch für 4 Jahre geschlossen worden wären, § 139 BGB (BGH NJW 1962, 734). Pachtverträge in diesem Sinne sind zB solche über Landwirtschaften, Gärten, Gasthäuser, gewerbliche Betriebs wie Schreinerei, Bäckerei. Ob die Verpachtung eines freiberuflichen Unternehmens (Arztpraxis, Anwalts- oder Steuerkanzlei) darunter fällt, ist streitig. Die Kündigung eines Pachtverhältnisses (Betreuter als Pächter oder Verpächter) ist evtl nach § 1812 I BGB genehmigungspflichtig, auch wenn eine Wohnung mitverpachtet war (Gasthaus mit Wirtswohnung).

Patientenverfügung (Patientenbrief; Patiententestament). Darunter versteht man Schriftstücke, in denen jemand künftige ärztliche Maßnahmen ausdrücklich wünscht bzw verbietet (zB Ablehnung der künstlichen Beatmung, der Sondenernährung, lebensverlängernder Maßnahmen usw); eine ausdrückliche gesetzliche Regelung fehlt. Rechtlich handelt es sich um die Verweigerung einer Einwilligung in eine Körperverletzung, so dass der ärztliche Eingriff zur Körperverletzung wird, wenn sich der Arzt (ohne ausreichende Gründe) nicht an die ihm bekannte Patientenverfügung hält. Solche Gegengründe sind zB, dass der Patient inzwischen seine Meinung geändert haben könnte (vgl Uhlenbruck MedR 1993, 16), zB weil sich seitdem die Behandlungsmöglichkeiten verbessert haben; je länger die Zeitspanne zwischen der Errichtung der Patientenverfügung und dem konkreten Behandlungsbedarf ist, umso weniger bedeutsam ist sie. Manche Formulierungen („Ich will kein menschenunwürdiges Dasein“) sind juristisch ohnehin nicht eindeutig genug und schon deshalb von beschränktem Wert. In Hinblick auf diese Unsicherheiten fehlt bei Personen, die eine Patientenverfügung errichtet habe, nicht schon deswegen das Bedürfnis (§ 1896 II BGB) an der Bestellung eines Betreuers mit dem Aufgabenkreis Gesundheitssorge.

PEG-Sonde → Ernährung.

Personalausweis, Pass. Jeder Deutsche muss einen gültigen Personalausweis oder Pass besitzen und ihn auf Verlangen einer zur Prüfung der Personalien ermächtigten Stelle vorlegen (zB der Polizei; der Bank bei Eröffnung eines Kontos oder Einzahlung großer Bargeldbestände; vgl zB BayPersAuswG; GeldwäscheG). Der Ausweis selbst wird auf Antrag ausgestellt; ein Betreuer kann den Antrag stellen, wenn sein Aufgabenkreis die Antragstellung mitumfasst. Personen, denen zur Besorgung *aller* Angelegenheiten ein Betreuer durch endgültigen Beschluss (und nicht nur durch einstweilige Anordnung) bestellt wurde, können aber von der zuständigen Ausweisbehörde (zB Stadt) von dieser Ausweispflicht befreit werden; das regelt das Landesausführungsrecht zum Passgesetz (zB Art. 1 II Nr. 1 BayAGPersAuswG). → Schwerbehinderte. → Meldepflicht.

Personensorge. Der Aufgabenkreis „Personensorge“ berechtigt den Betreuer zur Aufenthaltsbestimmung (vgl § 1631 BGB), Gesundheitsfürsorge (falls der Betreute selbst nicht einwilligungsfähig ist), Herausgabe des Betreuten (wenn zB Angehörige des Betreuten diesen „entführen“; § 1632 I-III BGB), Bestimmung seines Umgangs (Besuch von Verwandten kann verboten werden, wenn daraus erhebliche gesundheitliche Beeinträchtigungen für den Betreuten erwachsen; BayObLG FamRZ 1988, 320); der Besuch eines Anwalts beim Betreuten kann nie verboten werden, wenn der Anwalt versichert, vom Betreuten in Betreuungsangelegenheiten, zB Aufhebung der Betreuung, beauftragt zu sein (BayObLG FamRZ 1990, 1273); Aufsichtspflicht (Bauer/Knieper BtPrax 1998, 123 u.168), freiheitsentziehende Unterbringung (streitig); Verfahren in Ehe- und Kindschaftssachen, wie Scheidung (AG Moelln FamRZ 1995, 188), Vaterschaftsanerkennung, Genehmigung, nach dem Tod des Betreuten Organe zu entnehmen (→ Organentnahme). *Nicht erfasst ist:* Vermögenssorge; ein Erziehungsrecht hinsichtlich des Betreuten (BayObLG FamRZ 1988, 874) oder seiner minderjährigen Kinder; Postkontrolle; Sterilisation; Wohnungsangelegenheiten (BayObLG FamRZ 1995, 116; streitig vgl § 1907); Genehmigung, beim schwerkranken Betreuten die Ernährung einzustellen oder sonst den Tod zu beschleunigen (→ Sterbehilfe). *Streitig* ist, ob der Sozialhilfeantrag und die Unterhaltsklage zur Personen- oder Vermögenssorge gehört; zweifelhaft ist die Zuordnung der freiheitsentziehenden Unterbringung nach § 1906 I, IV BGB. Im Übrigen kann manches nicht eindeutig der Personen- oder Vermögenssorge zugeordnet werden (zB Verkauf des selbstbewohnten Hauses; Wohnungsauflösung), sondern fällt in beide Bereiche.

Pflegekosten. Pflegt der Betreuer den Betreuten selbst in seinem Haushalt, kann er die Barauslagen für Lebensmittel, Kleidung, Betteinlagen, Medikamente usw als → Aufwendungen (§ 1835 I BGB) nur vom vermögenden Betreuten verlangen (nicht aus der Staatskasse); die Pflegedienste als solche (Lohn) sind keine Aufwendungen. Will der Betreuer Lohn, ist der Abschluss eines Pflegevertrags mit dem Betreuten, dem zu diesem Zweck ein Ergänzungsbetreuer zu bestellen ist, erforderlich; dann könnte die Bezahlung der Pflegeleistung aus Vertrag gefordert werden.

Pflegeversicherung. Die Rechtsgrundlagen der Sozialen Pflegeversicherung finden sich im SGB XI (PflegeversicherungsG). Es handelt sich um einen Zweig der Sozialversicherung. Träger sind die Pflegekassen, die bei jeder Krankenkasse eingerichtet sind. Jeder ist also dort pflegeversichert, wo er auch (gesetzlich oder privat) krankenversichert ist. Nicht krankenversicherte Personen können einen Krankenversicherungsschutz über bestimmte Sondersysteme haben, zB Beihilfe, freie Heilfürsorge, Lastenausgleich, Bundesversorgungsgesetz. Sozialhilfeempfänger ohne Krankenversicherung erhalten Hilfe zur Pflege nach dem BSHG.
Leistungen aus der Pflegeversicherung werden nur auf Antrag des Betroffenen, vertreten durch den Betreuer, bei der Pflegekasse gewährt; der Antrag sollte möglichst bald gestellt werden, weil Leis-

tungen idR erst ab Antragseingang bewilligt werden. Es genügt, „Leistungen bei Pflegebedürftigkeit“ (ohne genauere Spezifizierung) zu beantragen; dann erhält man einen Fragebogen. Falls notwendig, erstellt der Medizinische Dienst der Krankenkasse nach Aktenlage oder aufgrund persönlicher Begutachtung eine Entscheidungshilfe für die Pflegekasse; die zentrale Frage ist, in welche Pflegestufe der Kranke eingestuft wird (§§ 14, 15 SGB XI). Dabei kommt es u. a. darauf an, wie oft und wie lange täglich Hilfe bei der Körperpflege, Ernährung, Mobilität und hauswirtschaftlichen Versorgung benötigt wird.

- Bei häuslicher Pflege durch professionelle Dienste beträgt die Leistung der Pflegekasse bei Pflegestufe 1 monatlich höchstens 750 DM, bei Pflegstufe 2 höchstens 1800 DM, bei Pflegestufe 3 höchstens 2800 DM. Bei außergewöhnlich hohem Pflegeaufwand können bis zu 3750 DM bezahlt werden. Zusätzlich kann eine Wegekostenpauschale in Ansatz gebracht werden; sie beträgt 60 bzw 180 DM monatlich. Die Pflegekasse ist bei der Suche nach einem ambulanten Pflegedienst behilflich.
- Anstatt durch professionelle Pflegedienste kann die Pflege auch durch Angehörige usw ehrenamtlich erbracht werden; dann zahlt die Pflegekasse ein monatliches Pflegegeld (§ 37 SGB XI) von (bei Pflegestufe 1) höchstens 400 DM, bei Pflegstufe 2 höchstens 800 DM, bei Pflegestufe 3 höchstens 1300 DM. Wer Pflegegeld erhält, muss im Abstand von 3–6 Monaten einen Pflegedienst kommen lassen, damit die Qualität der Pflege sichergestellt ist.
- Ist der Betroffene vollstationär in einem Heim, kommt Heimpflege in Betracht (§ 43 SGB XI). Dann werden gewährt: bei Pflegestufe 1: 2000 DM; bei Pflegestufe 2: 2500 DM; bei Pflegestufe 3: 2800 DM (in Sonderfällen bis 3300 DM).

Gegen die Ablehnung des Antrags kann Widerspruch eingelegt werden (Frist: ein Monat); nach erfolglosem Widerspruch ist Klage zum Sozialgericht möglich.

Pflichten des Betreuers. Der Betreuer ist innerhalb seines Aufgabenkreises gesetzlicher Vertreter des Betreuten (§ 1902 BGB). Er hat eine Reihe allgemeiner Pflichten, zB → Berichtspflicht gegenüber dem VormG, Erstellung eines → Vermögensverzeichnisses, → Rechnungslegung. Im Innenverhältnis zum Betreuten hat der Betreuer die Angelegenheiten des Betreuten so zu besorgen, wie es dessen **Wohl** entspricht (§ 1901 II 1 BGB); das Wohl der Vertragspartner oder Erben des Betreuten ist nicht entscheidend. Zum Wohl des Betreuten gehört *auch* die Möglichkeit, im Rahmen seiner Fähigkeiten sein Leben nach seinen eigenen Wünschen und Vorstellungen zu gestalten (§ 1901 II 2 BGB). Wenn der Betreute vermögend ist, besteht kein Grund, dem Wunsch nach einem vertretbaren, den finanziellen Verhältnissen angepassten Luxus nicht nachzukommen. Bei Konflikten zwischen dem Wohl des Betreuten und seinen Wünschen kommt dem Wohl der Vorrang zu. → Besitz des Betreuten. Der Betreuer hat den **Wünschen** des Betreuten zu entsprechen, soweit in Hinblick auf das Wohl des Betreuten vertretbar und dem Betreuer zumutbar; dies gilt auch bei unwichtigen Angelegenheiten; Wünsche in einer → Betreuungsverfügung zählen ebenso (§ 1901 III 2 BGB); ob der Betreute geschäftsfähig ist oder nicht, spielt keine Rolle, denn die Wünsche sind keine Willenserklärungen.

Folgen: Der Betreute darf zB bezüglich seines **Taschengeldes** nicht auf das Existenzminimum verwiesen werden, damit das Vermögen den Erben erhalten bleibt (BayObLG NJW 1991, 432). Auch bei der Genehmigung von Grundstücksgeschäften (§ 1821) durch das VormG ist § 1901 BGB zu berücksichtigen; so scheidet der **Verkauf von ererbtem Grundbesitz** des Betreuten aus, mag auch ein guter Preis erzielbar sein, wenn der Betreute damit nicht einverstanden und auf das Geld nicht angewiesen ist (BayObLG FamRZ 1998, 455). Der Willensvorrang hat keine Außenwirkung, er begrenzt die Vertretungsmacht des Betreuers nicht (anders bei der Einwilligung in ärztliche Maßnahmen). Werden die Wünsche übergangen, könnte das VormG einschreiten (§ 1837 II BGB). Der Betreuer hat ferner die Pflicht, wichtige Angelegenheiten vorher mit dem Betreuten zu besprechen (§ 1901 III 3 BGB), außer der psychisch labile Zustand des Betreuten lässt das nicht zu, zB bevorstehende ärztliche Eingriffe (§ 1904 BGB), Unterbringung bzw unterbringungsähnliche Maßnahmen § 1906 BGB), Wohnungsauflösung (§ 1907 BGB). Weiterin soll der Betreuer an der Rehabilitation des Betreuten mitwirken (§ 1901 IV BGB), allerdings nur innerhalb seines Aufgabenkreises; in der Praxis ist das kaum durchführbar. Den Betreuer muss das VormG informieren, soweit ihm Umstände bekannt werden, die eine Aufhebung, Erweiterung oder Einschränkung der Betreuung bzw eines Einwilligungsvorbehalts erfordern (§§ 1901 V, 1908 d I 1 BGB). Spezielle Pflichten ergeben sich aus dem jeweiligen Aufgabenkreis, zB bei der → Vermögenssorge.

Pflichtwidrigkeiten des Betreuers. Auf Pflichtwidrigkeiten und Fehler des Betreuers (→ Aufsicht durch das VormG) kann das VormG abgestuft reagieren: Beratung des Betreuers; entsprechende Anweisung des Betreuers; teilweiser Entzug der Vertretungsmacht (§§ 1796, 1908 i I BGB) bzw Teil-Entlassung (§ 1908 b I BGB) und Bestellung eines Mitbetreuers, bei befreiter Betreuung (Teil-) Entzug der Befreiung (§§ 1908i II, 1857a BGB). Die völlige Entlassung des Betreuers ist nur noch das äußerste Mittel des VormG. Wenn das VormG zu diesem Mittel greift, so kann es zugleich die Durchführung der beanstandeten Maßnahmen verbieten, bis ein neuer Betreuer bestellt ist. Der Betreute kann entsprechende Maßnahmen vom VormG fordern, zusätzlich Schadensersatz verlangen (§ 1833 BGB).

Postkontrolle. Die Entscheidung über den Fernmeldeverkehr des Betreuten (Telefon, Telefax) und über die Entgegennahme, das Öffnen und das Anhalten seiner **Post** wird nach § 1896 IV BGB vom Aufgabenkreis des Betreuers nur dann erfaßt, wenn das VormG dies ausdrücklich angeordnet hat. Wenn also das Gericht einen *Betreuer für alle Angelegenheiten* bestellt, darf der Betreuer die Post noch nicht kontrollieren; notwendig ist, dass im Beschluss zusätzlich die Befugnis zur Postkontrolle zugewiesen ist (Aufgabenkreis zB: *alle Angelegenheiten einschließlich der Postkontrolle*). Eine Postkontrolle darf nur angeordnet werden, wenn sie notwendig ist, damit der Betreuer die ihm zugewiesene Aufgabe zum Wohle des Betreuten erfüllen kann, wenn also, würde sie unterlassen, Rechtsgüter des Betreuten gefährdet würden (BayObLG FamRZ 1997, 244). Gerade bei der Vermögenssorge, Vertretung in Rechts- und Nachlaßangelegenheiten, wird der Betreuer seine Betreuertätigkeit oft nur richtig ausüben können, wenn er die gesamte diesbezügliche Post erhält;der verwirrte Betreute verlegt oder vernichtet oft wichtige Briefe. Die technische Durchführung der Postkontrolle ist schwierig. Die Absendung von Briefen kann kaum verhindert werden. Bei Heimunterbringung kann von der Heimleitung eine entsprechende Mitwirkung gefordert werden. Im Übrigen kann der Betreuer von der Postdienststelle unter Vorlage des Beschlusses des VormG verlangen, dass die Post ihm zugeleitet wird (PostO § 45 VI). Manchmal lehnt das VormG die Postkontrolle entgegen dem Wunsch des Betreuers ab. In solchen Fällen kann der Vermögensbetreuer aufgrund seines Aufgabenkreises von der Bank, Vermieter, Versicherung, Finanzamt usw verlangen, dass Kontoauszüge, Steuerbescheide usw laufend (zumindest als Kopie) an ihn gesandt werden; wenn er die in Frage kommenden Absender kennt, kann er auch ohne Beschluss des VormG seiner Vermögensverwaltungspflicht voll genügen. Gegen die Anordnung der Postkontrolle kann der Betreute Beschwerde einlegen (§§ 19, 20 FGG), gegen die Ablehnung der Betreuer (§ 69 g II FGG).

Prozessfähigkeit. Nur wer prozessfähig ist, kann in einem Zivilprozess selbstständig Klagen erheben, Rechtsmittel einlegen und sonstige Prozesshandlungen wirksam vornehmen (§ 52 ZPO). a) Der → **geschäftsunfähige Betreute** ist prozessunfähig (§ 52 ZPO, § 105 BGB); das gilt auch, wenn keine Betreuung besteht. → Nichtigkeitsklage. Eine Ausnahme besteht für alle Verfahren, die die Betreuung betreffen: hier ist der Geschäftsunfähige verfahrensfähig (§ 66 FGG) und kann auch insoweit wirksam eine Verfahrensvollmacht erteilen und den zu Grunde liegenden Anwaltsvertrag schließen. Ist die Prozessfähigkeit zweifelhaft, muss sie das Gericht (zB durch Gutachten) klären lassen; bleibt sie unaufklärbar, ist die betreffende Person als prozessunfähig anzusehen (BGH NJW 1996, 1059).

b) **Der geschäftsfähige Betreute,** für den kein Einwilligungsvorbehalt angeordnet ist, ist prozessfähig. Trotzdem kann sein Betreuer im Rahmen des Aufgabenkreises für ihn gerichtlich tätig werden (§ 1902 BGB). Der geschäftsfähige Betreute verliert seine Prozessfähigkeit allerdings, falls sein Betreuer für ihn einen Rechtsstreit führt oder an seiner Stelle in den Prozess eintritt (BGHZ 41, 303/6). Im Interesse der Rechtsklarheit liegt dann die Prozessführung ausschließlich beim Betreuer (vgl § 53 ZPO); nur der Betreuer kann dann Berufung einlegen, einen Anwalt hierzu beauftragen. Die materiellrechtliche Verfügungsbefugnis dagegen bleibt beim geschäftsfähigen Betreuten, falls kein Einwilligungsvorbehalt angeordnet ist. *Folgen:* Hat der Betreuer als Vertreter des Betreuten eine Zahlungsklage gegen einen Schuldner des Betreuten erhoben, kann der Betreute diese Klage nicht zurücknehmen (die Rücknahme wäre unwirksam); er kann aber dem Beklagten die Schuld wirksam erlassen (OLG Düsseldorf OLGZ 1983, 120), so dass die Klage abgewiesen wird. Hat der geschäftsfähige Betreute ohne Wissen des Betreuers eine Klage eingereicht, kann der Betreute sie wirksam zurücknehmen. Hat der Betreuer davon Kenntnis erlangt und seine Vertretung dem Gericht angezeigt, ist eine Rücknahme durch den Betreuten unwirksam.

c) Der geschäftsfähige Betreute, für den ein **Einwilligungsvorbehalt** angeordnet ist, ist im Umfang des Einwilligungsvorbehalts prozessunfähig (§ 52 ZPO). Besteht ein Einwilligungsvorbehalt für den Bereich Vermögenssorge, kann der geschäftsfähige Betreute die Schuld nicht erlassen.

Prozesskostenhilfe. Wer bei Gericht eine Klage einreichen will, muss Gerichtskosten vorauszahlen. Besteht bei Gericht (wie zB beim Landgericht) Anwaltszwang, muss ferner ein Anwalt beauftragt werden. Wer verklagt wird, muss zwar keine Gerichtskosten vorauszahlen, aber ebenfalls uU einen Anwalt finanzieren. Ein Anwalt kann von der Partei, die ihn beauftragt, einen Gebührenvorschuß fordern (§ 17 BRAGO), bevor er tätig wird. Wer nicht in der Lage ist, diese teils recht hohen Beträge aufzubringen, kann bei dem Gericht, bei dem die Klage eingereicht werden soll oder ist, Prozesskostenhilfe (PKH) beantragen. Wer sich allerdings nur bei einem Anwalt (kostenlos oder verbilligt) beraten lassen will, muss → Beratungshilfe beantragen.

a) Voraussetzungen der Bewilligung von PKH:
Prozesskostenhilfe wird bewilligt, wenn zwei Voraussetzungen vorliegen (§ 114 ZPO):
- der beabsichtigte Prozess muss hinreichende Aussicht auf Erfolg bieten und darf nicht mutwillig erscheinen; hier stellen die Gerichte keine hohen Anforderungen.
- der Antragsteller darf nach seinen persönlichen und wirtschaftlichen Verhältnissen die Kosten der Prozessführung nicht oder nur zum Teil oder nur in Raten aufbringen können. Wann das der Fall ist, ergibt sich aus § 115 ZPO und der dort abgedruckten Tabelle.

b) Der **Rechenweg** sieht (vereinfacht) folgendermaßen aus:

Bruttoeinkommen des Antragstellers (Einkommen von Ehegatten, Kindern wird nicht addiert). Dazu:

\+ Kindergeld, Wohngeld und sonstige Einnahmen

= Tatsächliches Bruttoeinkommen. **Davon sind abzuziehen:**

- Lohnsteuer, Kirchensteuer, Solidaritätszuschlag,
- Kranken-, Renten-, Arbeitslosenversicherung;
- Beiträge zur Haftpflicht-, Unfall-, Lebens-, Sterbegeld-, Hausratsversicherung, soweit angemessen;
- Ausgaben zur Erzielung der Berufseinnahmen wie Fahrtkosten zum Arbeitsplatz; Werbungskosten im Sinne des Steuerrechts.
- bei *Erwerbstätigen* Abzug eines angemessenen Betrages (Höhe streitig; vertreten wird: 280 DM, dh die Hälfte des BSHG-Eckregelsatzes), § 115 I 3 Nr. 1 ZPO mit § 76 IIa BSHG. Bei Rentnern, Arbeitslosen, Studenten entfällt dieser Erwerbstätigenabzug.
- Grundbedarf des Antragstellers (1. 7. 1999–30. 6. 2000: 672 DM). Die ab 1. 7. 2000 geltenden Beträge können im Internet unter http://www.prozesskostenhilfe.de abgefragt werden.
- Ehegattengrundbedarf (ebenfalls 672 DM) verringert um Ehegatten-Nettoeinkommen;
- Kindergrundbedarf (1. 7. 1999–30. 6. 2000: 473 DM je Kind) verringert um Kinder-Nettoeinkommen;
- auf den Antragsteller entfallender Anteil an der Warmmiete (beim Alleinstehenden volle Warmmiete; bei Ehegatten nur ein Bruchteil, wohl nach dem Verhältnis der Einkünfte geschätzt, nach aA 1/2).
- Besondere Belastungen (zB Abzahlungsraten, Nachhilfekosten ür Kinder; Anwaltskosten aus früheren Prozessen; PKH-Raten aus anderen Prozessen; Schuldzinsen, soweit angemessen).
- Abzüge in Sonderfällen: einen weiteren Abzug können Personen vornehmen, die „trotz beschränkten Leistungsvermögens einem Erwerb nachgehen"; ferner Erwerbstätige mit hochgradigen Störungen des Sehvermögens; außerdem Behinderte, die als Beschädigte die Pflegezulage nach den Stufen III bis VI des Bundesversorgungsgesetzes erhielten (§ 115 I ZPO mit § 76 IIa BSHG). Wie viel diese Antragsteller jeweils zusätzlich abziehen können ist streitig, weil es im Gesetz nur heißt: „angemessene Höhe". Meines Erachtens kommt es auf den Einzelfall an; manche Gerichte ziehen pauschal 373 DM (2/3 des BSHG-Eckregelsatzes) ab.

= das einsetzbare Einkommen.

Aus der nachstehenden Tabelle ergibt sich, wie hoch die monatliche Rate an die Gerichtskasse ist:

Einzusetzendes Einkommen in DM	ergibt eine Monatsrate von ...DM
bis 30	0
bis 100	30
bis 200	60
bis 300	90
bis 400	120
bis 500	150
bis 600	190
bis 700	230
bis 800	270
bis 900	310
bis 1000	350
bis 1100	400
bis 1200	450
bis 1300	500
bis 1400	550
bis 1500	600
über 1500	600 + des 1500 übersteigenden Teils

Beispiel I: ein lediger Arbeiter beantragt PKH für einen Prozess über 30 000 DM.

Bruttoeinkommen abzüglich Steuern und Versicherungen:		1979 DM.
Davon ab Fahrtkosten	100 DM	
ab Erwerbstätigenabzug	280 DM	
ab Grundbedarf	672 DM	
ab Warmiete	700 DM	
Einzusetzender Betrag	407 DM	
Monatsrate laut Tabelle („bis 500“)		150 DM.

Dieses Beispiel zeigt, wie wichtig es ist, dass der Antragsteller keinen Ausgabeposten vergisst: Wenn der Antragsteller seine Unterlagen genau durchsieht und noch weitere abzugsfähige Posten von nur 8 DM monatlich findet, verringert er das „einzusetzenden Einkommen“ auf 399 DM und damit die Monatsrate auf 120 DM. Da die Raten bis zu 48 mal zu zahlen sind, macht die Ersparnis 48 mal 30 =1440 DM aus.

Beispiel II. Ein verheirateter Rentner beantragt PKH. Sein Nettoeinkommen beträgt 3029 DM, das Einkommen der Frau 529 DM. Warmmiete 1000 DM. Dann wird gerechnet: 3029–672 (Grundbedarf Mann)–143 (Grundbedarf Frau 672 minus 529 Eigeneinkommen) – 857 DM Warmmietanteil (3029:3558, dh 6/7 der Gesamtmiete), ergibt 1357 einzusetzendes Einkommen. Rate monatlich 550 DM.

Würde die Frau in dem Monat, in dem der PHK-Antrag gestellt wird, nicht arbeiten, wäre zu rechnen: 3029–672–672–1000 = 685 DM. Monatsrate somit 230 DM.

c) **Verfahren.** Der Antragsteller muss bei dem für den Rechtsstreit zuständigen Gericht einen Antrag stellen (§ 117 ZPO): entweder schriftlich; oder zu Protokoll der Geschäftsstelle dieses Gerichts (kostenlos); oder über einen Rechtsanwalt. Wenn allerdings dann keine PKH bewilligt wird, schuldet der Mandant dem Anwalt eine Gebühr für die Vertretung im PKH-Prüfungsverfahren; es fällt mindestens eine halbe Gebühr, berechnet nach dem Streitwert, an (§§ 51, 31 BRAGO). Ein Gerichtskostenvorschuß ist nicht zu zahlen. Gerichtskosten fallen für die PKH-Prüfung nicht an. In der Praxis wird dem Antrag ein Entwurf der Klage oder Klageerwiderung beigefügt, damit das Gericht die Erfolgsaussichten beurteilen kann. Ferner muss der Antragsteller den amtlichen Vordruck über seine Einkommens- und Vermögensverhältnisse ausfüllen und gegebenenfalls Unterlagen sowie Belege beifügen.

Das Gericht leitet den Antrag an den Gegner und gibt ihm Gelegenheit zur Stellungnahme (§ 118 I ZPO); die Unterlagen über die finanziellen Verhältnisse dürfen dem Gegner nicht mitgeteilt werden (§ 117 II 2 ZPO), so dass dieser nicht überprüfen kann, ob der Antragsteller geschwindelt hat. Das Gericht (Richter) entscheidet dann durch Beschluss über die Bewilligung der PKH. In Frage kommt:

aa) **Ablehnung der PKH.** Dagegen kann der Antragsteller unbefristet Beschwerde einlegen (§ 127 II, III ZPO), worüber die nächste Instanz (LG bzw OLG) entscheidet. Wird die Beschwerde zurückgewiesen, hat der Beschwerdeführer 50 DM Gerichtskosten zu tragen, gleichgültig wie hoch der Streitwert ist (GKG-KV Nr. 1905). Weiter muss er, wenn er einen Anwalt für die Beschwerde eingeschaltet hatte, auch den Anwalt zahlen (mindestens eine 5/10 Gebühr; § 61 I Nr. 1 BRAGO). Dagegen muss er die Anwaltskosten des Gegners nicht erstatten (§ 127 IV ZPO).

bb) **Bewilligung ratenfreier PKH.** Wenn kein Anwalt erforderlich ist, wird keiner beigeordnet; dann besagt die PKH-Bewilligung nur, dass Gerichtskostenfreiheit besteht. Wenn ein Anwalt erforderlich ist, wird er vom Gericht beigeordnet (§ 121 I ZPO); der Antragsteller kann sich den Anwalt selbst aussuchen und dem Gericht nennen. Wenn an einem auswärtigen Gericht prozessiert werden soll, kann das Gericht ferner (auf Antrag) anordnen, dass ein bestimmter ortsansässiger Anwalt zusätzlich als sog Korrespondenzanwalt beigeordnet wird (§ 121 III ZPO). Eine *ratenfreie* PKH-Bewilligung kann die Staatskasse mit Beschwerde anfechten (§ 127 III BGB).

cc) Bewilligung von PKH, aber Anordnung von **Ratenzahlung**. Dagegen hat die Staatskasse kein Beschwerderecht (§ 127 III ZPO), wohl aber der Antragsteller, wenn die Raten angesichts seiner finanziellen Verhältnisse zu hoch sind.

d) Die Bewilligung von *ratenfreier* Prozesskostenhilfe mit Anwaltsbeiordnung hat zunächst folgende Auswirkungen (§ 122 ZPO):
- Gerichtskosten (auch Zeugenauslagen und Sachverständigenvergütung) und Gerichtsvollzieherkosten sind nicht zu zahlen;
- der beigeordnete Rechtsanwalt wird aus der Staatskasse bezahlt (allerdings erhält er vom Staat zum Teil ein geringeres Honorar, als der Mandant zahlten müsste; § 123 BRAGO); der Anwalt darf keine Vergütung vom eigenen Mandanten fordern, auch nicht die Gebührendifferenz.

e) Auswirkungen bei Prozessende:
- Gewinnt die PKH-Partei den Prozess vollständig (zB die Klage gegen den Schuldner, der PKH bewilligt erhielt, wird abgewiesen), bleibt es dabei: das Gericht bürdet die Kosten des Prozesses dem Verlierer auf (§ 91 ZPO); die PKH-Partei muss nichts bezahlen.
- Verliert die PKH-Partei den Zivilprozess, sieht die Situation weniger günstig aus: die „Kosten" werden dann der PKH-Partei auferlegt (§ 91 ZPO); den eigenen Anwalt und die Gerichtskasse muss sie dann zwar nicht bezahlen (§ 122 ZPO), wohl aber den Rechtsanwalt der Gegenseite (§ 123 ZPO). Dieser Anwalt kann beantragen, dass seine Anwalts-Kosten festgesetzt werden (§§ 103 ff ZPO) und aus dem Kostenfestsetzungsbeschluß bei der PKH-Partei vollstrecken. Das Prozessieren mit Prozesskostenhilfe ist als nicht risikolos.

f) **Ratenanordnung**. Oft wird die PKH nur bewilligt unter gleichzeitiger Anordnung, dass monatlich eine bestimmte Rate an die Gerichtskasse zu zahlen ist (zB am 10. jeden Monats 120 DM). Diese Raten sind dann höchstens 48 mal zu zahlen. Letztlich zahlt in diesen Fällen bei hoher Rate und kleinem Streitwert die PKH-Partei ihren Prozess selbst (48 x 120 ergeben 5760 DM), allerdings in Raten. Im Übrigen ändert sich nichts an den oben genannten Auswirkungen.

g) **Nachträgliche Änderungen**. Verschlechtert sich die wirtschaftliche Lage der PKH-Partei nach Bewilligung, zB der Antragsteller wird arbeitslos, kann auf Antrag des Antragstellers die Monatsrate bis auf Null ermäßigt werden (§ 120 IV 1 ZPO). Dagegen hat der Antragsteller keine Verpflichtung, eine Verbesserung seiner wirtschaftlichen Lage dem Gericht anzuzeigen; hat der Arbeitslose PKH mit einer kleinen Monatsrate erhalten und findet er dann einen gut bezahlten Arbeitsplatz, ist es Zufall, ob das Gericht das erfährt (dann würde allerdings eine Änderung der Ratenhöhe erfolgen); es wird nicht von Amts wegen nachgeforscht. Eine Ausnahme besteht nur, wenn die PKH-Partei den Prozess gewinnt; hier ergibt sich aus den Akten, dass sie wieder Vermögen hat; dann kann das Gericht anordnen, dass eine einmalige Zahlung bis zur Höhe der angefallenen Kosten an die Gerichtskasse zu leisten ist (§ 120 ZPO; OLG Hamm JurBüro 1993 687).

Prozesspfleger. Wer eine nicht → prozessfähige Person, die keinen Betreuer hat, verklagen will, kann entweder beim VormG die Bestellung eines Betreuers anregen; in Eilfällen kann auch beim Zivilgericht, wo die Klage eingereicht werden soll, die Bestellung eines Prozesspflegers beantragt werden (§ 57 ZPO). Beispiel: der Mieter zahlte seit 2 Jahren aufgrund einer paranoiden Psychose keine Miete mehr. Auf Antrag des Vermieters kann das Amtsgericht dem Mieter (Beklagten) einen Prozesspfleger bestellen, damit dem Mieter die Räumungsklage zugestellt werden kann (LG Hamburg FamRZ 1996, 173).

Prozessvergleich. Klagt der Betreute, vertreten durch den Betreuer, oder wird er verklagt, taucht oft die Frage auf, ob ein gerichtlicher Vergleich geschlossen werden soll und ob er vom VormG genehmigt werden muss; ebenso ist es bei außergerichtlichen Verhandlungen, die mit Vergleich (also gegenseitigem Nachgeben, § 779 BGB) beendet werden sollen. Der Betreuer braucht die Genehmigung des VormG zu einem Vergleich dann *nicht,* wenn (1) der Gegenstand des Streits in Geld schätzbar ist und den Wert von 5000 DM nicht übersteigt. Beispiel: gefordert werden 7000 DM, man einigt sich auf 4000 DM (genehmigungspflichtig, da Streitgegenstand 7000 DM wert ist). Vgl § 1822 Nr. 12, 1908 i I BGB. Die Genehmigungsfreiheit bei Werten bis 5000 DM gilt nicht, wenn nach anderen Bestimmungen Genehmigungspflicht besteht, zB nach § 1821 Nr. 1 BGB (Grundstücksübertragung usw). (2) Die Genehmigungspflicht entfällt ferner, wenn der vom Gericht vorgeschlagene Vergleich geschlossen wird. Der Betreuer sollte deshalb immer darauf bestehen, dass im Protokoll des Zivilgerichts (Arbeitsgerichts, Verwaltungsgerichts usw) vermerkt wird: „das Gericht schlägt folgenden Vergleich vor…"

In allen anderen Fällen ist der Vergleich nur wirksam, wenn er vom VormG (vorher oder nachträglich) genehmigt wurde (vgl §§ 1812, 1908i I BGB). Der Urkundsbeamte der Geschäftsstelle hat sich vor Erteilung der Vollstreckungsklausel für den gerichtlichen Vergleich nachweisen zu lassen, dass die Genehmigung des VormG erteilt ist und dass diese vom Betreuer gemäß § 1829 dem Gegner mitgeteilt ist. Weil dies kompliziert ist (uU ist Zustellung der nachträglichen Genehmigung durch den Gerichtsvollzieher erforderlich), wird in der Praxis, wenn die Genehmigung fehlt, nur ein Vergleich mit Widerrufsvorbehalt binnen einer bestimmten Frist geschlossen oder zunächst die Genehmigung des VormG erholt und erst nach Vorlage der Vergleich geschlossen.

Psychische Krankheiten. Nur wenn jemand seine Angelegenheiten *auf Grund* einer psychischen Krankheit oder einer körperlichen, geistigen oder seelischen Behinderung ganz oder teilweise nicht besorgen kann, darf (bzw muss) ihm ein Betreuer bestellt werden. Unter die Krankheiten fallen zB Psychosen, Schizophrenien, Borderline-Syndrom, seelische Störungen als Folge von Krankheiten oder Verletzungen, von Epilepsie, Alzheimer-Krankheit, Parkinson-Krankheit, Neurosen, Psychopathien. Wegen Alkohol-, Medikamenten- und Drogenabhängigkeit → Alkoholismus. Geistige Behinderungen, angeborene oder später entstandene oder altersbedingte geistige Schwächen, zB Oligophrenie, Schwachsinn, beruhend zB auf Mongolismus, Morbus Down, Schädigungen vor oder bei Geburt, Unfallfolgen. Als seelische Behinderungen sind *bleibende* psychische Beeinträchtigungen anzusehen, die Folge von psychischen Krankheiten sind. Sog soziale Behinderungen (Unangepasstheit, Neigung zu Straftaten usw) allein rechtfertigen keine Betreuung. Wer also geistig gesund, aber nachlässig ist, darf keinen Betreuer erhalten (er muss die Folgen seiner Nachlässigkeit selbst tragen). Wer psychisch krank ist, aber trotzdem seine Angelegenheiten besorgen kann, darf ebenfalls keinen Betreuer erhalten.

PsychKG. Die Gesetze, die sich mit psychisch Kranken befaßten, nannte man früher (im 18. und 19. Jahrhundert) „Irrengesetze". Die späteren Gesetze hießen „Einweisungsgesetz" (in der DDR) oder „Unterbringungsgesetz". Die neueren Gesetze tragen den Namen „Gesetz über psychisch Kranke (PsychKG)"; jedes Bundesland hat ein eigenes derartiges Gesetz mit unterschiedlichen Regelungen, was zu einer unerfreulichen Rechtszersplitterung führt. Geregelt wird jeweils die Unterbringung von psychisch Kranken und Hilfen für diesen Personenkreis. Bundeseinheitlich ist dagegen die Unterbringung durch den Betreuer (§ 1906 BGB) geregelt.

Psychopharmaka. Wenn der Patient noch → einwilligungsfähig ist und einwilligt, kann ihn der Arzt damit behandeln. Ist er nicht mehr einwilligungsfähig, kann nur ein Betreuer mit dem Aufgabenkreis → Gesundheitssorge anstelle des Patienten einwilligen. Streitig ist, ob der Betreuer dazu die Genehmigung des VormG nach § 1904 BGB braucht. Die Behandlung mit Neuroleptika, Psychopharmaka *kann* wegen schwerer schädlicher Nebenwirkungen (zB Bewegungs-, Gedächtnisstörungen) genehmigungspflichtig sein (umstritten, vgl Wojnar BtPrax 1999, 11). Für Glianimon, Atosil und Neurocil wurde eine Genehmigungspflicht bejaht vom LG Berlin FamRZ 1993, 597. Für Medikamente mit schädlichen Nebenwirkungen, die mehr als sechs Monate gegeben werden sollen, wurde Genehmigungspflicht bejaht von AG Bremen RuP 1997, 84. Eine Genehmigungspflicht nur im Einzelfall nehmen an Wiebalck u. a. BtPrax 1997, 48/51.

Q

Qualitätskriterien für Betreuer. Der Vormundschaftsrichter kann jede geeignete natürliche Person zum Betreuer bestellen (→ Eignung); § 1897 I BGB. Bestellt werden ehrenamtliche Betreuer (meist Familienangehörige) oder Personen, die berufsmäßig Betreuungen führen (sog → Berufsbetreuer). Wann jemand geeignet ist, sagt das Gesetz nicht. Wer Betreuungen berufsmäßig besorgt, braucht keine bestimmte Ausbildung oder Abschlussprüfung, was erstaunlich ist. Berufsbetreuer kommen aus den verschiedensten Berufen. Es ist nicht gelungen, bestimmte Qualitätskriterien zu entwickeln.

Querschnittsaufgaben. Unter diesem missverständlichen Wort versteht man diejenigen Aufgaben der Betreuungsvereine und Betreuungsbehörden, die nicht die eigene Betreuungstätigkeit oder die Unterstützung des VormG betreffen, sondern die Anwerbung von neuen Betreuern, deren Beratung, Unterstützung und Fortbildung.

R

Räumung. Schon im Räumungsprozess kann der Mieter der Räumung widersprechen, wenn sie für ihn eine Härte ist (§ 556 a BGB). Wenn das Amtsgericht ein Urteil erlässt, in dem ein Mieter zur Räumung und Herausgabe seiner Wohnung verurteilt wird, dann *kann* das Gericht auf Antrag des Mieters (zu stellen vor Schluss der Verhandlung) im Urteil eine Räumungsfrist bestimmen (§ 721 I 1 ZPO). Diese Räumungsfrist kann auf Antrag des Mieters verlängert werden (§ 721 III 1 ZPO), wenn ein ausreichender Grund vorgetragen wird. Beispiele: der Mieter weist nach, dass er in einigen Monaten in ein Altenheim umziehen wird. Der entsprechende Antrag muss aber spätestens zwei Wochen vor Ablauf der ursprünglichen Räumungsfrist beim Amtsgericht eingehen. Bei Fristversäumung zB wegen Krankheit kommt eine Wiedereinsetzung in Frage. Die Räumungsfrist darf insgesamt nicht mehr als ein Jahr betragen, gerechnet ab Rechtskraft des Urteils (§ 721 V ZPO). Ist die verlängerte Frist verstrichen oder ist der Verlängerungsantrag versäumt worden, kommt eine weitere Verlängerung nach der → Härteklausel des § 765a ZPO in Frage (die zur Jahresfrist dazukommt), ein solcher Antrag kann jederzeit (bis zur Beendigung des Auszugs) gestellt werden. Als Härtefälle kommen in Betracht: altersbedingte Gebrechlichkeit (LG Bonn NJW-RR 1990, 973), Krankheit, Notwendigkeit eines kurzfristigen Zwischenumzugs (zB der Mieter bekommt in Kürze einen Platz in einem Altenheim).

Rechtsmittel: Gegen das Räumungsurteil kann (durch einen Anwalt) binnen der Frist von einem Monat ab Zustellung Berufung zum Landgericht eingelegt werden; dann wird die Länge der Räumungsfrist mitüberprüft; das LG entscheidet endgültig, eine Revision dagegen gibt es nicht. Will der Mieter sich *nur* dagegen wenden, dass die Räumungsfrist zu kurz ist, muss er sofortige Beschwerde gegen das Urteil einlegen (§ 721 VI Nr. 1 ZPO); Frist: zwei Wochen ab Zustellung des Urteils (§ 577 ZPO); eine weitere sofortige Beschwerde zum OLG ist nicht statthaft. Hat der Mieter die Verlängerung der Räumungsfrist beantragt und ist dies abgelehnt worden oder die

Verlängerung zu gering ausgefallen, kann der Mieter ebenfalls sofortige Beschwerde (Frist: zwei Wochen) gegen den Beschluss des Amtsgerichts einlegen (§ 721 VI Nr. 2 ZPO).

Rechenschaftspflicht. Der Betreuer hat nach der Beendigung seines Amts (zB wegen Aufhebung der Betreuung; Wechsel des Betreuers; Tod des Betreuten) dem Betreuten (bzw dessen Erben) das verwaltete Vermögen herauszugeben (→ Vermögensherausgabe) und über die Verwaltung Rechenschaft abzulegen (§§ 1908 i I, 1890 BGB). Diese Pflicht des Betreuers gegenüber dem Betreuten, erzwingbar durch Klage vor dem Zivilgericht (je nach Streitwert AG, LG), ist zu unterscheiden von der → Rechnungslegungspflicht des Betreuers gegenüber dem VormG. Die Rechenschaftspflicht zwingt den Betreuer, seine Amtsführung von Beginn bis Ende dem Betreuten bzw dessen neuen Betreuer gegenüber zu rechtfertigen, also oft über viele Jahre hinweg; er muss alle Einnahmen und Ausgaben während der ganzen Amtszeit einzeln aufzeichnen, belegen und ggf erläutern. Beanstandet der Betreute ältere Jahresrechnungen (zB weil Ausgabebelege fehlen), so hat sich der Betreuer insoweit zu rechtfertigen, selbst wenn das VormG die Abrechnung bei seiner Prüfung nicht beanstandet hat.

	Rechnungslegung	**Rechenschaftspflicht**
Berechtigter	Vormundschaftsgericht	Betreuter bzw Erben
Verpflichteter	Betreuer	Betreuer
Erzwingbar	durch Zwangsmittel nach § 1837 II BGB	durch Klage vor dem Zivilgericht
Befreite Betreuung (§§ 1857a,1854)	Rechnungslegung entfällt Vermögensübersichten notwendig	Rechenschaftspflicht entfällt nicht

Bei **befreiter Betreuung** entfällt zwar die Pflicht zur jährlichen Rechnungslegung gegenüber dem VormG; der Betreuer hat aber bei befreiter Betreuung im Abstand von 2 bis 5 Jahren (je nach Anordnung des VormG) dem VormG eine Vermögensübersicht einzureichen (§ 1854 II BGB). Nach Beendigung der Betreuung entfällt auch bei befreiter Betreuung nicht die Pflicht zur Rechenschaftslegung gegenüber dem Betreuten (OLG Düsseldorf FamRZ 1996, 374).

In der Regel genügt es für die Rechenschaftslegung gegenüber dem Betreuten, wenn auf die jährlichen Abrechnungen gegenüber dem VormG Bezug genommen wird (§ 1890 S. 2 BGB). Im Übrigen ist auf § 259 BGB abzustellen; notfalls muss also der Betreuer die Richtigkeit der Abrechnung eidesstattlich versichern. Wenn die Aufgabe des Betreuers im wesentlichen in der Verwaltung von Geldvermögen, nicht bebautem Grundbesitz und sonstigen Vermögenswerten (zB Wohnungseinrichtung) bestanden hat und die zu berichtenden Vorgänge über Bankkonten abgewickelt worden sind, dann genügt es, wenn der Betreuer zum Abschluss seiner Amtsführung zusammen mit den zeitlich geordneten Kontoauszügen und den dazu gehörigen Belegen eine nach Kalender- oder Rechnungsjahren unterteilte Übersicht über die Entwicklung des betreuten Vermögens während der Amtszeit vorlegt, falls die Aktenführung und Belegzusammenstellung übersichtlich und nachprüfbar ist. Eine förmliche Abrechnung in *einer* Urkunde ist nicht erforderlich, weil sie nur auf Abschreiben und Zusammenfassen von Daten hinausläuft und keinen zusätzlichen Nutzen bringt. Was im Anfangs- wie im Endvermögen als Sachwert vorhanden ist (Einrichtung) muss nicht bewertet werden (außer, dies ist fur die Berechnung der → Gerichtskosten erforderlich). → Entlastungserklärung. → Verzicht.

Rechnungslegung. Die Pflicht zur Rechnungslegung entfällt bei → befreiter Betreuung, §§ 1857a, 1854 BGB. Sie besteht ferner nicht, wenn die Vermögenssorge nicht zum Aufgabenkreis des Betreuers gehört (zB bei reiner Personensorge). Die Rechnungslegungspflicht umfasst das gesamte Vermögen des Betreuten, auch soweit er es durch Dritte (zB Banken, Hausverwalter) verwalten lässt. Wenn Vermögen des Betreuten von einem Testamentsvollstrecker verwaltet wird, legt der Betreuer die Rechnung des Testamentsvollstreckers zusammen mit seinem Prüfbericht dem VormG vor (vgl §§ 2218, 259 BGB). Die Rechnung ist jährlich unaufgefordert zu legen (erster Berichtszeitraum: ein Jahr); für die späteren Rechnungslegungen kann die Rechnungslegungsfrist bis zu drei Jahre verlängert werden

(§ 1840 IV BGB). Eine Rechnungslegung ist ferner nach Beendigung des Amts erforderlich (§ 1890 S. 2 BGB). Bei Amtsantritt muss der Betreuer ein → Vermögensverzeichnis anfertigen (§ 1802 BGB). Die Jahresrechnung führt die Ab- und Zugänge des Vermögens auf (§ 1841 BGB). Dies geschieht, indem der Betreuer die Einnahmen und Ausgaben übersichtlich und geordnet zusammenstellt. Das VormG stellt dem Betreuer Formblätter für die Rechnungslegung zur Verfügung.

Beispiel:
Rechnungslegung über die Verwaltung des Vermögens von Max Meier für die Zeit vom 1. 2. 1999 bis 1. 2. 2000.

I.

Bestand zu Beginn des Abrechnungszeitraums (1. 2. 1999):	20 000,00 DM
Einnahmen im Abrechnungszeitraum (vgl unten III)	32 000,00 DM
Ausgaben im Abrechnungszeitraum (vgl unten IV)	35 000,00 DM
Bestand am Ende des Abrechnungszeitraums (1. 2. 2000), unten II	17 000,00 DM

II:

Dieses Vermögen setzt sich wie folgt zusammen:

Sparbuch Nr. 123456 bei der Sparkasse Berlin	14 500,00 DM
Girokonto Nr. 87654 bei der Sparkasse Berlin	2 500,00 DM
Summe	17 000,00 DM

III.

Einnahmen:

1.	12. 6. 1999	Rente	2500,00 DM	Beleg Kontoauszug Nr. 26
2.	14. 6. 1999	Zinsen	200,00 DM	Beleg Kontoauszug Nr. 27
usw				
Summe			32 000,00 DM	

IV. Ausgaben:

1.	1. 6. 1999	Miete	500,00 DM	Beleg Kontoauszug Nr. 22
2.	2. 6. 1999	Stadtwerke	120,00 DM	Beleg Kontoauszug Nr. 23
usw				
Summe			35 000,00 DM	

Die „amtlichen“ Vordrucke müssen nicht benutzt werden. Der Betreuer kann sämtliche Einnahmen/Ausgaben in einer Liste zusammenstellen, aber auch jedes Konto für sich abrechnen (was meist praktischer ist). Schafft der Betreuer das fachlich nicht, so kann er dazu fachkundige Hilfe (Buchhalter) heranziehen und deren Kosten nach § 1835 BGB dem Vermögen des Betreuten entnehmen. Belege sollen nur, soweit üblich, beigefügt werden; sie werden idR dem Betreuer mit einem Prüfungsvermerk zurückgegeben. Die Rechnung wird vom VormG geprüft → Rechnungsprüfung.

Rechnungsprüfung. Das VormG (Rechtspfleger) hat die Jahresrechnung des Betreuers (→ Rechnungslegung) rechnungsmäßig und sachlich zu prüfen und, soweit erforderlich, ihre Berichtigung und Ergänzung herbeizuführen (§§ 1908 i I, 1843 BGB). Bei der rechnungsmäßigen Prüfung wird nachgesehen, ob die Ausgabeposten mit den Belegen übereinstimmen und ob die Summen stimmen. Dies kann in Sonderfällen besonderen Rechnungsbeamten überlassen werden. Die sachliche Prüfung umfasst folgendes: hat der Betreuer das Vermögen nach den gesetzlichen Vorschriften verwaltet? Hat er die Genehmigungspflichten beachtet? Anlagen versperrt? Hohe Beträge verzinslich angelegt? Sind die Einnahmen vollständig angegeben? Bleiben die Ausgaben im Rahmen einer ordnungsmäßigen Verwaltung? Waren entnommene Auslagen gerechtfertigt? Das VormG kann sich den Bestand des Vermögens nachweisen lassen (§ 1839 BGB). Wird die Rechnung vom VormG als ordnungsmäßig anerkannt, dann bedeutet das nicht zugleich eine Entlastung des Betreuers. Dies ist Sache des Betreuten bzw seiner Erben; bestreitet der Betreute zB die Notwendigkeit oder Höhe bestimmter entnommener Aufwendungen (Fahrtkosten) usw, kann er den Betreuer vor dem Zivilgericht auf Rückzahlung verklagen (§ 1843 II BGB).

a) Beanstandet das VormG die Rechnung, so hält es den Betreuer zur Berichtigung oder Ergänzung an. Es kann ihn aber nicht zwingen, die Rechnung materiell richtig zu machen, also zB Einnahmeposten in die Rechnung aufzunehmen, die der Betreuer bestreitet, oder Ausgabeposten zu streichen, die das VormG für nicht erforderlich hält (BayObLG Rpfleger 1981, 302). Stellen sich ungerechtfertigte oder unaufklärbare Geldentnahmen des Betreuers heraus, kann das VormG dem Betreuten einen Ergänzungsbetreuer (§ 1899 IV BGB) bestellen, der gegen den Betreuer auf Rückzahlung prozessiert (§ 1843 II BGB); in Frage kommt auch die Entlassung des bisherigen Betreuers. Hat der Betreuer zu hohen Auslagenersatz entnommen, so kann das VormG für die Zukunft dem Betreuer die ungenehmigte Entnahme untersagen.

b) Gegen sachliche Beanstandungen des VormG kann der Betreuer keine Beschwerde einlegen, weil sie zunächst nur Meinungsäußerungen des VormG sind; anders wenn das VormG Weisungen erteilt. Der Betreute kann die Mitteilung des VormG, die Rechnung werde nicht beanstandet, nicht mit Beschwerde angreifen, weil er dadurch nicht beschwert ist (BayObLG BtPrax 1998, 39).

Rechtsmittelbelehrung. Bestimmte Entscheidungen des VormG (und des Landgerichts) in Betreuungssachen (→ Inhalt der Entscheidung) müssen eine Rechtsmittelbelehrung enthalten (§ 69 I Nr. 6 FGG). Für den Betroffenen muss sie laienhaft verständlich sein. Fehlt die Belehrung, beginnt bei sofortiger Beschwerde die Zweiwochenfrist nicht zu laufen (BayObLG FamRZ 1994, 323; aA OLG Stuttgart FamRZ 1996, 1342). Ist die Belehrung falsch, wird die Rechtsmittelfrist ebenfalls nicht in Lauf gesetzt (BayObLG FamRZ 1994, 323); nach aA ist jedenfalls wegen unverschuldeter Rechtsunkenntnis auf Antrag Wiedereinsetzung zu gewähren.

Rechtspfleger. Rechtspfleger sind Justizbeamte des gehobenen Dienstes (Inspektorenlaufbahn), die eine Fachhochschulausbildung erfolgreich abgeschlossen haben und mit Rechtspflegeraufgaben betraut sind. In Betreuungsachen sind die Aufgaben in erster Instanz zwischen Richter und Rechtspfleger verteilt; §§ 3, 14 RPflG. Der Rechtspfleger ist zB für folgende Tätigkeiten zuständig: Beratung und Aufsicht über den Betreuer (§ 1837 BGB); Kontrolle der Abrechnungen; Vergütungsfestsetzung (auch nach §§ 1836a, b BGB, soweit sie getrennt ergehen); Stundensatzbestimmung nach § 1 II BVormVG; Gewährung höherer Vergütung nach § 1 III BVormVG; Beschlüsse nach § 56 g FGG; Bewilligung von Vorschüssen und Abschlagszahlungen in diesen Fällen; Bestellung eines Verfahrenspflegers in ihm zugewiesenen Angelegenheiten, zB im Vergütungsfestsetzungsverfahren; Genehmigungen in Vermögenssachen nach §§ 1812 ff, bei Wohnungskündigung (§ 1907 I, II BGB), bestimmten längerdauernden Verträgen (§ 1907 III BGB); Einführungsgespräch, § 69 b III FGG; Anordnung von Mitteilungen; Genehmigung des Versprechens einer Ausstattung (§ 1908 BGB), Kontrollbetreuungen nach § 1896 III BGB; Betreuerentlassung, wenn der Betreute einen Ersatzbetreuer vorschlägt; Bestellung des neuen Betreuers in einem solchen Fall (§ 1908 b III, IV BGB). In **Baden-Württemberg** sind die Zuständigkeiten aufgeteilt zwischen Amtsnotaren (→ Notariat) und Amtsgerichten; Richtervorbehalte bestehen in Württemberg u. a. für Genehmigungen nach §§ 1903 - 1906 BGB (§§ 36, 37 I Nr. 19 - 21a BadWürt LFGG). Zur Zuständigkeit des Vormundschaftsrichters bzw der Richterin → Richter.

Rechtspfleger sind sachlich unabhängig (§ 9 RPflG); der Vormundschaftsrichter ist nicht ihr Vorgesetzter, ist ihnen gegenüber nicht weisungsbefugt. Gegen die Rechtspflegerentscheidung ist die Beschwerde zum Landgericht gegeben, ebenso wie gegen die Richterentscheidung (§ 11 I RPflG; Ausnahme § 11 II RPflG, → Erinnerung). **Zuständigkeitsverstoß:** Handelt der Richter, obwohl der Rechtspfleger zuständig wäre, ist dies wirksam (§ 8 I RPflG); handelt der Rechtspfleger, obwohl der Richter zuständig wäre (zB Bestellung eines Betreuers), ist dies unwirksam (§ 8 IV RPflG).

Rechtskraft. Formelle Rechtskraft besagt: eine Entscheidung ist mit Rechtsmitteln nicht mehr anfechtbar. Alle Beschlüsse, die der sofortigen Beschwerde unterliegen, werden formell rechtskräftig (eine formell rechtskräftige Vergütungsfestsetzung kann deshalb nicht neu aufgerollt werden). Materielle Rechtskraft bedeutet, dass die entschiedene Frage nicht einer neuerlichen gerichtlichen Nachprüfung unter denselben Beteiligten unterbreitet werden darf; eine Bindung für künftige Streitfälle tritt ein. Formelle Rechtskraft tritt teilweise auch in Betreuungs- und Unterbringungssachen ein, materielle Rechtskraft nur ausnahmsweise. Denn die Betreuungsanordnung unterliegt zB einer dauernden Nachprüfbarkeit (§ 1908 d I BGB).

Restschuldbefreiung. Ein verschuldeter Betreuter verliert seine Schulden nicht ohne weiteres; entweder er bezahlt oder die Schuld verjährt. Liegt ein Vollstreckungstitel vor, kann der Gläubiger die Schuld 30 Jahre lang eintreiben. Die am 1. 1. 1999 in Kraft getretene neue Insolvenzordnung bestimmt, dass nach der Aufhebung des Insolvenzverfahrens die Gläubiger ihre restlichen Forderungen gegen den Schuldner unbeschränkt geltend machen können (§ 201 I InsO). Ausnahme: dem Schuldner wurde vom Insolvenzgericht Restschuldbefreiung bewilligt.

a) Restschuldbefreiung gibt es nur für eine natürliche Person (§ 286 InsO). Der Schuldner, vertreten durch den Betreuer mit dem Aufgabenkreis Vermögenssorge, muss beim Insolvenzgericht (Abteilung des Amtsgerichts) einen **Antrag** auf Eröffnung des Insolvenzverfahrens und auf Restschuldbefreiung stellen (die entsprechenden Vordrucke umfassen mehr als 30 Seiten). Er hat ferner eine Erklärung beizufügen, worin er die pfändbaren Forderungen aus einem Dienstverhältnis für die Zeit von sieben Jahren nach der Aufhebung des Insolvenzverfahrens an einen vom Gericht zu bestimmenden Treuhänder abtritt (§ 287 II InsO). War der Schuldner bereits vor dem 1. 1. 1997 zahlungsunfähig, verkürzt sich die Laufzeit der Abtretung von sieben auf fünf Jahre (Art 107 EGInsO). Lohnabtretungen, die der Schuldner vor dem Antrag auf Restschuldbefreiung vorgenommen hat (zB an eine Bank), wirken nur noch drei Jahre (§ 114 I InsO; nur zwei Jahre, wenn der Schuldner bereits vor dem 1. 1. 1997 zahlungsunfähig war; Art 107 EGInsO). Haben Gläubiger in den (künftigen) Arbeitslohn bereits gepfändet, sind diese Pfändungen ab Ende des Monats der Verfahrenseröffnung unwirksam (§ 14 III InsO). Zum Restschuldbefreiungsantrag des Schuldners sind die Insolvenzgläubiger und der Insolvenzverwalter im Insolvenzschlußtermin zu hören (§ 289 I InsO), sie können also dazu ihre Meinung sagen, vortragen, weshalb sie den Schuldner für „unwürdig" halten.

b) Wenn *kein* Insolvenzgläubiger *im Schlusstermin* die Versagung beantragt, hat das Gericht die Restschuldbefreiung durch Beschluss in Aussicht zu stellen. Wenn ein Insolvenzgläubiger im Schlusstermin die Versagung beantragt, kommt es darauf an, ob ein gesetzlicher Versagungsgrund vorliegt und ob dieser Gläubiger diesen Versagungsgrund glaubhaft macht (§ 290 InsO).

c) **Versagungsgründe** sind zB: wenn der Schuldner in den letzten drei Jahren vor dem Antrag auf Eröffnung des Insolvenzverfahrens oder nach diesem Antrag vorsätzlich oder grob fahrlässig schriftlich unrichtige oder unvollständige Angaben über seine wirtschaftlichen Verhältnisse gemacht hat, um einen Kredit zu erhalten (Kreditbetrug), Leistungen aus öffentlichen Mitteln zu beziehen oder Leistungen an öffentliche Kassen zu vermeiden; wenn in den letzten zehn Jahren vor dem Antrag auf Eröffnung des Insolvenzverfahrens oder nach diesem Antrag dem Schuldner Restschuldbefreiung erteilt oder nach §§ 296, 297 InsO versagt worden ist.

d) Das Insolvenzgericht beschließt sodann, dass der Schuldner Restschuldbefreiung erlangen wird, *wenn* er bestimmten Obliegenheiten nachkommt und die Voraussetzungen für eine spätere Versagung nicht vorliegen (§ 291 I InsO); ferner wird der **Treuhänder** bestimmt (§ 291 II InsO), an den der Arbeitgeber künftig den pfändbaren Teil des Lohns (oder sonstigen Einkommens) überweisen muss. Der Treuhänder (zB ein Rechtsanwalt, Mitarbeiter einer Schuldenberatungsstelle) hat die Lohnteile, die vom Arbeitgeber des Schuldners (= Betreuten) an ihn überwiesen werden, auf ein Sonderkonto überweisen zu lassen. Er entnimmt daraus seine Vergütung (§ 293 InsO); die Höhe richtet sich nach der Insolvenzrechtlichen Vergütungsverordnung (ca 10 % der vereinnahmten Beträge). Auch wenn der Schulder arbeitslos ist, muss er wenigstens so viel zahlen, dass die Mindestvergütung des Treuhänders (ca 200 DM) gedeckt ist (§ 298 InsO). Der Treuhänder hat das restliche eingegangene Geld einmal jährlich auf der Basis des Schlussverzeichnisses an die Insolvenzgläubiger zu verteilen (§ 292 I 2 InsO); dh wenn 10 Gläubiger in diesem Verzeichnis genannt sind, erhält jeder Gläubiger etwas, aber nicht jeder gleichviel, sondern im Verhältnis ihrer Forderungen. Der Treuhänder hat ferner von den Beträgen, die er (vom Arbeitgeber) durch die Abtretung erlangt, an den Schuldner nach Ablauf von vier Jahren seit der Aufhebung des Insolvenzverfahrens 10%, nach Ablauf von fünf Jahren 15% und nach Ablauf von sechs Jahren 20% abzuführen (sog steigender Selbstbehalt; § 292 I 3 InsO). Während der Laufzeit der Abtretungserklärung dürfen einzelne Insolvenzgläubiger nicht in das Vermögen des Schuldners vollstrecken (§ 294 I InsO); denn alle Gläubiger sollen gleichbehandelt werden. Neugläubiger können dagegen schon vollstrecken.

e) **Obliegenheiten des Schuldners** während der 7 Jahre: er hat eine angemessene Erwerbstätigkeit auszuüben bzw sich um eine solche zu bemühen; eine zumutbare Tätigkeit darf er nicht ablehnen (§ 295 I InsO). Selbst wenn also der Schuldner während dieser sieben Jahre nicht arbeitet, weil er Rentner ist oder nichts Zumutbares findet oder krank ist, so dass an den Treuhänder mangels Lohn kein Geld abgeführt wird, kann ihm die endgültige Restschuldbefreiung nicht versagt werden. Vermögen, das der Schuldner erbt, hat er zur Hälfte des Wertes an den Treuhander herauszugeben. Der Schuldner hat jeden Wechsel des Wohnsitzes oder der Beschäftigungsstelle unverzüglich dem Insolvenzgericht und dem Treuhander anzuzeigen, er darf keine Einkünfte verheimlichen.

f) **Nach Ablauf der sieben Jahre.** Das Gericht *versagt* die Restschuldbefreiung (§ 296 I InsO), wenn ein Insolvenzgläubiger dies beantragt und wenn der Schuldner während der sieben Jahre eine seiner Obliegenheiten verletzt und dadurch die Befriedigung der Insolvenzgläubiger beeinträchtigt hatte; die Mindestvergütung des Treuhänders (ca 200 DM) muss ferner bezahlt worden sein. Weitere Versagungsgründe, die bei Betreuten idR aber nicht in Betracht kommen, nennen §§ 297, 298 InsO. Andernfalls wird die Restschuldbefreiung *bewilligt.* Die Erteilung wird öffentlich bekannt gemacht (§ 300 III InsO), aber nur im Bundesanzeiger (Amtsblatt). Gegen die Versagung der Restschuldbefreiung steht dem Schuldner die sofortige Beschwerde (Frist: zwei Wochen) zum Landgericht zu (§ 296 Abs 3 InsO); ebenso dem antragstellenden Gläubiger gegen die Bewilligung der Restschuldbefreiung.

g) **Wirkungen der Restschuldbefreiung.** Die Erteilung der Restschuldbefreiung bringt alle nichterfüllten Forderungen der Insolvenzgläubiger (laienhaft formuliert) zum „Erlöschen" (§ 301 I InsO). Insolvenzgläubiger sind nur die persönlichen Gläubiger, die einen zur Zeit der Eröffnung des Insolvenzverfahrens begründeten Vermögensanspruch gegen den Schuldner haben (§ 38 InsO); also nicht die Neugläubiger. Erloschen sind auch die Forderungen von Insolvenzgläubigern, die ihre Forderungen damals hätten anmelden können, es aber (zB aus Nachlässigkeit) nicht getan haben (§ 301 I InsO). Ferner erlöschen Forderungen von Bürgen, Mitschuldnern und sonstigen Rückgriffsberechtigten gegen den Schuldner bezüglich der von der Restschuldbefreiung erfassten Schuld. Trotz Erteilung der Restschuldbefreiung bleiben einige Forderungen der Gläubiger bestehen (dh klagbar), nämlich solche aus einer *vorsätzlich* begangenen unerlaubten Handlung (§ 302 Nr. 1 InsO) des Schuldners; bedingter Vorsatz genügt. Unerlaubte Handlungen sind zB vorsätzliche Körperverletzung; auch ein Betrug, Diebstahl, Unterschlagung kann darunter fallen. Wenn also der Betreute S den G zusammengeschlagen hatte und G aufgrund Urteils 50 000 DM (Schmerzensgeld, Verdienstausfall, Behandlungskosten) von S verlangen kann, kann G (trotz der dem S bewilligten Restschuldbefreiung) 30 Jahre lang aus dem Urteil gegen S vollstrecken.

Geldstrafen werden ebenfalls von der Restschuldbefreiung nicht erfaßt (§§ 302 Nr. 2, 39 I Nr. 3 InsO); ferner nicht Neuschulden, dh solche, die nach Eröffnung des Insolvenzverfahrens begründet wurden. Gläubiger, die sich durch Vormerkungen, Pfandrechte, Sicherungsübereignung und auf ähnliche Weise (§§ 49–51 InsO) abgesichert hatten, verlieren ihre diesbezüglichen Rechte ebenfalls nicht.

h) **Widerruf:** Auf Antrag eines Insolvenzgläubigers widerruft das Gericht die Erteilung der Restschuldbefreiung, wenn sich nachträglich herausstellt, dass der Schuldner eine seiner Obliegenheiten vorsätzlich verletzt hat und dadurch die Befriedigung der Insolvenzgläubiger erheblich beeinträchtigt hat (§ 303 I InsO).

Beispiele: (1) Der Betreute S ist völlig überschuldet; er hat 5 Gläubiger mit zusammen 100 000 DM Forderungen. Er beantragt Insolvenzeröffnung und Restschuldbefreiung. Nach Erlass des Gerichtsbeschlusses zahlt sein Arbeitgeber (Behindertenwerkstätte) monatlich 63 DM (das ist der pfändbare Teil des Einkommens von 1300 DM) an den Treuhänder, der sich von den jährlich 756 DM (12 x 63) seine Vergütung einbehält und den Rest an die Gläubiger weiterleitet. Nach 7 Jahren wird dem S Restschuldbefreiung erteilt. Dann können diese Gläubiger den S nicht mehr zur Zahlung des Restbetrags von rund 95 000 DM zwingen.

(2) S zahlt in Unkenntnis dieser Rechtslage an einen Gläubiger *nach* Erteilung der Restschuldbefreiung noch freiwillig 5000 DM. Diesen Betrag kann er nicht zurückfordern (§ 301 III InsO).

(3) Ein Jahr vor Ablauf des Restschuldverfahrens hat S bei einer Bank weitere 20 000 DM Kredit aufgenommen. Diese Schuld ist durch die Restschuldbefreiung nicht weggefallen, weil die Bank bei Eröffnung des Insolvenzverfahrens noch nicht Insolvenzgläubigerin war, sondern es erst später wurde (sog Neugläubigerin).

(4) S hatte bei Eröffnung des Insolvenzverfahrens ca 30 Gläubiger, sein Betreuer konnte aber nicht alle feststellen. Nur 10 Gläubiger hatten ihre Forderungen angemeldet. Die anderen 20 (alten) Gläubiger hatten ihre Forderungen nicht im Insolvenzverfahren angemeldet. Trotzdem sind auch die Forderungen dieser 20 Gläubiger erloschen.

Richter. In Betreuungsachen sind die Aufgaben in erster Instanz zwischen Vormundschaftsrichter und Rechtspfleger verteilt; §§ 3, 14 RPflG. → Rechtspfleger. Dem **Richter sind vorbehalten:** Bestellung des Betreuers (§ 1896 I BGB) mit späteren Erweiterungen und Beschränkungen, Bestimmung des Aufgabenkreises (§ 1896 II

BGB); Bestellung mehrerer Betreuer (§ 1899 BGB), des Sterilisationsbetreuers (§ 1899 II BGB), eines Ergänzungsbetreuers (§§ 1795, 1796, 1908 i I 1 BGB), des → Gegenbetreuers (streitig, aA: Rechtspfleger sei zuständig, LG Bonn Rpfleger 1993, 233); Einwilligungsvorbehalt (§ 1903 BGB); Entlassung des Betreuers nach § 1908 b I, II BGB (anders bei Abs 3, 4); des Vereins bzw der Behörde nach § 1908 b V BGB; Bestellung eines neuen Betreuers bei Tod des alten Betreuers (§ 1908 c BGB); Entscheidungen nach § 1908 d BGB; Bestellung eines Verfahrenspflegers, § 67 FGG; Einholung eines Sachverständigengutachtens, §§ 68 b, 69 d FGG; Erlass einer einstweiligen Anordnung, § 69 f FGG; § 1846 BGB; Unterbringungssachen nach § 1906 BGB (auch Festsetzung von Verfahrenspflegervergütung); Genehmigung der Einwilligung in bestimmte Heilbehandlungen (§ 1904 BGB); Genehmigung der Einwilligung in eine Sterilisation (§ 1905 BGB); Veranlassung bestimmter Mitteilungen (§ 69 a, k, l, m FGG); Fälle des § 69 c FGG; Abgabe von Sachen, die dem Richter vorbehalten sind (OLG Düsseldorf Rpfleger 1998, 103).

Der Richter kann aber auch im Zuständigkeitsbereich des Rechtspflegers wirksam tätig werden (§ 8 I RPflG). Gegen die Entscheidung des Vormundschaftsrichters ist, soweit nicht Unanfechtbarkeit vorliegt, die → Beschwerde zum Landgericht gegeben (§§ 19, 20, 30 FGG).

Rückgriff der Staatskasse gegen den Betreuten. Wenn die Staatskasse den Betreuer oder Verfahrenspfleger bezahlt hat (zB wegen Mittellosigkeit des Betreuten), geht der Anspruch des Betreuers gegen den Betreuten in dieser Höhe auf die Staatskasse über (§ 1836 e I BGB). Die Staatskasse kann daher das Geld vom Betreuten erstattet verlangen, aber nur im Rahmen der durch § 1836c BGB bestimmten Leistungspflicht; der Mittellose muss also nichts erstatten. Praktischen Sinn hat die Regelung aber zB, wenn einem Vermögenden ein Verfahrenspfleger bestellt wurde; oder wenn der Mittellose anschließend Vermögen erwirbt (zB durch Erbschaft) oder sich herausstellt, dass er in Wirklichkeit Vermögen hatte; wenn der Betreute aus seinem Einkommen Raten zahlen kann (§ 1836d Nr. 1 BGB) oder Teile seines Vermögens hergeben muss (→ Mittellosigkeit; Schonvermögen 4500 DM bzw 8000 DM).

Ergibt sich zB aus der Darstellung der wirtschaftlichen Verhältnisse, dass der Betreute monatliche Raten von zB 200 DM leisten kann, setzt das VormG (Rechtspfleger) durch Beschluss fest, wann der Betreute wie viel an die Landeskasse zu zahlen hat, § 56 g I 2 FGG („monatlich 200 DM jeweils am 15. des Monats, erstmals am ...“); ein Endzeitpunkt ist im Beschluss nicht anzugeben; er wird von der Justizkasse errechnet. Gegen den Beschluss ist die sofortige Beschwerde statthaft (§ 56 V 1 FGG). Der Beschluss wird nach der JustizbeitreibungsO (§ 1 Abs. 1 Nr. 4b) gegen den Betreuten vollstreckt. Das VormG kann den Beschluss jederzeit ändern, wenn sich die wirtschaftlichen Verhältnisse *wesentlich* geändert haben (§ 56 g II 2 FGG iVm § 120 IV 1 Halbs 1 ZPO). Wenn der Betreute zB mehr verdient, werden höhere Raten festgesetzt. Die jährliche geringfügige Erhöhung der Renten rechtfertigt keine Änderung (§ 56 g II 2 FGG iVm § 120 IV 1 Halbs 2 ZPO).

Der Anspruch gegen den Betreuten erlischt erst nach 10 Jahren (§ 1836 e I 2 BGB). *Beispiel:* für die Betreuung im Jahre 1999 zahlt die Staatskasse am 1.8. 2000 an den Betreuer 3000 DM. Der Erstattungsanspruch gegen den Betreuten ist erst am 1. 1. 2011 erloschen.

Rückgriff der Staatskasse gegen Erben des Betreuten. Nach dem Tod des Betreuten würde an sich der Erbe für die Verbindlichkeiten des Betreuten gegenüber der Staatskasse auf Rückerstattung von Betreuervergütungen (soweit sie noch nicht erloschen sind, → Rückgriff gegen den Betreuten) haften, wenn er die Erbschaft nicht ausschlägt. Um Ausschlagungsverfahren zu vermeiden, begrenzt § 1836 e I 3 BGB die Haftung der Erben auf den Wert des im Zeitpunkt des Erbfalles vorhandenen Nachlasses (abzüglich Freibeträge, vgl unten). Nachlasswert: Aktivvermögen abzüglich Nachlassverbindlichkeiten. Zu den Nachlassverbindlichkeiten gehören auch die Kosten einer angemessenen Beerdigung. Es muss nicht der Nachlass an die Staatskasse herausgegeben werden, allenfalls Geldzahlung bis zur Höhe des Wertes wird geschuldet. Auf eigenes Einkommen und Vermögen der Erben darf nicht zurückgegriffen werden.

a) Das VormG darf den Anspruch auf Kostenersatz nicht geltend machen, wenn der Wert des Nachlasses unter (derzeit, 1. 7. 1999) 3146 DM liegt; ein Nachlass bis 30 000 DM ist geschützt, wenn der Erbe der Ehegatte des Betreuten oder mit diesem verwandt ist und nicht nur vorübergehend bis zum Tod des Betreuten mit diesem in häuslicher Gemeinschaft gelebt und ihn gepflegt hat (§ 1836 e I 3 BGB iVm § 92 c III BSHG). Bei mehreren Erben wird der Freibetrag nur einmal gewährt; er ist nach den Erbteilen aufzuteilen. Der Anspruch auf Kostenersatz erlischt in drei Jahren nach dem Tod des Betreuten oder seines Ehegatten (§ 92 c IV BSHG). Sonstige Haftungsbeschränkungen kommen dem Erben des Betreuten nicht zugute (§ 1836 e I 3 Halbs 2 iVm § 1836c BGB); auf ihre eigene Mittellosigkeit kommt es also nicht an.

Beispiel: Die Staatskasse hat Betreuervergütungen in Höhe von 30 000 DM bezahlt; der Betreute hinterläßt seiner Enkelin ein Sparguthaben von 8000 DM. Da der Freibetrag 3146 DM beträgt und die Beerdigung sicher rund 5000 DM kosten wird, muss die Enkelin der Staatskasse keine Betreuervergütung erstatten. Hinterläßt er dagegen seine (bei ihm geschützt gewesene) Eigentumswohnung im Wert von 80 000 DM, muss die Enkelin die vollen Betreuervergütungen erstatten; denn bei ihr ist die Wohnung nicht mehr geschützt.

b) Der Erbe ist verpflichtet, dem VormG Auskunft über den Bestand des Nachlasses zu geben (§ 56 g III 2 FGG). Er muss auf Anforderung ein Nachlassverzeichnis vorlegen und dessen Richtigkeit eidesstattlich versichern (§ 56 g III 3 FGG). Oft genügt es, wenn das VormG das Nachlassverzeichnis aus der Nachlassakte beizieht oder das letzte Vermögensverzeichnis des Betreuers auswertet. Nach Durchführung der Ermittlungen und Anhörung der Erben erlässt das VormG (Rechtspfleger) eine Beschluss, in dem es bestimmt, wann der Erbe wie viel an die Staatskasse zu zahlen hat (§ 56 g III 1 FGG). Der Beschluss muss wirksam werden innerhalb der Dreijahresfrist. Gegen den Beschluss ist die sofortige Beschwerde statthaft (§ 56 g V FGG). Der festgesetzte Betrag wird nach der JustizbeitreibungsO von der Staatskasse vollstreckt.

Rückgriff der Staatskasse gegen Unterhaltspflichtige. Wenn der Betreute Unterhaltsansprüche (zB gegen wohlhabende Kinder) hat, die nicht freiwillig erfüllt werden, tritt die Staatskasse zwar in Vorlage und zahlt den Betreuer (§§ 1836 c Nr. 1 S. 3; 1836 d Nr. 2 BGB). Die Staatskasse (oder ein Betreuer, dem der Anspruch rückabgetreten wird) klagt aber dann gegen den Unterhaltspflichtigen auf Zahlung.

S

Sachbearbeiter-Auswechslung. Ist ein Verein oder die Behörde zum Betreuer bestellt, dann überträgt sie intern die Aufgabe auf einen Sachbearbeiter. Dessen Namen teilt sie dem VormG mit (§ 1900 II, IV BGB). Ist der Betreute mit dem Sachbearbeiter nicht einverstanden, kann er das VormG (Richter) anrufen und um Zuteilung einer anderen Bezugsperson bitten (§ 69 c I 1 FGG). Das VormG ermittelt dann, ob wichtige Gründe für einen Wechsel bestehen und was dem Wohl des Betreuten und den Belangen des Vereins bzw der Behörde entspricht. Das Vorm kann den Antrag zurückweisen oder dem Verein bzw der Behörde aufgegeben, einer anderen Person die Wahrnehmung der Betreuung des Betroffenen zu übertragen (das VormG setzt also nicht selbst eine andere Person ein). Möchte der Betreute dagegen einen anderen → Vereins- oder Behördenbetreuer, muss er gegen die Bestellung Beschwerde einlegen (§ 69 g I FGG) bzw Entlassung und anderweitige Bestellung (§ 1908 b I, III BGB) beantragen; § 69 c FGG ist hier nicht einschlägig.

Sachverständige. Im Betreuungsrecht ist oft vorgeschrieben, dass das VormG das → Gutachten eines Sachverständigen einzuholen hat. Die Auswahl des Sachverständigen steht im Ermessen des Gerichts; vgl § 15 FGG, § 404 I, II ZPO. Eine bestimmte natürliche Person ist zu bestimmen, nicht eine „Klinik" oder ein „Bezirkskrankenhaus" (OLG Düsseldorf FamRZ 1989, 110; str). Das Gesetz schreibt teils eine bestimmte Qualifikation des Sachverständigen vor (zB bei § 70e FGG), meist aber nicht (zB bei § 68 b FGG), „öffentliche" Bestellung ist nicht erforderlich. Das VormG darf gleichwohl nur sachkundige, geeignete Personen zu Gutachtern bestellen; die Eignung hängt von der Fragestellung des VormG ab. Meist wird es sich um medizinische Gesichtspunkte handeln; dann sind (bei Bestellung einer Betreuers oder Anordnung eines Einwilligungsvorbehalts; § 68 b FGG) öffentlich bestellte Amtsärzte mit psychiatrischer Vorbildung (zB Landgerichtsärzte), auf dem Gebiet der Psychiatrie fachkundige Klinikärzte, Gerichtsärzte oder Fachärzte für

Psychiatrie (BayObLG FamRZ 1997, 1565) oder Neurologie mit dem Gutachten zu beauftragen. Hausärzte, Allgemeinärzte, Medizinalräte ohne psychiatrische Ausbildung und Erfahrung, Assistenzärzte einer psychiatrischen Klinik ohne ausreichende Erfahrung (BayObLG FamRZ 1993, 351), Fachärzte in Ausbildung (BayObLG FamRZ 1993, 351) genügen nicht. Die Sachkunde ist vom VormG in der Entscheidung nachvollziehbar darzulegen (BayObLG FamRZ 1997, 901). Ärzte, die den Betroffenen früher behandelt haben, können sich auf ihre **Schweigepflicht** berufen; in diesem Fall ist ein anderer Sachverständiger auszuwählen. Vergütung → ZSEG. → Haftung des Sachverständigen.

Sammelkonto. Das Vermögen des Betreuten ist getrennt vom Vermögen des Betreuers zu halten, aber auch getrennt vom Vermögen anderer Betreuter (§§ 1805, 1908i I BGB). Führt ein Betreuer mehrere Betreuungen, muss er deshalb getrennte Konten führen, deren Kontobezeichnung jeweils (zB) lauten: Max Huber (Betreuter), gesetzlich vertreten durch den Betreuer X. Das Geld mehrerer Betreuter darf nicht auf einem Sammelkonto (Treuhandkonto) des Betreuers oder eines Betreuungsvereins verwaltet werden, auch nicht, wenn aus der internen Buchführung des Betreuers oder des Vereins jederzeit zweifelsfrei ermittelt werden kann, welcher Betrag welchem Betreuten zuzuordnen ist (OLG Köln FamRZ 1997, 899). Auch Betreuungsbehörden dürfen keine solchen Sammelkonten führen (anders das Jugendamt bei Mündelgeld, § 56 III 1 KJHG). Das VormG darf derartiges nicht genehmigen, die kommunale Aufsichtsbehörde darf es nicht anordnen.

Scheidungsantrag. Für den *geschäftsunfähigen* Betreuten kann der Betreuer mit Genehmigung des VormG (zuständig ist der Richter) beim Familiengericht (anwaltlich vertreten) den Antrag auf Scheidung stellen (§ 607 II ZPO). Der geschäftsfähige Betreute dagegen kann den Scheidungsantrag selbst stellen (→ Prozessfähigkeit); ist insoweit ein Einwilligungsvorbehalt angeordnet, so ist der Betreute prozessunfähig (§ 52 ZPO), so dass nur der Betreuer klagen kann. In allen Fällen kommt es entscheidend auf das Wohl und die Wünsche des Betreuten an (§ 1901 BGB), die sorgfältig zu ermitteln sind. → Eheschließung.

Schenkungen. Der Betreuer darf als gesetzlicher Vertreter des Betreuten grundsätzlich nichts aus dem Vermögen des Betreuten verschenken (§§ 1908 i II 1, 1804 BGB). Macht er es dennoch, ist die Schenkung nichtig. Selbst wenn das VormG die Schenkung (was unzulässig ist) genehmigt hat, ist sie nichtig (BayObLG FamRZ 1996, 230). Davon gibt es Ausnahmen.
Bei unentgeltlicher Hingabe von Vermögenswerten sind mehrere Fallgruppen zu unterscheiden: a) **Anstandsschenkungen** (zum Geburtstag, zu Weihnachten, zur Hochzeit; im kleinen üblichen Umfang) an beliebige Personen, auch Pflegepersonal: der Betreuer kann sie ohne Genehmigung des VormG wirkam machen, §§ 1908 i II mit § 1804 BGB.

b) **Etwas größere Geschenke** sind ebenfalls zulässig, wenn sie dem Wunsch des Betreuten entsprechen und nach seinen Lebensverhältnissen üblich sind (§ 1908 i II BGB). Einen solchen maßgeblichen Wunsch kann auch ein geschäftsunfähiger Betreuter bilden. Auch ein Einwilligungsvorbehalt steht der Beachtlichkeit eines Wunsches nicht entgegen. Eine Genehmigung des VormG ist nicht erforderlich.

c) → **Ausstattungen** sind keine Schenkungen im Rechtssinne, sondern eine unentgeltliche Leistung besonderer Art (§ 1908 BGB). Mit Genehmigung des VormG können Ausstattungen versprochen und gewährt werden. Es handelt sich um eine Außengenehmigung: ohne den Beschluss des VormG ist die Ausstattungsverpflichtung bzw Gewährung unwirksam.

d) **Sonstige Schenkungen**. Wird die „Ausstattung" einer anderen Person als dem Kind gewährt (zB dem Pflegepersonal; dem Enkel von den Großeltern) oder *überschreitet sie die Angemessenheit* im Hinblick auf die Vermögensverhältnisse (zweifelhafte Abgrenzung, denn was ist „angemessen"?), so handelt es sich (bezüglich des übersteigenden Teils) um eine unwirksame Schenkung, die auch durch Genehmigung des VormG nicht wirksam wird (BayObLG BtPrax 1998, 72). Ob der überschießende Teil wirklich Schenkung oder Gegenleistung ist, richtet sich nach Schenkungsrecht; keine Schenkung läge vor, wenn damit eine jahrzehntelange unentgeltliche Mitarbeit auf dem elterlichen Hof entgolten werden sollte (BGH FamRZ 1965, 430), unterstellt, dass die Wertrelationen stimmen.

e) Ist der **Betreute** (ausnahmsweise) **geschäftsfähig,** kann *er* selbst nach Belieben verschenken, wenn er nicht unter Einwilligungsvorbehalt steht. Im letztgenannten Fall bedürfte der Betreute der Zustimmung des Betreuers, dieser aber kann nur einer Schenkung zustimmen, die im Rahmen von §§ 1804, 1908 i II BGB bleibt.

Schenkungen des Betreuten an den Betreuer. Der *geschäftsfähige* Betreute, der nicht durch einen Einwilligungsvorbehalt beschränkt ist, kann seinem Betreuer wirksam etwas schenken, in Sonderfällen kann Unwirksamkeit wegen Sittenwidrigkeit (§ 138 BGB) in Frage kommen. Besteht in diesem Bereich ein Einwilligungsvorbehalt, müsste ein Ergänzungsbetreuer bestellt werden, der aber wegen des Schenkungsverbots in §§ 1908i II, 1804 BGB nicht wirksam einwilligen könnte. Dem Heimträger, Heimleiter und Heimpersonal kann nichts wirksam geschenkt werden (§ 14 I HeimG); eine Ausnahme gilt für Kleinigkeiten (zB Pralinen, Blumen, kleinere Geldbeträge). Ist der Betreuer Beamter oder Angestellter im öffentlichen Dienst, ist zu beachten, dass er Geschenke nur mit Zustimmung seines Arbeitgebers *annehmen* darf (§ 70 BBG; § 43 BRRG mit dem jeweiligen LandesbeamtenG; § 10 I BAT). Ob eine solche (unerlaubte) Schenkung zivilrechtlich unwirksam ist, ist streitig (vgl BayObLG NJW 1995, 3260; BVerwG ZEV 1996, 343). Der *geschäftsunfähige* Betreute kann seinem Betreuer nichts wirksam schenken. Dieser Betreute kann natürlich auch nicht vertreten durch den Betreuer dem Betreuer etwas schenken (verbotenes Insichgeschäft; § 1795 II BGB).

Schenkungsrückforderung. Manchmal übertragen Leute ihr Anwesen auf die Kinder; dann werden sie (zB wegen Krankheit) bedürftig und müssen von der Sozialhilfe leben. Für den Betreuer (und das Sozialamt; § 90 BSHG) stellt sich die Frage, ob das Anwesen zurückgefordert werden kann und muss. Ein Anspruch auf Herausgabe des Geschenks kann sich aus § 528 I BGB ergeben. Voraussetzung ist zunächst, dass die Schenkerin außer Stande ist, ihren angemessenen Unterhalt (§ 1610 BGB) zu bestreiten; die Bedürftigkeit muss innerhalb von 10 Jahren nach dem Vollzug der Schenkung eingetreten sein (§ 529 II BGB). Der Rückforderungsanspruch besteht lediglich in dem Umfang, in welchem der Schenkungsgegenstand zur Deckung des angemessenen Unterhalts (wozu auch

Heimkosten, Pflegekosten zählen) erforderlich ist. In einem Fall regelmäßig wiederkehrenden Bedarfs richtet sich der Anspruch auf wiederkehrende Leistungen des Beschenkten (BGH FamRZ 1996, 483), bis der Wert des Schenkungsgegenstandes erschöpft ist. Das heißt: wenn der monatliche Bedarf von Frau K 2000 DM beträgt und das verschenkte Anwesen 300 000 DM wert ist, dann muss die beschenkte Tochter das Haus nicht sofort herausgeben; sie muss aber monatlich 2000 DM zahlen, bis der Betrag erschöpft ist. Dabei stellt sich die weitere Frage, ob die Einkünfte aus dem Haus der Schenkung hinzuzählen sind, so dass noch länger zu zahlen ist. Stirbt Frau K vorher, erlischt die Zahlungspflicht der Beschenkten. Meist werden keine reinen Schenkungen vorgenommen, sondern *gemischte Schenkungen* (Beispiel: Übergabe des Hauses mit der Verpflichtung zur Pflege des Übergebers). Dann ist durch Gutachten zu berechnen, wie hoch der Wert der Gegenleistung ist; nur der überschießende Wert des Anwesens ist „verschenkt" und rückforderbar.

Schlussgespräch. Das Ergebnis der Anhörung, das Gutachten des Sachverständigen, der Umfang des Aufgabenkreises sowie die Frage, welche Person als Betreuer in Betracht kommt, sind mit dem Betroffenen zu erörtern, wenn dies erforderlich ist (§ 68 V FGG). Davon wird in der Praxis sehr selten Gebrauch gemacht. Denn die Anhörung nach § 68 I 1 FGG und das Schlussgespräch können auch in *einem* Termin stattfinden (§ 68 V 2 FGG).

Schlussrechnung des Betreuers. Ist das Betreueramt beendet und war es mit Vermögensverwaltung verbunden, hat der Betreuer eine (formell ordnungsmäßige) Schlussrechnung anzufertigen und sie dem VormG einzureichen (§§ 1908 i I, 1892 I BGB); zur Einreichung kann das VormG den ehemaligen Betreuer durch Zwangsgeld (§ 1837 BGB) anhalten. Das VormG (Rechtspfleger/in) hat die Rechnung zu prüfen (§ 1843 BGB); → Rechnungsprüfung. Das VormG hat aber nicht das Recht, den Betreuer zur *sachlichen* Berichtigung und Ergänzung der Rechnung zwangsweise anzuhalten (BayObLG FamRZ 1998, 1197). Die Mitteilung des VormG, die Schlussrechnung des Betreuers werde nicht beanstandet, kann vom Betreuten nicht mit Beschwerde angefochten werden (BayObLG BtPrax 1998, 39), weil sie die Rechte des Betreuten nicht schmälert.

Das VormG soll ferner die **Abnahme der Rechnung** vermitteln (§ 1892 II 1 BGB). Es kann hierzu die Abrechnung, versehen mit den gerichtlichen Prüfungsvermerken, den Erben (bzw neuen Betreuer) zugänglich machen und anfragen, ob die Abrechnung gebilligt wird; es kann auch anfragen, ob überhaupt auf eine Schlussabrechnung verzichtet wird. Erteilt der **neue Betreuer** für den Betreuten die Entlastungserklärung, so bräuchte er hierfür die Genehmigung des VormG nach § 1812 BGB, nach aA ist eine solche Entlastung wegen § 1804 BGB nichtig; jedenfalls besteht im Regelfall kein Anlass für eine solche Entlastung, weil dadurch kostenlos eine günstige Rechtsposition des Betreuten aufgegeben wird. Die Bedeutung des Anerkenntnisses ist teilweise streitig. Der ehemalige Betreute (bzw dessen Erben) verzichtet auf eventuell bestehende Forderungen gegen den bisherigen Betreuer, nicht aber gegen das Land aus Staatshaftung. Der in manche Formulare listig eingefügte Vermerk, auch dem Gericht werde Entlastung erteilt, ist rechtlich bedenklich. Stellt sich die vorbehaltslose Entlastung als unrichtig heraus, kann zwar geklagt werden, doch hat der Betreute nun die Beweislast. Einen einklagbaren Anspruch auf Entlastung hat der ehemalige Betreuer in der Regel nicht.

Bleiben Ansprüche streitig, so sind Betreuer und Betreuter auf den Rechtsweg vor dem Zivilgericht zu verweisen (vgl § 1843 II BGB).

Schulden des Betreuten. Sie sind im Vermögensverzeichnis aufzuführen. Bei „Schulden" ist sodann zu prüfen, ob sie zu Recht bestehen (War der Betreute bei Eingehung der Verpflichtung überhaupt geschäftsfähig? Verjährung?). Besteht die Gefahr weiterer Verschuldung, ist es zweckmäßig, beim VormG einen → Einwilligungsvorbehalt anzuregen. Vom Sozialamt werden Schulden in der Regel nicht beglichen (§§ 5, 15a BSHG). Der Besuch von Schuldnerberatungsstellen kann hilfreich sein. → Restschuldbefreiung. Vereinbarungen mit den Gläubigern über einen Teilverzicht stellen → Vergleiche dar (§ 1822 Nr. 12 BGB) und brauchen möglicherweise die Genehmigung des VormG.

Schwangerschaftsabbruch. Ist die betreute Frau selbst → einwilligungsfähig, entscheidet sie selbst und gegen ihren Willen kann kein Abbruch erfolgen. Ist sie einwilligungsunfähig, kann der Gesundheitsbetreuer an ihrer Stelle einwilligen und den Abbruch durchführen lassen, jedenfalls bei medizinischer Notwendigkeit (MünchKomm-Schwab § 1904 Rz 16). Die Einwilligung des Betreuers bedarf nicht der Genehmigung des VormG nach § 1904 BGB, weil der Abbruch in der Regel kein riskanter Eingriff ist. Die Voraussetzungen für einen straflosen Abbruch der Schwangerschaft (§§ 218 ff StGB) müssen natürlich vorliegen (Fristen: § 218a III StGB). Ob der Betreuer für die einwilligungsunfähige Frau einwilligen darf, ist in der strafrechtlichen Literatur sehr umstritten; der Betreuer sollte sich hier vom Vormundschaftsrichter beraten lassen. Demgegenüber ist eine → Sterilisation gegen den natürlichen Willen der Betreuten ausgeschlossen (§ 1905 I Nr. 1 BGB). Zur Kastration vgl KastG § 3 III, IV.

Schwerbehinderte. Betreute sind oft Schwerbehinderte im Sinne des Schwerbehindertengesetzes (SchwbG). Behinderung ist die Auswirkung einer nicht nur vorübergehenden (dh mehr als sechs Monate dauernden) Funktionsbeeinträchtigung, die auf einem regelwidrigen körperlichen, geistigen oder seelischen Zustand beruht; regelwidrig ist der Zustand, der von dem für das Lebensalter typischen abweicht (§ 3 SchwbG). Auf Antrag des Behinderten stellt die Behörde (Versorgungsamt) die Behinderung und ihren Grad fest und stellte einen grünen Schwerbehindertenausweis für 5 Jahre (mit Verlängerungsmöglichkeit) aus. Auf dem Ausweis sind (neben dem Grad der Behinderung, von 20 bis 100) gesundheitliche Merkmale vermerkt: G = Bewegungsfähigkeit im Straßenverkehr erheblich eingeschränkt; aG = außergewöhnlich gehbehindert; H = Hilflos; Bl = Blind; B = ständige Begleitung erforderlich; RF= Rundfunkgebührenbefreiung und Telefongebührenermäßigung möglich. Bei Schwerbehinderten, die das Haus nicht mehr oder nur mit Hilfe ei nes Krankenwagens verlassen können, wird der Ausweis auf Antrag ohne Photo ausgestellt, wenn kein Photo vorhanden ist (§ 5 II AusweisVO SchwerbehindertenG). → Steuervorteile.

Selbstmordversuch. Er kann die → Unterbringung des Betroffenen durch einen Betreuer oder nach den → Landesgesetzen (PsychKG, UnterbrG) rechtfertigen, ferner Einschreiten nach dem Polizeirecht oder → Maßregeln des VormG nach § 1846 BGB.

Sicherungsverfahren. Wenn jemand eine rechtswidrige Tat im Zustand der Schuldunfähigkeit oder verminderter Schuldfähigkeit begangen hat, ordnet das Strafgericht (Landgericht, § 24 II GVG) die Unterbringung in einem psychiatrischen Krankenhaus an, wenn die Gesamtwürdigung des Täters und seiner Tat ergibt, dass von ihm infolge seines Zustands erhebliche rechtswidrige Taten zu erwarten sind und er deshalb für die Allgemeinheit gefährlich ist (§ 63 StGB). *Beispiel:* ein Schwachsinniger hat sich wiederholt an Kindern sexuell vergangen. Vor der Hauptverhandlung kann die Unterbringung zur vorübergehenden Beobachtung erfolgen, damit ein Gutachten erstellt werden kann (§ 81 StPO). Wenn die öffentliche Sicherheit es erfordert, kann die Unterbringung vor der Hauptverhandlung durch einen Unterbringungsbefehl (§ 126a StPO; entspricht dem Haftbefehl) angeordnet werden. Steht der Täter unter Betreuung, hat die Unterbringung nach § 63 StGB (die von der → Unterbringung durch den Betreuer oder nach PsychKG zu unterscheiden ist) grundsätzlich keinen Einfluss auf die Betreuung; eine Vermögensbetreuung beispielsweise muss daneben bestehen bleiben. Sonstige Aufgabenkreise können im Einzelfall überflüssig werden. → Straftaten des Betreuten.

Sofortige Beschwerde. Die sofortige Beschwerde ist eine Beschwerde, die binnen einer Frist von zwei Wochen ab Zustellung der Entscheidung einzulegen ist. In Betreuungssachen ist die Beschwerde in der Regel unbefristet möglich. Befristet ist sie nur, wenn dies besonders gesetzlich geregelt ist.

a) Das ist der Fall: (1) beim Einwilligungsvorbehalt (§ 69 g IV Nr. 1 FGG): gegen die Anordnung eines Einwilligungsvorbehalts, § 1903 BGB, auch durch einstweilige Anordnung; gegen die Erweiterung oder Beschränkung des Kreises der einwilligungsbedürftigen Willenserklärungen (vgl § 69 i II, I FGG); die Ablehnung oder Aufhebung (§ 69i III FGG) eines Einwilligungsvorbehalts. Wird aber der Antrag auf Aufhebung eines Einwilligungsvorbehalts abgelehnt, ist dagegen die unbefristete Beschwerde gegeben. – (2) Wenn die Weigerung, sich zum Betreuer bestellen zu lassen, förmlich zurückgewiesen wird (§ 69 g IV Nr. 2 FGG); das kommt in der Praxis nicht vor. Erfolgt die Bestellung, obwohl der Ausgewählte nicht einverstanden ist, kann der Betreuer einfache Beschwerde einlegen

(BayObLG FamRZ 1994, 1061). – (3) → Entlassung eines Betreuers *gegen seinen Willen* (§ 69 g IV Nr. 3 FGG). – (4) Einschränkung des Aufgabenkreises beim Einwilligungsvorbehalt, § 69 i III. – (5) In → Vergütungssachen, § 56 g V FGG.

b) Die **Beschwerdefrist** (zwei Wochen, § 22 FGG) beginnt beim Einwilligungsvorbehalt für den Betroffenen mit der Bekanntmachung an ihn selbst (§ 69 g IV 3 FGG), in den sonstigen Fällen mit der Bekanntmachung an den Betreuer bzw Betreuten (§ 69 g IV 2 FGG). Ist ein Verfahrenspfleger bestellt, kommt es für ein Rechtsmittel *des Betroffenen* ebenfalls auf die Zustellung an ihn selbst an. Die Berechnung der Frist richtet sich nach § 17 FGG, §§ 187 I, 188 II BGB. Erfolgt zB die Zustellung des Beschlusses am Mittwoch, endet die Zwei-Wochenfrist mit Ablauf des übernächsten Mittwochs; ist dies ein Feiertag, mit Ablauf des Donnerstags (wenn dies ein Werktag ist). Eine Abkürzung oder Verlängerung der Frist durch das Gericht ist nicht zulässig. Bei Fristversäumung kommt Wiedereinsetzung nach § 22 II FGG in Betracht; sie muss bei Gericht sofort beantragt werden. Körperliche oder geistige Erkrankung oder Urlaubsabwesenheit kann zB ein Wiedereinsetzungsgrund sein, einfaches Vergessen nicht.

c) Die sofortige Beschwerde gegen eine Entscheidung des AG wird beim AG oder beim übergeordneten LG eingelegt (§ 21 I FGG). Sie erfolgt durch Einreichung eines Schriftsatzes (§ 21 II FGG); ein Anwalt muss nicht beauftragt werden. Zweckmäßig ist, einen Antrag zu stellen („Ich beantrage, den...Beschluss aufzuheben und...") sowie eine Begründung zu geben.

Sozialbericht. Das VormG kann von der Betreuungsbehörde einen sog Sozialbericht über den Betroffenen (bzw. den Betreuten) anfordern. Die Behörde lässt dann von ihren Sozialarbeitern und Sachbearbeitern den Sachverhalt ermitteln. Der Bericht kann sich zB über folgendes äußern: Biografie des Betroffenen, früherer Beruf, Familienstand, Angehörige, Kontaktpersonen, Adresse, Telefonnummer, Wohnverhältnisse. Einkommen, wirtschaftliche Situation, Vermögen, Gesundheitliche Lage, bisherige Behandlungen, Erkrankungen, Unterbringungen, Hausarzt; werden die bisher behandelnden Ärzte von Schweigepflichten entbunden? Mängel in der Lebensbewältigung; vorhandene Hilfen. Sind Vollmachten oder eine Betreuungsverfügung des Betroffenen bekannt? Wer könnte bevollmächtigt werden? Bestehen Zweifel an der Geschäftsfähigkeit des Betroffenen? Erforderlicher Aufgabenkreis eines Betreuers; Vorschlag des Betroffenen zum Betreuer; Stellungnahme der Behörde hierzu; eigener Vorschlag der Behörde; wen benennt der Betroffene als Vertrauensperson für das gerichtliche Verfahren? Wünscht der Betroffene, dass er vom VormG in seiner Wohnung angehört wird? Wird ein Verfahrenspfleger für notwendig erachtet?

Sozialleistungen. Für Betreute kommen insbesondere folgende Sozialleistungen in Frage:
- Sozialhilfe (Träger: Landkreise, kreisfreie Städte; BSHG)
- Wohngeld (Landkreise, kreisfreie Städte; Wohngeldgesetz)
- Leistungen für Schwerbehinderte (Versorgungsämter; Hauptfürsorgestellen; SchwbG)
- Vorruhestand, Arbeitsförderung (Arbeitsamt; SGB III)
- Rentenversicherung (Versicherungsanstalten; SGB VI)
- Krankenversicherung (Krankenkasse; SGB IV, V)
- Pflegeversicherung (Pflegekasse bei der Krankenkasse; SGB XI)
- Unfallversicherung (Berufsgenossenschaften; SGB VII).

Sparbuch. Spareinlagen gelten als mündelsichere (und also zulässige) Formen der Anlage von Betreuten-Geld (§ 1807 Nr. 5 BGB); → Sperrvermerk. Höhere Beträge aber dürfen nicht auf diese Weise angelegt werden, weil der Sparzins gering ist. Hier sind Bundesschatzbriefe (kostenfrei eingetragen im Bundesschuldenbuch in Bad Homburg), eventuell auch Bundesobligationen, Sparbriefe usw vorzuziehen. Für den Zinsverlust haftet der Betreuer eventuell (§ 1833 BGB). Die Kündigung einer Geldforderung (zB des Sparguthabens; des Festgeldes) oder die Vereinbarung eines geänderten Zinssatzes sind genehmigungspflichtige → Verfügungen (§ 1812 BGB). → Girokonto. → Bankverbindung.

Sperrvermerk. Der Betreuer soll Geld, das bei Anordnung der Betreuung in der Form des § 1807 Nr. 5 BGB (idR als Guthaben bei Banken und Sparkassen) angelegt vorgefunden wird, und Geld, das er selbst später in dieser Form anlegt, versperrt anlegen (§ 1809 BGB). Er muss also mit der Bank eine Vereinbarung treffen, wonach er über das Guthaben nur mit Genehmigung des VormG verfügen (abheben, überweisen usw) kann. Er unterwirft sich somit einer Beschränkung, was verhindern soll, dass er das Geld unterschlägt. Denn ohne Genehmigung zahlt die Bank das gesperrte Geld nicht aus; geschieht dies dennoch, wird die Bank nicht befreit, muss also nochmals (an den Betreuten, vertreten durch einen neuen Betreuer) auszahlen. Dass der Sperrvermerk angebracht ist, muss das VormG baldmöglichst nachprüfen, zB indem es sich das Sparbuch mit Vermerk zeigen lässt. In der Satzung *öffentlicher* Sparkassen ist in der Regel bestimmt, dass über Mündelgeld nur mit Genehmigung des VormG verfügt werden darf; dann ist ein Sperrvermerk an sich überflüssig.

Das VormG kann den Sperrvermerk nicht von sich aus bei der Bank eintragen lassen; es kann aber dort anfragen, ob der Sperrvermerk beim betreffenden Konto eingetragen ist. Eine Entsperrung (Aufhebung der Sperre) bedarf der Genehmigung des VormG (§ 1812 BGB). Der Sperrvermerk hindert den *geschäftsfähigen* Betreuten nicht, sein Geld abzuheben, außer es besteht insoweit ein Einwilligungsvorbehalt; auch die Erben des Betreuten werden durch den Sperrvermerk nicht betroffen. Gläubiger können in das gesperrte Guthaben vollstrecken. Von der Verpflichtung, den Sperrvermerk anbrigen zu lassen, kann der Betreuer auf seinen Antrag vom VormG im Rahmen des § 1817 BGB entbunden werden. Geld, das zur Bestreitung laufender Ausgaben bereitzuhalten ist, muss nicht versperrt angelegt werden. Ferner gilt § 1809 BGB nicht, wenn die Betreuungsbehörde oder ein Betreuungsverein Betreuer sind (§§ 1857a, 1852 II, 1809, 1908 i I BGB). Dasselbe gilt, wenn Betreuer der Vater, die Mutter, Ehegatte, Sohn/Tochter oder Enkel/Enkelin des Betreuten sind, weiterhin wenn Vereinsbetreuer oder Behördenbetreuer bestellt sind (§ 1908 i II 2 BGB); allerdings kann das VormG in diesen Fällen etwas anderes (dh die Sperrung) anordnen.

Betreuer ist die Behörde, ein Verein, Behördenbetreuer, Vereinsbetreuer, naher Angehöriger des Betreuten	Betreuer ist eine sonstige Person		
kein Sperrvermerk erforderlich	Geld für laufende Ausgaben: kein Sperrvermerk	Angelegtes Geld: Sperrvermerk notwendig	Angelegtes Geld: aber Befreiung nach § 1817, kein Sperrvermerk notwendig

Staatskasse. Ist der Betreute mittellos, zahlt die Staatskasse (Landeskasse) die Vergütung und die Auslagen des Betreuers (§ 1836a BGB; § 56 g FGG). Demgemäß ist die Staatskasse auch beschwerdeberechtigt (§ 20 FGG), wenn sie die vom VormG festgesetzte Vergütung und den Auslagenersatz für überhöht hält. Ist der Betreute teil-mittellos, dann zahlt zwar die Staatskasse, doch hat der Betreute an die Staatskasse Rückzahlungen zu leisten (§§ 1836 c, 1836 e BGB); ebenso ist es, wenn die Erben rückzahlungspflichtig sind (§ 1836 e BGB). Wird ein Berufsbetreuer bestellt, kann die Staatskasse geltend machen, ein (billigerer) ehrenamtlicher Betreuer stünde zur Verfügung und dies durch Beschwerde nachprüfen lassen (§ 69 g I 2 FGG). Die Staatskasse wird, wenn sie sich im Vergütungsverfahren beteiligt, durch den **Bezirksrevisor** vertreten, einen Beamten des gehobenen Dienstes (Inspektorenlaufbahn).

Sterbehilfe. Ob der Betreuer mit dem Aufgabenkreis Gesundheitssorge in den Abbruch der Behandlung des Betreuten einwilligen darf und ob er hierzu die Genehmigung des VormG braucht, ist sehr unmstritten. Der BGH hatte in einer Strafsache die Meinung vertreten, § 1904 BGB müsse nach seinem Sinn und Zweck in Fällen der Sterbehilfe, wenn der Sterbevorgang noch nicht unmittelbar eingesetzt habe, entsprechend anwendbar sein (BGH NJW 1995, 204); es ging um das Verhungernlassen von unheilbar kranken Sterbenden durch Beschränkung der Ernährung auf die Zufuhr von ungezuckertem Tee. Das OLG Frankfurt (FamRZ 1998, 1137; ähnlich LG Duisburg NJW 1999, 2744) hat daran anknüpfend gemeint, „bei einem irreversibel hirngeschädigten Betroffenen könne der Abbruch der Ernährung durch eine PEG-Magensonde in entspr. Anwendung von § 1904 vormundschaftsgerichtlich" genehmigt werden. Diese Entscheidung wurde meist abgelehnt (vgl LG München I NJW 1999, 1788; Coeppicus NJW 1998, 3387; Stalinski BtPrax 1999, 43). Meines Erachtens fällt die Beendigung der künstlichen Ernährung (dh das absichtliche Verhungernlassen) nie in den Aufgabenkreis eines Betreuers, kann daher auch nicht vom VormG genehmigt werden. Dies sind letzte höchstpersönliche Fragen (wie Eheschließung, Testamentserrichtung, Wählen usw), wo ebenfalls keine Betreuerentscheidung möglich ist.

Sterilisation. Darunter versteht man die Unfruchtbarmachung von Frauen oder Männern (→ Sterilisation von Männern). Personen unter 18 Jahren dürfen nicht sterilisiert werden, auch nicht mit Einwilligung der Eltern (§ 1631 c BGB). Für Volljährige ist die Rechtslage in § 1905 BGB geregelt. Das Gesetz verbietet die Zwangssterilisation, aber auch Sterilisationen im bloßen Interesse der Eltern der Betreuten sind nicht erlaubt; ebenso nicht die Sterilisation zum „Wohl" des ungezeugten (gesunden) Kindes, in dessen Interesse es möglicherweise nicht liegt, ein Leben führen zu müssen, in dem es für seine behinderten Eltern aufkommen muss. Auch dass es ein „Wohl" des noch ungezeugten (geistig schwer behinderten) Kindes gebe, das darin bestehe, niemals zu existieren, wird vom Gesetz nicht anerkannt.

a) Volljährige *einwilligungsfähige Personen* können sich sterilisieren lassen, ohne dass irgendwelche gerichtlichen Genehmigungen erforderlich sind; sie entscheiden allein. Dies gilt auch, wenn diese Person unter Betreuung steht; freilich fehlt hier in der Regel die → Einwilligungsfähigkeit. Die fehlende Einwilligung der Betreuten kann nicht dadurch ersetzt werden, dass ein Einwilligungsvorbehalt (§ 1903) angeordnet wird und dann der Betreuer einwilligt; denn es handelt sich nicht um rechtsgeschäftliche Erklärungen.

b) Regen der Betreuer, die Angehörigen, Ärzte oder sonstige Personen die Sterilisation einer volljährigen *einwilligungsunfähigen* Person an, sind zwei Verfahrensabschnitte zu unterscheiden:

– Bestellung eines Sterilisationsbetreuers;
– Genehmigung der Einwilligung dieses Sterilisationsbetreuers.

(1) Zunächst hat das Vormundschaftsgericht (Richter/Richterin) einen sog. → Sterilisationsbetreuer zu bestellen (§ 1899 II BGB). Dieser Sterilisationsbetreuer fungiert neben dem sonstigen Betreuer; meist hat die Betreute schon einen gewöhnlichen Betreuer oder braucht zunächst einen. (2) Will der Sterilisationsbetreuer keine Sterilisation durchführen lassen und beantragt er daher ohnehin keine Genehmigung, ist das Verfahren erledigt. Will er dagegen in eine Sterilisation einwilligen, muss er hierzu die Genehmigung des VormG beantragen. Nun beginnt der zweite Abschnitt. Ein Verfahrenspfleger muss bestellt werden (§ 67 I 5 FGG). Der Vormundschaftsrichter hat die betroffene Frau vor Erteilung der Genehmigung persönlich anzuhören (aber nicht unbedingt in ihrer Wohnung/Umgebung) und über den Verfahrensverlauf zu unterrichten (§ 69 d III 1 iVm § 68 I 1 FGG). Verfahrenshandlungen durch den Rechtshilferichter sind ausgeschlossen (§ 69 d III 2 FGG). Im weiteren hat das VormG vor der Genehmigung mindestens *zwei* Gutachten einzuholen, welche sich auf fünf Problemfelder erstrecken müssen (§ 69 d III 3 FGG): medizinische (Einwilligungsunfähigkeit des Betroffenen; dauernd oder vorübergehend; Notlagensituation; welche Methoden kommen in Frage? Auswirkungen auf den Betroffenen?), psychologische (Einwilligungsfähigkeit; Notlagensituation), soziale (finanzielle Verhältnisse, Wohnsituation, Ausbildungsstand), sonderpädagogische (Prognose über Entwicklungsmöglichkeiten und Lebensperspektive des Betroffenen) und sexualpädagogische (kann der Betroffenen der Gebrauch von Verhütungsmitteln zuverlässig beigebracht werden?). Die Gutachter sind gehalten, die Betroffenene persönlich zu untersuchen und zu befragen (§ 69 d III 4 FGG). Der Arzt, welcher die Sterilisation ausführen wird, darf nicht vorher als Sachverständiger fungieren (§ 69 d III 1, II 2 FGG). Beauftragt werden Fachärzte für Neurologie, Psychiatrie, Psychologie, Gynäkologie. In der Regel wird ferner der Betreuungsbehörde Gelegenheit zur Äußerung gegeben, weiter dem Ehegatten, Kindern, Eltern der betroffenen Frau.

c) Der Betreuer darf nur einwilligen und das Gericht darf diese Einwilligung nur genehmigen, wenn **fünf Voraussetzungen** vorliegen (§ 1905 BGB):

aa) Die Sterilisation darf nicht dem (natürlichen) Willen der Betreuten widersprechen. Dabei kommt es auf den Zeitpunkt der Vornahme des Eingriffs an. Der natürliche Wille kann durch Worte, aber auch durch ein Sich-Sträuben zum Ausdruck gebracht werden; ob die Motive für den Widerspruch „vernünftig" sind, spielt keine Rolle. Wenn sich die Betreute gegen die Sterilisation wehrt, obwohl für sie bei einer Schwangerschaft Lebens- oder schwere Gesundheitsgefahr besteht, darf sie gleichwohl nicht zwangssterilisiert werden; dann muss sie zwangsweise untergebracht (§ 1906 BGB) und vom anderen Geschlecht getrennt werden, so dass auf diese Weise eine Schwangerschaft ausgeschlossen wird.

bb) Die Betreute muss einwilligungsunfähig sein und auf Dauer einwilligungsunfähig bleiben. Unklar ist dabei, was „auf Dauer" heißt; alles, was nicht nur vorübergehend ist, wird darunter fallen.

cc) Es muss anzunehmen sein, dass es ohne die Sterilisation zu einer Schwangerschaft kommen würde. Das setzt zum einen voraus, dass die Behinderte überhaupt fortpflanzungsfähig ist. Erforderlich sind weiter „konkrete und ernstliche Anhaltspunkte" für eine mögliche Schwangerschaft (BayObLG FamRZ 1997, 702), also dass aufgrund der sexuellen Aktivität der Betreuten mit einer Schwangerschaft zu rechnen ist. Eine vorsorgliche Sterilisation, zB als vorbeugende Maßnahme für den Fall, dass die Betreute durch andere Bewohner des Heimes sexuell missbraucht oder vergewaltigt wird, oder für den Fall, dass sie einmal freiwillig Geschlechtsverkehr haben würde, scheidet aus.

dd) Eine Einwilligung des Betreuers in die Sterilisation ist im Weiteren nur zulässig, wenn für die Behinderte bei einer Schwangerschaft bestimmte Gefahren zu erwarten sind: eine Gefahr für das Leben der Schwangeren, zB wegen Gebärmutterkrebs; oder die Gefahr einer schwerwiegenden Beeinträchtigung des körperlichen Gesundheitszustandes der Schwangeren; zB bei Herz- oder Kreislaufschäden; oder die Gefahr einer schwerwiegenden Beeinträchtigung des seelischen Gesundheitszustandes der Schwangeren (zB schwere Depressionen). Diese Gefahren dürfen nicht auf zumutbare Weise beseitigt werden können. Zumutbar ist ärztliche Behandlung, unzumutbar ist der Abbruch der eventuellen künftigen Schwangerschaft. Es sind Fälle denkbar, in denen die Behinderung der Mutter zur Folge hat, dass das Kind nicht ordnungsgemäß betreut wird, so dass das VormG Maßnahmen ergreifen muss, bis zum Entzug des Sorgerechts. Wenn eine solche spätere Trennung der behinderten Mutter vom Kind anzuordnen sein wird und ferner die Gefahr besteht, dass dies die Mutter nicht gleichmütig hinnimmt, sondern dass es ihr psychisches Leid verursacht, dann liegt ebenfalls eine Gesundheitsgefährdung bei der Mutter vor (§ 1905 I 2 BGB).

ee) Die Sterilisation ist gegenüber anderen zumutbaren Mitteln der Empfängnisverhütung nachrangig; sie darf nur durchgeführt werden, wenn die Schwangerschaft auf andere Weise nicht verhindert werden kann. Ob mechanische oder chemische Verhütungsmittel ausreichend und möglich sind, entscheiden die Umstände des Einzelfalls, zB ob die Betreute in der Lage ist, die Mittel richtig und regelmäßig anzuwenden und ob sich aus der Anwendung Nebenwirkungen und sonstigen Unverträglichkeiten ergeben.

Ob diese Voraussetzungen vorliegen, ergibt sich aus den beiden Sachverständigengutachten.

d) Das VormG hat die Genehmigung zu versagen, wenn die obigen Voraussetzungen fehlen. Wird die Genehmigung erteilt, *muss* der Betreuer von ihr keinen Gebrauch machen. Der Genehmigungsbeschluss des VormG wird mit der Bekanntmachung an den Verfahrenspfleger *und* an den Sterilisationsbetreuer wirksam (§ 69a IV FGG), zu rechnen ab der *letzten* Zustellung (OLG Düsseldorf FamRZ 1996, 375); der Betreuer muss sich also beim VormG erkundigen, wann die letzte Zustellung erfolgte. Die Genehmigung wird ferner der Betreuten mitgeteilt (§ 69a I FGG). Die Sterilisation darf erst zwei Wochen nach dem Wirksamwerden der Genehmigung erfolgen (§ 1905 II 2 BGB). Es ist Aufgabe des Arztes, sich zu vergewissern, dass er nicht rechtswidrig handelt; er wird sich den Beschluss des Vormundschaftsgerichts vorlegen lassen müssen. Nach § 1905 II 3 BGB ist bei der Sterilisation bei gleichem Risiko der Methode der Vorzug zu geben, die mit einer höheren Wahrscheinlichkeit eine mögliche Refertilisation erwarten lässt.

e) Gegen den Genehmigungsbeschluss des VormG kann die Betreute (oder ihr Verfahrenspfleger) Beschwerde einlegen; die Beschwerde ist nicht fristgebunden; der Sterilisationsbetreuer hat kein Beschwerderecht, weil er von der Genehmigung nicht Gebrauch machen muss. Legt die Betreute die Beschwerde erst nach Durchführung der Sterilisation ein, wird man sie als unzulässig ansehen müssen (aA OLG Düsseldorf FamRZ 1996, 375). Wird Beschwerde eingelegt, kann das Vormundschafts- oder Beschwerdegericht die Vollziehung der Genehmigung aussetzen (§ 24 II, III FGG). Gegen die Versagung der Genehmigung ist die Betreute (unbefristet) beschwerdeberechtigt, ferner der einwilligende Sterilisationsbetreuer. Jährlich gibt es etwa 100 Genehmigungsverfahren in Deutschland; in etwa 10% der Fälle wird die Genehmigung abgelehnt (BT-Drucks. 13/7133).

Sterilisationsbetreuer. In die Sterilisation kann ein gewöhnlicher Betreuer nicht (anstelle der einwilligungsunfähigen Frau) einwilligen; vielmehr ist hierfür vom VormG (Richter) ein besonderer Sterilisationsbetreuer zu bestellen (§ 1899 II BGB). Zu einer Sterilisationsgenehmigung kann es also im Regelfall nur kommen, wenn die Betreute zwei Betreuer hat: einen allgemeinen (zB mit dem Aufgabenkreis Gesundheitssorge) und einen zusätzlichen *nur* mit dem Aufgabenkreis „Einwilligung in die Sterilisation". Ein Verein oder eine Behörde darf nicht zum Sterilisationsbetreuer bestellt werden, § 1900 V BGB. Im Übrigen ist jede Person geeignet, besondere Fachkenntnisse muss sie nicht haben, es muss sich nicht um einen Mediziner oder Psychologen handeln. Denn Zweck der Bestellung ist es nur, den allgemeinen Betreuer auszuschalten, weil er ein Interesse an der Sterilisation haben könnte, damit er künftig nicht noch mehr Probleme mit der Betreuung hat, nicht, dass eine zusätzliche Fachprüfung stattfindet; dem wird sowieso durch die Gutachten Rechnung getragen. Ein solcher Sterilisationsbetreuer kann nur bestellt werden, wenn das normale Verfahren der Bestellung eines Betreuers (§§ 65 ff FGG) eingehalten wurde (zB Anhörung, Gutachten, Verfahrenspfleger). Zeigt sich schon hier, dass die betroffene Frau selbst noch *einwilligungsfähig* ist, ist schon die Bestellung eines Sterilisationsbetreuers abzulehnen. Ist ein Sterilisationsbetreuer bestellt, so ist er zur Wahrnehmung aller mit der Sterilisation zusammenhängenden Aufgaben berechtigt. Dazu zählt beispielsweise die Einholung von Informationen beim Betreuten, den Ärzten oder anderen Personen sowie gegebenenfalls der Abschluss des Behandlungsvertrages zur Durchführung der Sterilisation. Der Sterilisationsbetreuer wird wie ein gewöhnlicher Betreuer bezahlt.

Sterilisation von Männern. Es ist nicht erforderlich, dass gerade bei der betreuten Person die Gefahr einer Schwangerschaft besteht; ausreichend ist auch die konkrete Annahme, die Partnerin des Betreuten werde schwanger (vgl § 1905 BGB); damit sollte auch die Einwilligung in die Sterilisation eines unter Betreuung stehenden Mannes möglich gemacht werden. Der Gesetzgeber hat aber übersehen, dass die Sterilisierung des betreuten Mannes unverhältnismäßig ist; wenn sich die Frau nach der Sterilisation ihres Freundes einem anderen Mann zuwenden würde, wäre die Sterilisation ihres früheren Partners sinnlos gewesen.

Steuervorteile für Behinderte. Behinderte können bei der Einkommensteuer (Lohnsteuer) eine Pauschbetrag von 600 bis 2760 DM jährlich als außergewöhnliche Belastung (§ 33 b EStG) vom Einkommen abziehen, bei Hilflosigkeit 7200 DM. Bei rückwirkender Feststellung der Behinderung kann der Steuervorteil auch für vorhergehende Jahre in Anspruch genommen werden. Der Nachweis gegenüber dem Finanzamt erfolgt durch den → Schwerbehindertenausweis, durch eine Bescheinigung des Versorgungsamts oder sonstige Unterlagen. Zusätzlich zum Behindertenpauschbetrag können als außergewöhnliche Belastung berücksichtigt werden: außerordentliche Krankheitskosten; u.U. Kfz-Aufwendungen; u.U. Aufwendungen für eine Haushaltshilfe bis 1800 DM jährlich. Wer eine hilflose Person („H" im Ausweis oder Pflegestufe III) pflegt, kann entweder die tatsächlichen Kosten oder einen Pauschbetrag von 1800 DM geltend machen. → Einkommensteuer.

Straftaten des Betreuten. Begeht der Betreute Straftaten, richtet sich seine Strafbarkeit zunächst danach, ob er *schuldfähig* ist (§§ 20, 21 StGB). Ist dies der Fall, ist der Betreuer in das Strafverfahren idR nicht eingebunden. Doch ist der Betreuer als gesetzlicher Vertreter des Angeklagten in der Hauptverhandlung als **Beistand** zuzulassen (§ 149 II StPO; streitig) und auf sein Verlangen zu hören; er sollte deshalb, sobald er vom Ermittlungsverfahren Kenntnis erlangt, seine Betreuerstellung der Staatsanwaltschaft bzw dem Strafgericht mitteilen und um Zulassung als Beistand und Bekanntgabe des Hauptverhandlungstermins bitten (§ 149 I 2 StPO). Die Interessen des Betreuten werden im Strafprozess im Übrigen durch einen frei gewählten oder vom Gericht bestellten Verteidiger wahrgenommen. Der Betreuer hat ggf namens des Betreuten einen Verteidiger zu beauftragen. Ist der Betreute nicht schuldfähig oder kommt sonst ein Sicherungsverfahren (§ 413 ff StPO) in Frage, erhält der Betreute (wenn er selbst keinen Verteidiger gewählt hat) einen **notwendigen Verteidiger** vom Gericht bestellt (§ 140 StPO). Der Betreuer kann als **Zeuge** geladen werden zB über die Fragen, die für die Strafzumessung und die Prognose von Bedeutung sind (Zeugnisverweigerungsrecht?) und erhält dann eine Vergütung nach dem ZSEG, nicht nach § 1836 BGB. Eine Vernehmung des Betreuers als Zeugen hält der BGH (FamRZ 1997, 175) im Regelfall für nahe liegend, wenn eine Unterbringung oder deren Aussetzung zur Bewährung in Frage kommen (§ 63, § 67b I 1 StGB). Kommt der Betreuer nur als **Zuhörer** zum Termin, ist sein Zeitaufwand idR nicht vergütungsfähig (BayObLG BtPrax 1999, 73; aA LG Memmingen Rpfleger 1998, 71, weil der Betreuer ausdrücklich zum Termin geladen wurde).

Stundensatz. Wieviel der Betreuer je Stunde Arbeitszeit Vergütung erhält, ist unterschiedlich:

a) Bei Betreuung nicht → mittelloser (dh vermögender) Personen (durch Berufsbetreuer oder ehrenamtliche Betreuer) gibt es keinen festen Tarif; das BVormG gilt dafür nicht; zur Vergütung → Vergütung des Berufsbetreuers.

b) Bei Betreuung mittelloser Personen durch Berufsbetreuer sowie für die Verfahrenspfleger von mittellosen oder vermögenden Personen dagegen regelt das → BVormVG die Tarife:

- Der **Mindeststundenlohn beträgt 35 DM;** diesen Betrag erhält zB eine Hausfrau ohne jegliche Ausbildung.
- **45 DM je Stunde** erhält ein Betreuer wenn er (1) eine abgeschlossene Lehre oder eine vergleichbare abgeschlossene Ausbildung hat. Und: (2) der Betreuer muss durch diese Ausbildung *besondere* Kenntnisse erworben haben, die für die Führung einer Betreuung *nutzbar* sind. Besondere Kenntnisse sind solche, die über die üblichen Kenntnisse (zB Briefe schreiben) hinausgehen, wie zB kaufmännische, rechtliche, steuerliche, pflegerische Kenntnisse. Sie müssen *allgeme*in für die Führung von Betreuungen nutzbar sein Beispiele: Ein Chemieprofessor hat zwar eine abge-

schlossene Ausbildung, doch sind seine Kenntnisse für Betreuungen nicht nutzbar; er erhält somit nur 35 DM. Ein Kaufmannsgehilfe hat eine Lehre hinter sich und für Betreuungen nutzbare Kenntnisse; er erhält 45 DM.

- **60 DM je Stunde** erhält ein Betreuer wenn er (1) eine *abgeschlossene* Ausbildung an einer Universität, Hochschule, Fachhochschule oder eine vergleichbare abgeschlossene Ausbildung hat. Und: (2) der Betreuer muss durch diese Ausbildung *besondere* Kenntnisse erworben haben, die für die Führung einer Betreuung *nutzbar* sind, mag auch die konkrete Betreuung einfach gelagert sein (überqualifizierter Betreuer). Ein Rechtsanwalt, Diplomsozialpädagoge, Diplomkaufmann, Sozialarbeiter mit Abschluss hat entsprechende Kenntnisse und erhält 60 DM.
- Mittelwerte (zB 47 DM) oder Erhöhung dieser Sätze wegen besonderer Schwierigkeiten sind nicht möglich.
- In den **neuen Bundesländern** ermäßigen sich die Stundensätze um 10% (Art. 4 BtÄndG).
- Mehrwertsteuer kommt (wenn sie anfällt) zu den obigen Sätzen hinzu (§ 1 I 3 BVormG). Brutto werden also in den alten Bundesländern derzeit bezahlt: 40,60 DM bzw. 52,20 DM bzw. 69,60; in den neuen Ländern 10% weniger (→ Ostabschlag).

c) **Herabsetzung** der BVormVG-Tarife durch das VormG. Da viele Betreuungen einfach gelagert sind, so dass sie (nach Meinung des Gesetzgebers) auch von Unausgebildeten geführt werden können, will der Staat einerseits Geld sparen, aber die Überqualifizierten nicht ausgrenzen: das VormG (Rechtspfleger) kann deshalb zB Rechtsanwälten und sonstigen Akademikern einfach gelagerte Betreungen zu einem billigeren Preis anbieten (zB 45 oder 35 DM je Stunde statt 60 DM), allerdings nur im Voraus, nicht rückwirkend (§ 1 II 2 BVormVG). Der Betreuer kann aber gleichwohl bei seiner Abrechnung darlegen, weshalb er diese oder jene Aufgabe nur unter Zuhilfenahme seines anwaltlichen Wissens bewältigen konnte und daher 60 DM fordern.

d) **Überbrückungsregelung**. Wer bis 1998 zB 75 DM + MWSt erhielt (also 87 DM), seit 1999 aber zB nur noch 40,60 DM, kann in finanzielle Bedrängnis kommen. Wer mindestens seit dem 1. 1. 1997 Berufsbetreuer war und in der Vergangenheit mehr als 69,60 DM einschließlich MWSt je Stunde erhalten hat, kann (Ermessen !) für die bis 30. 6. 2000 geleisteten Betreuerstunden maximal 60 DM + MWSt zugebilligt erhalten (§ 1 III BVormVG).

e) Das **Landesrecht** kann bestimmen, dass Betreuer, die mangels Ausbildung nur 35 DM je Stunde erhalten würden, nach Bestehen einer (einfacheren) Prüfung in die Gruppe derer eingereiht werden, die 45 DM je Stunde erhalten; bzw nach Bestehen einer (schwierigeren) Prüfung 60 DM je Stunde erhalten (§ 2 BVormVG).

Subventionsvertrag. Die Klage eines bei der Zuteilung von Fördermitteln übergangenen Betreuungsvereins auf Feststellung der Unwirksamkeit eines Subventionsvertrages, den eine Betreuungsbehörde mit einem anderen Betreuungsverein geschlossen hat, ist zulässig (VG Karlsruhe FamRZ 1997, 904).

T

Teilanfechtung. Der Betreute kann gegen die Bestellung eines Betreuers Beschwerde einlegen (§ 20 FGG); ebenso bestimmte Angehörige (§ 69 g I FGG). Beide können ihre Beschwerde beschränken auf die Frage, ob die richtige Person zum Betreuer bestellt wurde (OLG Zweibrücken FGPRax 1997, 104). Die Frage, ob die Anordnung der Betreuung selbst rechtens war, wird dann vom Beschwerdegericht nicht mehr überprüft. Auch in sonstigen Fällen kann die Beschwerde auf Teile der Entscheidung beschränkt werden, wenn der Verfahrensgegenstand teilbar ist.

Teilungsversteigerung. Sie kommt in Frage, wenn mehrere an einem Grundstück nach Bruchteilen (Gemeinschaft, § 753 BGB) oder zur gesamten Hand (Gemeinschaft, §§ 731, 733 BGB; Erbengemeinschaft, § 2042 II BGB) beteiligt sind und die Gemeinschaft aufgehoben werden soll. Beispiel: A und der Betreute B sind Miterben zu je 1/2 am Nachlass ihres Vaters V, wozu ein Haus gehört. Da sich A und der Betreuer des B über die Teilung des Nachlasses nicht einigen können, kann jeder der beiden die Zwangsversteigerung des Hauses betreiben, ohne dass ein vollstreckbarer Titel vorliegen muss. Nach der Versteigerung kann der Erlös verteilt werden. Den Antrag auf Teilungsversteigerung kann der Betreuer nur mit Genehmigung des VormG stellen, § 181 II 2 ZVG.

Telefon, Telefax. Der Betreuer kann die jeweilige Entgelte als → Aufwendung nach § 1835 I BGB ersetzt verlangen, aber nicht die Kosten der Beschaffung, Einrichtung und Wartung des Telefons, des Telefaxgeräts. Bei Funktelefonen (sog.Handy) soll Ersetzbarkeit der Gesprächs(mehr)kosten nur bestehen, wenn der gewöhnliche Apparat oder die öffentliche Telefonzelle unzumutbar sind (LG Frankenthal JurBüro 1998, 39).

Testament → Testierfähigkeit.

Testament des Betreuten zu Gunsten des Betreuers. Der → *testierfähige* Betreute kann seinen Betreuer wirksam in einem Testament begünstigen. Das gilt auch für Erbverträge. Das Verbot des § 14 HeimG (mit § 134 BGB) ist nicht analog anwendbar (BayObLG FGPrax 1998, 59); denn dadurch würde die Testierfreiheit (Art 14 I GG) beeinträchtigt. Ein Testament kann durch einen Einwilligungsvorbehalt nicht verhindert werden (§ 1903 II BGB). In Sonderfällen kommt allerdings Unwirksamkeit wegen Sittenwidrigkeit in Frage, § 138 BGB. Das wird selten anzunehmen sein; die Erbeinsetzung des Hausarztes zB ist nicht zwingend sittenwidrig (BayObLG FamRZ 1995, 1082). Ist der Betreuer Beamter oder Angestellter im öffentlichen Dienst (zB Berufsbetreuer), ist zu beachten, dass er testamentarische Zuwendungen im Zusammenhang mit seiner Tätigkeit nur mit Zustimmung seines Arbeitgebers *annehmen* darf (§ 70 BBG; § 43 BRRG mit dem jeweiligen LandesbeamtenG; § 10 I BAT). Ein derartiges Testament ist aber nicht zivilrechtlich unwirksam (streitig; vgl BayObbLG Rpfleger 1990, 56; NJW 1995, 3260; BVerwG ZEV 1996, 343). Der → *testierunfähige* Betreute kann kein wirksames Testament errichten.

Testament von Heimbewohnern. Ein Testament zu Gunsten des Heimträgers, Heimleiters, Heimpersonals ist nur unwirksam, wenn es im Einvernehmen mit oder mit Wissen des Bedachten geschrieben wurde, § 14 I, V HeimG (BGH ZEV 1996, 147; KG FamRZ 1998, 1542). Erzählt also die Heimbewohnerin dem Leiter, dass sie ihn als Erben eingesetzt hat, ist das entsprechende Testament unwirksam (es sei denn, die Genehmigung der Aufsichtsbehörde wurde erholt); sagt sie nichts, ist das Testament wirksam. Durch diese Regelung soll verhindert werden, dass Heimbewohner deshalb bevorzugt werden, weil sie das Heim zum Erben eingesetzt haben.

Testamentsvollstreckung. Ist jemand als Testamentsvollstrecker tätig, dann erlischt sein Testamentsvollstrecker-Amt, wenn ihm ein (endgültiger oder vorläufiger) Betreuer für alle Vermögensangelegenheiten bestellt wird, §§ 2225, 2201 BGB (BayObLG Rpfleger 1995, 160). Ist für einen Erben ein Testamentsvollstrecker ernannt worden und wird diesem Erben dann ein Betreuer bestellt, werden die Kompetenzen des Testamentsvollstreckers dadurch grundsätzlich nicht berührt. Hat der Verstorbene den Betreuer zum Testamentsvollstrecker bestellt, hat er eine Doppelstellung, die ihn hindert, den Erben hinsichtlich der Wahrung seiner Rechte gegenüber dem Testamentsvollstrecker zu vertreten (§§ 1795 II, 1908i I BGB); er müsste sich selbst beaufsichtigen. Deshalb ist in einem solchen Falle vom VormG ein Ergänzungsbetreuer zu bestellen (vgl OLG Hamm OLGZ 1993, 392; Damrau ZEV 1994, 1).

Testierfähigkeit. Nur wer testierfähig ist, kann ein wirksames (privatschriftliches oder notarielles) Testament errichten (§ 2229 IV BGB). Die Testierfähigkeit ist eine besondere Form der Geschäftsfähigkeit. Ist jemand testierfähig, verliert er diese Fähigkeit nicht dadurch, dass ihm ein Betreuer beigeordnet wird (OLG Frankfurt FamRZ 1996, 635). Auch durch Anordnung eines Einwilligungsvorbehalts kann die Testierfähigkeit nicht beschränkt werden (§ 1903 II BGB). Selbstverständlich kann der Betreuer nicht als Vertreter des Betreuten ein Testament errichten.

a) Ist der Todesfall eingetreten und wird ein Erbscheinsantrag aufgrund Testaments gestellt, muss das Nachlassgericht von Amts wegen die Testierfähigkeit des Verstorbenen zur Zeit der Errichtung des Testaments überprüfen (§§ 12 FGG; § 2358 BGB), im Zweifelsfall durch Einholung eines Gutachtens.

b) Der Betreute wird aufgrund seines psychischen Zustands oft testierunfähig gewesen sein; das im Betreuungsverfahren eingeholte Gutachten kann bei der späteren Nachprüfung der Testierfähigkeit helfen. Zur Bejahung der Testierfähigkeit genügt nicht, dass der Erblasser eine allgemeine Vorstellung von der Tatsache der Errichtung eines Testaments hatte und von dem Inhalt der letztwilligen Anordnung; er muss vielmehr auch in der Lage sein, sich über die Tragweite dieser Anordnungen und ihre Auswirkungen auf die persönlichen und wirtschaftlichen Verhältnisse der Betroffenen sowie über die Gründe, die für und gegen ihre sittliche Berechtigung sprechen, ein klares Urteil zu bilden und nach diesem Urteil frei von Einflüssen etwaiger interessierter Dritter zu handeln (OLG Hamm FamRZ 1997, 1026). Besteht Anlass zu Zweifeln an der Testierfähigkeit, muss das Nachlassgericht zunächst die konkreten Verhaltensweise des Erblassers aufklären. Dann ist idR ein Sachverständigengutachten einzuholen, welcher medizinische Befund die geistigen Fähigkeiten des Erblassers zum Zeitpunkt der Testamentserrichtung beeinflusst haben könnte. Sodann ist zu prüfen, welche Schlüsse hieraus für die Beurteilung der Testierfähigkeit zu ziehen sind (zur Testierfähigkeit bei Altersdemenz vgl BayObLG FamRZ 1997, 1511). Den zum Kreis der gesetzlichen Erben zählenden Personen ist Einsicht in Betreuungsakten zu gewähren, damit sie Tatsachen zur Frage der Testierfähigkeit feststellen können (§ 34 FGG; OLG Stuttgart BWNotZ 1993, 173).

c) Wer Geschriebenes nicht mehr lesen kann (zB Erblindete), kann kein handschriftliches Testament mehr errichten (§§ 2229 IV, 2247 IV BGB); auf die Testierfähigkeit kommt es hier nicht an (BayObLG FamRZ 1997, 1028).

d) Zu Lebzeiten des Erblassers kann die Testierfähigkeit noch nicht geklärt werden. Beispiel: Der 80jährige B hat in einem (notariellen) Testament seine Pflegerin als Erbin eingesetzt. Die beiden Kinder des B erfahren das und wollen gerichtlich klären lassen, dass ihr Vater bereits testierunfähig ist. Sie beantragen beim AG (Nachlassabteilung) ein selbstständiges Beweisverfahren (§§ 485 ff ZPO analog) gegen ihren Vater mit dem Antrag, dass ein Gutachter den Vater untersucht und seine Testierunfähigkeit feststellt. Das ist nicht zulässig (OLG Frankfurt FamRZ 1997, 1021). Die gesetzlichen Erben können auch nicht vor dem Zivilgericht (AG, LG) auf Feststellung des Erbrechts nach dem *noch lebenden* Erblasser klagen (BGH NJW 1962, 1723). Auch Klagen auf Feststellung der Gültigkeit oder Ungültigkeit eines Testaments sind zu Lebzeiten des Testierenden mangels Rechtsschutzbedürfnis nicht zulässig (OLG Köln JW 1930, 2064). Es soll verhindert werden, dass der Streit über den Nachlass schon zu Lebzeiten des (künftigen) Erblassers vor dem Gerichten ausgetragen wird.

e) Besonderheiten gelten für bis 31. 12. 1991 errichtete Testamente Entmündigter, deren Entmündigung in eine Betreuung übergeleitet wurde (vgl Palandt/Edenhofer § 2229 Rz 12). Das frühere Recht knüpfte an jede Entmündigung den Verlust der Testierfähigkeit (§ 2229 III aF); bis 31. 12. 1991 errichtete Testamente Entmündigter sind daher weiterhin unwirksam, auch wenn die Entmündigung in eine Betreuung übergeleitet wurde (Hahn FamRZ 1991, 27). Die bis 31. 12. 1991 bestehende Gebrechlichkeitspflegschaft hatte dagegen keine Auswirkungen auf die Testierfähigkeit.

f) Wer in testierfähigem Zustand ein Testament errichtet hat, kann es nur solange widerrufen, als er noch testierfähig ist. Testamente können auch dadurch widerrufen werden, dass sie zB zerrissen werden. Vernichtet ein Geschäftsunfähiger (Testierunfähiger) die Testamentsurkunde, so verliert das Testament daher nicht seine Gültigkeit (vgl § 2255); die Beweisschwierigkeiten liegen auf der Hand.

Tod des Betreuers. Der Erbe des Betreuers hat das Ableben des Betreuers dem VormG anzuzeigen (zu Betreuerhandlungen ist er natürlich nicht berechtigt, auch nicht im Notfall), §§ 1908 i I, 1894 BGB. Die Betreuung als solche endet nicht mit dem Tode des Betreuers; sie besteht fort, allerdings bis zur Bestellung eines neuen Betreuers betreuerlos; auch ein Einwilligungsvorbehalt besteht fort; die Zustimmung des früheren Betreuers zur Unterbringung erlischt nicht mit dem Tod des Betreueres, vgl § 130 II BGB (LG Stuttgart-Bad Cannstatt BtPrax 1996, 35). **Abwicklung der Betreuung des verstorbenen Betreuers**. Eine Rechenschaftslegung (§§ 1908 i, 1890 BGB) durch die Erben entfällt, soweit sie diesen nicht möglich ist. Die Schlussrechnung dagegen haben die Erben vorzunehmen (Abrechnung der Einnahmen und Ausgaben vom letzten Abrechnungszeitpunkt bis zum Tod des Betreuers; Aufstellung des Vermögens des Betreuten zum Todestag des Betreuers), das verwaltete Vermögen nebst → Akten herauszugeben. Die noch nicht abgerechnete Vergütung können sie noch geltend machen. Die Rückgabe der Urkunde über die Betreuerbestellung ist nicht unbedingt notwendig. Nach dem Tod des bisherigen Betreuers hat das VormG einen neuen Betreuer zu bestellen (§ 1908 c BGB). → Betreuerwechsel.

Tod des Betreuten. Mit dem Tod des Betreuten endet die Betreuung von selbst; anders beim Tod des Betreuers, vgl § 1908 c BGB. Für den Betreuer bleiben noch folgende **Aufgaben**: **gegenüber dem VormG:** Rückgabe der Bestallungsurkunde an das VormG (§ 1893 II BGB); Schlussbericht und Schlussabrechnung; Abrechnung der Vergütung (nach dem Tod des Betreuten gibt es allerdings kein Schonvermögen mehr, was sich auf die → Mittellosigkeit auswirkt (LG Koblenz Fam 1996, 622). **Gegenüber den Erben:** Bei Gefahr in Verzug sind die Geschäfte des Betreuten fortzuführen, bis die Erben anderweitig

Fürsorge treffen können (§§ 1908 i I, 1893 I, 1698 b BGB). Der Betreuer hat das verwaltete Vermögen an die Erben herauszugeben und ihnen gegenüber Rechenschaft zu legen (§ 1890 BGB); → Verzicht. Der Betreuer ist nicht mehr berechtigt, aus dem Nachlass die Bestattungskosten zu begleichen. → Bestattung des Betreuten. → Rückgriff der Staatskasse gegen Erben des Betreuten. → Erben des Betreuten.

Vergütet wird, was noch zu den Aufgaben zählt: Führung der unaufschiebbaren Geschäfte; Benachrichigung der Angehörigen, des Pflegeheims, Besorgung der Sterbeurkunde (LG Leipzig FamRZ 1996, 1361), eventuell → Anregung einer Nachlasspflegschaft (§ 1960 BGB), Zeitaufwand für die Herausgabe des Nachlasses an die Erben oder an den Nachlasspfleger (§ 1890 BGB; die Kosten der Herausgabe, zB Porto, müssen dagegen die Erben tragen); unaufschiebbare vermögensrechtliche Angelegenheiten des Betreuten, wie Fristwahrung; Verwaltung des Miethauses durch Einziehung der Mieten, Zahlung der Abgaben und laufenden Kosten, Veranlassung dringender Reparaturen. **Nicht gehört zu den Aufgaben** des Betreuers: Räumung der Wohnung, Veranlassung von Renovierungen, Ordnung, Sicherung und Regelung des Nachlasses, Zahlung von Schulden des Verstorbenen, Zahlung der Bestattungskosten aus dem Nachlass (Jochum BtPrax 1996, 88); Abgabe der Erbschaftsteuererklärung. Die Veranlassung der → Bestattung gehört in der Regel nicht zu den (vergütungspflichtigen) Aufgaben des Betreuers (BayObLG BtPrax 1998, 234; LG Koblenz FamRZ 1995, 1376; LG Frankenthal JB 1995, 602); diese Aufgabe haben die Angehörigen, hilfsweise (wenn sich niemand kümmert) die Ordnungsbehörden (Stockert BtPrax 1996, 203), aber nicht der Betreuer.

Totalbetreuung ist eine Betreuung mit dem Aufgabenkreis → *alle* Angelegenheiten.

Türkische Betreute. Ein Merkblatt zur Betreuerbestellung in türkischer Sprache ist abgedruckt bei Firsching/Dodegge, Familienrecht 2. Halbband, 1999, S. 205.

U

Übergabeverträge. → Leibgedinge; → Nießbrauch.

Übernahmepflicht. Zwar besagt § 1898 I BGB, dass der vom VormG Ausgewählte verpflichtet sei, die Betreuung zu übernehmen, wenn er zur Betreuung geeignet ist und ihm die Übernahme unter Berücksichtigung seiner familiären, beruflichen und sonstigen Verhältnisse zugemutet werden kann; da aber nach § 1898 II BGB der Ausgewählte erst dann zum Betreuer bestellt werden darf, wenn er sich zur Übernahme der Betreuung bereit erklärt hat, besteht in Wirklichkeit *keine Übernahmepflicht.* Eine Bestellung ist aber nicht *deswegen* unwirksam (nichtig), weil die Anfrage an den Ausgewählten oder dessen Zustimmung fehlten. Der zum Betreuer Ausgewählte, der sich vorher weigerte, die Betreuung zu übernehmen, oder überhaupt nicht gefragt wurde, aber gleichwohl vom VormG bestellt wurde, kann gegen die Bestellung (einfache) Beschwerde einlegen (§ 19 FGG; BayObLG FamRZ 1994, 1061).

a) **Beamte und sog. Religionsdiener** (zB Pfarrer) sollen nicht ohne Erlaubnis des Dienstherrn zum Betreuer bestellt werden (§§ 1908 i, 1784 BGB); → Nebentätigkeitsgenehmigung.

b) Bei **Mitbetreuern** mit *demselben* Aufgabenkreis ist die Ablehnung u.U. deswegen ratsam, weil Mitbetreuer bei Fehlern gesamtschuldnerisch haften (§§ 1908 i,1833 II BGB).

c) Beim **Vereins- bzw Behördenbetreuer** ist die Einwilligung des Vereins bzw. der Behörde erforderlich (§ 1897 II BGB), ferner die persönliche Zustimmung des Betreuers (BayObLG FamRZ 1994, 1061); wird die Behörde selbst bestellt, muss sie nicht einverstanden sein.

d) Die Ablehnung des Amtes bedarf keiner weiteren Begründung. Ob eine Bereiterklärung unter einer Bedingung („nur wenn...“) wirksam ist, hängt von der Bedingung ab; eine zeitliche Befristung der Bereiterklärung („nur für zwei Jahre bereit“) bedarf der Auslegung, ist aber wohl zulässig.

e) **Widerruf der Bereiterklärung.** Bis zum Wirksamwerden des Bestellungsbeschlusses des VormG (§ 69a III FGG) kann der Ausgewählte ohne weiteres seine Bereiterklärung widerrufen. Überlegt er es sich erst anders, nachdem er einige Zeit tatsächlich als Betreuer tätig war, liegt dagegen nur noch ein Fall der beantragten Entlassung (§ 1908 b II BGB) vor.

f) Im Falle der *grundlosen* Ablehnung oder Verzögerung der Übernahme ist der Ausgewählte nach hM schadensersatzpflichtig (§§ 1908 i, 1787 I BGB); dabei soll es sich um den Schaden handeln, der durch die verzögerte Bestellung eines anderen Betreuers entsteht, wie Zinsverlust für verspätet angelegtes Geld. Da man aber nach § 1898 II BGB die Ablehnung des Amts nicht begründen muss, gibt es keine grundlose Ablehnung der Übernahme und somit keine Schadensersatzpflicht.

Überörtliche Betreuungsbehörden. Die Länder können (müssen aber nicht) zur Durchführung überörtlicher Aufgaben Behörden errichten (§ 2 BtBG). Die Länder haben in den Ausführungsgesetzen zum BtG den überörtlichen Behörden meist beratende und unterstützende Tätigkeiten zugewiesen, Sicherung der Fortbildung, Ermittlung und Sicherung des Bedarfs an Betreuern, Einrichtung überörtlicher Arbeitsgemeinschaften, Anerkennung, (finanzielle und sonstige) Förderung und fachliche Beratung von Betreuungsvereinen. Es handelt sich um Erfüllung nach Weisung bzw um Aufgaben des übertragenen Wirkungskreises. Die Behörde unterliegt insoweit der Fachaufsicht und einer Zweckmäßigkeitskontrolle. Überörtliche Behörden sind: in Baden-Württemberg und Sachsen die Landeswohlfahrtsverbände; in Nordrhein-Westfalen die Landschaftsverbände (Landesbetreuungsamt); in Bayern die Bezirksregierungen; in Hessen die Regierungspräsidien; in Brandenburg, Rheinland-Pfalz und Thüringen die Landesämter für Jugend und Soziales; in Berlin, Bremen, Saarland und Sachsen-Anhalt die Senatoren für Jugend und Soziales bzw das Sozialministerium. In Hamburg, Niedersachsen und Schleswig-Holstein gibt es keine überörtliche Behörde, aber Teilübertragung überörtlicher Aufgaben. Auch in Mecklenburg-Vorpommern gibt es keine überörtliche Behörde.

Umsatzsteuer. a) Der selbstständige Berufsbetreuer einer *mittellosen* Person kann von der Staatskasse die Mehrwertsteuer (Umsatzsteuer), derzeit 16%, zuzüglich zu seinem Stundensatz fordern (§ 1 I

3 BVormVG). Bei *vermögenden* Betreuten setzen die meisten Gerichte die Vergütung einschließlich Mehrwertsteuer fest; sie ist dann herauszurechnen (10 000 DM einschl. MWSt geteilt durch 1,16 ergeben 8.620, 69 DM + MWSt); zweckmäßiger wäre auch hier die getrennte Ausweisung.

Der Berufsbetreuer muss Umsatzsteuer auf die Vergütung entrichten (§ 1, 2 UStG; Ausnahme bei Kleinunternehmern, § 19 UStG; Umsatzgrenze 32 500 DM), die in Rechnung gestellte MWSt ist abzüglich seiner Vorsteuern an das Finanzamt abführen. Bei Betreuungsvereinen ist zu prüfen, ob Steuerbefreiung nach § 4 Nr. 18 UStG oder der ermäßigte Steuersatz nach § 12 II Nr. 8a UStG in Betracht kommen. Für die Betreuungsbehörde als Betreuerin ist nur dann eine steuerbare unternehmerische Tätigkeit gegeben, wenn sie im Rahmen eines Betriebes gewerblicher Art tätig wird (Abschn. 23 I UStR). Ist dies nicht der Fall, liegt eine ehrenamtliche (und somit nicht umsatzsteuerpflichtige) Tätigkeit im Sinne von § 4 Nr. 26 b UStG vor, weil die Übernahme von Betreuungen nicht dcr Hauptzweck der Behörde ist (vgl Verfügung der OFD Saarbrücken v. 15. 7. 1997).

b) **Einzelbetreuer.** Wer nur eine oder wenige Betreuungen führt, wird ehrenamtlich tätig und ist daher nach § 4 Nr. 26 b UStG umsatzsteuerfrei, wenn das VormG lediglich die Aufwendungen (konkret oder pauschal, §§ 1835, 1835a BGB) ersetzt und/oder eine angemessene Vergütung (§ 1836 BGB) bewilligt. In seltenen Fällen kann ein nichtberufsmäßiger Betreuer umsatzsteuerpflichtig sein, nämlich wenn er eine nachhaltige Tätigkeit zur Erzielung von Einnahmen ausübt (§ 2 I 3 UStG), die eine gewisse Geschäftsmäßigkeit aufweist; letztlich ist das Gesamtbild entscheidend, ob noch Ehrenamtlichkeit und damit Umsatzsteuerfreiheit nach § 4 Nr. 26 b UStG vorliegt oder ob er schon als Unternehmer aufzufassen ist; Kleinunternehmer sind nach § 19 UStG befreit.

c) Vergütungen für berufliche oder gewerbliche Dienste nach § 1835 III BGB sind in keinem Fall nach § 4 Nr. 26 b UStG umsatzsteuerfrei. Führt der Betreuer, der zugleich Anwalt ist, einen Prozess für den Betreuten, unterliegt das Anwaltshonorar der Umsatzsteuer.

d) Aufwendungen. Die in Aufwendungen (zB Fahrtkosten) steckende Umsatzsteuer erhält der Betreuer erstattet (§ 1835 I BGB), kann sie aber nicht zusätzlich selbst als Vorsteuer absetzen (das könnte aber ein vorsteuerabzugsberechtigter Betreuter, wenn das Immobilieneinkommen zB der Umsatzsteuer unterliegt). Das gilt auch bei mittellosen Betreuten.

Unfallversicherung. Ehrenamtliche Betreuer sind in der gesetzlichen Unfallversicherung versichert (§ 2 I Nr. 10 SGB VII; früher RVO). Wer bei einem Betreuungsverein oder einer Betreuungsbehörde angestellt ist, steht ebenfalls in der gesetzlichen Unfallversicherung; zuständiger Versicherungsträger ist die Berufsgenossenschaft für Gesundheitsdienst und Wohlfahrtspflege, Hamburg, bzw der jeweilige Gemeindeunfallversicherungsverband. Unfälle dieser Personen auf dem Weg zum Betreuten, Arbeitsunfälle usw sind daher versichert. Berufsbetreuer müssen sich selbst unfallversichern. Einzelheiten vgl Deinert BtPrax 1996, 42 und 1997, 70; Damrau/Stolle Rpfleger 1994, 289.

Untätigkeit des Gerichts. Untätigkeit ist idR nicht mit Beschwerde anfechtbar. Allerdings kann durch eine Dienstaufsichtsbeschwerde der Vorgesetzte veranlasst werden, eine zügige Erledigung der Sache zu bewirken (vgl § 26 II DRiG). Auch Verfassungsbeschwerde kann in Frage kommen: Wenn zB nach sechseinhalb Jahren noch nicht einmal die Grundlagen für eine erstinstanzliche Entscheidung geschaffen ist, ist der verfassungsrechtlich garantierte Anspruch auf wirkungsvollen Rechtsschutz (Art 2 I, 20 III GG) verletzt (BVerfG FamRZ 1997, 871 in einer Umgangsregelungssache).

Unterbringung im Allgemeinen. Jährlich werden in Deutschland ca 120 000 Personen vorübergehend oder längerfristig nach BGB bzw PsychKG untergebracht. Eine freiheitsentziehende Unterbringung kann nach verschiedenen Rechtsgrundlagen erfolgen.
- bei betreuten Erwachsenen durch ihren Betreuer, 1906 I, IV BGB.
- bei nichtbetreuten Erwachsenen durch ihren Bevollmächtigten, § 1906 V BGB; → Vollmacht.
- bei Erwachsenen unmittelbar durch das VormG nach §§ 1908 i I, 1846 BGB; → Maßregeln des VormG;
- Unterbringung durch das VormG nur zur Beobachtung, damit der Sachverständige sein Gutachten erstellen kann (§§ 70 e II, 68 b IV FGG).

- Unterbringung nach dem jeweiligen Landesgesetz über die sog öffentlich-rechtliche Unterbringung psychisch Kranker.
- Sonderregelungen: im AusländerG (Abschiebungshaft), im BundesseuchenG, im Gesetz zur Bekämpfung von Geschlechtskrankheiten. Das Verfahren richtet sich nach dem Gesetz über das gerichtliche Verfahren bei Freiheitsentziehungen (FEVG) v. 29. 6. 1956, nicht nach den §§ 70 ff FGG; mit § 1906 haben diese Unterbringungen nichts zu tun. Auch ein Betreuter kann nach diesen Sondergesetzen untergebracht werden; das ändert nichts an der Betreuung.
- Unterbringung nach Strafrecht; → Sicherungsverfahren.
- polizeirechtliche Vorschriften über die Unterbringung, in Bayern zB Art 17 PolizeiaufgabenG.
- ein Kind kann durch seine Eltern (Vormund) nach § 1631 b BGB untergebracht werden.

Unterbringung durch den Betreuer. Eine freiheitsentziehende → Unterbringung des Betreuten durch den Betreuer ist nur zulässig, wenn sie vom VormG genehmigt wurde (§ 1906 II BGB). Das VormG (Richter) darf nur genehmigen, wenn folgende Voraussetzungen erfüllt sind:

- der Volljährige muss einen Betreuer haben (unten a)
- der Betreuer muss einen ausreichenden Aufgabenkreis haben (b)
- gesetzlicher Unterbringsgrund (c)
- Freiheitsentziehung im Rechtssinne (d)
- Wohl des Betreuten (e)
- Erforderlichkeit (f)
- Unterbringungsabsicht des Betreuers (g).

a) **Betreuter.** Die Betreuung muss bereits durch Beschluss des VormG (reguläres Verfahren oder → einstweilige Anordnung nach § 69 f FGG) angeordnet worden sein, zumindest gleichzeitig angeordnet werden. Die Betreuerentscheidung des VormG muss wirksam (nicht: rechtskräftig) sein, § 69a III 1 FGG. Auch ein geschäftsfähiger Betreuter kann untergebracht werden; doch muss dann bei Anordnung der Betreuung feststehen, dass der Betreute aufgrund seiner Krankheit seinen Willen nicht frei bestimmen kann (BayObLG FamRZ 1998, 1327; OLG Düsseldorf FamRZ 1995 118).

b) **Aufgabenkreis des Betreuers.** Er muss die Freiheitsentziehung umfassen, zB lauten: alle Angelegenheiten; oder: Unterbringung; Aufenthaltsbestimmung; zweifelhaft ist, ob „Personensorge“ genügt. Hat der Betreuer *nur* die Gesundheitsfürsorge, ist eine freiheitsentziehende Unterbringung nach § 1906 I Nr. 1 BGB nicht möglich. Bei einer Unterbringung nach § 1906 I Nr. 2 BGB dagegen muss der Betreuer (auch) den Aufgabenkreis Gesundheitsfürsorge haben, weil er sonst in die zwangsweise Heilbehandlung nicht einwilligen kann, die Unterbringung also nichts nützt (außer, der Betreute lässt sich freiwillig behandeln). Notfalls muss der Aufgabenkreis durch eine → einstweilige Anordnung erweitert werden.

c) **Unterbringungsgrund:**

aa) aufgrund einer psychischen Krankheit oder geistigen oder seelischen Behinderung des Betreuten muss die **Gefahr** bestehen, dass der Betreute sich selbst tötet oder erheblichen **gesundheitlichen Schaden** zufügt (§ 1906 I Nr. 1 BGB). Hat die Selbstgefährdung andere Ursachen, rechtfertigt sie keine Unterbringung nach § 1906 BGB, denn der Staat ist nicht dazu berufen, seine Bürger zu „bessern“ (BayObLG FamRZ 1993, 600). Der in *freier* Willensbestimmung vorgenommene Selbstmordversuch rechtfertigt daher keine anschließende Unterbringung (vgl BayObLG FamRZ 1993, 600). Hauptfälle: bei altersverwirrten Personen besteht die Gefahr, dass sie erfrieren und verhungern, weil sie ziellos umherirren; Gefahr des Überfahrenwerdens; krankheitsbedingte Verweigerung der Nahrungsaufnahme; Nichteinnahme notwendiger Medikamente (OLG Hamm NJW 1976, 378); die Wohnung wird als Müllhaufen verwendet, so dass sich Ratten ansammeln und Gesundheitsgefahr besteht (BayObLG FamRZ 1993, 998); Ablehnung einer notwendigen Behandlung. Ungenügend ist, dass ein Vermögensschaden droht (der krankhafte Verschwender erhält einen Einwilligungsvorbehalt, wird aber nicht eingesperrt). Oder:

bb) Eine **Untersuchung des Gesundheitszustandes, eine Heilbehandlung** oder ein ärztlicher Eingriff ist notwendig, kann aber ohne die Unterbringung des Betreuten nicht durchgeführt werden *und* der Betreute kann auf Grund einer psychischen Krankheit oder geistigen oder seelischen Behinderung die Notwendigkeit der Unterbringung nicht erkennen oder nicht nach dieser Einsicht handeln. Darunter fallen zB erforderliche Diabetes-Einstellung bei insoweit uneinsichtigen psychisch Kranken, Einnahme von Medikamenten während eines schizophrenen Schubs (BayObLG BtPrax 1996, 28). Das Gesetz unterscheidet bei § 1906 BGB nicht zwischen der Krankheit, die Ursache der Betreuung ist (sog Anlasskrankheit, zB Schizophrenie) und sonstigen Krankheiten (sog Begleitkrankheiten, zB Magenkrebs). *Notwendig* ist die Unterbringung nach Nr. 2 nur dann, wenn die ärztliche Maßnahmen ohne Unterbringung nicht durchführbar sind (also nicht ambulant) und wenn die Möglichkeit eines Erfolgs (Heilbehandlung) besteht. Steht fest, dass kein Erfolg zu erzielen ist, muss die freiheitsentziehende Unterbringung unterbleiben (LG Regensburg FamRZ 1994, 125).

Die psychische Erkrankung muss vorliegen; fehlt sie, darf keine Unterbringung erfolgen, auch wenn eine medizinische Behandlung dringend erforderlich wäre; sog „Freiheit zur Krankheit" (LG Frankfurt FamRZ 1993, 478). Ursache der Gesundheitsgefahr, die dem Betreuten droht, muss seine Unfähigkeit zur Einsicht oder seine Unfähigkeit zum Handeln sein (zB Schwachsinn oder übersteigerte Angst vor ungefährlichen Eingriffen).

Nur wenn der Betroffene anschließend ärztlich behandelt werden darf, kann er zuvor nach Nr. 2 untergebracht werden; notwendig ist deshalb bei Nr. 2, dass der Betreuer die → Gesundheitssorge hat. Noch selbst → einwilligungsfähige Personen können daher nicht nach § 1906 I Nr. 2 BGB untergebracht werden. Soll in der Klinik ein gefährlicher Eingriff vorgenommen werden, ist zusätzlich eine Genehmigung nach § 1904 BGB erforderlich.

d) **Freiheitsentziehung.** Sie liegt vor, wenn der Betroffene gegen seinen natürlichen Willen am Verlassen eines bestimmten räumlichen Bereichs gehindert wird. Die Maßnahme muss ferner auf eine gewisse Dauer angelegt sein; eine feste Zeitgrenze gibt es nicht (ab einem Tag beginnt die Frage problematisch zu werden). Die Bezeichnung der Anstalt spielt keine Rolle; halboffene (das gibt es im Rechtssinne nicht) oder offene Anstalten können darunter fallen, wenn zB der Betreute durch einen Pförtner am Verlassen des Gebäudes gehindert wird.

Dagegen liegt keine Freiheitsentziehung vor, wenn *nur* (oder *zusätzlich*) der Aufenthalt des Betroffenen ständig überwacht wird (zB durch Personenortungsanlagen, Feuerabend BtPrax 1999, 93); ebenso nicht, wenn der Betroffene mit seiner Unterbringung einverstanden ist (BayObLG FamRZ 1996, 1375). Entsprechendes gilt, wenn der Betroffene nicht die Fähigkeit hat (zB der beidseits beinamputierte Patient) oder nicht den Willen hat (zB der bewusstlose Patient), seinen Aufenthaltsort zu verlassen (BayObLG FamRZ 1996, 1375). Dabei kommt es nicht auf die Geschäftsfähigkeit an, sondern auf den natürlichen Willen, der lediglich die Einsichtsfähigkeit des Betroffenen in die Tragweite der Maßnahme voraussetzt (vgl BayObLG FamRZ 1994, 1418). Formularmäßig im Heimaufnahmeantrag erklärte Einwilligungen sind nicht ausreichend. Ist eine Unterbringung zunächst mit Willen des Betreuten erfolgt, will er aber dann die Anstalt verlassen, so muss er grundsätzlich aus der Unterbringung entlassen werden. Ist die Entlassung aber medizinisch nicht vertretbar, so kann vom Betreuer ohne Genehmigung des VormG vorübergehend die Fortdauer der Unterbringung (telefonisch) angeordnet werden; die Genehmigung ist unverzüglich nachzuholen (§ 1906 II 2 BGB). Ist der Betreuer nicht erreichbar, kommt eine Anordnung des VormG nach § 1846 BGB in Betracht (→ Maßregeln). Im Übrigen ist in Eilfällen an die jeweiligen LandesPsychKG zu denken.

e) Nur **zum Wohl des Betreuten** darf die Unterbringung erfolgen. Die Interessen Dritter allein genügen bei § 1906 BGB nicht (für die Unterbringung nach dem LandesPsychKG können sie ausreichen). Eine Unterbringung durch den Betreuer darf also nicht *ausschließlich* zu dem Zweck erfolgen, zu verhindern, dass der Betreute andere Personen belästigt oder Straftaten begeht oder das Vermögen anderer schädigt.

f) Der Erforderlichkeitsgrundsatz ist zu beachten („solange … erforderlich“). Deshalb darf eine Unterbringung nicht erfolgen, wenn der Betreute freiwillig bereit ist, sich einer Heilbehandlung zu unterziehen oder wenn weniger einschneidende Behandlungen zur Verfügung stehen (teilstationäre, ambulante Behandlung).

g) Der Betreuer muss entschieden haben, dass er den Betreuten unterbringen will; das VormG genehmigt nur (oder lehnt die Genehmigung ab).

Zum Verfahren des VormG → Genehmigung der Unterbringung.

Unterbringung durch einen Bevollmächtigten. Ein Erwachsener kann, wenn keine Betreuung besteht, durch seinen Bevollmächtigten untergebracht werden (§ 1906 V 1 BGB). Eine solche Vollmacht ist aber nur wirksam, wenn sie bestimmte Voraussetzungen erfüllt: (1) Wirksamkeit nach allgemeinen Grundsätzen, dh zu einer Zeit erteilt, zu der der Vollmachtgeber noch geschäfts- und einsichtsfähig war. Formalien (2): sie muss schriftlich erteilt sein, also zumindest handschriftlich unterschrieben sein; dagegen muss sie nicht, wie ein Testament, vollständig handschriftlich verfasst sein. (3) Sie muss sich ausdrücklich auf Unterbringung bzw. Unterbringungsmaßnahmen beziehen (ein Generalvollmacht genügt nicht), also zB lauten: „Ich bevollmächtige X, mich in die geschlossene Abteilung eines Altenheims verbringen zu lassen.“. Bedingungen sind zulässig, zB der Zusatz „wenn ich einmal krank werden sollte“. (4) Eine Bevollmächtigung von Mitarbeitern des Altenheims usw ist ungenügend, § 1897 III iVm § 1896 II 2 BGB – Der Bevollmächtigte darf den Betroffenen aber aufgrund der Vollmacht nur unterbringen, wenn dies vom VormG genehmigt wurde (§ 1906 V 2, II 1 BGB); für das weitere Verfahren gilt dasselbe wie bei einer Unterbringung durch einen Betreuer (§ 70 I Nr. 1b FGG). → Genehmigung der Unterbringung.

Unterbringung nach dem Landesunterbringungsrecht. Das jeweilige Landesgesetz (→ PsychKG, UnterbrG) bestimmt die materiellrechtlichen Voraussetzungen der Freiheitsentziehung und gilt für Voll- und Minderjährige. In der Regel kann jemand dann nach dem Landesrecht untergebracht werden, wenn er psychisch krank bzw. gestört ist und dadurch in erheblichem Maße die öffentliche Sicherheit oder Ordnung (oder sein Leben oder in erheblichem Maß seine Gesundheit) gefährdet (zB Art. 1 BayUnterbrG). Bei der Unterbringung durch den Betreuer dagegen soll das Wohl des Betreuten gefördert werden, nicht die öffentliche Sicherheit. Wer aufgrund seines Wahns Blumentöpfe aus dem Fenster auf Passanten wirft, ist daher nach dem Landesrecht (dh öffentlich-rechtlich) unterzubringen, nicht nach § 1906 BGB durch den Betreuer. Das Verfahren der landesrechtlichen Unterbringung ist in § 70 – 70n FGG geregelt, also (von einigen Abweichungen abgesehen) identisch mit dem Verfahren bei der Unterbringung durch den Betreuer (§ 1906 BGB). Die Antragstellung liegt bei den Ordnungsämtern der Kommunen. Diese Behörden können bei besonderer Eilbedürftigkeit die sofortige vor-

läufige Unterbringung selbst anordnen und mit Hilfe der Polizei vollziehen, wenn eine Entscheidung des VormG nicht mehr rechtzeitig ergehen kann (das geschieht in über 90% der Fälle); das VormG wird erst nachträglich eingeschaltet. Zivilrechtliche und öffentlich-rechtliche Unterbringung überschneiden sich zB im Bereich der Selbstgefährdung, zB nach einem Selbstmordversuch.
Wird der Betroffene auffällig, so dass gehandelt werden muss, ist zu unterscheiden: (1) Ist dem Betroffenen bereits ein Betreuer mit dem Aufgabenkreis „Unterbringung" bestellt, ist die öffentlich-rechtliche Unterbringung nachrangig (BVerfG 58, 208; BayObLG FamRZ 1990, 1154), weil sie den schwereren Eingriff darstellt: Makel der Gemeingefährlichkeit; Entlassung nur durch eine Behörde. Folge: eine Unterbringung nach dem LandesPsychKG scheidet aus (eine in Unkenntnis von der Betreuung erfolgte ö-r Unterbringung ist daher aufzuheben); es ist Sache des Betreuers, die Unterbringung des Betroffenen nach § 1906 BGB anzuordnen und vom VormG genehmigen zu lassen. Das gilt aber nicht, wenn die zivilrechtliche Unterbringung ungenügend wäre, weil zu befürchten ist, dass der Betreuer (zB ein Verwandter) sie zu früh beendet. Im Übrigen brauchen auch ö-r Untergebrachte oft zusätzlich einen Betreuer, zB wegen der Gesundheits- oder Vermögenssorge. (2) Hat der Betroffene hingegen (noch) keinen Betreuer oder umfasst das Aufgabengebiet des Betreuers nicht die Unterbringung oder ist der Betreuer nicht erreichbar oder lehnt er eine Unterbringung nach § 1906 BGB ab, verfährt das VormG nach § 1846 oder ordnet die öffentlich-rechtliche Unterbringung an.

zivilrechtliche Unterbringung	öffentlich-rechtliche Unterbringung
durch den Betreuer (§ 1906 BGB) bzw bei Kindern durch die Eltern (§ 1631 b BGB)	durch die Ordnungsbehörde nach PsychKG oder UnterbrG
wegen Eigengefährdung	idR wegen Gefährdung der öffentlichen Sicherheit
Verfahren nach §§ 70 – 70 i, 70m, n FGG	Verfahren nach §§ 70 – 70n FGG

Unterbringung nach Strafrecht → Sicherungsverfahren.

Unterbringung ohne Genehmigung des VormG. Sie ist nur ausnahmsweise zulässig.

a) **Eilfälle.** Eine Unterbringung durch den (endgültigen oder vorläufigen) Betreuer ist ohne vorherige Genehmigung des VormG zulässig, wenn mit einem Aufschub der Unterbringung Gefahr für das Wohl des Betreuten verbunden ist, wenn also nicht mehrere Tage bis zur Genehmigung gewartet werden kann. → Eilfälle. Der Betreuer bzw. die Anstalt haben aber sodann unverzüglich (schnellstmöglich) das VormG zu verständigen. Das VormG leitet dann ein Verfahren nach §§ 70 ff FGG ein (→ Verfahren bei Unterbringung). Das Verfahren der vorherigen Genehmigung unterscheidet sich nicht von dem der nachträglichen; für die Entscheidung ist der Richter zuständig (§ 14 Nr. 4 RPflG). Sieht das VormG die Voraussetzungen des § 1906 BGB als nicht gegeben an, wird die Genehmigung abgelehnt.

b) **Einwilligung.** Jeder darf, wenn er einwilligt, ohne Genehmigung des VormG freiheitsentziehend untergebracht werden, muss aber dann jederzeit entlassen werden, wenn er die Einwilligung zurückzieht (Ausnahmen: → Unterbringung).

c) **Genehmigungsfreie Maßnahmen.** Wenn der Betroffene tatsächlich am Verlassen des Aufenthaltsorts nicht gehindert wird, fehlt eine Freiheitsentziehung; § 1906 BGB ist dann nicht einschlägig. Denn die persönliche Willensfreiheit wird durch § 1906 I, IV BGB nicht geschützt (OLG Hamm FGPrax 1997, 64). Elektronische Melder (Personenortungsanlagen) sind nicht nach § 1906 IV BGB genehmigungspflichtig, weil sie den Betroffenen nicht unmittelbar am Weggehen hindern (Feuerabend BtPrax 1999, 93; aA AG Bielefeld BtPrax 1996, 232); ebenso nicht die Überwachung der Ausgänge mit Fernsehkameras; oder wenn das Personal *nur* durch Bitten, Überreden, Zureden oder Versprechungen den Betreuten am Verlassen hindert (OLG Hamm FGPrax 1997, 64/65); oder eine Sitzwache am Bett (OLG Hamm FamRZ 1993, 1490; aA OLG Frankfurt FamRZ 1994, 992). Wenn Maßnahmen *nur* die Sicherung des Betroffenen vor Verletzungen bezwecken (zB der an beiden Beinen Amputierte erhält ein Bettgitter, damit er bei unruhigem Schlaf nicht herausfällt), ist § 1906 IV BGB nicht einschlägig.

Unterbringungsähnliche Maßnahmen. Außer durch Unterbringung im engeren Sinne (§ 1906 I BGB), dh durch Einsperren, kann auch durch bestimmte mechanische Vorrichtungen, Medikamente oder in sonstiger Weise einem Betreuten die „Freiheit entzogen" werden. Diese Fälle regelt § 1906 IV BGB und verlangt dafür eine Genehmigung des VormG (→ Unterbringung ohne Genehmigung). Damit soll Gewalt gegen ältere Menschen kontrolliert werden. Bei Eilbedürftigkeit kann der Betreuer die Maßnahmen zunächst gestatten, hat aber eine nachträgliche Genehmigung des VormG beizubringen (§§ 1906 IV, II 2 BGB). Die Voraussetzungen der Genehmigung sind dieselben wie bei einer → Unterbringung, nämlich:

a) der Volljährige muss einen Betreuer haben (nächtliche Fixierung eines sieben Jahre alten Kindes bedarf daher keiner Genehmigung, LG Essen FamRZ 1993, 1347); der Betreuer braucht einen ausreichenden Aufgabenkreis; Freiheitsbeeinträchtigung; keine Einwilligung des Betroffenen; Unterbringungsgrund muss vorliegen (dh andernfalls drohen gesundheitliche Gefahren); Erforderlichkeit zum Wohl des Betreuten; der Betreuer will die unterbringungsähnliche Maßnahme gestatten. Fehlt der konkrete Wille zur Fortbewegung, zB aufgrund Bettlägrigkeit, so sind Maßnahmen nicht freiheitsentziehend. Das Bettgitter, das gegen ein *nicht vom Willen gesteuertes* Herausfallen sichern soll, ist deshalb nicht genehmigungspflichtig (OLG Hamm FamRZ 1994, 1270/1; streitig). Zusätzlich ist erforderlich:

b) Genehmigungspflichtigkeit der Maßnahme:

aa) Mechanische Vorrichtungen, die die Freiheit entziehen sollen; zB **Bettgitter**, Schlösser; Zwangsjacken; sog Fixierung; Anbinden mit einem **Leibgurt** im Bett oder an seinem Stuhl (Erstickungsgefahr), Fesselung; Fixierdecken; bestimmte Pflegehemden; Therapietisch am Stuhl; komplizierte Schließmechanismen an der offenen Tür (zB Zahlenschlösser); der Türöffner ist versteckt angebracht. Festbinden zur Ruhigstellung eines gebrochenen Beines dagegen verfolgt ein anderes Ziel und fällt daher nicht unter § 1906 IV BGB.

bb) **Medikamente**; zB der Betroffene wird *gezielt* durch Schlafmittel, Beruhigungsmittel oder andere Medikamente (Neuroleptika, Tranquilizer) am Verlassen der Einrichtung gehindert (OLG Hamm FamRZ 1998, 190). Werden ihm dagegen diese Mittel zu Heilzwecken verabreicht, liegt kein Fall des § 1906 IV BGB vor (schwierige Abgrenzung).

cc) **Andere Maßnahmen,** wie Behinderung durch den Pförtner; Wegnahme der Straßenkleider, um die Freiheit zu entziehen.

c) Genehmigungspflichtigkeit nach § 1906 IV BGB besteht nur, wenn sich der Betreute in einer **Anstalt, einem Heim oder sonstigen Einrichtung** aufhält. Beispiele sind: Krankenhäuser, Altersheime, Pflegeheime, privat betriebene „Seniorenresidenzen"; Außenwohngruppen, betreute Wohngruppen; auch wenn der Betreute zeitweise vom Pflegepersonal in der **eigenen Wohnung** eingeschlossen wird liegt eine solche Einrichtung vor (LG Hamburg FamRZ 1994, 1619). *Keine* Genehmigungspflicht besteht daher, wenn der Betreute in seiner **Familie** lebt und dort die genannten Maßnahmen getroffen werden müssen (sog Familienpflege). Unterbringung in einer **fremden Familie** fällt meines Erachtens unter § 1906 IV BGB (streitig, aA Bienwald Betreuungsrecht § 1906 Rz 81). Vom Schutzzweck her ist der Begriff der Einrichtung weit auszulegen.

d) Genehmigungspflichtigkeit besteht ferner nur, wenn der Betreute nicht ohnehin untergebracht ist. Dem liegt der Gedanke zu Grunde, dass bei einer Unterbringung (Versperren der Haustüre) sowieso eine Genehmigung des VormG nach § 1906 I BGB erforderlich ist, also weitere Maßnahmen gewissermaßen inbegriffen sind. Das kann aber nicht für weitere belastende Eingriffe gelten, die nicht wesensmäßig zu jeder Unterbringung gehören. Deshalb bedürfen Fesselung, Anbinden, Anlegen von Beckengurten usw auch bei einem schon Untergebrachten einer *zusätzlichen* Genehmigung des VormG nach § 1906 IV BGB (BayObLG FamRZ 1994, 721).

e) Genehmigungspflichtigkeit setzt weiterhin voraus, dass die (einmalige) Maßnahme sich über einen längeren Zeitraum (etwa einen Tag; eine gesetzliche Grenze gibt es nicht) erstreckt oder regelmäßig erfolgt (zB jede Nacht); bei Regelmäßigkeit genügt es, wenn sie jeweils nur kurze Zeit dauert (zB Fesselung am Tisch jeweils beim Mittagessen).

Das Verfahren des VormG bei der → Genehmigung entspricht dem bei einer regulären Unterbringung; allerdings ist kein Sachverständigengutachten erforderlich, ein ärztliches Zeugnis genügt (§ 70e I 3 FGG).

Unterbringungsbeendigung. Der Betreuer hat die Freiheitsentziehung bzw die unterbringungsähnliche Maßnahme zu beenden, wenn die Voraussetzungen dafür (Gefahr für den Betreuten usw) weggefallen sind. Er wird sich hier von den Ärzten und gegebenenfalls vom VormG beraten lassen. Ferner hat das VormG die Pflicht, bei Wegfall der Unterbringungsvoraussetzungen die Unterbringung von Amts wegen zu beenden (§ 70 i I FGG), dh den Genehmigungsbeschluss (auch ohne Antrag des Betreuers) aufzuheben. Der Betreuer hat sich daher in regelmäßigen Abständen davon zu überzeugen, ob die Voraussetzungen für eine freiheitsentziehende Unterbringung noch andauern. Die Anstalt selbst hat kein eigenes Entlassungsrecht. Der Betreuer hat die Beendigung dem VormG mitzuteilen (§ 1906 III 2 BGB). Der Betreute kann jederzeit verlangen, dass überprüft wird, ob er entlassen werden kann. Eine (als endgültig gemeinte) **Entlassung des Betreuten** aus der Unterbringung verbraucht die Genehmigung des VormG; wurde die Unterbringung vom VormG daher für eine bestimmte Zeit genehmigt und wird der Betreute *vor* Ablauf dieser Frist auf Veranlassung des Betreuers endgültig (und nicht nur kurzfristig) entlassen, ist die Genehmigung gegenstandslos geworden und vom VormG zur Beseitigung des Rechtsscheins aufzuheben (BayObLG BtPrax 1995 144). Dasselbe gilt, wenn der Betreuer von der Genehmigung keinen Gebrauch macht.

Wenn der Betreuer den Betreuten nur **„probeweise" entlässt** wird dadurch die Genehmigung nicht verbraucht; die probeweise Entlassung durch den Betreuer ist im Gesetz nicht geregelt; ihre Zulässigkeit ist zweifelhaft. Vertretbar ist allenfalls, wenn der Betreuer die Unterbringung nur zu gewissen Anlässen kurzfristig (zB Hochzeit, Geburtstag) unterbricht. Eine Beurlaubung aus der Unterbringung dürfte es nicht geben. Für die Bewilligung von Ausgang ist der Betreuer zuständig, jedoch kann er die Anstalt hierzu ermächtigten.

Wenn der Betreute **eigenmächtig die Anstalt verlässt**, dh flieht, besteht die Genehmigung fort, jedenfalls wenn er nach einigen Tagen wieder ergriffen wird (BayObLG 1970 197/204 zur ö-r Unterbringung). Im Einzelnen stellt diese hM noch darauf ab, ob der Zeitpunkt der Rückkehr unbestimmt ist (dann soll die Unterbringungsgenehmigung erlöschen). Flieht der Untergebrachte und wird nach einigen Tagen ergriffen, wirkt sicherlich die alte Genehmigung noch. Anders ist es, wenn die Frist laut Beschluss (kurze Frist bei der einstweiligen Anordnung) abgelaufen ist.

Unterbringung zur Beobachtung. Nach § 68b IV FGG kann das VormG (Richter) anordnen, dass der Betroffene bis zu sechs Wochen (verlängerbar bis zu insgesamt 3 Monaten) zB in einer Klinik oder einem Bezirkskrankenhaus geschlossen untergebracht und beobachtet wird, wenn auf andere Weise vom Gutachter nicht geklärt werden kann, ob er betreuungsbedürftig ist, das Gutachten also sonst nicht erstellt werden kann. Bevor dies beschlossen werden darf, muss das VormG einen Sachverständigen darüber (zB schriftlich) anhören, ob und für welche Dauer eine Unterbringung erforderlich ist; ferner muss das VormG den Betroffenen vorher persönlich hierzu anhören (§ 68 b IV 2 FGG). Weigert sich der Betroffene, freiwillig in die Anstalt zu kommen, kann durch Beschluss des VormG die Vorführung in der Anstalt angeordnet werden (§ 68 b IV 5 FGG). Die Anordnung der Unterbringung zwecks Beobachtung ist mit unbefristeter Beschwerde (§ 19 I FGG; Umkehrschluss aus § 69 g IV FGG) selbstständig anfechtbar (BayObLG FamRZ 1994, 1190). Bei der nachfolgenden Unterbringung hat der Betroffene keine Verpflichtung zur Mitwirkung, er muss keine Fragen beantworten, kann zu Tests nicht gezwungen werden.

Unterrichtung des Betreuers. Der Betreuer wird vom Rechtspfleger des VormG nach seiner Bestellung über seine Aufgaben, Rechte und Pflichten unterrichtet (§ 69 b I 2 FGG), zB anlässlich der → Verpflichtung. Ehrenamtlichen Betreuern sollte dabei zusätzlich Informationsmaterial ausgehändigt werden. Vereinsbetreuer, Behördenbetreuer, Vereine und die Betreuungsbehörde werden nicht unterrichtet (§ 69 b I 3 FGG), weil das Gesetz vermutet, dass sie ihre Aufgaben kennen. Bei Verlängerung der Betreuung entfällt eine neue Unterrichtung, bei wesentlicher Erweiterung des Aufgabenkreises kann sie in Betracht kommen. Der Betreuer kann sich im Übrigen jederzeit vom VormG beraten lassen (§ 1837 I BGB), ferner durch die Betreuungsbehörde (§ 4 BtBG) und/ oder Betreuungsvereine (§ 1908f I BGB). → Einführungsgespräch.

Urlaub. In der Praxis wird selten von der Bestellung eines Ersatzbetreuers für Urlaubsfälle Gebrauch gemacht (§ 1899 IV BGB). In der

Regel erteilt der Betreuer einer anderen Person (mündlich oder schriftlich) Vollmacht. Grundsätzlich ist der Betreuer als gesetzlicher Vertreter berechtigt, eine Untervollmacht zu erteilen (vgl § 1902 BGB). Andererseits hat das VormG eine bestimmte Person gerade deshalb ausgewählt, weil sie persönlich und fachlich geeignet erschien; der Betreuer aber kann jedermann unterbevollmächtigen. Daraus folgt, dass für untergeordnete vermögensrechtliche Fragen sicherlich Untervollmachten zulässig sind (deshalb wäre die Bestellung eines Betreuers für Vertretungsfälle mangels Erforderlichkeit idR unstatthaft); abzulehnen ist eine solche Untervollmacht bei Personensorge, Einwilligung in ärztliche Maßnahmen, Durchführung von Unterbringungen; hier darf die letzte Entscheidung nicht beim selbstgewählten Vertreter liegen. **Vergütung**: der selbstgewählte Vertreter ist kein Betreuer und erhält daher keine Vergütung aus der Staatskasse oder vom Betreuten (LG Frankenthal BtPrax 1996, 231; aA LG Frankfurt/Oder BtPrax 1997, 78); an ihn bezahltes Honorar kann allenfalls eine zu ersetzende → Aufwendung sein. Der Betreuer nach § 1899 IV BGB dagegen hat die üblichen Ansprüche auf Vergütung und Aufwendungsersatz.

Bei **Vereinsbetreuern und Behördenbetreuern** könnte die Vertretung dem Verein bzw. der Behörde übertragen werden, damit hier die Wahrnehmung flexibel weiterübertragen werden kann (§ 1900 II BGB); praktisch steht dem entgegen, dass dem Verein als Betreuer kein Vergütungsanspruch zusteht (§ 1836 IV BGB). Die Auffassung, alle Vereinsbetreuer desselben Vereins könnten sich *ohne weiteres* untereinander vertreten (teils: „aufgrund Absprache mit dem VormG"), ist unhaltbar; erforderlich ist ein Beschluss des Vormundschaftsgerichts (§ 1899 IV BGB) oder eine Vollmacht.

V

Vaterschaft. Ein *geschäftsfähiger* Betreuter kann seine Vaterschaft nur selbst anerkennen (§ 1596 III BGB), also nicht durch den Betreuer als Vertreter. Ist insoweit ein Einwilligungsvorbehalt angeordnet (§ 1903 II BGB), muss der Betreuer zustimmen (§ 1596 III Halbs. 2 BGB). – Für einen *geschäftsunfähigen* Betreuten kann der Betreuer mit Genehmigung des VormG die Vaterschaft anerkennen (§ 1596 I 3 BGB). Der Betreuer braucht jeweils den Aufgabenkreis „Personen- und Vermögenssorge". **Anfechtung der Vaterschaft:** Ist der betreute Scheinvater *geschäftsfähig,* so kann er die Ehelichkeit nur selbst anfechten (§ 1600a V BGB). Sein Betreuer kann nicht für ihn handeln (§ 1600a I BGB). Ist der Betreute hingegen *geschäftsunfähig,* so kann der Betreuer für den Betreuten die Ehelichkeit anfechten (§ 1600a II 3 BGB). Dazu ist der Aufgabenkreis „Personensorge" notwendig. Eine Genehmigung des VormG braucht er dazu nicht, weil für den Abstammungsprozess ohnehin ein Gericht (Familiengericht) zuständig ist.

Verein als Betreuer → Betreuungsverein.

Vereinsbetreuer. Die → Betreuungsvereine haben Angestellte; diese führen die Betreuungen, bei denen der Verein selbst Betreuer ist (§ 1900 II BGB), als Sachbearbeiter (nicht als Vereinsbetreuer); ferner erledigen sie die sonstigen Aufgaben des Vereins (Beratung usw); weiterhin sind sie für bestimmte Betreute als Vereinsbetreuer tätig (§ 1897 II BGB). Ob der Verein selbst oder der Vereinsbetreuer Betreuer im Rechtssinne ist ergibt sich aus dem Bestellungsbeschluss des VormG (§ 69 I Nr. 3 FGG).

a) Für Vereinsbetreuer gelten einige Sonderregelungen: der Verein muss in ihre Bestellung einwilligen (§ 1897 II BGB); der Verein hat das Recht, die Entlassung des Vereinsbetreuers zu verlangen (§ 1908 b IV BGB), zB wenn dieser kündigt (er kann also „seine" Betreuungen nicht mitnehmen). Ist ein Vereinsbetreuer zum Betreuer bestellt, ist er bei der Vermögenssorge von der Einhaltung einiger Bestimmungen befreit (§§ 1908i II 2, 1857a); → befreite Betreuung, wenn nicht das VormG diese Befreiung aufhebt. Vereinsbetreuer unterstehen wie andere Betreuer der Aufsicht des VormG (§ 1837 II BGB); nach § 1908 f I Nr. 1 BGB werden sie zusätzlich von der Vereinsführung beaufsichtigt; damit ist wohl die Dienstaufsicht gemeint, zB Einhaltung der Arbeitszeit, Kontrolle wo an sich befreite Befreiung besteht, ferner eine verstärkte Qualitätskontrolle. Das **Weisungsrecht** des Vereins kann nur in engen Grenzen ausgeübt werden, da der Vereinsbetreuer selbstständig ist. Ist der Verein dagegen selbst Betreuer, kann er seine mit der Wahrnehmung beauftragten Mitarbeiter anweisen. Die mit anderen Aufgaben (zB Fortbildung, Werbung) beauftragten Mitarbeiter können dagegen unbeschränkt angewiesen werden. Gegen den Vereinsbetreuer kann Zwangsgeld festgesetzt werden, § 1837 III 2 BGB. Betreibt der Verein ein Heim, steht der Vereinsbetreuer in einer engen Beziehung zum Heim; deshalb kann er nicht Betreuer der Heimbewohner werden (§ 1897 III BGB).

b) Wird der Angestellte als Vereinsbetreuer und damit als Einzelbetreuer tätig, so *haftet* er zwar selbst dem Betreuten; doch tritt für ihn die Versicherung des Vereins ein (§ 1908f I Nr. 1 BGB). Ob der Verein, für den er tätig wird, für seine Fehler haftet, ist umstritten (vgl MünchKomm-Schwab § 1908i Rz 20).

c) Der Vereinsbetreuer selbst kann vom Betreuten oder von der Staatskasse keine Vergütung verlangen (§ 1908 e II BGB), weil er vom Verein Lohn bezieht. Der Verein dagegen wird honoriert: die Erstattung von Aufwendungen kann der Verein vom (vermögenden) Betreuten verlangen (§§ 1908e I, § 1835 I BGB). Vom mittellosen Betreuten ist nichts zu holen; deshalb besteht dann ein Anspruch auf Erstattung dieser Aufwendungen gegen die Staatskasse (§§ 1908e I, § 1835 IV BGB). Ansprüche des Betreuungsvereins auf Erstattung der ihm erwachsenden Kosten für eine Versicherung (§ 1835 II BGB) seiner Mitarbeiter und Aufwendungsersatz für Dienste (§ 1835 III BGB), sind hingegen ausgeschlossen.

d) Vergütungsanspruch: bei *Mittellosigkeit* des Betreuten besteht er gegen die Staatskasse (§§ 1836 II, 1836a); gerechnet wird nach Stundenlohn. Führt der Vereinsbetreuer nur wenige Betreuungen, so dass er an sich kein Berufsbetreuer im Sinne von § 1836 I 2, 3 BGB ist, ändert das nichts an der Vergütungspflicht (§ 1908 e I

BGB); Vereinsbetreuer sind immer Berufsbetreuer. Die Höhe des Stundensatzes richtet sich nach der Ausbildung des Vereinsbetreuers (§ 1 BVormVG). Bezüglich der Aufwendungen kann der Verein Vorschuss fordern (§ 1908e I BGB), bezüglich der Vergütung eine Abschlagszahlung (§1836 II 3 BGB). Bei *vermögenden* Betreuten besteht der Vergütungsanspruch gegen diese selbst. Stundensatz: keine Bindung an BVormVG. Ohne Bedeutung ist es ab 1999, wie die konkreten Verhältnisse des Vereins (Struktur, Personalkosten, Verwaltungskosten) sind; es ist deshalb nicht zulässig, wenn dem Vereinsbetreuer eines *vermögenden* Betreuten ein Stundensatz von zB 200 DM nur deshalb zugebilligt wird, *weil* dieser Mitarbeiter den Verein so viel kostet (aA OLG Düsseldorf FamRZ 1997, 767). Ist der vermögende Betreute verstorben, sind die Erben zahlungspflichtig.

Verfahrensfähigkeit. Geschäftsfähige Personen sind auch verfahrensfähig (sie können also selbst bei Gericht Anträge stellen, Beschwerde einlegen usw). Geschäftsunfähige Personen sind nur in Verfahren, *die die Betreuung betreffen,* verfahrensfähig (§ 66 FGG). Auch wenn der Betroffene geschäftsunfähig sein sollte, kann er somit alle Anträge im Zusammenhang mit einem Betreuungsverfahren selbst stellen, alle Angriffs- und Verteidigungsmittel selbst vorbringen, Richter und Sachverständige ablehnen, Prozesskostenhilfe beantragen, Wiedereinsetzung begehren, Beschwerde einlegen und wieder zurücknehmen; Verfassungsbeschwerde einlegen, auch wenn ihm ein Betreuer für diese Aufgabenkreise beigeordnet ist (BayVerfGH BtPrax 1995, 179). Da der Betroffene einem Rechtsanwalt wirksam Prozessvollmacht erteilen kann, ist auch der zugrunde liegende Anwaltsvertrag (Geschäftsbesorgungsvertrag, § 675 BGB) trotz der Geschäftsunfähigkeit und entgegen § 105 BGB nicht als nichtig anzusehen, weshalb der Betroffene dem Anwalt das Honorar entsprechend der Gebührenordnung schuldet. *In anderen Verfahren* gilt § 66 FGG nicht; hier ist eine geschäftsunfähige Person nicht verfahrensfähig. Für sie muss daher ein gesetzlicher Vertreter, nämlich der Betreuer, handeln. Im Verfahren betreffend die Genehmigung einer Unterbringung durch den Betreuer (§ 1906 BGB) ist der Betroffene ebenfalls verfahrensfähig (§ 70a FGG), bei landesrechtlicher Unterbringung allerdings erst ab dem 14. Lebensjahr.

Verfahrensfähigkeit bei Einwilligungsvorbehalt. Ist ein → Einwilligungsvorbehalt (§ 1903 BGB) angeordnet, der den Verfahrensgegenstand erfasst, sind die Verfahrenshandlungen des *geschäftsfähigen* Betroffenen zu seinem Schutz unwirksam. Ein solcher Betreuter kann zB keine wirksame Klage zum Verwaltungsgericht erheben (vgl § 62 II VwGO). Der geschäftsfähige Betreute, der mit einem Einwilligungsvorbehalt beschwert ist, ist im Zivilprozess nicht prozessfähig.

Verfahrenspfleger. Dem Betroffenen muss bzw. kann im Betreuungsverfahren vom VormG ein Verfahrenspfleger bestellt werden (§ 67 FGG):
- wenn es um eine Sterilisationsbetreuung geht, muss ein Verfahrenspfleger bestellt werden, § 67 I 5 FGG.
- wenn in sonstigen Fällen der Betroffene keinen Verfahrenspfleger will und einer auch nicht erforderlich ist, wird keiner bestellt, § 67 I 3 FGG.
- wenn der Betroffene einen Anwalt oder eine sonstige geeignete Person beauftragt hat, soll kein Verfahrenspfleger bestellt werden, § 67 I 6 FGG.
- wenn von der persönlichen Anhörung des Betroffenen abgesehen werden soll, ist „in der Regel“ ein Verfahrenspfleger zu bestellen (§ 67 I 2 Nr. 1 FGG);
- wenn ein Betreuer mit dem Aufgabenkreis „*alle* Angelegenheiten“ bestellt werden soll, ist „in der Regel“ ein Verfahrenspfleger zu bestellen (§ 67 I 2 Nr. 2 FGG);
- soweit dies zur Wahrnehmung der Rechte des Betroffenen erforderlich ist, ist ein Verfahrenspfleger zu bestellen (§ 67 I 1 FGG), zB wenn der Betroffene schwer ansprechbar ist (BayObLG FamRZ 1993, 602); oder wenn vormundschaftsgerichtliche Genehmigungen von Bedeutung zu erteilen sind; im Vergütungsfestsetzungsverfahren (§ 69 d I 1 FGG) ist jedenfalls dann ein Verfahrenspfleger erforderlich, wenn der Betreute (da vermögend) selbst zahlen muss und selbst nicht zur sachgerechten Wahrnehmung seiner Interessen fähig erscheint (OLG Frankfurt BtPrax 1997, 201), die Abrechnung also nicht selbst überprüfen kann; im Verfahren zur Entlassung eines Betreuers ist ein Verfahrenspfleger notwendig (BayObLG FamRZ 1997, 1358), ebenso beim Betreuerwechsel (OLG Zweibrücken FGPrax 1998,

57); nicht dagegen zur Begründung einer Beschwerde (OLG Oldenburg FamRZ 1996, 757).

- vor Bestellung eines vorläufigen Betreuers durch einstweilige Anordnung ist zwar nach § 69 f I 1 Nr. 3, 4 FGG uU ein Verfahrenspfleger zu bestellen; bei Gefahr im Verzug (wie meist) kann aber schon vor Pflegerbestellung eine einstweilige Anordnung erlassen werden, § 69 f I 3 FGG.

a) **Zuständig** für die Bestellung ist das VormG und zwar im Regelfall der Richter; nur in den Fällen, in denen die Grundentscheidung (zB Vergütungsfestsetzung) vom Rechtspfleger zu treffen ist, ist der Rechtspfleger für die Bestellung eines Verfahrenspflegers speziell für diese Frage zuständig. Die Bestellung hat möglichst bald zu erfolgen, jedenfalls noch *vor* der Entscheidung. **Auswahl:** jede geeignete Person kann zum Verfahrenspfleger bestellt werden; häufig werden Rechtsanwälte, selbstständige Berufsbetreuer, Sozialarbeiter, Sozialpädagogen usw bestellt. Auch ein Betreuungsverein oder die Betreuungsbehörde können theoretisch zum Verfahrenspfleger bestellt werden; im Einzelnen ist das streitig, zumindest ist es wegen der Funktionsvermengung nicht sinnvoll (LG Stuttgart BWNotZ 1996, 14). Ein Betreuer kann nicht zugleich in derselben Sache Verfahrenspfleger sein (BayObLG FamRZ 1994, 780); deshalb ist es nicht vertretbar, wenn der Betreuer als Verfahrenspfleger hinsichtlich der Verlängerung, Erweiterung der eigenen Betreuungssache bestellt wird (er müsste seinen eigenen Gegner spielen). Die ausgewählte Person ist zur Übernahme des Amtes nicht verpflichtet.

b) Das **Amt beginnt** mit der Bekanntmachung der Bestellung an den Pfleger; einen Ausweis oder eine „Bestallungsurkunde" erhält der Verfahrenspfleger nicht; er kann sich durch den gerichtlichen Bestellungsbeschluss legitimieren. *Das Amt endet* mit der die Instanz abschließenden Entscheidung; zur Einlegung und Begründung eines Rechtsmittels ist der Verfahrenspfleger aber noch berechtigt (§ 67 II FGG); legt er Beschwerde ein, ist er am Beschwerdeverfahren nicht beteiligt; außer er wird hierfür vom LG besonders bestellt. Ferner endet die Pflegschaft schon vorher, wenn sie vom Gericht aufgehoben wird. Auch eine Entlassung ist möglich.

c) Wird vorschriftswidrig kein Verfahrenspfleger bestellt, ist die Bestellung des Betreuers trotzdem wirksam. Wird aber gegen die Bestellung des Betreuers Rechtsmittel eingelegt, kann das Fehlen eines Verfahrenspflegers zur Aufhebung und Zurückverweisung des Verfahrens führen (OLG Düsseldorf FamRZ 1994, 451).

d) Die **Stellung des Verfahrenspflegers** ist gesetzlich nicht geregelt und daher unklar. Richtig ist, ihn als Pfleger eigener Art aufzufassen. Er hat die Verfahrensstellung des Betroffenen. Er muss Kontakt zum Betroffenen aufnehmen, eventuell zu dessen Angehörigen, die Akten einsehen. Er kann mit Wirkung für den Betroffenen Anträge stellen, Zustellungen entgegennehmen, das Recht auf Gehör ausüben. Er hat volle Akteneinsicht, auch in das Sachverständigengutachten (BayObLG FamRZ 1993, 1489), das ihm rechtzeitig und vollständig vor Entscheidung zuzusenden ist; er darf bei Anhörungen, Beweisaufnahmen anwesend sein und Fragen stellen, ist hierzu zu laden (LG München I FamRZ 1995, 1440), kann unabhängig vom Betroffenen Rechtsmittel einlegen gegen die Bestellung eines Betreuers und gegen die sonstigen Entscheidungen, zu deren Überwachung er bestellt wurde. Wenn er im Interesse des Betroffenen Rechtsmittel einlegt, können *ihm* keine Kosten nach § 13 a FGG auferlegt werden, sondern allenfalls dem Betroffenen (OLG Karlsruhe FamRZ 1997, 1547). Zu einer eigenständigen umfassenden Ermittlungstätigkeit ist der Verfahrenspfleger hingegen meines Erachtens nicht befugt; Ärzte, Kreditinstitute, Vermieter usw brauchen ihm keine Auskünfte geben (zweifelnd Pohl BtPrax 1992, 25). Namens des Betroffenen kann er keine Entbindung von der ärztlichen Schweigepflicht erklären. Auch kann er nicht namens des Betroffenen (und für dessen Rechnung !) Privatgutachten in Auftrag geben. Der Verfahrenspfleger unterliegt nicht der Aufsicht des Vormundschaftsgerichts. Durch die Bestellung des Verfahrenspflegers wird die eigene Verfahrensfähigkeit des Betroffenen nicht beschränkt. → **Vergütung** des Verfahrenspflegers.

e) **Rechtsmittel:** Wird einem Betroffenen kein Verfahrenspfleger bestellt, kann er dagegen unbefristet einfache Beschwerde einlegen (§§ 19, 20 FGG). Derjenige, welcher gerne Verfahrenspfleger werden wollte, ist aber nicht beschwerdeberechtigt. Ob gegen die Bestellung eines Verfahrenspflegers durch das VormG, gegen dessen Auswahl, gegen die Ablehnung der Aufhebung der Bestellung die einfache Beschwerde des Betroffenen (Betreuten) zulässig ist, ist streitig. Die obergerichtliche Rechtsprechung hält eine Beschwerde in diesen Fällen für unzulässig, da es sich um eine unanfechtbare Zwischenentscheidung handle (BayObLG FamRZ 1995, 301). Zumindest der Vermögende muss sich dagegen beschweren können, weil er den Verfahrenspfleger letztlich selbst zahlen muss.

Verfahrenspfleger bei Unterbringung. Bevor das VormG die Unterbringung eines Betreuten oder Betroffenen genehmigt, muss der Richter einen Verfahrenspfleger bestellen, soweit dies zur Wahrnehmung der Interessen des Betroffenen erforderlich ist (§ 70 b FGG), also nicht immer. Die Bestellung ist nur dann zwingend notwendig, wenn von der persönlichen Anhörung des Betroffenen abgesehen werden soll (vgl § 68 II FGG). Auch bei unterbringungsähnlichen Maßnahmen (§ 1906 IV BGB) kann die Bestellung eines Verfahrenspflegers erforderlich sein. Die Bestellung soll unterbleiben oder aufgehoben werden, wenn der Betroffene von einem Rechtsanwalt oder einem anderen geeigneten Verfahrensbevollmächtigten (zB einem sachkundigen Verwandten) vertreten wird. Jede geeignete Person kann vom VormG bestellt werden, zB Rechtsanwälte. Unangebracht ist es, die Betreuungsbehörde zu bestellen. Wird vorschriftswidrig kein Verfahrenspfleger bestellt, hat das weiter keine Auswirkungen; die Unterbringung ist deswegen nicht nichtig.

a) Die Stellung des Unterbringungs-Verfahrenspflegers ist gesetzlich nicht geregelt. Er hat dieselben Rechte wie ein vom Betreuten beauftragter Rechtsanwalt, ihm ist rechtliches Gehör und Akteneinsicht zu gewähren, zu Terminen ist er zu laden, das vollständige Gutachten ist ihm rechtzeitig zuzuleiten. Gegen die Anordnung der Unterbringung kann er aus *eigenem* Recht Beschwerde einlegen (LG Hamburg BtPrax 1995, 31; aA LG Lübeck FamRZ 1995, 1597); dies folgt aus seiner vom Betroffenen unabhängigen Stellung. Er unterliegt nicht der Aufsicht des VormG (LG Osnabrück FamRZ 1993, 1110). Seine Rechtsstellung bezieht sich nur auf das Unterbringungsverfahren, für das er bestellt ist, nicht auf die zugrunde liegende Betreuung.

b) Die Stellung endet (anders als bei der Betreuungs-Verfahrenspflegschaft): mit Aufhebung durch das VormG; oder bei Genehmigung der Unterbringung mit formeller Rechtskraft der Entscheidung (§ 70 b IV Nr. 1 FGG); oder mit dem sonstigen Abschluss des Verfahrens, zB Entlassung des Betroffenen (§ 70 b IV Nr. 2 FGG). Die

Bestellung gilt also nicht nur für eine Instanz. Folge ist, dass der Verfahrenspfleger gegen die Genehmigung Beschwerde und weitere Beschwerde einlegen kann (BayObLG FamRZ 1993, 990). Dagegen kann ein vom VormG im Betreuungsverfahren und zugleich für das Unterbringungsverfahren bestellter Verfahrenspfleger gegen die Entscheidung des LG zum Betreuungsverfahren nicht weitere Beschwerde einlegen (BayObLG FamRZ 1995, 488), weil die Betreuungs-Verfahrenspflegschaft nur für die jeweilige Instanz gilt (§ 67 II FGG). Während der späteren Zeit der Unterbringung besteht die Verfahrenspflegschaft nicht fort; bei Verlängerung ist deshalb u.U. eine Neubestellung erforderlich.

c) Hinsichtlich der Rechtsmittel und der Vergütung (§ 70 b I 3 FGG) gilt dasselbe wie bei der → Verfahrenspflegschaft in Betreuungssachen. Rechtsanwälte als Unterbringungs-Verfahrenspfleger dürfen nicht nach § 112 BRAGO abrechnen. Vergütung und Aufwendungsersatz erhält der Verfahrenspfleger aus der Staatskasse (und zwar auch, wenn der Betreute vermögend ist, § 67 III FGG). Die Staatskasse holt sich das Geld dann vom Betreuten zurück, wenn er vermögend ist (§§ 128 b S. 2, 137 Nr. 16 KostO).

Verfügungen des Betreuers über Forderungen, über Rechte, kraft deren der Betreute eine Leistung verlangen kann, und über Wertpapiere, ferner Verpflichtungen zu solchen Verfügungen, sind nur wirksam, wenn sie vom VormG (Rechtspfleger) genehmigt wurden (§§ 1812, 1908i I BGB). Damit soll der Betreute geschützt werden, dem Betreuer soll eine Veruntreuung erschwert werden. Beispiele: Abtretung einer Forderung; Überweisung von einem Sperrkonto auf ein anderes (LG Münster Rpfleger 1989, 455); Erlass einer Schuld; die Annahme von Geld, zB die Abhebung von einem Girokonto (Ausnahmen vgl § 1813 I Nr. 3 BGB; → Girokonto); Kündigung einer Geldforderung, zB eines Sparguthabens; Aufrechnung; Annahme einer Sache anstelle des an sich geschuldeten Geldes; Schuldübernahme; Vertragsänderungen; Zustimmung des Betreuten als Nacherben zu Verfügungen des Vorerben; Verfügungen über Wertpapiere, auch Annahme von Wertpapieren (zB bei einem Aktiensplit).

Für Prozesshandlungen besteht dagegen keine Genehmigungspflicht, weil sie keine Verfügungen darstellen; → Anerkenntnis; →

Prozessvergleich. Soweit der Betreuer zu der Verfügung einer Genehmigung bedarf, kann er auch die Verpflichtung zu einer solchen Verfügung nur mit Genehmigung des VormG wirksam eingehen (§ 1812 I 2 BGB). *Nicht genehmigungsbedürftig* sind zB: die Mahnung; das Erteilen der Quittung; das Erteilung einer Vollmacht (macht der Bevollmächtigte von der Vollmacht Gebrauch und verfügt, braucht die Verfügung eine Genehmigung des VormG nach § 1812 BGB). Genehmigungsfrei ist ferner, wenn der Betreuer bewegliche Sachen des Betreuten veräußert (die Entgegennahme des Kaufpreises wäre dagegen eine genehmigungspflichtige Verfügung über die Kaufpreisforderung !). Keine Genehmigung ist erforderlich nach § 1813 BGB (→ genehmigungsfreie Geschäfte), bei Befreiung durch das VormG (§ 1817 BGB), allgemeiner Ermächtigung durch das VormG (§ 1825 BGB), → befreiter Betreuung. Leistung an einen Betreuer ohne Genehmigung des VormG (dh Verstoß gegen § 1812 BGB) ist für den Schuldner gefährlich: er wird durch die Leistung an den nicht empfangsberechtigten Betreuer nicht frei; unterschlägt der Betreuer das Geld, muss der Schuldner nochmals zahlen.

Fälle der §§ **1819 bis 1822**	Sonstige **Verfügungen** i.S.v. § 1812, Verpflichtungen hierzu	
Immer Genehmigung des VormG erforderlich, Genehmigung des Gegenbetreuers oder Mitbetreuers genügt nicht	*Keine Genehmigung* erforderlich – bei befreiter Betreuung (§ 1857a); – in den Fällen des § 1813 I, mit Ausnahme von § 1813 II – bei vorheriger Befreiung durch VormG nach § 1817 – bei vorheriger allgemeiner Ermächtigung durch VormG, § 1825	Sonst (sowie bei § 1813 II) Genehmigung des Gegenbetreuers oder Mitbetreuers oder des VormG erforderlich

Vergleich → Prozessvergleich.

Vergütung des Betreuers im Allgemeinen. Das Recht der Honorierung ist kompliziert. Es kommt auf mehrere Differenzierungen an: Zwischen Vergütung und → Auslagenersatz ist zu unterscheiden; ferner danach, ob → Vergütung des nichtberufsmäßigen (ehrenamtlichen) Betreuers oder eines Berufsbetreuers in Frage kommt. Was ist im Bestellungsbeschluss des VormG bestimmt? Regelfall oder → Pauschalvergütung oder → Zeitlimit? Zuschlag, Übergangsregelung? Ist der Betreute → mittellos oder vermögend? Denn bei Mittellosigkeit zahlt die Staatskasse. Werden Tätigkeiten bis zum 31. 12. 1998 oder ab 1. 1. 1999 abgerechnet? Bei Altfällen ist altes materielles Recht (§ 1836 a.F. BGB) anzuwenden. Wohnsitz des Betreuers in West- oder Ostdeutschland? Denn die Vergütung des Ostbetreuers wird in bestimmten Fällen um 10% ermäßigt; → Ostabschlag.

Vergütung des Berufsbetreuers		Vergütung des ehrenamtlichen Betreuers	
Betreuter mittellos	Betreuter vermögend	Betreuter mittellos	Betreuter vermögend
§§ 1836 II, 1836a BVormVG	§ 1836 II	§ 1835a	§ 1836 III

Vergütung des Berufsbetreuers. Der → Berufsbetreuer erhält: Vom *vermögenden* Betreuten eine Vergütung (§ 1836 II BGB) sowie Ersatz seiner Aufwendungen (§ 1835 I BGB), beruflicher Dienstleistungen (§ 1835 III BGB), aber ohne die Kosten bestimmter Haftpflichtversicherungen (§ 1835 II 2 BGB) und ohne Kfz-Haftpflichtversicherung (§ 1835 II BGB). Vom *mittellosen* Betreuten erhält er nichts, dafür aber aus der Staatskasse eine Vergütung (§ 1836a; Höhe: BVormVG) zuzüglich Mehrwertsteuer sowie Ersatz der konkreten Aufwendungen (§ 1835 IV).

a) **Höhe** der Vergütung beim Berufsbetreuer:

aa) Wenn der Betreute → **mittellos** ist, so dass die Staatskasse zahlen muss: Es kommt nicht auf die in § 1836 II 2 BGB genannten Kriterien an, sondern bezüglich des → Stundensatzes nur auf § 1 des

BVormG: je nach seiner Ausbildung erhält er (derzeit) 35, 45 oder 60 DM + MWSt (gekürzt um 10% in den neuen Bundesländern, Art. 4 BtÄndG; § 1 Ermäßigungssatz-AnpassungsVO v.15. 4. 1996, BGBl 1996, 604).

Beispiel: Abrechnung für die Zeit vom...bis...:	
20 Stunden je 60 DM	1200,00 DM
100 km Fahrten je 0,52 DM	52,00 DM
Porto, Telefon	10,00 DM
Mehrwertsteuer (16%)	201,92 DM
Summe:	1463,92 DM

bb) Wenn der Betreute **nicht mittellos** ist, so dass er selbst seinen Betreuer zahlen muss: die Höhe des Vergütung bestimmt sich nach drei Kriterien (§ 1836 II 2 BGB):

- die für die Führung der Betreuung nutzbaren Fachkenntnisse; abgestellt wird also darauf, welches Wissen der Betreuer vorhält;
- Umfang der Tätigkeit;
- Schwierigkeit der Tätigkeit.

Das *Vermögen* hat nur noch mittelbare Bedeutung, indem es sich auf zeitlichen Umfang und Schwierigkeit auswirkt.

Bei vermögenden Betreuten wird das VormG meist nach Stundensätzen abrechnen; die Abrechnung nach der Höhe des Vermögens (Prozentsätze des Vermögens) wird kaum mehr vertreten. Letztlich kommt es auf die Honorare an, die allgemein in der Berufsgruppe, welcher der Betreuer angehört, bezahlt werden (BayObLG FamRZ 1996, 1166/8). Das → BVormG gilt hierfür nicht; doch sind die dort genannten Stundensätze Mindestsätze (BayObLG BtPrax 1999, 80). Die Motive (BR-Drucks.960/96 S. 26) meinten, bei vermögenden Betreuten seien die Sätze des BVormG eine Orientierungshilfe. Immer muss die verfassungsrechtliche Vorgabe (BVerfG 54, 251) beachtet werden: Die Vergütung muss über den Ersatz der Kosten (nachweisbar durch Statistiken oder konkrete Berechnungen) hinaus ein angemessenes Honorar für einen Berufsbetreuer bringen (BayObLG FamRZ 1996, 1166). Rechtsanwälten wurden demgemäß je Stunde 180 – 220 (jeweils einschließlich MWSt) zugebilligt (OLG Köln FamRZ 1997, 1350; BayObLG FamRZ 1997, 580), auch 300 DM (OLG Schleswig FamRZ 1998, 186, aber nur für die Stunden, für welche Anwaltsfähigkeiten benötigt werden); einem Diplomsozialarbeiter: 92 DM (BayObLG FamRZ 1997, 1565); einer

Diplompsychologin: 110 DM zuzüglich MWSt (BayObLG BtPrax 1999, 31). Die VormG tendieren allerdings dazu, bei kleineren Vermögen auch dem Anwalt denselben Satz wie bei Zahlung durch die Staatskasse zuzubilligen (also nur 60 DM + MWSt).

Das Gesetz verbietet nicht, einen Teil der Stunden höher, den Rest niedriger zu honorieren; die Rspr lehnt aber überwiegend einen solchen gespaltenen Stundensatz wegen Unpraktikabilität ab. Nicht zulässig ist eine Mischkalkulation (höherer Stundensatz vom vermögenden Betreuten nur deshalb, weil in anderen Fällen die Staatskasse zu wenig zahlt (BayObLG BtPrax 1999, 31). **Mehrwertsteuer:** während bei Zahlung der Vergütung aus der Staatskasse § 1 I BVormG ausdrücklich bestimmt, dass die MWSt zum Stundensatz hinzuzurechnen ist, regelt § 1836 BGB diese Frage bei Zahlung durch den (vermögenden) Betreuten nicht. Da es keine Höchststundensätze gibt, hat die Frage keine weiteren Auswirkungen. Wenn der Betreuer mehrwertsteuerpflichtig ist, sollte zur Vereinfachung des Betreuerabrechnung die MWSt gesondert ausgewiesen werden.

Zu den vergütungsfähigen Stunden → Zeitaufwand.

b) Der *Berufs*betreuer kann die Festsetzung von Abschlagszahlungen für bereits erbrachte Leistungen sowohl aus der Staatskasse als auch vom vermögenden Betreuten verlangen; § 56 g I FGG; § 1836 II 3 BGB; aber keinen → Vorschuss.

c) Der Vergütungsanspruch des Berufsbetreuers (für ab 1. 1. 1999 entstandene Ansprüche; sowohl gegenüber der Staatskasse wie gegenüber dem vermögenden Betreuten) erlischt, wenn er nicht binnen 15 Monaten nach seiner Entstehung beim VormG geltend gemacht (d. h. beantragt) wird; die Belege können nach Fristablauf nachgereicht werden. Entstanden ist der Anspruch mit der Betreuertätigkeit (BayObLG FamRZ 1996, 372), somit letztlich tageweise. Die am 1. 5. 1999 geleisteten Stunden müssen also spätestens am 1. 8. 2000 beim VormG abgerechnet werden; an diesem Tag muss der Antrag aber schon beim VormG eingegangen sein. Die Frist kann meines Erachtens vom VormG (vor Fristablauf) verlängert werden. Auch bei schuldloser Versäumung gibt es keine Wiedereinsetzung.

d) Für **Tätigkeiten bis 31. 12. 1998** wird der Berufsbetreuer, auch bei Abrechnung 1999, 2000, nach altem Recht vergütet (§ 1836 II a.F. BGB). Vergütungshöhe bei mittellosen Betreuten: je nachdem, welche Fachkenntnisse die Führung der Betreuung *erforderte* und wie schwierig sie war, betrug die Vergütung je Stunde zwischen 25 und 75 DM, in Extremfällen 125 DM. Ob darin die Mehrwertsteuer inbegriffen war, war umstritten.

Vergütungsfestsetzungsverfahren. Der Betreuer muss einen **Antrag** (auf → Vergütung) stellen, in dem er die wirtschaftlichen Verhältnisse des Betreuten darzustellen hat, damit das VormG feststellen kann, ob Mittellosigkeit beim Betreuten vorliegt. Zulässig wäre allerdings auch eine Festsetzung von Amts wegen, dh ohne Antrag (§ 56 g I FGG).

a) **Verfahren**. Das VormG hat die zur Festsetzung der Vergütung erforderlichen Tatsachen (zB Stundensatz) von Amts wegen zu ermitteln. Der Betreute muss (zB schriftlich) **gehört** werden (§ 56 g IV 1 FGG), wenn er selbst zahlen muss (dh vermögend ist); gegebenenfalls muss ihm ein Verfahrenspfleger bestellt werden (OLG Karlsruhe Rpfleger 1996, 27). Ist der Betreute → mittellos, so dass die Staatskasse zahlen muss, kann der Bezirksrevisor gehört werden. Materiellrechtliche **Einwendungen und Einreden des Betreuten** sind im Festsetzungsverfahren zu berücksichtigen, wenn sich der Betreute darauf beruft (zB Erlass der Vergütung, Aufrechnung, etwa mit einem Schadensersatzanspruch); dies folgt aus § 56 g VI FGG (anders früher). Das VormG hat den dem Betreuer zustehenden **Stundenlohn** (→ Vergütung; → BVormVG) zu ermitteln sowie seinen → Zeitaufwand (**Stundenzahl).** Macht der Betreuer keine konkreten Zeitangaben für die Einzeltätigkeiten oder nur eine pauschale Zeitangabe für seine gesamte Tätigkeit, kann eine Schätzung von Erforderlichkeit und Angemessenheit des Zeitaufwands aufgrund des Tätigkeitsberichts durchgeführt werden (BayObLG FamRZ 1996, 1171). Macht der Betreuer eine spezifizierte Zeitangabe („15 Minuten Telefonat mit X, 60 Minuten Besuch bei Y“ usw) sind der abweichenden Schätzung durch das VormG noch engere Grenzen gesetzt: hier genügt die grobe Überprüfung der Richtigkeit der Angaben des Betreuers (BayObLG JurBüro 1993, 49). Die Kontrolle beschränkt sich daher im Wesentlichen auf denkgesetzliche Unmöglichkeiten, missbräuchliche, deutlich überzogene oder sachlich völlig ungerechtfertigte Forderungen. 30–40 Stunden pro Jahr sind bei einer Betreuung im Durchschnitt im Regelfall nicht unangemessen.

b) **Festsetzung.** aa) Wenn der **Betreute vermögend** ist, erhält sowohl der Berufsbetreuer (§ 1836 II BGB) wie auch der ehrenamtliche Betreuer (im Regelfall, § 1836 III BGB) eine Vergütung, die der Betreute selbst zahlen muss. Das VormG (Rechtspfleger) setzt die Vergütung durch Beschluss fest (§ 69e S. 1 iVm § 56 g I Nr. 2 FGG). Der Auslagenersatz (→ Aufwendungen) darf nicht durch Beschluss festgesetzt werden. Eine Anweisung durch den Urkundsbeamten scheidet aus, weil die Staatskasse nicht zahlungspflichtig ist.

bb) Wenn der **Betreute mittellos** ist, erhält der Berufsbetreuer seine Vergütung aus der Staatskasse, ebenso seine Auslagen. Wenn die Abrechnung unproblematisch ist, kann der Betrag durch den Urkundsbeamten der Geschäftsstelle des VormG im Verwaltungsweg angewiesen werden (§ 69e S. 1 iVm § 56 g I 4 FGG). Andernfalls setzt der Rechtspfleger (in Unterbringungssachen: der Richter; BayObLG Rpfleger 1993, 483) die Vergütung und den Auslagenersatz durch Beschluss fest (§ 69e S. 1 iVm § 56 g I 1 Nr. 1 FGG). Die Festsetzung der Vergütung kann auch nach dem Tode des Betreuten erfolgen (BayObLG FamRZ 1996, 372).

c) **Rechtsmittel:** Es kommt auf den Betrag an, um den sich der Beschwerdeführer verbessern will (Beispiel: 3400 DM beantragt, 3000 DM vom VormG zugebilligt; Beschwerdewert 400 DM, wenn der Beschwerdeführer die restlichen 400 DM voll erstreiten will). Bei einem Beschwerdegegegenstand bis 300 DM ist nur sofortige Erinnerung (Frist: zwei Wochen ab Zustellung) gegen den Festsetzungsbeschluss des VormG zulässig; der Rechtspfleger kann abhelfen; bei Nichtabhilfe entscheidet der Vormundschaftsrichter endgültig (§ 11 II RPflG). Der Richter (aA: der Rechtspfleger) kann aber auch die Beschwerde zum LG zulassen (§ 56 g V FGG). Wenn der Beschwerdegegenstand 300,- DM übersteigt oder die Beschwerde zugelassen wurde, ist gegen den Rechtspflegerbeschluss die **sofortige Beschwerde** (Frist: zwei Wochen, § 22 FGG) zum LG statthaft, §§ 19, 56 g V 1 FGG. Die Nichtzulassung der Beschwerde ist unanfechtbar. Eine Verschlechterung, dh eine Herabsetzung der Vergütung im Beschwerdebeschluss, ist nicht zulässig, wenn nur der Betreuer gegen die Vergütungsfestsetzung Beschwerde einlegt (BayObLG FamRZ 1997, 185). Die Beschwerdebefugnis (§ 20 FGG) haben die Zahlungspflichtigen bzw. Vergütungsberechtigten. Die Staatskasse (Bezirksrevisor) ist beschwerdeberechtigt, wenn sie selbst zahlen soll.

d) Eine weitere **Beschwerde zum OLG** (BayObLG, KG) gegen den Beschwerdebeschluss des Landgerichts ist unzulässig, außer das Landgericht hat sie zugelassen (§ 56 g V 2 FGG).

e) Mit formeller Rechtskraft des Vergütungsbeschlusses sind Änderungen nicht mehr zulässig (§ 18 II FGG); eine spätere Herabsetzung der Vergütung mit der Folge, dass der Mehrbetrag herauszugeben ist, gibt es nicht mehr.

f) **Geldeingang**. Wenn der Betreuer die Vermögenssorge hat, kann er die Vergütung nach Festsetzung selbst aus dem Vermögen des Betreuten entnehmen; der entnommene Betrag ist in der jährlichen Abrechnung aufzuführen. Ist der Betreute zwar vermögend, der Betreuer aber ohne Vermögenssorge, kann er eine vollstreckbare Ausfertigung des Vergütungsfestsetzungsbeschlusses beim VormG beantragen und damit den Gerichtsvollzieher beauftragen (vgl § 69e S. 1 iVm § 56 g VI FGG), wenn nicht freiwillig bezahlt wird. Ebenso ist es, wenn die Erben nicht zahlen wollen.

Vergütungspauschale. Das VormG kann nach seinem Ermessen dem Betreuer die Abrechnung nach (aufgeschriebenen) Stunden untersagen und ihm statt dessen im vorhinein (nicht rückwirkend) eine Pauschalvergütung bewilligen (§ 1836 b Nr. 1 BGB), errechnet nach dem → Stundensatz, der auf den Betreuer zutrifft, multipliziert mit dem geschätzen Stundenaufwand (zB jährlich 3000 DM, wenn 50 Stunden zu je 60 DM angesetzt werden, zuzüglich MWSt und konkreter Abrechnung der → Aufwendungen); auch Monatspauschalen oder andere Zeiträume sind möglich. Die Pauschale ist nur zulässig, wenn ein Betreuer die Betreuung berufsmäßig führt und eine mittellose Person betreut; ob bei Betreuung vermögender Personen durch Berufsbetreuer die Pauschale zulässig ist, ist umstritten. Beim ehrenamtlichen Betreuer eines Vermögenden scheidet die Pauschale aus. Der Vorteil liegt darin, dass die lästige Stundenaufschreibung entfällt; der Nachteil ist, dass Mehraufwand nicht vergütet wird. Den Beschluss kann der Rechtspfleger zu Beginn der Betreuung oder später (für die Zukunft) erlassen. Vor Erlass des Beschlusses ist dem Betreuer und dem Betreuten (bzw seinem Verfahrenspfleger) rechtliches Gehör zu gewähren. Die Zustimmung des Betreuers ist nicht erforderlich.

a) Zulässig ist der Pauschalbeschluss ferner nur, wenn die für die Führung der Betreuung erforderliche Zeit vorhersehbar ist (zB wegen des Zeitbedarfs für die konkrete Betreuung in der Vergangenheit oder aufgrund von generellen Erfahrungswerten). Außerdem muss die Ausschöpfung dieses Zeitpensums durch den Betreuer gewährleistet sein. Der Betreuer braucht dann keine Stunden nachzuweisen, kann aber auch nicht nachfordern, wenn sich herausstellt, dass die prognostizierte Zeit nicht ausreicht (§ 1836 b Nr. 1 S. 3 BGB). Wird die Betreuung vorzeitig beendet (zB die Betreute stirbt zwei Monate nach Anordnung der Betreuung), erhält der Betreuer den entsprechenden Anteil der Pauschale (nach aA erhält er die volle Jahrespauschale).

b) Gegen den Beschluss ist die sofortige → Beschwerde statthaft (§ 56 g V 1 FGG). Der Betreuer kann meines Erachtens ferner seine Entlassung beantragen, wenn er die Stundenzahl für zu gering hält (vgl § 1908 b II BGB). Da der Beschluss mit Ablauf der Beschwerdefrist rechtskräftig wird, gilt er (falls er nicht befristet ist) zumindest solange, bis über die Verlängerung der Betreuung zu entscheiden ist. Künftigen Entwicklungen kann somit nicht ohne weiteres Rechnung getragen werden (vgl Zimmermann FamRZ 1999, 630/3). Nach anderer Meinung ist der Beschluss abänderbar.

Vergütung des nichtberufsmäßigen Betreuers. Wer nicht → Berufsbetreuer ist, erhält:
- vom vermögenden Betreuten eine Vergütung (§ 1836 III BGB) sowie Ersatz seiner → Aufwendungen (§ 1835 I BGB), einschließlich → beruflicher Dienste (§ 1835 III), der Kosten bestimmter → Haftpflichtversicherungen (§ 1835 II), aber ohne Kfz-Haftpflichtversicherung (§ 1835 II).
- Vom mittellosen Betreuten erhält der Betreuer nichts, dafür aber aus der Staatskasse (keine Vergütung, sondern) nach seiner Wahl Ersatz der konkreten Aufwendungen (§ 1835 IV) oder eine → Aufwandspauschale von derzeit 600 DM jährlich (§ 1835 a).

a) Dem nichtberufsmäßigen Betreuer (ehrenamtlichen Betreuer) eines vermögenden Betreuten kann das VormG (Rechtspfleger) eine Vergütung bewilligen, soweit der Umfang oder die Schwierigkeit der Betreuungsgeschäfte dies rechtfertigen (§ 1836 III BGB). Es sind also Fälle denkbar, in denen nach dem Ermessen des VormG trotz Vermögen keine Vergütung angemessen ist, zB wenn die Beteiligten nahe verwandt sind oder wenn das Vermögen nur geringfügig über der → Mittellosigkeitsgrenze liegt. Andererseits kann eine Vergütung auch bewilligt werden, wenn der Betreuer nur die Personensorge und nicht die Vermögenssorge hatte.

b) Zur **Höhe der Vergütung** sagt § 1836 III BGB nur, dass sie angemessen sein muss. Dabei sind alle relevanten Umstände des Einzelfalles zu berücksichtigen, nicht nur die Faktoren Vermögen und Umfang sowie Schwierigkeit der Betreuungsgeschäfte; die nutzbaren Fachkenntnisse sind zwar (anders als bei § 1836 II BGB) nicht erwähnt, aber gleichwohl zu berücksichtigen. Es besteht kein vorgeschriebener Rahmen, keine Tabelle oder feste Taxe. Das Gesetz gestattet sowohl eine Vergütung nach Zeitaufwand des Betreuers (der Stundensatz richtet sich dabei nicht nach dem BVormVG, weil dieses nur gegenüber der Staatskasse gilt; doch sind dessen Sätze meines Erachtens Mindestsätze) wie auch nach Prozentsätzen des Vermögens (ca 1–3% des Bruttovermögens jährlich). Die Abrechnung nach Zeitaufwand steht im Vordergrund (die Abrechnung nach Vermögensprozenten wird kaum mehr vertreten); die Stundenzahl ist daher in ihrer ungefähren Größenordnung festzustellen bzw. zu schätzen (BayObLG FamRZ 1998, 1052). Der einem Berufsbetreuer mit der entsprechenden Qualifikation zustehende Stundensatz ist ein Anhaltspunkt; er kann nach Meinung der Rechtsprechung (BayObLG FamRZ 1998, 1052) aber allenfalls in besonderen Ausnahmefällen zugebilligt werden; dh im Regelfall ist weniger zu vergüten, weil in diesem Stundensatz Bürokosten usw stecken. Eine → Vergütungspauschale oder eine → Zeitbegrenzung (§ 1836 b BGB) ist bei ehrenamtlichen Betreuern nicht zulässig.

c) **Erlöschen.** Der Anspruch des ehrenamtlichen Betreuers gegen den vermögenden Betreuten unterliegt der gewöhnlichen Verjährung (30 Jahre) und ist nach § 204 S. 2 BGB gehemmt; die Erlöschenregelung in § 1836 II 4 BGB (15 Monate ab Entstehung) bezieht sich nur auf Berufsbetreuer. Da dies streitig ist, sollte der ehrenamtliche Betreuer seine Stunden innerhalb von 15 Monaten abrechnen.

d) Die Vergütung wird auf Antrag des Betreuers vom VormG (Rechtspfleger) durch Beschluss festgesetzt (§ 56 g I FGG); erst dann darf er sie dem von ihm verwalteten Vermögen des Betreuten entnehmen.

Vergütung und Aufwendungsersatz des Verfahrenspflegers. Vergütung und Aufwendungsersatz erhält der Verfahrenspfleger immer (auch wenn der Betroffene vermögend ist) zunächst aus der Staatskasse (§ 67 III 1 FGG). Diese stellt dem Betroffenen dann den an den Verfahrenspfleger bezahlten Betrag als Auslage in Rechnung (§ 137 Nr. 16 KostO); er muss die Auslagen aber nur erstatten, wenn er vermögend im Sinne von § 1836c BGB ist (§ 93a II KostO). Der berufsmäßige Verfahrenspfleger in Betreuungssachen erhält eine Stundenlohnvergütung (§ 1908i I verweist auf § 1836 I 2, II BGB). Für jede notwendige und tatsächlich aufgewandte Stunde erhält er (je nach seiner Ausbildung) 35, 45 oder 60 DM, zuzüglich Mehrwertsteuer (§ 1 BVormVG). Ein *Anwalt* erhält also bei 2 Stunden Zeitaufwand 120 DM + 16% MWSt + Auslagenerstattung (zB Fahrtkosten). Für **Unterbringungs-Verfahrenspfleger** gilt dasselbe; das folgt aus § 70 b I 3 FGG, der auf § 67 III FGG verweist. Betreuungsvereine als Verfahrenspfleger erhalten keine Vergütung (§ 1908e); Betreuungsbehörden ebenfalls nicht.

Der ehrenamtliche Verfahrenspfleger eines *vermögenden* Betroffenen wird in der Regel ebenfalls vergütet (§ 1836 III BGB). Bei *Mittellosigkeit* gibt es für ihn keine Vergütung, auch keine Pauschale nach § 1835a BGB. Die →Aufwendungen werden allen Arten von Verfahrenspflegern ersetzt, gleichgültig ob sie vermögenden oder mittellosen Personen beigeordnet sind. Die Höhe richtet sich nach § 1835 BGB; eine Pauschalierung ist unzulässig.

Die Rechtsmittel sind dieselben wie bei der → Vergütung des Betreuers.

Vermisste Betreute. Der Betreuer mit dem Aufgabenkreis Personensorge, Aufenthaltsbestimmung, kann den verschwundenen Betreuten bei der Polizei als vermisst melden, so dass er dort über das Informationssystem der Polizei zur Aufenthaltsermittlung (bzw zur Ingewahrsamnahme) ausgeschrieben wird. Als vermisst gilt ein Volljähriger, wenn er seinen gewohnten Lebenskreis verlassen hat, der Aufenthalt unbekannt ist und eine Gefahr für Leib oder Leben (zB wegen Hilflosigkeit, Selbstmordgefahr) angenommen werden kann. Rechtsgrundlage ist das jeweilige Landesrecht, zB Art. 2, 17 I 1, 38 I BayPAG. Der Betreuer sollte dabei angeben, was beim Antreffen des vermissten Betreuten geschehen soll (Rückführung?)

und wie er selbst jederzeit erreichbar ist. Vgl Milke BtPrax 1993, 84.

Vermögensherausgabe. Der Betreuer hat nach der Beendigung seines Amtes dem Betreuten bzw. dessen Erben oder dem neuen Betreuer das verwaltete Vermögen herauszugeben und über die Verwaltung → Rechenschaft abzulegen (§ 1890 BGB). Die Abrechnung entfällt bei → Verzicht. Herauszugeben sind sämtliche vom Betreuer verwaltete Vermögensgegenstände; ferner die darüber bestehenden Urkunden (Sparbücher, Verträge, Belege). → Akten des Betreuers. Der Betreuer hat auch ein Verzeichnis des letzten Vermögensbestandes vorzulegen (hierbei kann auf das gemäß § 1802 BGB erstellte Verzeichnis, sowie die Jahresrechnungen, § 1840 BGB, Bezug genommen werden); ggf ist die eidesstattliche Versicherung über die Richtigkeit zu leisten. Gestattung der Akteneinsicht oder Herausgabe der Handakten wird nicht geschuldet. Sperrvermerke nach §§ 1809, 1815, 1816 BGB braucht der Betreuer nicht löschen zu lassen; dies ist Sache des Betreuten. Auf Antrag erhalten die Erben eine Bescheinigung des VormG, dass die Betreuung durch den Tod des Betreuten beendet ist; ihre Erbenstellung können sie durch den Erbschein nachweisen.
Der Herausgabeanspruch ist privatrechtlicher Natur; das VormG kann hier nicht mit Zwangsgeld usw helfen (aA OLG Frankfurt MDR 1961, 57); notfalls muss der Betreute vor dem Zivilgericht auf Herausgabe und Auskunft klagen. Die **Kosten der Herausgabe** (zB Transportkosten) hat der Betreute zu tragen; der Betreuer ist nicht zum Versand verpflichtet. Wegen etwaiger Ansprüche auf Ersatz von Aufwendungen und Vergütung hat der Betreuer ein Zurückbehaltungsrecht (§ 273 BGB).

Vermögenssorge. Dieser Aufgabenkreis umfasst die Vertretung in allen vermögensrechtlichen Fragen. *Voraussetzungen:* vgl § 1896 BGB (→ Betreuung). Wenn weder Vermögen noch Einkommen vorhanden sind und solches auch nicht demnächst zu erwarten ist, darf dieser Aufgabenkreis nicht isoliert angeordnet werden (BayObLG FamRZ 1995, 1085). Für einen Vermögenslosen, der verschuldet ist, darf aber ein Vermögensbetreuer bestellt werden, damit er sich (evtl mittels Anordnung eines Einwilligungsvorbehalts) nicht weiter verschulden kann (BayObLG FamRZ 1997, 902; Knittel § 1896 Rz 32f). Der Aufgabenkreis darf auch angeordnet werden, wenn zwar derzeit kein Handlungsbedarf besteht, ein solcher aber demnächst eintreten kann, weil ein Vermögen nicht sich selbst überlassen werden darf (BayObLG FamRZ 1995, 117). Auch bei einem Vermögenslosen darf der Aufgabenkreis „alle Angelegenheiten" bestimmt werden (sonst gäbe es diesen Aufgabenkreis bei Mittellosen nicht). Es ist nicht erforderlich, dass der Aufgabenkreis detailliert festgeschrieben wird, wie zB „Sorge für das bewegliche Vermögen", wenn der Betreute kein Grundstück hat.

a) **Rechte des Vermögensbetreuers:** Vertretung in allen vermögensbezogenen Geschäften (§ 1902 BGB), zB Geldanlage, Vermögensumschichtungen, Abschluss von Mietverträgen für das Anwesen des Betreuten, Kündigung, vermögensbezogene Erklärungen gegenüber dem Grundbuchamt, Finanzamt, Behörden, Beantragung einer Rente (OLG Hamm FamRZ 1974, 31), freiwillige Weiterversicherung (aA SozG Heilbronn DAVorm 1990, 373); die Verwaltung von Rente und Sozialhilfe (OLG Köln FamRZ 1993, 850), die Beantragung von Sozialhilfe (aA LG Köln FamRZ 1998, 919: Sozialhilfeantrag gehöre zur Personensorge), Geltendmachung von Schmerzensgeld, von Ansprüchen nach dem Urheberrecht, von Unterhaltsansprüchen (aA LG Köln FamRZ 1998, 919). Der Aufgabenkreis berechtigt aber nicht dazu, eingehende Briefe, die an den Betreuten adressiert sind, mit Rechnungen, Kontoauszugen zu öffnen (dazu ist der Aufgabenkreis Postkontrolle nach § 1896 IV BGB erforderlich); wohl aber gibt er dem Betreuer das Recht, von der Bank, Behörden, Handwerkern zu fordern, dass sie ihre Briefe an den Betreuer selbst adressieren.

b) **Nicht erfasstes Vermögen:** bei einer Gemeinschaft (zB Miteigentum an einem Haus), Erbengemeinschaft, wird nur der Anteil des Betreuten von der Betreuung erfasst, bei einer BGB-Gesellschaft nur der Gesellschaftsanteil des Betreuten; bei Testamentsvollstreckung am Miterbenanteil bleibt es beim Verwaltungsrecht des Testamentsvollstreckers. → Vermögensverwaltungsgrundsätze.

Vermögensverwaltungsgrundsätze:

- Zu Beginn der Verwaltung ist ein → Vermögensverzeichnis zu erstellen.

- Das Vermögen des Betreuten ist von dem des Betreuers und von dem anderer Betreuter zu trennen. → Vermögenstrennung.
- bestimmte → Geldanlageregeln sind zu beachten
- → Sperrvermerke sind erforderlich.
- → Schenkungsverbot.
- → Vormundschaftsgerichtliche Genehmigungen sind in vielen Fällen erforderlich.
- → Auskunftspflichten des Betreuers gegenüber dem VormG.
- → Jährliche Abrechnung ist erforderlich. → Rechnungslegung, -prüfung.
- → Schlussrechnung gegen dem VormG bei Beendigung der Betreuung.
- → Rechenschaftslegung gegenüber dem Betreuten bei Beendigung der Betreuung.

Vermögenstrennung. Das Vermögen des Betreuten ist von dem des Betreuers streng zu trennen und zwar in jeder Hinsicht (vgl §§ 1908i I, 1805 BGB). Die alten und neuen Konten des Betreuten lauten weiterhin auf seinen Namen, der Betreuer wird lediglich als Vertreter vermerkt. Geld des Betreuten darf nicht auf ein Konto des Betreuers einbezahlt werden, selbst wenn es ein Anderkonto (Treuhandkonto) ist. Zu trennen sind auch die Gelder mehrerer Betreuter untereinander. Die Bildung von → Sammelkonten, auf dem sich alle Gelder mehrerer Betreuter befinden, ist unzulässig (OLG Köln FamRZ 1997, 899). Der Betreuer darf ferner Sachen des Betreuten (zB leerstehende Wohnung, Garten, Auto) nicht unentgeltlich für sich nutzen (§ 1805 BGB); er darf ihn nicht unentgeltlich für sich arbeiten lassen; anders ist es, wenn eine Hausgemeinschaft besteht (zB Eltern – volljähriger behinderter Sohn); hier darf in üblicher Weise im Haushalt bzw. Geschäft mitgearbeitet werden. Die entgeltliche Beschäftigung des Betreuten oder die Nutzung von dessen Eigentum setzt einen Vertrag voraus; wegen §§ 1795 II, 181, 1908 i I BGB muss vom VormG zuvor ein Ergänzungsbetreuer bestellt werden (§ 1899 IV BGB), der die Angemessenheit der Gegenleistungen prüft. Möglich ist deshalb, dass die Betreuerin (zB die Tochter) vom Betreuten (zB dem Vater) eine Wohnung anmietet oder mit ihm einen entgeltlichen Pflege- oder Darlehensvertrag schließt.

Vermögensumschichtung. Andere Vermögensstücke des Betreuten als Guthaben und Wertpapiere, zB Grundstücke, Wertsachen (Möbel, Gemälde, Sammlungen) darf der Betreuer nicht ohne weiteres versilbern und das Erlös einer verzinslichen und mündelsicheren Anlage zuführen. Wenn das Geld nicht für den Unterhalt des Betreuten oder sonstige Ausgaben benötigt wird, verbietet die Rücksicht auf mutmaßliche Wünsche des Betreuten (§ 1901 II BGB) sowieso eine Veräußerung. In seltenen Fällen verlangt die sonst eintretende Haftung des Betreuers (§ 1833 BGB), dass er eine vorgefundene Geldanlage umwandelt, zB die unsicheren ausländischen Anleihen veräußert, das Guthaben von einer nicht dem Einlagensicherungsfonds angehörigen Bank wegnimmt.

Vermögensverzeichnis. Der Betreuer mit dem Aufgabenkreis Vermögenssorge hat zu Beginn der Betreuung und nach Beendigung der Betreuung dem Vormundschaftsgericht ein Verzeichnis über das Vermögen des Betreuten einzureichen (§§ 1802, 1890, 1908i I BGB). Das Gericht hat entsprechende Vordrucke, die verwendet werden sollten.

a) Bei den **Aktiva** sind aufzuführen:

- Grundbesitz mit Grundbuchbezeichnung, Einheitswert, Brandversicherungswert, Baujahr, Verkehrswert. Die entsprechenden Unterlagen erhält der Betreuer vom Grundbuchamt, Finanzamt, Brandversicherungsanstalt. Der Grundstückswert kann meist bei der Gemeinde erfragt werden (Richtwert nach dem BauGB), sonst wird er überschlägig vom Betreuer geschätzt.
- Erwerbsgeschäft.
- Bargeld.
- Guthaben bei Banken, Sparkassen.
- Wertpapiere; hier genügt die Beifügung eines von der Bank für den jeweiligen Stichtag erstellten Depotauszugs.
- Forderungen. Vermögenswerte, die vor der Wirksamkeit der Anordnung der Betreuung, evtl sogar vor Anordnung der Betreuung, unberechtigt entfernt wurden (unberechtigte Abhebungen aufgrund von Vollmachten usw), sind als Forderungen in das Vermögensverzeichnis aufzunehmen (LG Berlin Rpfleger 1981, 110).
- Lebensversicherungen (Rückkaufwert zu erfragen bei der Versicherung).

- Kunstgegenstände, Sammlungen.
- Hausrat, Gegenstände des persönlichen Gebrauchs. Eine pauschale Angabe genügt.
- Fahrzeuge.
- Beteiligungen (Anteile an Erbengemeinschaften, Gesellschaften).

b) **Passiva**. Darunter fallen Schulden und Lasten jeder Art; ggf ist anzugeben, wie hoch der Schuldzins ist.

c) Wenn der Betreuer das Verzeichnis selbst nicht erstellen kann, kann er Hilfe von sachkundigen Personen heranziehen (§ 1802 II BGB); dies geht auf Kosten des Betreuten.

d) Das **Einkommen** ist nach § 1802 BGB an sich nicht zu verzeichnen; doch kann das VormG gem. § 1839 BGB Angaben darüber fordern (so die Vordrucke). **Belege** brauchen dem Verzeichnis nicht beigefügt zu werden, können aber vom VormG gem. §§ 1837 II, 1839 BGB verlangt werden; zweckmäßig ist, sie sogleich in Kopie beizulegen.

e) Der **Stichtag** für das Vermögensverzeichnis ist umstritten (Tag der Anordnung der Betreuung, des Zugangs oder der Verpflichtung?); der Betreuer wird den Tag wählen, den der Rechtspfleger in den Vordruck geschrieben hat, hilfsweise den Tag, an dem ihm die Bestellung zum Betreuer zuging (wegen § 69a III FGG).

f) Das Verzeichnis kann jederzeit berichtigt werden. **Zu- und Abgänge** von Vermögensgegenständen (zB durch Erbschaften) sind zu verzeichnen und dem Gericht als Ergänzungsverzeichnis einzureichen.

g) Umschichtungen, Kursgewinne und Kursverluste bei Wertpapieren, die laufenden Einnahmen und Ausgaben gehören in die Jahresrechnung (§ 1840 II BGB), nicht in das Vermögensverzeichnis.

h) **Wertangaben** sind nach § 1802 BGB nicht erforderlich; die Gerichte verlangen gleichwohl in den üblichen Vordrucken die Angabe des Verkehrswertes, damit die → Gerichtskosten für die Betreuung (§ 92 KostO) berechnet werden können. Die Beibringung eines Gutachtens über den Wert kann das VormG nicht verlangen (sondern erst, wenn Gegenstände veräußert werden sollen). Ferner sind die Angaben von Bedeutung, damit geklärt werden kann, ob der Betreute → mittellos ist.

i) Der Betreuer hat die Richtigkeit und Vollständigkeit zu versichern (§ 1802 I), aber nicht *eidesstattlich.*

j) Zum Einreichen des Verzeichnisses kann der Betreuer gezwungen werden, notfalls mit Zwangsgeld (§ 1837 III BGB) und Androhung der Entlassung (§ 1908 b BGB). Wird das Verzeichnis nicht binnen angemessener Zeit eingereicht und entsteht dem Betreuten dadurch ein Schaden, kommt eine Haftung des Staates gem. Art. 34 GG, § 839 BGB in Betracht. Das VormG hat das Verzeichnis nur formell zu prüfen (dh ob es allseits ausgefüllt ist); seine materielle Richtigkeit und Vollständigkeit (dh ob die Kontostände stimmen) sind nur dann zu prüfen, wenn Bedenken hinsichtlich der Ordnungsmäßigkeit bestehen; dann kommt auch in Frage, dass das VormG das Verzeichnis durch einen Notar erstellen lässt (§ 1802 III BGB); die entsprechenden Notarkosten (§ 52 KostO) muss zunächst der Betreute tragen, kann sie aber nach § 1833 BGB vom Betreuer ersetzt verlangen.

k) Die Erstellung des Verzeichnisses kann schwierig sein, wenn der Betreute nicht helfen kann oder will. Wenn auch Angehörige nicht behilflich sein können, muss an die örtlichen Banken geschrieben werden, ob dort Vermögenswerte bekannt sind. Das Girokonto erfährt man in der Regel beim Vermieter; wenn Kontoauszüge für längere Zeit rückwärts erstellt und dann überprüft werden, ist meist auch das Vermögen bekannt, da fast jedes Vermögen Kosten verursacht; außerdem kann die Durchsicht der vorhandenen Korrespondenz Aufschlüsse geben.

Vertrauensperson. Derjenige, gegen den sich ein Betreuungsverfahren richtet, kann dem VormG eine Vertrauensperson benennen; diese ist dann zum Verfahren anzuhören (§ 68 a S. 4 FGG). Ebenso ist eine solche Vertrauensperson vom VormG (zB schriftlich) anzuhören, bevor der Betreute geschlossen untergebracht wird (§ 70 d I Nr. 4 FGG). → Äußerungsrecht im Betreuungsverfahren.

Verwaltungsanordnungen. Wer einem Betreuten etwas vererbt, vermacht oder schenkt, hat drei Möglichkeiten:

a) Er unternimmt nichts weiter; dann verwaltet der Betreuer des Betreuten auch dieses geerbte Vermögen.

b) Er schließt einen bestimmten Betreuer von der Verwaltung völlig aus (vgl § 1909 I 2 BGB); dann ist vom VormG ein weiterer Betreuer zu bestellen (§ 1899 IV BGB), der *dieses* geerbte Vermögen verwaltet. *Beispiel:* Die Großmutter will ihren (behinderten, volljährigen) Enkel als Erben einsetzen. Dessen Vater ist als Betreuer bestellt; die Großmutter möchte nicht, dass ihr Sohn, der ihrer Meinung nach unter dem Einfluss seiner Frau steht oder den sie für unkorrekt hält, die Erbschaft verwaltet. Sie kann dann in ihrem Testament bestimmen, dass das von ihr an den Enkel weitervererbte Vermögen vom Sohn nicht verwaltet werden darf.

c) Der Erblasser schreibt in sein Testament lediglich eine sog Verwaltungsanordnung hinein, §§ 1908i I, 1803 BGB („Das Geld muss auf dem Sparbuch bleiben; das Haus darf nicht verkauft werden"). Solche Anordnungen sind lästig und oft unvernünftig. Die Anordnungen nach § 1803 BGB binden den Betreuer nur im Innenverhältnis, sie beschränken nicht seine Vertretungsmacht (§ 1902 BGB) nach außen. Befolgt der Betreuer die Anordnungen nicht, sind seine Geschäfte also wirksam; allerdings ist er schadensersatzpflichtig (§ 1833 BGB) und das VormG muss gegen den Betreuer einschreiten (§ 1837 BGB). Der Betreuer darf von der Anordnung des Erblassers abweichen, wenn das Interesse des Betreuten andernfalls gefährdet ist und wenn das VormG dies genehmigt (§ 1803 II BGB). Beispiel: die Anordnung lautet: das Haus darf nicht verkauft werden; dann ist der Verkauf erlaubt, wenn andernfalls der Unterhalt des Betreuten nicht gedeckt werden kann. Die Betreuungsbehörde als Betreuerin muss nach Landesrecht teilweise keine Genehmigung des Gerichts einholen. Von Anordnungen des Schenkers kann abgewichen werden, wenn der Schenker zustimmt. Wenn der Schenker inzwischen zB geistig verwirrt oder unbekannten Aufenthalts ist, kann das VormG seine Zustimmung ersetzen (§ 1803 III BGB).

Verwaltungskosten. Allgemeine Verwaltungskosten kann ein Betreuer nicht vom Betreuten oder aus der Staatskasse ersetzt verlangen. Für Betreuungsvereine und Vereinsbetreuer ist dies ausdrücklich geregelt (§ 1908 e I 2 BGB). Beim Berufsbetreuer fließen sie in den Stundensatz ein. Der Grund dafür ist, dass es mit unverhältnismäßigen Schwierigkeiten verbunden wäre, solche Kosten sachgerecht auf die einzelnen Betreuungsfälle umzurechnen (BT-Drucks 11/4528 S. 157). Die Abgrenzung der nicht erstattungsfähigen allgemeinen Kosten von den erstattungsfähigen Aufwendungen hängt davon ab, ob bestimmte Kosten einem bestimmten Betreuungsfall zugerechnet werden können. Die Kosten der Geschäftsführung, der inneren Verwaltung (Büropersonal, Schreibkräfte), Miete, Strom, Heizung, Kosten der Putzfrau, der Putzmittel, Anschaffung und Instandhaltung der Telefonanlage, des Telefaxgeräts, Beschaffung von Literatur, von Computern, Schreibmaschinen, Fotokopiergeräten, Fortbildung usw dürfen demzufolge nicht auf die Betreuungen aufgeteilt werden; das für den konkreten Fall ausgegebene Porto, der Zeitaufwand für die Abrechnung der konkreten Beteuung usw dagegen schon (§ 1835 I BGB).

Verpflichtung des Betreuers. Nach jeder Bestellung muss ein Betreuer vom VormG (Rechtspfleger) mündlich verpflichtet werden (§ 69 b I 1 FGG), das heißt, dass er zu treuer und gewissenhafter Führung der Betreuung angehalten wird; Handschlag usw ist nicht vorgeschrieben. Vereinsbetreuer, Behördenbetreuer, Vereine und die Betreuungsbehörde werden nicht verpflichtet (§ 69 b I 2 FGG). Wirksam wird die Bestellung des Betreuers allerdings schon vorher, nämlich mit → Wirksamwerden der Bestellung; die Vertretungsmacht des Betreuers beginnt somit vor der Verpflichtung. Schriftliche Verpflichtung scheidet aus. Telefonische Verpflichtung hält die Rechtsprechung für unzulässig (KG FamRZ 1994, 1600). Die Verpflichtung als solche hat keine rechtliche Bedeutung; wird sie unterlassen, ist das unschädlich (BayObLG FamRZ 1993, 602). Erscheint der Betreuer zum Verpflichtungstermin nicht, könnte ihm ein Zwangsgeld oder Entlassung angedroht werden. Eine wiederholte Verpflichtung kommt in Frage, wenn der Aufgabenkreis des Betreuers erweitert wird, nicht aber, wenn die Betreuung verlängert wird. Fahrtkosten und Zeitaufwand für die Verpflichtung kann der Betreuer nach §§ 1835 ff BGB abrechnen. → Unterrichtung. → Einführungsgespräch.

Verschollener Betreuter. Der Betreuer kann das Aufgebot zur Todeserklärung nur mit Genehmigung des VormG beantragen (§ 16 VerschollensheitsG).

Vertragschluss. Zu Verträgen im Namen des Betreuten braucht der Betreuer in vielen Fällen die → Genehmigung des VormG: zB zu Verträgen in Zusammmenhang mit Grundbesitz (§ 1821 BGB); Verfügungen über Erbschaften und Pflichtteil (§ 1822 Nr. 1,2 BGB), Veräußerung eines Geschäfts (§ 1822 Nr. 3 BGB), bestimmte Pachtverträge (§ 1822 Nr. 4 BGB), Aufnahme eines Darlehens (§ 1822 Nr. 8 BGB), Bürgschaftsübernahme (§ 1822 Nr. 10 BGB), bestimmte → Vergleiche (§ 1822 Nr. 12 BGB). Zu einem Vertrag, durch den der Betreute zu wiederkehrenden Leistungen verpflichtet wird, bedarf der Betreuer der Genehmigung des VormG, wenn das Vertragsverhältnis länger als vier Jahre dauern soll (§ 1907 III BGB). Zuständig ist der Rechtspfleger. Bei Abschluss ohne Genehmigung ist der Vertrag, wenn er auf länger als 4 Jahre geschlossen ist, mit einer Laufzeit von 4 Jahren wirksam, wenn anzunehmen ist, dass er mit gleichem Inhalt auch für 4 Jahre geschlossen worden wären, § 139 BGB (BGH NJW 1962, 734). Darunter fallen zB Lebensversicherungsverträge, Leasingverträge, Bausparverträge, Leibgedinge, Rentenverpflichtung.

Vertretung → Gesetzlicher Vertreter.

Verzicht auf Abrechnung. Der ehemalige (geschäftsfähige) Betreute bzw die Erben des Betreuten können auf die Rechenschaftslegung nach § 1890 BGB verzichten; dies ist ein Erlassvertrag (§ 397 I BGB). Damit entfällt auch die dem Staat (VormG) gegenüber geschuldete öffentlich-rechtliche Pflicht zur Rechnungslegung nach § 1892 BGB (→ Schlussrechnung). Das VormG kann diesen Verzicht in geeigneten Fällen anregen, zB indem es entsprechende Verzichtserklärungen übersendet. Bei **Wechsel des Betreuers** kann der neue Betreuer nicht auf die Schlussrechnung verzichten; das wird aus §§ 1804, 1812 I BGB gefolgert. Der → befreite Betreuer ist von der jährlichen Rechnungslegungspflicht befreit (§§ 1840, 1857a BGB). Bei Beendigung der Betreuung trifft aber auch ihn die Rechenschaftspflicht gegenüber dem Betreuten bzw dessen Erben oder dem neuen Betreuer; auch hierauf kann verzichtet werden.

Vollmacht. Wenn die Angelegenheiten einer Person durch einen Bevollmächtigten besorgt werden können, ist ein Betreuer überflüssig; durch Vollmachten lassen sich daher Betreuungen vermeiden (§ 1896 II BGB), was im Interesse der Staatskasse liegt. Wenn die Vollmacht gezielt für den Eintritt einer altersbedingten Geschäftsunfähigkeit des Vollmachtgebers erteilt wird, spricht man von einer Altersvorsorgevollmacht, vgl §§ 168 S. 1, 672 S. 1 BGB. Die Vollmacht hat Vor- aber auch Nachteile gegenüber der Betreuung:

Betreuung	Vollmacht
Bei Vermögen fallen Gerichtskosten und Betreuervergütung an	Bevollmächtigter arbeitet u.U. kostenlos
oft Genehmigung durch das VormG notwendig	nur ausnahmsweise Genehmigung notwendig
Bestellung durch das VormG, Vorschlagsrecht des Betreuten	freie Auswahl des Bevollmächtigten
Schwierige Auswechslung des Betreuers	Vollmachtswiderruf möglich (durch geschäftsfähigen Vollmachtgeber oder Kontrollbetreuer)
Kontrolle durch das VormG, daher geringes Risiko	grundsätzlich keine Kontrolle durch das VormG, daher Missbrauchsrisiko; beschränkbar durch einen zweiten Bevollmächtigten oder einen Kontrollbetreuer

a) **Anlass der Vollmacht**. Die Vollmacht kann vom Betroffenen ohne Bezug auf die Hilfsbedürftigkeit erteilt werden (zB die einem Ehegatten oder erwachsenen Kind irgendwann einmal erteilte Bankvollmacht) oder speziell, um eine künftige gerichtliche Betreuung zu vermeiden; ferner auch noch nach Anordnung der Betreuung. Im letzteren Falle führt dies, wenn die Vollmacht wirksam ist, zur Aufhebung der Betreuung nach § 1908d I BGB. Der Betreute kann, wenn er geschäftsfähig ist, auch seinem Betreuer Vollmacht erteilen (Veit FamRZ 1996, 1317 mwN; streitig); handelt dieser dann *als Bevollmächtigter*, unterliegt er nicht mehr den Schranken eines Betreuers; freilich ist dann alsbald eine Aufhebung der überflüssig gewordenen Betreuung erforderlich (§ 1908 d II BGB). **Umfang**. Eine Vollmacht kann für alle Rechtsgeschäfte erteilt werden (Generalvollmacht) oder für einzelne; die Bankvollmacht berechtigt nur zu Bankgeschäften, nicht zB zur Vertretung gegenüber Behörden.

b) **Qualitätsvergleich**. Die Betreuung erübrigt sich nur dann, wenn die Angelegenheiten durch den Bevollmächtigten „ebenso gut wie durch einen Betreuer besorgt werden können". Damit ist gemeint, dass zB bei komplizierten Vermögensangelegenheiten eine ausreichend qualifizierte Person bevollmächtigt werden muss, sonst ist trotzdem ein Betreuer erforderlich.

c) **Ungeeignete Bevollmächtigte**. Wer zum Altenheim, in dem der Betreute untergebracht ist, in einem Abhängigkeitsverhältnis steht (zB Betreiber oder Angestellte von Alten- und Pflegeheimen), kann nach § 1897 III BGB nicht zum Betreuer bestellt werden. Wird von Heimbewohnern eine solche Person bevollmächtigt, besteht dieselbe Interessenkollision. Deshalb kann in einem solchen Falle die Betreuung nicht wegen der Vollmacht als überflüssig abgelehnt werden (§ 1896 II 2 BGB).

d) **Wirksamkeit der Vollmacht**. Die Vollmacht ist nur wirksam erteilt, wenn der Vollmachtgeber bei Erteilung *geschäftsfähig* war und auch sonst keine Wirksamkeitsvoraussetzungen fehlen (BayObLG FamRZ 1993, 236). Das ist vom VormG von Amts wegen zu ermitteln (§ 12 FGG). Hat ein Notar die Vollmacht beurkundet, sind eventuelle Feststellungen des beurkundenden Notars zur Geschäftsfähigkeit für das VormG nicht verbindlich. Wird der Vollmachtgeber später geschäftsunfähig, dann berührt das grundsätzlich die weitere Wirksamkeit der Vollmacht nicht (LG Wiesbaden FamRZ 1994, 778); vgl §§ 168 S. 1, 672 S. 2, 675 BGB.
Lässt sich nicht aufklären, ob die Vollmacht wirksam ist, ist eine Betreuung zulässig und erforderlich (BayObLG FamRZ 1994, 720). Unwiderrufliche Vollmachten sind unzulässig, weil sie der Vollmachtgeber ab Eintritt seiner Geschäftsunfähigkeit nicht mehr aus wichtigem Grund widerrufen kann (vgl § 168 S. 2 BGB); eine unwiderrufliche Vorsorge-Generalvollmacht ist wegen Verstoß gegen § 138 I BGB (Sittenwidrigkeit) unwirksam.

e) **Grundverhältnis.** Jede Vollmacht beruht auf einem Grundverhältnis zwischen dem Bevollmächtigten und dem Vollmachtgeber, zB einem Auftrag. Es sollte schriftlich geregelt werden: zB welche Vergütung der Bevollmächtigte erhält (Pauschale; Stundenlohn, Prozentsatz des Vermögens; qualifizierte Bevollmächtigte, zB Anwälte, verlangen natürlich Honorar); wie der Ersatz von Aufwendungen erfolgt (pauschal oder Einzelabrechnung), Abrechnungstermine, Buchführungspflichten, Belegaufbewahrung, Verbot der Unterbevollmächtigung usw Ein Vergütungsanspruch des Bevollmächtigten gegen die Staatskasse besteht (bei Mittellosigkeit des Vollmachtgebers) nicht. Aufwendungsersatz leistet (bei Mittellosen) evtl das Sozialamt (vorherige rechtzeitige Antragstellung erforderlich).

f) **Inkrafttreten von Altersvorsorgevollmachten.** Wer eine *bedingte* Vollmacht erteilt („Falls ich einmal betreuungsbedürftig (bzw geschäftsunfähig) werden sollte, erteile ich…"), schafft Probleme. Denn hier ist nicht klar, ob und wann die Bedingung eingetreten ist. Wer soll diese Notwendigkeit verbindlich bestimmen? Denkbar wäre es auch, die Vollmacht bei zuverlässigen Personen zu hinterlegen; diese können dann die Vollmacht bei Eintritt des Falles dem Bevollmächtigten aushändigen.

g) **Form der Vollmacht.** Mündliche Erteilung genügt zwar, ist aber in der Praxis wertlos, wenn sie nicht nachweisbar ist. Deshalb ist schriftliche Erteilung zweckmäßig, bei Bankvollmachten eine sog bankinterne Beglaubigung. Sollen auch Grundstücksgeschäfte (Erwerb, Veräußerung, Belastung) erfasst sein, ist notarielle Form erforderlich (§ 29 GBO). → Vollmacht (Notargebühren).

h) **Inhalt der Vorsorgevollmacht.** Sie muss enthalten: Namen des Vollmachtgebers, des Bevollmächtigten; Umfang der Vertretungsmacht (Spezial – oder Generalvollmacht). Sie *kann* enthalten: Angaben über den Beginn der Wirkung, über die Widerrruflichkeit, über die Bestellung eines Ersatzbevollmächtigten. Die Altersvorsorgevollmacht kann sich nach allgemeiner Meinung auf vermögensrechtliche Belange erstrecken, nicht aber auf Höchstpersönliches wie Testamentserrichtung, Eheschließung, auch nicht auf die Prozessführung, wenn der beklagte Vollmachtgeber geschäftsunfähig geworden ist (wegen §§ 51, 52 ZPO muss dann ein Betreuer bestellt werden; BayObLG FamRZ 1998, 920). Die Vollmacht kann sich auch auf Einwilligung in eine Heilbehandlung, auf die Aufenthaltsbestimmung (Verbringung ins Altenheim), freiheitsentziehende Unterbringung und unterbringungsähnliche Maßnahmen erstrecken; allerdings sind Vollmachten insoweit nur wirksam, wenn sie schriftlich erteilt sind und die höchstpersönlichen Maßnahmen ausdrücklich bezeichnen; §§ 1904 II; 1906 V BGB. *Generalvollmachten* sind also nicht ausreichend.

Beispiel:

Vollmacht

Hiermit bevollmächtige ich, (Name, Geburtsdatum, Adresse), meinen Sohn Y..., mich in allen Angelegenheiten zu vertreten.

Er muss von den Ärzten Auskunft über meinen Gesundheitszustand erhalten, darf auch die Einwilligung in Heilbehandlungen erteilen bzw. versagen, meinen Aufenthaltsort bestimmen, an meiner Stelle in eine freiheitsentziehende Unterbringung und in unterbringungsähnliche Maßnahmen einwilligen. Zu Schenkungen ist er (ausgenommen Anstandsschenkungen) nicht berechtigt.

Diese Vollmacht und der zugrunde liegende Auftrag bleiben auch wirksam, wenn ich geschäftsunfähig werden sollte. Der Bevollmächtigte kann Ersatz seiner Aufwendungen und eine angemessene Vergütung beanspruchen. Sollte Y wegfallen, bestimme ich meine Tochter Z als Ersatzbevollmächtigte.

München, den gez. X

i) **Kontrolle durch das VormG**. Der Bevollmächtigte unterliegt nicht der Aufsicht und Kontrolle des VormG; nur die Einwilligung des Bevollmächtigten in lebensgefährliche → medizinische Maßnahmen sowie in Unterbringung oder unterbringungsähnliche Maßnahmen bedarf der (vorherigen) Genehmigung des VormG, §§ 1904 II, 1906 V BGB. – Literaturhinweis: Rudolf/Bittler, Vorsorgevollmacht, Betreuungsverfügung, Patiententestament, 1999.

Vollmacht (Notargebühren). *Beurkundet* der Notar eine Vorsorgevollmacht, bemisst sich seine Gebühr nach §§ 141, 41 II KostO. Es kommt für den Geschäftswert auf den Umfang der Vollmacht und die Höhe des Vermögens an. Bei einer bedingten Vollmacht ist ein Abschlag angebracht. Ein vertretbarer Geschäftswert beträgt 50% des Vermögens (LG Osnabrück FamRZ 1997, 832). Bei 100 000 DM Vermögen kostet die beurkundete Vollmacht somit ca 200 DM Notargebühren; wird nur die Unterschrift *beglaubigt,* sind die Kosten noch geringer (sie betragen nur 1/4 der Beurkundungsgebühr, § 45 KostO; im Beispiel also ca 50 DM). Im Regelfall (nämlich wenn keine Grundstücksgeschäfte beabsichtigt sind) genügt die beglaubigte Vollmacht.

Vorführung. Wenn sich der Betroffene weigert, zum VormG, zum Gutachter oder in die geschlossene Anstalt zu kommen, oder wenn er bei der Anhörung in seiner Wohnung usw nicht anzutreffen ist, kann der Richter die Vorführung anordnen.

a) **In folgenden Fällen** kommt eine Vorführung in Frage:

- Vorführung des Betroffenen beim VormG zur persönlichen Anhörung vor Bestellung eines Betreuers oder Anordnung eines Einwilligungsvorbehalts (§ 68 III FGG); unzulässig ist die Vorführung, wenn lediglich die Betreuung aufgehoben werden soll oder der Betreuer wechselt (BayObLG FamRZ 1996, 499).
- Vorführung des Betroffenen beim Gutachter zur Vorbreitung des Gutachtens (§ 68b III FGG);
- Vorführung des Betroffenen in einer Klinik zur Unterbringung und Beobachtung, damit der Sachverständige sein Gutachten über die Erforderlichkeit einer Betreuung bzw. eines Einwilligungsvorbehalts erstellen kann (§ 68 b IV FGG); diese Unterbringung darf *höchstens* sechs Wochen dauern. Sie kommt nur in Betracht, wenn der Sachverständige bei der Befragung oder Untersuchung noch zu keinem eindeutigen Ergebnis kommt und deshalb eine mehrwöchige Beobachtung in einer Klinik erforderlich ist.
- Vorführung des Betroffenen beim VormG, damit er vor einer Unterbringungsmaßnahme persönlich angehört werden kann (§ 70c S. 5 iVm § 68 III FGG).
- Vorführung des Betroffenen beim Sachverständigen zu einer Untersuchung zwecks Erstellung des Gutachtens vor einer Unterbringungsmaßnahme (§ 70e II iVm § 68 b III FGG);
- Vorführung des Betroffenen zur Unterbringung und Beobachtung, damit der Sachverständige sein Gutachten über die Erforderlichkeit einer Unterbringung erstellen kann (§ 70e II i.V.m. § 68b IV FGG);
- Vorführung des Betroffenen beim VormG bzw. beim Sachverständigen, wenn der Aufgabenkreis des Betreuers wesentlich erweitert werden soll (§ 69i I FGG), der Einwilligungsvorbehalt erweitert werden soll (§ 69 i II FGG), ein weiterer Betreuer bestellt werden soll (§ 69i V FGG), die Bestellung eines Betreuers verlängert werden soll (§ 69i VI FGG), die Unterbringung verlängert werden soll (§ 70 c S. 5 FGG).

- Vorführung beim Landgericht (Beschwerdegericht) zwecks Anhörung, wenn Beschwerde eingelegt wurde (§ 69 g V FGG);
- Unterstützung des Betreuers, der den Betreuten geschlossen unterbringen will (§ 70 g V FGG).

Wichtige Fälle:

Vorführung vor dem Richter	Anhörung vor Anordnung bzw Verlängerung der Betreuung oder Unterbringung	§§ 70c S. 5, 70 i II 1, 68 III
Vor dem Sachverständigen	zur Vorbereitung des SV-Gutachtens betr Betreuung, Unterbringung	§§ 70e II, 70 i II 1, 68 b III
In die Anstalt	Zuführung zur zivilrechtlichen Unterbringung	§ 70 g V
In die Anstalt zum Sachverständigen	vorl Unterbringung bis zu 6 Wochen zwecks Beobachtung zur Vorbereitung des Gutachtens betr Betreuung, Unterbringung	§§ 70c II, 68 b IV

b) Die **Anordnung der Vorführung** erfolgt durch den Richter. Sie setzt voraus, dass der Betroffene auf Vorladung bei Gericht nicht erschienen ist oder (zB in seiner Wohnung) nicht anwesend war oder dort nicht öffnet und das bisherige Verhalten den Schluss zulässt, er werde nicht freiwillig zur Anhörungsstelle erscheinen. Der Grundsatz der Verhältnismäßigkeit muss beachtet werden. Der Richter ist jedoch nicht verpflichtet, abends, nachts oder früh morgens die Wohnung versuchsweise aufzusuchen, um den untertags abwesenden Betroffenen anzutreffen; oder den Betroffenen im Park zu suchen oder im Sozialamt abzupassen, damit er ihn anhören kann.

c) **Wirksam** wird die Verfügung mit der Bekanntmachung an den Betroffenen, § 16 I FGG (zB durch Übergabe bei der Festnahme), nach aA (HK-BUR-Bauer § 68 Rz 155) mit der Bekanntmachung an den Betreuer (§ 69 a III 1 FGG); sie hält uU sogar die Anordnung sofortiger Wirksamkeit für erforderlich.

d) Die **Ausführung der Verfügung**, dh die Vorführung, erfolgt durch die örtlich zuständige Betreuungsbehörde (BtBG § 1). Die Einzelheiten des Vorgehens der Behörde, zB Uhrzeit der Festnahme, liegt in deren pflichtgemäßem Ermessen. Es ist zulässig, im Beschluss auszusprechen, dass die Behörde selbst Gewalt gebrauchen darf und/oder sich der Hilfe der Polizei bedienen darf, vgl §§ 33 II, 70 g V FGG. Eine zwangsweise Wohnungsöffnung und -durchsuchung durch die Behörde ist statthaft; sie setzt u. a. voraus, dass dies angedroht wird, nicht mehr aufschiebbar ist, mildere Maßnahmen zumutbar ausgeschöpft wurden. Die **Kosten der Betreuungsbehörde** (zB Ausgaben für den Schlosser) sind Auslagen im Rahmen der Ermittlungen; die Betreuungsbehörde kann sie von der Justizkasse verlangen (HK-BUR-Bauer § 68 Rz 162); sie werden in bestimmten Fällen (vgl §§ 92 ff KostO) dem Betroffenen dann in Rechnung gestellt. Bei der nachfolgenden Untersuchung sind **körperliche Eingriffe** gegen den Willen des Betroffenen nicht zulässig; seine Mitwirkung (zB durch Teilnahme an Tests, Beantwortung von Fragen) ist nicht erzwingbar (OLG Hamm FamRZ 1997, 440/1).

e) **Rechtsmittel.** Die Vorführungsandrohung nach § 68 III FGG ist mit unbefristeter Beschwerde anfechtbar (BayObLG FamRZ 1997, 1568). Die Vorführungsverfügung nach § 68 b III FGG (Vorführung zur Untersuchung, damit ein Gutachten erstellt werden kann) ist nicht anfechtbar. Unanfechtbarkeit besteht auch, wenn gleichzeitig Unterstützung durch die Polizei und Wohnungsbetreten gestattet wird (BayObLG FamRZ 1994, 1190); oder wenn eine Ermächtigung zur Anwendung einfacher körperlicher Gewalt erfolgt (OLG Hamm FamRZ 1997, 440) oder wenn gestattet wird, sich gewaltsam Zugang zur Wohnung des Betroffenen zu verschaffen (KG FamRZ 1997, 442).

Vormund. Ein Minderjähriger erhält einen Vormund, wenn er nicht unter elterlicher Sorge steht (§ 1773 BGB), zB weil beide Eltern verstorben sind. Ein Volljähriger kann keinen Vormund erhalten, nur einen Betreuer (und in Sonderfällen einen Pfleger), vgl § 1896 BGB. Wer selbst geschäftsunfähig ist, *kann* nicht zum Vormund bestellt werden (§ 1780 BGB); geschieht dies doch, ist die Bestellung nichtig. Wer geschäftsfähig ist, aber einen Betreuer hat (dabei spielt es keine Rolle, welchen Aufgabenkreis der Betreuer hat !), *soll* nicht zum Vormund bestellt werden (§ 1781 Nr. 2 BGB); die Bestellung ist also wirksam, doch ist der Vormund alsbald vom VormG zu entlassen (§ 1886 BGB) und eine andere Person zum Vormund zu bestellen.

Vormundschaftsgericht. Für Betreuungsangelegenheiten ist das VormG → zuständig (§ 1896 BGB). Dies ist eine Abteilung des Amtsgerichts (§ 35 FGG). Dort entscheiden → Richter (als Einzelrichter) oder → Rechtspfleger. Wird gegen eine Entscheidung → Beschwerde eingelegt, entscheidet das übergeordnete Landgericht durch eine Zivilkammer (besetzt mit drei Richtern). In vielen Fällen ist erforderlich, dass das VormG eine Handlung des Betreuers genehmigt → Genehmigungen des VormG.

Vorschlag des Betreuten. Schlägt der Betroffene (Betreute) vor, eine bestimmte Person (zB den Sohn; einen Bekannten) zum Betreuer zu bestellen, dann muss das VormG dicsc Person in der Regel bestellen (§ 1897 IV 1 BGB). Dabei spielt es keine Rolle, ob der Betroffene geschäftsunfähig war oder nicht, als er den Vorschlag machte; auch kann der Vorschlag vor oder während des Verfahrens gemacht werden (→ Betreuungsverfügung), noch im Beschwerdeverfahren vor dem LG ist ein Vorschlag möglich. Der Verfahrenspfleger kann keinen *verbindlichen* Vorschlag machen. Das VormG darf den Vorschlag nur dann übergehen, wenn sonst das Wohl des Betreuten gefährdet ist, zB Interessenkonflikte zu befürchten sind, die derart schwerwiegend sind, dass sie das Wohl des Betroffenen gefährden (OLG Zweibrücken FGPrax 1997, 104). → Auswahl; → Eignung. Beispiel: die Mutter, die ein umfangreiches Vermögen hat, schlägt ihren ältesten Sohn vor, welcher wegen Unterschlagung in Haft war und derzeit vermögenslos ist; auch in einem solchen Falle ist vom VormG zu prüfen, ob nicht dem Sohn wenigstens ein Teil der Betreuung (zB die Personensorge) übertragen werden kann, während für die Vermögenssorge ein Rechtsanwalt zu bestellen sein wird.

Vorschuss. Vorschuss auf die *Aufwendungen* (zB auf bevorstehende höhere Fahrtkosten) können verlangen: der (berufsmäßige oder nichtberufsmäßige) Betreuer vom Betreuten (§ 669 BGB), bei dessen Mittellosigkeit aus der Staatskasse (§ 1835 IV BGB); ebenso der Verein für seinen Vereinsbetreuer (§ 1908 e I 1 BGB). Keinen Vorschussanspruch haben: Verein und Behörde als Betreuer (§ 1835 V BGB), die Behörde für ihren Behördenbetreuer (§ 1908 h I 2 BGB). Vorschuss auf die *Vergütung,* dh eine Zahlung für noch nicht geleistete Stunden, gibt es nicht; doch kann eine Abschlagszahlung für bereits geleistete Stunden gefordert werden (§ 1836 II 3 BGB). Vorschuss oder Abschlagszahlungen auf die Aufwandspauschale gibt es nicht (§ 1835 a II BGB).

W

Waffen des Betreuten. Stellt der Betreuer fest, dass der Betreute im Besitz einer Schusswaffe oder von Munition ist, deren Erwerb ihrer Art nach der Erlaubnis bedarf, hat er dies der zuständigen Behörde (Stadt, Landratsamt) anzuzeigen (§ 43 WaffenG).

Wahlrecht des Betreuten. Es geht verloren, wenn jemandem ein Betreuer für *alle* Angelegenheiten bestellt wurde (§ 13 Nr. 2 BundeswahlG); entsprechendes gilt für die Europa-, Landtags- und Kommunalwahlen. Manche Richter schreiben in den Beschluss das Wort *alle* nicht, zählen aber sämtliche Angelegenheiten auf, um so das Wahlrecht zu erhalten; das ist bedenklich und verkennt den Sinn demokratischer Wahlen. Das VormG teilt die Bestellung von Betreuern für *alle* Angelegenheiten dem Wahlamt mit (§ 69 l I FGG), damit dort die Wahlunterlagen berichtigt werden können. Ebenso wird eine Aufhebung oder Einschränkung der Betreuung dem Wahlamt mitgeteilt. Zum Wahlrecht vgl Zimmermann FamRZ 1996, 79; Paßmann BtPrax 1998, 6.

Weitere Beschwerde. Die Beschwerdeentscheidung des LG unterliegt der weiteren Beschwerde § 27 FGG. Ausnahmen gelten bei Vergütungssachen, § 56 g V FGG. Ist die erste Beschwerde befristet (→ sofortige Beschwerde) gilt dies auch für die weitere Beschwerde (§ 29 II FGG). Die weitere Beschwerde kann beim in erster Instanz zuständigen VormG, beim Landgericht oder beim Oberlandesgericht eingelegt werden; untergebrachte Personen können dies auch vor dem VormG tun, in dessen Bezirk sie untergebracht sind (§§ 69 g III, 70 m III FGG). Der Betroffene kann also dort die Beschwerde selbst zu Protokoll erklären (§ 29 I FGG); der Rechtspfleger ist zuständig zur Protokollierung (§ 24 I Nr. 1a, 26 RPflG); weil dies möglich ist, gibt es auch keine Prozesskostenhilfe unter Anwaltsbeiordnung für die Einlegung einer weiteren Beschwerde (vgl § 14 FGG; § 114 ZPO). Dagegen kann der Betroffene die weitere Beschwerde nicht durch ein selbst verfasstes Schreiben (Brief) einlegen; ein solches Schreiben genügt nur, wenn es von einem Rechtsanwalt unterzeichnet ist (§ 29 I 2 FGG). Das LG kann der weiteren Beschwerde nicht abhelfen (§ 29 III FGG). Über die weitere Beschwerde entscheidet das OLG, in Bayern das BayObLG, in Berlin das Kammergericht (KG). Prüfungsmaßstab der weiteren Beschwerde ist nur noch, ob dem LG eine Gesetzesverletzung unterlaufen ist (§ 27 FGG); an Tatsachenfeststellungen ist es weitgehend gebunden. Das OLG vernimmt also selbst keine Zeugen, erholt selbst keine Gutachten, sucht den Betreuten nicht zwecks Anhörung auf.

Wirksamwerden der Entscheidungen. Entscheidungen des VormG in Betreuungssachen werden mit der Bekanntmachung an den Betreuer wirksam (§ 69a III 1 FGG). Ist die Bekanntmachung an den Betreuer nicht möglich (zB weil er verreist, entlassen, unbekannt verzogen ist) oder ist Gefahr im Verzug, so kann das Gericht die sofortige Wirksamkeit anordnen. In diesem Falle wird die Entscheidung in dem Zeitpunkt wirksam, in dem sie und die → *Anordnung der sofortigen Wirksamkeit* dem Betroffenen oder dem Verfahrenspfleger für das Verfahren bekanntgemacht oder der Geschäftsstelle des Gerichts zur Bekanntmachung übergeben werden (§ 69a III 2–4 FGG). Mit dem Wirksamwerden treten die rechtlichen Wirkungen ein, ab nun ist jemand zB Betreuer oder als Betreuer entlassen. Beispiel: Für Frau F wird B zum Vermögensbetreuer bestellt; dem B wird die Entscheidung am Montag mitgeteilt, der F erst einige Tage später. Dann ist B seit Montag gesetzlicher Vertreter der Frau F, obwohl diese noch nichts davon weiß. Wirksamwerden darf nicht mit Rechtskraft verwechselt werden.

Wohnraummietvertrag. Wenn der Betreuer Wohnraum, der dem Betreuten gehört, vermieten will (wobei die Vertragsdauer gleichgültig ist), braucht er die Genehmigung des VormG (§ 1907 III BGB). Zuständig ist der Rechtspfleger. Bei Abschluss ohne Genehmigung ist der Wohnraummietvertrag nichtig. Mit dieser Bestimmung soll verhindert werden, dass der Betreuer die Regelung über die Wohnungsauflösung durch Weitervermietung der Wohnung des Betreuten (etwa während der Zeit, in der der Betreute untergebracht ist oder sich im Krankenhaus befindet) unterläuft. Nach ihrem Sinn gilt die Regelung daher nicht, wenn der Betreute nie in der Wohnung gelebt hat oder voraussichtlich leben wollte, weil er ohnehin eine andere Wohnung hat (LG Münster FamRZ 1994, 531); ebenso, wenn der Betreute einige Eigentumswohnungen hat und eine (vom Betreuten nicht bewohnte) vermietet werden soll; oder wenn der Betreute als gewerblicher Zwischenmieter Wohnungen anmietete und weitervermietete.

Wohnungsauflösung. Will der Betreuer die Wohnung des Betreuten auflösen, kommt es darauf an, ob der Betreute Mieter oder Eigentümer der Wohnung ist.

a) Betreuter ist **Mieter.** Hatte der Betreute eine Wohnung gemietet (Mitmietverhältnis oder Untermietverhältnis genügt), und will der Betreuer diese Wohnung kündigen (→ Kündigung), zB weil der Betreute ins Heim ziehen soll oder längere Zeit im Krankenhaus verbringen muss, dann bedarf die Kündigung der Genehmigung des VormG (§ 1907 I BGB); zuständig ist der Rechtspfleger. Entscheidend ist, ob die Kündigung dem Wohl und Interesse des Betreuten dient (finanzielle Aspekte; persönliche Auswirkungen des Verlustes der Wohnung, Verlust der vertrauten Umgebung, des Bekanntenkreises und der Möglichkeit, aus dem Krankenhaus oder der Unterbringung in die Wohnung entlassen zu werden). Wichtig ist, ob die Wohnung vom Betreuten in absehbarer Zeit wieder benötigt wird. Eine Kündigung ohne Genehmigung ist unwirksam. Für § 1907 BGB genügt es, dass ein Mietverhältnis besteht; der Betreute muss die Räume nicht tatsächlich nutzen (zB Zweitwohnung). Unter § 1907 BGB fällt nicht nur die Kündigung, sondern auch die Aufhebung eines Mietverhältnisses durch Vereinbarung. Nicht unter § 1907 fallen: bloßer Auszug aus der Wohnung unter Fortbestand des Mietverhältnisses (Fortzahlung der Miete); wenn ein Familienmitglied in der Wohnung zurückbleibt, der Betreute dagegen ins Heim gebracht wird (denn das Mietverhältnis besteht fort). Wirksam kündigen kann nur einen Betreuer mit einem ausreichenden Aufgabenkreis (§ 1902); dazu genügt der Aufgabenkreis „alle Angelegenheiten“, oder „Mietverhältnis“, „Wohnungsangelegenheiten“, „Aufenthaltsbestimmung“ (vgl BayObLG FamRZ 1992, 1222). Ob der Aufgabenkreis „Vermögenssorge“ oder „Personensorge“ genügt, ist streitig. Der Aufgabenkreis „Vermögens- *und* Personensorge“ dagegen reicht aus. Sonstige Geschäfte, die der Wohnungsauflösung dienen, zB Kündigung des Strombezugs, Verkauf der Wohnungseinrichtung, sind nicht genehmigungsbedürftig. Die Genehmigung zur Kündigung der Wohnung durch das VormG berechtigt den Betreuer nicht, den Betreuten zwangsweise aus der Wohnung zu setzen und zB in das Altenheim zu befördern.

Vor Erteilung der Genehmigung hat der Rechtspfleger des VormG den Betreuten persönlich anzuhören (§ 69 d I FGG). Ein Verfahrenspfleger (§ 67 FGG) muss in der Regel nicht bestellt werden. Die Anhörung der Angehörigen und der Betreuungsbehörde ist nicht vorgeschrieben (vgl § 68a FGG). Ebensowenig *muss* ein Sachverständigengutachten (§ 12 FGG) über die Frage eingeholt werden, ob eine Rückkehr in die eigene Wohnung auf Dauer ausgeschlossen ist. Der Beschluss des VormG ist dem Betroffenen selbst bekanntzumachen; er wird aber schon mit der Bekanntmachung an den Betreuer wirksam (§ 69 a I, III FGG). Der Betreute kann gegen die Genehmigung unbefristete Beschwerde einlegen (§ 11 I RPflG; §§ 19, 20 FGG). Der Vertragspartner (Vermieter) dagegen ist in der Regel nicht in seinen Rechten verletzt, also ohne Beschwerderecht.

b) Tatsächlich sind bei der Wohnungsauflösung **folgende Maßnahmen** veranlasst: → Kündigung der Wohnung (*nach* Erhalt der Genehmigung des VormG), Kündigung von Radio; Wasser, Gas, Strom; Telefon; Kabelfernsehen; Kündigung des Dauerauftrags für die Miete; Abmeldung bei der Meldebehörde; Postnachsendeantrag; Mitteilung der neuen Adresse an VormG, Banken, Krankenkasse usw; Vereinbarung und Durchführung des Übergabetermins; Feststellung (durch Anfrage beim Vermieter und Überprüfung des Vertrages), ob Schönheitsreparaturen geschuldet sind, Klärung der Kostenübernahme; Abrechnung der Kaution; Feststellung, ob die Versicherungen noch notwendig sind. Der Wohnungsinhalt ist zu inventarisieren (evtl mit Photos), zu entscheiden ist, was in die neue Wohnung (Altenheim) mitgenommen wird, was auf Wunsch des Betreuten Angehörigen und Bekannten überlassen werden soll (Empfang quittieren lassen), was verkauft werden soll (Kostenfragen einkalkulieren), was entrümpelt werden soll (vieles wird nach einem entsprechenden Inserat kostenlos abgeholt; kommerzielle Entsorgung ist sehr teuer, vorher Angebote einholen).

c) Wenn der Betreute **Eigentümer** (des Hauses, der Eigentumswohnung) ist, in dem er wohnte: Die faktische Aufgabe der Wohnung (dh das Leerstehenlassen) bedarf keiner Genehmigung des VormG nach § 1907 I BGB. Will der Betreuer dagegen die Wohnung vermieten, braucht er eine Genehmigung des VormG nach § 1907 III BGB. → Wohnraummietvertrag. Will er das Haus veräußern, braucht er eine Genehmigung nach § 1821 I Nr. 1, 4 BGB.

Wohnungseigentum. Wenn der Betreute eine Eigentumswohnung hat und die Miteigentümer zB aufgrund von paranoid halluzinatorischer Schizophrenie so erheblich stört (Türenknallen, stundenlanges Hämmern an die Heizungsrohre, häufiges Betätigen der Toilettenspülung, Stolperdrähte im Treppenhaus usw), dass den anderen Eigentümern die Fortsetzung der Gemeinschaft nicht zugemutet werden kann, dann können die Wohnungseigentümer nach § 18 WEG mit einfacher Mehrheit einen Beschluss fassen, in dem sie von dem störenden Eigentümer die Veräußerung seines Wohnungseigentums verlangen. Verkauft der Störer dann nicht freiwillig, müssen die Wohnungseigentümer (ohne den Störer) in notwendiger Streitgenossenschaft den Störer vor dem Amtsgericht, in dessen Bezirk die Wohnung liegt (§ 51 WEG) verklagen; es handelt sich um eine Zivilsache, nicht um eine FGG-Sache (§ 43 I Nr. 1 WEG). Klagebefugt ist auch ein einzelner Eigentümer; ebenso können die Eigentümer den Verwalter oder einen der Eigentümer zur Prozessführung ermächtigen (Prozessstandschaft), so dass nur er klagen muss. Klageantrag: Verurteilung des beklagten Störers zur Veräußerung seines Wohnungseigentums. Gegen das Urteil kann Berufung eingelegt werden. Vollstreckt wird das Urteil durch Versteigerung der Wohnung (Einzelheiten: §§ 19, 53 ff WEG). § 18 WEG setzt eine Pflichtverletzung des Störers voraus, also grundsätzlich Verschulden. Daran kann es fehlen, wenn der Störer (Betreute) wegen seiner Geisteskrankheit schuldunfähig ist. Die Rechtsprechung lässt aber bei besonders schwerwiegenden Verstößen auch unverschuldete Störungen genügen, was verfassungsrechtlich statthaft ist (BVerfG NJW 1994, 241). Denn andernfalls müssten zB fünfzig gesunde Eigentümer ihr Eigentum ungenutzt sein lassen, damit der eine geisteskranke Eigenümer sich austoben kann. Ist allerdings die Pflichtverletzung nicht schuldhaft und eine Wiederholungsgefahr nicht naheliegend (zB weil der Störer jetzt in erfolgreicher nervenärztlicher Behandlung ist), müssen besondere Gründe vorliegen, wenn allein aufgrund vergangener Pflichtverletzungen eine zwangsweise Veräußerung erfolgen soll.

Wohnungsrecht. In ländlichen Gegenden haben Betreute manchmal Wohnungsrechte (§ 1093 BGB). Die stationäre Pflegebedürftigkeit des Berechtigten führt nicht zum Erlöschen des Wohnungsrechts (BGH NJW-RR 1995, 1358). Ist das Wohnungsrecht höchstpersönlich, dh nicht übertragbar, kann die Geschäftsgrundlage bei Existenzgefährdung des Berechtigten allerdings wegfallen. Die Anpassung kann es dann gebieten, dem Berechtigten bei notwendiger auswärtiger Pflegeunterbringung die durch Vermietung zu erzielenden Erträge zukommen zu lassen. (BGH NJW-RR 1995, 1358).

Wohnungsverlust. Der Betreute kann seine Wohnung verlieren durch Kündigung; wenn der Betreuer kündigt, gilt § 1907 I BGB. → Wohnungsauflösung. Wenn der Vermieter dem Betreuten kündigt (→ Kündigung), oder sonstiger Wohnungsverlust droht (Erhebung einer Räumungsklage durch den Vermieter, Mietrückstände; Verhalten, das zur Kündigung des Vermieters führen kann), so hat der Betreuer mit dem Aufgabenkreis „Wohnung" dies dem VormG mitzuteilen (§ 1907 II BGB). Das VormG kann dann mit dem Betreuer die Angelegenheit besprechen (vgl § 1837 BGB) und ihm zB raten, gegen eine Kündigung rechtzeitig Widerspruch zu erheben, die Übernahme der Mietzahlung durch das Sozialamt zu beantragen (§ 15a BSHG). Auch eine faktische Wohnungsaufgabe hat der Betreuer dem VormG mitzuteilen, zB durch Aufgabe eines dinglichen Wohnrechts (§ 1907 II 2 BGB).

Wohnsitz des Betreuten. Ist der Betreute *geschäftsunfähig*, kann er seinen Wohnsitz nur noch mit Willen seines Betreuers (Aufgabenkreis zB Aufenthaltsbestimmung; BayObLG NJW-RR 1993, 460) ändern (§ 8 BGB). Wohnsitzbegründung erfordert einen rechtsgeschäftlichen Willen, Aufenthaltswahl dagegen ist etwas tatsächliches. Wenn ein Betreuer den geschäftsunfähigen Betreuten dauernd in einer Anstalt unterbringt, will er idR dort einen neuen Wohnsitz begründen. Die Frage ist von Bedeutung, wenn der Betreute gestorben ist: für das Erbscheinsverfahren ist das AG zuständig, in dessen Bezirk der Verstorbene seinen Wohnsitz (nicht: Aufenthalt) hatte (§ 73 I FGG).

Z

Zeitaufwand. Der Betreuer wird in der Regel nach Stunden bezahlt (→ Vergütung). Nicht alle tatsächlich aufgewandten Stunden müssen bezahlt werden; entscheidend ist, dass Betreuung rechtliche Besorgung von Angelegenheiten ist.

a) **Nicht vergütungsfähiger Zeitaufwand:** aa) **Zeitaufwand vor Bestellung** zum Betreuer (OLG Schleswig BtPrax 1998, 238), dh vor Zugang des Bestellungsbeschlusses an den Betreuer (§ 69a III 1 FGG). Deshalb erhält der spätere Betreuer keine Vergütung für die Teilnahme am Termin, bei dem der Betroffene zur Frage der Betreuerbestellung angehört wird (§ 68 IV 3 FGG) und wo sich Betreute und Betreuerin kennen lernen konnten (LG Duisburg Rpfleger 1996, 288; aA LG Hamburg BtPrax 1996, 76); oder wenn der in Aussicht genommene Betreuer an Sachverständigenanhörungen, Schlussgespräch (§ 68 V FGG), Gesprächen mit dem Verfahrenspfleger oder mit dem Richter teilnimmt; oder wenn er schon vor Bestellung aufgrund anwaltlichen Mandats tätig war (BayObLG FamRZ 1997, 185). Wird der Betreuer dagegen sofort nach Zugang des Beschlusses tätig, ist er für die Zeit zu vergüten, auch wenn die Verpflichtung erst nachfolgt oder sich erübrigt, weil der Betreute inzwischen gestorben ist.

bb) Zeitaufwand, der **nicht der konkreten Amtsführung dient,** sondern allgemein der Tätigkeit als Betreuer. Wenn der Betreuer Zeit aufwendet für die Einarbeitung in seine Aufgaben, Fortbildung (AG Betzdorf BtPrax 1998, 243), Erfahrungsaustausch, Lesen und Kopieren von Fachzeitschriften, Büchern, Kommentaren ist das nicht auf die einzelnen Betreuungen umlegbar.

cc) Zeitaufwand für **Tätigkeiten außerhalb des Aufgabenkreises.** Im Bestellungsbeschluss gibt das Vormundschaftsgericht den Aufgabenkreis des Betreuers an (§ 69 I Nr. 2b FGG). Wird der Betreuer *eindeutig* außerhalb dieses Aufgabenkreises tätig, sei es aus eigenem Antrieb, auf Wunsch des Betreuten oder auf Anregung des Gerichts, kann er dafür keine Vergütung aus der Staatskasse erhalten (BayObLG FamRZ 1994, 779). Für den Betreuer ist deshalb wichtig, dass er in einem weiteren Aufgabenkreis erst tätig wird, wenn sein Aufgabenkreis hierauf erweitert ist (§ 69i FGG), notfalls durch einstweilige Anordnung (§ 69 f FGG). Oft ist unklar, wozu ein Aufgabenkreis berechtigt; ob solche Unklarheiten vergütungsmäßig zu Lasten des Betreuers gehen (so LG Aurich FamRZ 1996, 758) oder nicht (Knittel § 1836 Rz 38) ist streitig. Der Betreuer riskiert, kostenlos zu arbeiten.

dd) **Zeitaufwand** zu Gunsten des Betreuten, **der der privaten Sphäre zuzurechnen ist,** ist nicht anzusetzen. Zum Aufgabenkreis gehört die gesetzliche Vertretung des Betreuten (§ 1902 BGB) und die Organisation der übertragenen Aufgaben, wobei ein persönlicher Kontakt zum Betreuten zu halten ist. Nicht vergütungsfähig ist daher zB die Anwesenheit des Betreuers bei der Heim-Weihnachtsfeier (str, aA LG Koblenz FamRZ 1998, 183), wenn der Betreute in einem Heim wohnt bzw. untergebracht ist; Anwesenheit beim Tag der offenen Tür; Teilnahme bei der Geburtstagsfeier (LG Münster Rpfleger 1996, 288; aA LG Koblenz FamRZ 1998, 183), bei Cafehausbesuchen, an der Beerdigung des Betreuten oder von Angehörigen des Betreuten; Gespräche mit Hinterbliebenen des Betreuten; Aufräumen der Wohnung des verstorbenen Betreuten; Erbenermittlung nach dem Tod des Betreuten; ständige Anwesenheit am Krankenbett des Betreuten nach Abschluss der Intensivbehandlung (LG Augsburg JB 1993, 87); Pflegerische Tätigkeit wie etwa Wundversorgung und Ganzkörperpflege (LG Limburg BtPrax 1997, 119; LG Saarbrücken BtPrax 1997, 124); Teilnahme an therapeutischen Maßnahmen wie Gruppenfreizeiten (LG Duisburg BtPrax 1998, 40); Begleitung des Betroffenen bei mehrtägigen Reisen, bei Wanderungen, Spaziergängen (LG Koblenz FamRZ 1998, 495), Kuraufenthalten. Hilfe im Alltag (LG Saarbrücken BtPrax 1997, 124; LG Limburg BtPrax 1997, 119) wie bei der Haushaltsführung (OLG Schleswig FGPrax 1997, 223), saubermachen, Wohnungsrenovierung, Botendienste, Hilfe bei einer Zaunreparatur (OLG Zweibrücken BtPrax 1997, 116); Zuhören bei einer → Strafverhandlung gegen den Betreuten (BayObLG BtPrax 1999, 73); wenn der Betreuer mit dem Betreuten ein Heim besichtigt, in das dieser aufgenommen werden soll (LG Potsdam BtPrax 1998, 242; zweifelhaft). Die Begleitung des Betroffenen beim Einkaufen wird überwiegend als nicht vergütungsfähig angesehen (BayObLG BtPrax 1998, 237; LG Augsburg

BtPrax 1996, 76). Richtig ist, zu differenzieren: wenn der Betreute *geschäftsunfähig* ist oder ein Einwilligungsvorbehalt in Vermögensangelegenheiten besteht, dann kann er allein keine wirksamen Kauf- und Übereignungsverträge abschließen, die Begleitung durch den Betreuer ist rechtlich notwendig. Ist der Betreute *geschäftsfähig*, kann es im Einzelfall gleichwohl notwendig sein, dass er beim Einkaufen vom Betreuer begleitet wird, wenn zB andernfalls die Gefahr besteht, dass die Kleiderbeihilfe nicht in einen Mantelkauf investiert, sondern am Kiosk vertrunken wird (OLG Schleswig FGPrax 1997, 223).

ee) **Nutzlose Tätigkeit.** Tätigkeiten, die von vornherein (für den Betreuer erkennbar) ungeeignet oder unzweckmäßig waren, wie der Aufwand für einen unangemeldeten Hausbesuch, bei dem der Betreute nicht angetroffen wurde oder übermäßiger Zeitaufwand wegen Benutzung öffentlicher Verkehrsmittel (LG Potsdam BtPrax 1998, 242) werden nicht vergütet.

ff) Zeitaufwand **nach Beendigung des Amts.** Die Betreuung endet, sobald der Aufhebungsbeschluss des VormG dem Betreuer bekanntgemacht ist (§ 69a III 1 FGG). Spätere Tätigkeiten werden nur ausnahmsweise noch vergütet: der Zeitaufwand für die Erstellung des Schlussberichts, der Vermögensaufstellung, der Zusammenstellung der Einnahmen und Ausgaben, die Rückgabe der Bestallung (BayObLG FamRZ 1995, 1378). Weist das VormG den Betreuer nach Aufhebung der Betreuung noch an, bestimmte Tätigkeiten durchzuführen (Auskünfte erteilen, Zahlungen vornehmen), dann ist das als konkludente Neubestellung zu bewerten mit der Folge, dass der Zeitaufwand zu vergüten ist. → Tod des Betreuten. → Bestattung.

b) **Vergütungsfähiger Zeitaufwand**. Es muss sich um tatsächlich aufgewandte Zeit für eine Tätigkeit während der Zeit und im Rahmes des Amtes handeln, die der Dauer nach angemessen („erforderlich") ist. Die gesetzlich zugewiesenen Aufgaben innerhalb des Aufgabenkreises ergeben sich aus einzelnen Bestimmungen; zB: § 1897 I BGB: danach muss der Betreuer die Angelegenheiten des Betreuten besorgen und „ihn hierbei im erforderlichen Umfang persönlich" betreuen; ferner aus § 1901 I BGB: die Angelegenheiten des Betreuten sind so zu besorgen, wie es dessen Wohl entspricht; § 1901 II BGB: Wünschen des Betreuten hat der Betreuer nach Möglichkeit zu entsprechen; *wichtige* Angelegenheiten sind vorher mit dem Betreuten zu besprechen; § 1901 III BGB: allgemeine Förderungspflicht des Betreuers; § 1901 IV BGB: Pflicht, das VormG zu informieren. § 1840 BGB: Berichterstattung und Rechnungslegung. Hinzu kommen besondere Pflichten bei einzelnen Aufgabenkreisen. Beispiele:

aa) **Gerichtskontakte:** die Zeit für die mündliche Verpflichtung des Betreuers (§ 69b I FGG), Wartezeit beim Gericht, Besprechungen mit Rechtspfleger und Richter, Weg zum Gericht und zurück, Zeit für das Einführungsgespräch (§ 69 b III FGG).

bb) Bei → **Vermögenssorge** Aufgaben nach §§ 1802 ff BGB (Vermögensaufstellung, Jahresabrechnung, Vermögensverwaltung, Bankkontakte usw).

cc) Bei → **Wohnungsauflösung** Aufgaben nach § 1907 BGB (Verhandlungen mit dem Vermieter, Veranlassung und Überwachung einer eventuell geschuldeten Wohnungsrenovierung). Anwesenheit bei der Wohnungsauflösung jedenfalls so lange, als wertvollere Gegenstände im Auge behalten werden müssen; im Übrigen nur der Zeitaufwand für die Koordination.

dd) Bei → **Gesundheitssorge**. Bei der Gesundheitssorge muss der Betreuer dazu beitragen, dass Möglichkeiten genutzt werden, die Krankheit des Betreuten zu beseitigen, zu bessern, ihre Verschlimmerung zu verhüten oder ihre Folgen zu mildern (§ 1901 III BGB). Zeitaufwand für Gespräche mit behandelnden Ärzten, wenn sie zB die Grundlage bilden für vom Betreuer zu treffende Entscheidungen (Auflösung der Wohnung, Heimplatz finden), sind abrechenbar. Auch auf einen konkreten Fall bezogenes Literaturstudium (juristische, steuerrechtliche, medizinische Literatur) kann abrechenbar sein, wenn der Betreuer anders seine Aufgabe nicht erfüllen kann. Wenn sich der Betreute weigert, ein Medikament weiter einzunehmen, weil er Übelkeit und Appetitlosigkeit verspürt, dann darf der Betreuer mit dem Aufgabenkreis „Gesundheitssorge" medizinische Fachliteratur (vergütungspflichtig) studieren, um die Gefahren einer Nichteinnahme zu ergründen (BayObLG BtPrax 1996, 104), falls er von den Ärzten keine befriedigenden Auskünfte erhält. Wenn der Betreuer die Wirkungen eines Medikaments, dessen Einnahme vormundschaftsgerichtlicher Genehmigung bedarf (§§ 1904, 1906 BGB), und das der Betreute nehmen soll, mit Ärzten erörtert, ist der

Zeitaufwand ebenfalls vergütungspflichtig (LG Koblenz FamRZ 1996, 1348). Begleitet der Betreuer mit dem Aufgabenkreis „Gesundheitssorge" (oder ähnlich) bzw „alle Anlegenheiten" den Betreuten beim Arztbesuch, kommt es darauf an: sind Einwilligungen abzugeben oder muss sich der Betreuer über den Gesundheitszustand informieren, ist der Zeitaufwand abrechenbar. Handelt es sich dagegen um Routinebehandlungen (zehnter Termin zur Krankengymnastik) hat der Transport durch vom Betreuer eingeschaltetes Personal zu erfolgen; der Betreuer kann nur die Zeit für die Organisation abrechnen.

ee) **Besuche beim Betreuten** und Gespräche mit dem Betreuten sind abrechenbar (BayObLG FamRZ 1993, 224). Dazu gehören auch die für Fahrt- und Wartezeiten. Die Besuche müssen nicht einen konkreten Anlass haben, es genügt der Aufbau bzw die Pflege des Vertrauensverhältnisses (vgl § 1901 BGB). Es gibt keine allgemeine Regel, wie häufig der Betreuer den Betreuten (vergütungsmäßig) besuchen darf; ein Besuch pro Monat dürftc im Regelfall nicht zu viel sein. Auch Gespräche mit der Heimleitung, Nachfrage bei Pflegekräften sind abrechnungsfähig (LG Göttingen FamRZ 1994, 125). Kontakte mit Angehörigen nur, soweit sie den Angelegenheiten des Betreuten dienen.

ff) **Mündliche Verhandlungen, Ortstermine:** zB mit der Bank zur Regulierung der Schulden des Betreuten, Besichtigung des Hauses des Betreuten (bei der Vermögenssorge), Verhandlungen mit Mietern des Betreuten, Handwerkern, mit Behörden, Gerichten, Gläubigern sind vergütungsfähig

gg) Zeit zum **Anlegen einer Handakte,** für Aktenvermerke, eigene Dokumentation, Studium der Akte, Abheften von Schriftstücken ist abrechenbar (LG Hamburg BtPrax 1997, 207). Dazu gehört es aber nicht mehr, wenn der Betreuer ein Tagebuch über seine Erlebnisse mit der Betreuung führt. Der Zeitaufwand für die Erstellung der Berichte, sowie die Rechnungslegung ist vergütungsfähig, weil diese Pflichten dem Betreuer vom Gesetz ausdrücklich zugewiesen sind. Inwieweit der Zeitaufwand für die Erstellung des Vergütungsantrages nebst dazugehöriger Zeit- und Tätigkeitsliste zu vergüten ist, ist streitig. Die hM (LG Saarbrücken BtPrax 1997, 124) meint, der Betreuer könne diese Zeit nicht abrechnen, weil er hier seinen eigenen wirtschaftlichen Interessen diene und nicht Angelegenheiten des Betreuten wahrnehme (aA Zimmermann FamRZ 1998, 630). Auch der Zeitaufwand für die Durchsetzung des Vergütungsanspruchs (Beschwerdeeinlegung usw) ist nach hM (LG Koblenz FamRZ 1995, 1019) nicht vergütungsfähig.

hh) **Unterbringung des Betreuten**, gegebenenfalls auch die Zeit für die Begleitung bis zum Unterbringungsort; Besichtigung des Altenheims (str).

c) **Angemessener Zeitaufwand.** Ist geklärt, dass eine Tätigkeit dem Grunde nach vergütungspflichtig ist, stellt sich die Frage, wie lange sie dauern darf. Es ist grundsätzlich Sache des Betreuers, wieviele Stunden er für seine Amtstätigkeit aufwendet. Es kommt auch nur darauf an, ob er eine Tätigkeit aus *seiner damaligen* Sicht für erforderlich halten durfte (BayObLG FamRZ 1996, 1169). Die Rechtsprechung betont im Interesse der Kosteneinsparung, dass nur die Zeit zu vergüten ist, die zur *pflichtgemäßen* Wahrnehmung der Aufgaben *benötigt* wird. Das bedeutet: Tätigkeiten, die nach Meinung des VormG zeitlich übertrieben wurden oder zu lange dauerten, werden insoweit nicht vergütet, dh gekürzt. Eine Aufrundung oder Abrundung von angefangenen Stunden findet nicht statt; ebenso gilt seit 1999 keine Begrenzung des pro Tag abrechenbaren Zeitaufwandes (zB auf zehn Stunden) mehr.

d) **Berufliche Dienste des Betreuers.** Während der Betreuung angefallener, aber anderweitig abrechenbarer Zeitaufwand ist aus der Stundenaufstellung herauszunehmen. Ist ein Rechtsanwalt zum Betreuer bestellt und muss dieser Anwalt für den Betreuten einen Räumungsprozess führen, dann ist streitig, ob der Zeitaufwand dafür nach Stunden (§ 1836 II BGB) abzurechnen ist oder ob der Anwalt diese Stunden aus den Betreuungsstunden herausnehmen kann und gesondert nach der Gebührenordnung (§§ 1835 III BGB in Verbindung mit der BRAGO) als Pseudo-Aufwendung abrechnen *kann* (sog. Wahlrecht; dafür BayObLG AnwBl 1994, 42) oder sogar muss.

e) **Zeitaufwand von Hilfspersonal, Vertretern**. Nur der eigene Zeitaufwand des Betreuers ist vergütungspflichtig, weil die Betreuung persönlich zu erfolgen hat, durch eine persönlich hierzu geeignete Person. Die Rechtsprechung (BayObLG FamRZ 1997, 578/80) gestattet es im Grundsatz nicht, den Zeitaufwand von Hilfskräften zusätzlich zu honorieren (als Betreuerstunden sowieso nicht; aber eventuell als → Aufwendungsersatz nach § 1835 I BGB), da im

Stundensatz des selbstständigen Berufsbetreuers bereits die Kosten für ein Büro (mit Personal) mittleren Zuschnitts enthalten seien. Das kann natürlich nur gelten, wenn es sich um Tätigkeit von Hilfskräften im üblichen, durchschnittlichen Rahmen handelt (BayObLG FamRZ 1992, 854). → Urlaub.

f) Der Berufsbetreuer hat bei der Zeitabrechnung seinen **Zeitaufwand darzulegen**. Manche VormG begnügen sich zu Recht (BayObLG FamRZ 1996, 1171) damit, dass der Betreuer zB 20 Stunden für das vergangene Jahr in Rechnung stellt und eine allgemeine Schilderung seiner Tätigkeiten beigefügt („Besprechungen mit Vermieter, zwei Firmen mit Renovierungsarbeiten am Haus beauftragt; Rechnungen überprüft; Sperrmüll entfernen lassen; Schreiben an VormG“), die den Zeitaufwand plausibel erscheinen lässt, und dass er gegebenenfalls seine Handakte vorlegt. Das genügt, wenn eine Schätzung dahin möglich ist, dass der pauschal mitgeteilte Zeitaufwand zutreffen kann. Die kleinlichste Handhabung einiger Gerichte besteht darin, vom Betreuer nach Datum und Minuten geordnete Stundenlisten zu fordern (zB „23. 12. 1999: Telefonat mit dem Altenheim wegen Anschaffung neuer Unterwäsche; 4 Minuten“).

g) Mehrere Betreuungen dürfen nicht stundenmäßig zusammengefasst werden, auch wenn alle aus der Staatskasse bezahlt werden (BayObLG FamRZ 1997, 1303/4).

h) **Nachfestsetzung.** Hat ein Betreuer seine Stunden abgerechnet und stellt er dann fest, dass er innerhalb des abgerechneten Zeitraums einige Stunden vergessen hat, kann er nicht mehr nachberechnen, weil der Vergütungsfestsetzungsbeschluss seit 1999 in formelle Rechtskraft erwächst (§ 56 g V FGG). → Vergütungsfestsetzungsverfahren.

Zeitbegrenzung bei der Vergütung. Bei Berufsbetreuern mittelloser Personen kann das VormG dem Betreuer die Abrechnung nach unbegrenzt aufgewandten Stunden untersagen und statt dessen (für die Zukunft) ein Zeitlimit setzen. „Die für die Führung der Betreuung erforderliche Zeit wird auf (jährlich) . . .Stunden begrenzt.“ (§ 1836 b Nr. 2 BGB). Ob die Regelung auch für Berufsbetreuer Vermögender statthaft ist, ist umstritten. Das VormG (Rechtspfleger) kann diese Zeitbegrenzung bei jeder Betreuung (ohne besondere Voraussetzungen) anordnen; der Betreuer soll dadurch erkennen, dass nicht allzuviel zu verdienen ist. Vor Erlass des Beschlusses muss m.E. dem Betreuer und dem Betreuten (bzw seinem Verfahrenspfleger) rechtliches Gehör gewährt werden. Der Betreuer muss aber nicht einverstanden sein, die Anordnung ist sogar gegen seinen Willen möglich.

a) Die Zeitbegrenzung ist für den Betreuer nachteilig, denn er muss seine Zeit wie sonst darlegen und nachweisen; wird sein Aufwand auf jährlich 40 Stunden begrenzt und braucht er nur 35 Stunden, werden nur 35 Stunden bezahlt. Wenn der Betreuer erkennt, dass die prognostizierte Zeit nicht ausreicht, dann kann er beim VormG „weitere Stunden" beantragen (§ 1836 b Nr. 2 S. 2 BGB); das VormG muss dies aber nicht bewilligen. Der Betreuer arbeitet dann für die restliche Zeit umsonst. Wird die Betreuung vorzeitig beendet (zB die Betreute stirbt), hat dies nur zur Folge, dass der Betreuer die bis dahin verstrichende Zeit abrechnen muss und das Zeitlimit die Obergrenze darstellt. Das Zeitlimit wird nicht etwa umgerechnet.

b) Das VormG kann den Zeitgrenzenbeschluss jederzeit aufheben (§ 18 FGG). Außerdem ist dagegen die einfache (unbefristete) Beschwerde gegeben, § 19 FGG.

Zentralregister. Entmündigungen wurden früher in das Bundeszentralregister eingetragen (dort waren auch Vorstrafen vermerkt); § 9 BundeszentralregisterG. Betreuungen und Einwilligungsvorbehalte werden in keinem zentralen Register vermerkt, auch nicht öffentlich bekannt gemacht. Wer wissen will, ob eine Betreuung besteht, muss sich an das VormG wenden, in dessen Bezirk der Betroffene bei Anordnung seinen Aufenthalt hatte; bei berechtigtem Interesse (§ 34 FGG) erhält er Auskunft. → Akteneinsicht.

Zeugenstellung. Geschäftsunfähige Personen können Zeugen sein, genauso wie kleine Kinder; eine andere Frage ist, wieweit ihre Aussage das Gericht überzeugt. Wird ein Betreuter als Zeuge zu einem Verfahren geladen (zB weil er einen Unfall beobachtet hat), gehört es nicht zu den (vergütungsfähigen) Aufgaben des Betreuers, ihn zum Termin zu begleiten. → Aussageverweigerungsrecht. – *Geschäftsunfähige* Personen sind nicht prozessfähig (vgl § 52 ZPO); sie werden im eigenen Prozess (als Kläger, Beklagter) durch einen Betreuer vertreten. Sie können im (eigenen) Zivilprozess im Rahmen einer Beweisaufnahme auch nicht als Partei vernommen werden (§ 455 I

ZPO); als Partei ist vielmehr der Betreuer zu vernehmen. Folge ist, dass der Betreute Zeuge sein kann. Beispiel: ein Vermieter verklagt den geschäftsunfähigen Betreuten, vertreten durch den Betreuer, auf Mietzahlung. Der Betreute kann als Zeuge zur Frage vernommen werden, ob die Wohnung Mängel hatte. – Dasselbe gilt für *geschäftsfähige* Betreute; nach dem Ermessen des Gerichts kann aber eine solcher Betreuter als Zeuge oder Partei vernommen werden (§ 455 II 2 ZPO). – Ist unklar, ob Geschäftsfähigkeit besteht, kann die Vernehmung erfolgen und die Aussage verwertet werden, aber offen bleiben, ob eine Partei- oder Zeugenvernehmung stattgefunden hat (BGH LM § 373 Nr. 3).

Zeugnisverweigerungsrecht → Aussageverweigerungsrecht.

Zivilprozess des Betreuten. a) **Der Betreute als Kläger.** (1) Ist der Kläger *geschäftsfähig* und besteht bezüglich des Streitgegenstandes des Prozesses kein Einwilligungsvorbehalt, dann kann er trotz der Betreuung selbst klagen, einen Anwalt beauftragen und prozessieren. Das Urteil ist wirksam. Erfährt der Betreuer von diesem Prozess, kann er anzeigen, dass er kraft Gesetzes der Vertreter des Betreuten (§ 1902 BGB) ist; der Betreute verliert dann sogleich die Fähigkeit, den Prozess in eigener Person weiterzuführen (BGH NJW 1988, 51 zur aF). Der Betreuer führt ihn fort (oder nimmt die Klage zurück). Aus Gründen der Rechtsklarheit gibt § 53 ZPO die Prozessführung allein in die Hände des Betreuers. → Prozessfähigkeit. (2) Ist der Kläger *geschäftsunfähig*, ist er (gleichgültig ob er einen Betreuer hat oder nicht) prozessunfähig (§ 52 ZPO) und kann also nicht klagen. Die Klage des Prozessunfähigen ist als unzulässig abzuweisen. Erfährt der Betreuer vom Prozess, kann er die bisherige Prozessführung genehmigen und den Prozess fortführen. (3) Ob Prozessfähigkeit besteht, wird vom Gericht von Amts wegen geprüft (§ 56 ZPO), also nicht nur auf Rüge des Gegners. Bei Unaufklärbarkeit geht die Rechtsprechung von fehlender Prozessfähigkeit aus (BGH NJW 1996, 1059). b) **Der Betreute als Beklagter**. Hier besteht die Besonderheit, dass ein Urteil, das gegen einen Geschäftsunfähigen erging, der ohne gesetzlichen Vertreter (Betreuer) war, noch nach Ablauf der Rechtsmittelfristen mit → Nichtigkeitsklage angreifbar ist.

ZSEG. Sachverständige, die im Betreuungs- und Unterbringungsverfahren Gutachten erstatten, werden nach dem Gesetz über die Entschädigung von Zeugen und Sachverständigen (ZSEG) bezahlt. Ein Sachverständiger erhält demnach (je nach seiner Qualifikation) pro Stunde zwischen 50 und 100 DM (§ 3 II ZSEG) zuzüglich Mehrwertsteuer (§ 8 I Nr. 4 ZSEG) und Auslagen. Bei wissenschaftlichen Gutachten oder bei Berufssachverständigen kann dieser Stundensatz um bis zu 50% überschritten werden (§ 3 III ZSEG).

Zuständigkeit. Sachlich zuständig für das gerichtliche Betreuungsverfahren ist eine Abteilung des AG, nämlich das VormG (§ 35 FGG). Die funktionelle Zuständigkeit ist in erster Instanz aufgeteilt zwischen → Rechtspflegern und → Richtern. In Baden-Württemberg sind zT die → Notariate im Landesdienst zuständig (BadWü LFGG §§ 1, 36, 50). Örtlich zuständig ist das VormG, in dessen Bezirk sich der gewöhnliche → Aufenthalt (nicht: Wohnsitz) des Betroffenen befindet (§ 65 I FGG); hilfsweise, das VormG, wo das Fürsorgebedürfnis (zB der Notfall) auftritt (§ 65 II FGG). Ist schon ein endgültiger Betreuer bestellt, bleibt das VormG, bei dem das Verfahren anhängig ist, auch für Folgeentscheidungen zuständig (§ 65 IV FGG). Wird vom VormG die örtliche Unzuständigkeit übersehen, sind die Entscheidungen trotzdem wirksam (§ 7 FGG). Wird die → Betreuungsbehörde eingeschaltet, ist diejenige Behörde örtlich zuständig, in deren Bezirk der Betroffene seinen gewöhnlichen Aufenthalt hat (§ 3 I BtBG).
Für die Genehmigung einer Unterbringung (§ 1906 I, IV,V BGB) ist grundsätzlich das VormG örtlich zuständig, bei dem die zugrunde liegende Betreuung anhängig ist (§ 70 II FGG).

Zuständigkeitsstreit. Wenn ein VormG das Betreuungsverfahren an ein anderes VormG abgeben will, dieses Gericht, oder der Betreuer oder der Betreute aber widersprechen, entscheidet das gemeinsame Obergericht. War das VormG ursprünglich unzuständig, erfolgt dies nach § 5 FGG. Wenn dagegen das VormG ursprünglich zuständig war, nun aber aus Zweckmäßigkeit (zB Umzug des Betreuten, → Aufenthaltswechsel) eine Abgabe vornehmen will, liegt ein Fall von §§ 65a, 46 FGG vor. **Gemeinsames Obergericht** ist zB ein LG, ein OLG; wäre es der BGH, ist das OLG des *zuerst* befassten Gerichts zuständig, § 51 1 FGG. Im Falle der §§ 65a, 46 II FGG dagegen ist hierfür das OLG zuständig, nach dessen Bezirk abgegeben werden soll, § 46 II 1 FGG. In Bayern entscheidet das BayObLG (nicht ein OLG), wenn die streitenden Amtsgerichte in verschiedenen bayerischen LG-Bezirken liegen (BayObLG FamRZ 1996, 1341). Gegen die die Abgabe ablehnende Entscheidung des Obergerichts sind Gegenvorstellungen des VormG zulässig (BayObLG FamRZ 1996, 511 Nr. 311).

Zustellungen. Mahnbescheide, Vollstreckungsbescheide, Klagen und ähnliche gerichtliche Entscheidungen sowie verschiedene behördliche Verfügungen (Verwaltungsakte) sind dem Betroffenen (durch die Post, durch Gerichtsvollzieher, Gerichtswachtmeister, Vollziehungsbeamte usw) zuzustellen. Adressat ist der Betroffene selbst, auch wenn er unter Betreuung steht. Ist der Empfänger aber nicht → *prozessfähig*, ist an seinen gesetzlichen Vertreter zuzustellen (§ 171 I ZPO), dh an den Betreuer mit dem entsprechenden Aufgabenkreis (in der Regel: Vermögenssorge). Prozessfähig ist, wer sich durch Verträge verpflichten kann (§ 52 ZPO), somit geschäftsfähig ist (§ 104 BGB). (1) Ist der Betreute also → geschäftsfähig, muss an ihn zugestellt werden; hat ein Betreuer seine Funktion angezeigt, ist m.E. an den Betreuer zuzustellen (vgl § 53 ZPO). (2) Ist der Betreute geschäftsunfähig, muss an seinen Betreuer zugestellt werden; eine Zustellung an den Betreuten selbst ist in diesem Fall unwirksam. (3) Besteht ein Einwilligungsvorbehalt für den entsprechenden Aufgabenkreis, muss ebenfalls an den Betreuer zugestellt werden.

Zwang bei der Unterbringung. Wenn der Betreuer vom VormG die Genehmigung zur Unterbringung erhalten hat, den Vollzug der Unterbringung aber nicht allein bewältigt, zB weil sich der Betreute sträubt, so dass ein Spezialfahrzeug und kräftige Helfer benötigt werden, kann er sich an die örtlich zuständige → Betreuungsbehörde wenden; sie hat den Betreuer zu unterstützen (§ 70 g V 1 FGG). Die Behörde darf aber Gewalt nur anwenden, wenn dies vorher vom VormG durch einen gesonderten Beschluss gestattet wurde (§ 70 g V 2 FGG). Ist dies geschehen, darf die Behörde die Polizei um Amtshilfe bitten (§ 70 g V 3 FGG).

Zwangsbefugnisse des Betreuers. Unklar ist, zu welchen Zwangsbefugnissen ein Betreuer befugt ist. Gesetzliche Regelungen gibt es nur wenige: in § 70 g V FGG (→ Zwang bei der Unterbringung); § 1896 IV BGB (→ Postkontrolle), sonst nicht. § 33 FGG setzt eine Ermächtigungsgrundlage voraus. Wie sind daher die Fälle zu lösen, in denen der Betreuer in Vermögensangelegenheiten gewaltsam die Wohnung nach Bankunterlagen durchsuchen möchte, den verschlossenen Schrank gegen den Willen des Betreuten öffnen lassen will, damit er für das VormG das Vermögensverzeichnis erstellen kann; oder in denen der Betreuer in Wohnungsangelegenheiten die verwahrloste Wohnung des Betreuten betreten möchte, um sie gegen den Willen des Betreuten säubern und renovieren zu lassen, damit eine drohende Kündigung abgewendet werden kann? Das ist strittig. Eine Meinung sagt, dass der Betreuer nicht von sich aus zu Zwangsmaßnahmen berechtigt sei und auch nicht durch einen Beschluss des VormG hierzu ermächtigt werden könne (OLG Frankfurt FamRZ 1996, 375; LG Offenburg FamRZ 1997, 899 zur unzulässigen zwangsweisen Verbringung des Betreuten in ein *offenes* Altenpflegeheim). Die Aufgabenzuweisung gebe keineswegs die Befugnis, dies auch zwangsweise durchzusetzen; auch Art 13 GG stehe entgegen. Zutreffend ist die Gegenansicht, wonach der Betreuer *durch einen Beschluss des VormG* zum Betreten der Wohnung unter Anwendung von Zwang ermächtigt werden kann (LG Berlin FamRZ 1996, 821); sie wird auf Art. 13 II GG gestützt. Die Betreuungsbehörde muss dann unter Amtshilfe der Polizei und technischer Hilfe eines Schlossers die Türe öffnen. Dafür spricht jedenfalls, dass dies der geringere Eingriff ist. Auch zwangsweise Durchsetzung des Aufenthaltsbestimmungsrechts (Verbringung in ein *offenes* Altenheim) wird in der Literatur für zulässig angesehen (Windel BtPrax 1999, 46). Der Betreuer sollte sich in derartigen Fällen vom VormG beraten lassen und einen Beschluss, der ihn zu bestimmten Zwangsmaßnahmen ermächtigt, beantragen (andernfalls nichts unternehmen). → Zwangsbehandlung.

Zwangsbehandlung. Der *einwilligungsfähige* Betreute darf nicht ärztlich zwangsbehandelt werden, auch nicht, wenn die Maßnahme medizinisch an sich geboten ist (LG Kassel FamRZ 1996, 1501); er hat ein „Recht auf Krankheit“ (Beispiel: der krebskranke Patient will sich nicht mit Chemotherapie behandeln lassen, obwohl die Ärzte dies dringend für notwendig halten). Es muss daher gewartet werden, bis eines Tages der Zustand der Einwilligungsunfähigkeit oder des Notstandes eintritt; erst dann kann der Arzt von sich aus handeln (Notstand) oder der Betreuer für den Betreuten einwilligen (wobei die Berücksichtigung des mutmaßlichen Willens des Betreuten zweifelhaft ist). Wendet sich der *einwilligungsunfähige* Betreute dagegen mit natürlichem Willen gegen den Eingriff (er wehrt sich, fährt nicht mit in die Arztpraxis usw), insbesondere weil er wegen seiner geistigen oder seelischen Behinderung oder wegen seiner psychischen Krankheit die seinem Wohl dienende Behandlung nicht will, dann kann auch eine Zwangsbehandlung durchgeführt werden. → Unterbringung. Die praktische Handhabung ist schwierig; die Betreuungsbehörde ist an sich zur Hilfeleistung nicht verpflichtet, weil keine Zuführung zur Unterbringung vorliegt (§ 70 g V 2 FGG).Wenn allerdings die *Unterbringung* zwecks Behandlung zulässig wäre (§ 1906 I BGB), dann ist als milderes Mittel die zwangsweise kurzfristige Verbringung zur Arztpraxis zur ambulanten Behandlung zulässig (Schweitzer FamRZ 1996, 1317; streitig); es ist ratsam, einen entsprechenden Beschluss des VormG zu beantragen, damit die Betreuungsbehörde hilft.

Zwangsbetreuung. Nach dem Wortlaut des § 1896 BGB spielt es keine Rolle, ob der Betroffene in die Bestellung eines Betreuers einwilligt. Folgen: a) Dem Geschäfts*un*fähigen kann auch gegen seinen Willen ein Betreuer bestellt werden (Zwangsbetreuung). – b) Dem Geschäftsfähigen, der *damit einverstanden* ist, kann ebenfalls ein Betreuer bestellt werden. Streitig ist lediglich, ob dem Geschäftsfähigen, der damit *nicht* einverstanden ist, gegen seinen Willen ein Betreuer bestellt werden kann. → Geschäftsfähigkeit.

Zwangsgeld. Das VormG kann den Betreuer zur Befolgung seiner Anordnungen (zB Vorlage des Vermögensverzeichnisses, der jährlichen Abrechnung, der Bescheinigung über den Sperrvermerk) durch Festsetzung von Zwangsgeld anhalten (§§ 1908i I, 1837 III BGB). Voraussetzungen: ein zulässiges Gebot oder Verbot des VormG; *vorherige* Androhung des Zwangsgeldes mit Nennung eines Betrages, zumindest eines Höchstbetrages (§ 33 III FGG; zB „bis zur

Höhe von 50000,- DM"; BayObLG FamRZ 1996, 878); nachfolgend die *schuldhafte* Nichtbefolgung. Anschließend erst ist die Festsetzung (Beträge von 5 DM bis 50000 DM, § 33 III 2 FGG; Art. 6 EGStGB) durch Beschluss des Rechtspflegers zulässig. Das Zwangsgeld kann wiederholt festgesetzt werden. Vor jeder neuen Anordnung muss dieses jedoch jedes Mal erneut vorher angedroht werden (OLG Hamburg FamRZ 1996, 879). Das Zwangsgeld wird mit den Verfahrenskosten (KostO § 119 V) nach JBeitrO § 1 beigetrieben. Es fließt in die Staatskasse. Das Zwangsgeld ist keine Strafe; kann der Betreuer nicht zahlen, wird es nicht (wie eine Geldstrafe) in eine Freiheitstrafe umgewandelt.

Unzulässig ist ein Zwangsgeld zur Erzwingung von Zweckmäßigkeitshandlungen; wegen ungebührlichem Verhalten des Betreuers gegenüber dem VormG; wenn die Anordnung des VormG nachträglich durchgeführt wurde (BayObLG Rpfleger 1997, 476) oder nicht mehr durchgeführt werden kann (BayObLG FamRZ 1984, 197), wenn der Zweck bereits erreicht ist (BayObLG FamRZ 1998, 1197) oder wenn der Betreuer inzwischen entlassen ist; nach beendigter Betreuung oder nach dem Ende des Amtes kann der Betreuer mit Zwangsgeld nur noch zur Rückgabe der Bestallungsurkunde oder zu einer formell ordnungsmäßigen Schlussrechnung gezwungen werden. Unzulässig ist Zwangsgeld: gegen Betreuungsbehörde und Betreuungsverein (§ 1837 III 2 iVm § 1908i I BGB); gegen Behördenbetreuer (§ 1908 g I BGB); zulässig aber gegen Vereinsbetreuer. Die Beitreibung hat zu unterbleiben, wenn der Betreuer zwischenzeitlich der Aufforderung nachgekommen ist (vgl BayObLG Rpfleger 1979, 215).

Zwangsvollstreckung gegen Betreute. Kann der Gerichtsvollzieher bei einem Betreuten pfänden, kann der Lohn oder eine sonstige Forderung des Betreuten (zB das Bankguthaben) gepfändet und dem Gläubiger zur Einziehung überwiesen werden? Es gibt keine speziellen Bestimmungen über die Zwangsvollstreckung gegen Betreute. Eine Zwangsvollstreckung setzt u. a. voraus, dass ein sog Vollstreckungstitel (zB Urteil, Vollstreckungsbescheid) ergangen ist und dem Schulder zugestellt wurde. Die Zustellung an einen Betreuten kann unwirksam sein (→ Zustellung), sie muss dann an den Betreuer nachgeholt werden. Die Pfändung als rangwahrender Zugriff des Gerichtsvollziehers ist auch gegen prozessunfähige Personen wirksam. Der Schuldner muss aber selbst prozessfähig sein oder durch einen Betreuer vertreten, wenn er gegen Vollstreckungsmaßnahmen vorgeht (zB Erinnerung einlegt). Die → eidestattliche Versicherung hat der Betreuer mit dem Aufgabenkreis Vermögenssorge für den Betreuten abzugeben. Ist der Titel gegen den Betreuten ergangen, ohne dass er richtig vertreten war (weil zB die Geschäftsunfähigkeit übersehen wurde), kommt gegen den Titel → Nichtigkeitsklage in Betracht. Zwangsvollstreckungshandlungen gegen Betreute bedürfen nicht der Genehmigung des VormG, selbst wenn hierbei → Verfügungen des Betreuers erforderlich werden, die sonst genehmigungspflichtig wären (§§ 1812, 1813 BGB).

Buchanzeigen

Behindertenrecht

SchwbG · BVG Schwerbehindertengesetz · Bundesversorgungsgesetz

Durchführungsverordnungen zum SchwerbehindertenG, OpferentschädigungsG, SozialgerichtsG, GdB/MdE-Tabelle, Steuervergünstigungen für Behinderte.

Textausgabe.
21.A.1998. 359 S.
DM 13,90. dtv 5035

Majerski-Pahlen/Pahlen
Mein Recht als Schwerbehinderter

Erwerbstätigkeit, VersorgungsR, SteuerR, Erleichterungen, Sozialversicherung, Pflegeversicherung, neue Bundesländer.

5.A.2000. dtv 5252

In Vorbereitung für Sommer 2000

Knauth
Behindertes Kind

Ratgeber durch das BehindertenR, das SorgeR, das SteuerR sowie durch die Regelungen der Sozialhilfe, Pflegeversicherung und der öffentlichen Förderung.

1.A.1996. 413 S.
DM 12,90. dtv 5649

Betreuung und Alter

BtR · Betreuungsrecht

BetreuungsG, BetreuungsbehördenG, BerufsvormündervergütungsG.
Stand: 1. August 1999

Textausgabe.
4.A.1999. 114 S.
DM 9,90. dtv 5570

Zimmermann
Betreuungsrecht

Dieses Buch gibt Antwort auf alle wesentlichen Fragen zum Betreuungsrecht. Ausführlich dargestellt ist das seit 1.1.1999 geltende BetreuungsrechtsänderungsG.

4.A.1999. 277 S.
DM 12,90. dtv 5604

Zimmermann
Betreuungsrecht von A–Z

Rund 200 Stichworte zum aktuellen Recht.

1.A.2000. Rd. 200 S.
Ca. DM 18,90. dtv 5630

In Vorbereitung für Anfang 2000

Brühl/Christmann
Alt, krank, behindert

Das Recht in der Pflege für Betroffene, Angehörige und Fachkräfte.

2.A.2000. Rd. 360 S.
Ca. DM 16,90. dtv 5616

In Vorbereitung für Frühjahr 2000

Jürgens
Mein Recht bei Pflegebedürftigkeit

Ein Praxisleitfaden für Betroffene, Angehörige und Helfer.

2.A.2000. Rd. 400 S.
Ca. DM 16,90. dtv 5650

In Vorbereitung für Frühjahr 2000

Zimmermann
Rechtsfragen bei einem Todesfall

Ein Ratgeber für die Hinterbliebenen.

2.A.1996. 237 S.
DM 13,90. dtv 5632

P111020-S8